图书在版编目 (CIP) 数据

中国民族院校发展史 / 唐纪南，张京泽著 . —北京：
中国社会科学出版社，2012.8
ISBN 978 - 7 - 5161 - 1293 - 9

Ⅰ.①中…　Ⅱ.①唐…②张…　Ⅲ.①民族学院—
校史—研究—中国　Ⅳ.①G759.2

中国版本图书馆 CIP 数据核字 (2012) 第 199648 号

出 版 人　赵剑英
责任编辑　关　桐
责任校对　周　昊
责任印制　王炳图

出　　版　中国社会科学出版社
社　　址　北京鼓楼西大街甲 158 号（邮编 100720）
网　　址　http://www.csspw.cn
　　　　　中文域名：中国社科网　010 - 64070619
发 行 部　010 - 84083685
门 市 部　010 - 84029450
经　　销　新华书店及其他书店

印　　刷　北京君升印刷有限公司
装　　订　廊坊市广阳区广增装订厂
版　　次　2012 年 8 月第 1 版
印　　次　2012 年 8 月第 1 次印刷

开　　本　710 × 1000　1/16
印　　张　24.25
插　　页　2
字　　数　408 千字
定　　价　69.00 元

目　录

序

从满蒙文高等学堂建校的 1908 年到 2011 年，历史已翻过 100 年。这 100 年，从晚清，到民国，再到社会主义新中国，三种社会制度在中国这片古老的土地上兴亡演替。纵观中华 5000 年文明史，没有哪个 100 年社会历史变迁有如此之速之剧之深。正是这沧桑巨变，催生了中国近代、现代和当代少数民族高等教育。

从延安民族学院诞生的 1941 年到 2011 年，历史已翻过 70 年。这 70 年，从民族危亡之秋，到奇迹般崛起于东方，中华民族如凤凰浴火而重生，似巨人沉睡而雄起，复兴的希望从来没有离得像今天这么近。正是在这种起伏跌宕的民族命运中，一种富有中国特色的少数民族干部教育形式——民族学院，秉承着特殊的政治使命诞生，并成长。

从 1950 年 8 月西北民族学院在兰州诞生，到 2011 年 15 所民族院校分布在南北东西，历史已翻过 60 年。60 年里，新生的共和国喜初创，历坎坷，登大道，走过了不无曲折的途程。这 60 年，新中国民族院校与共和国同呼吸，共命运，一起走过初生，走过风雨，走进改革开放，走向明天。

如果说这风云激荡、奇崛峥嵘的历史催生和塑造了中国近现代民族高等教育和民族院校的话，那么，近现代民族高等教育和民族院校的历史也折射着中华民族这一段思潮汹涌、命运多变的历史。中国近现代民族高等教育和民族院校，命中注定要打着这段历史深深的烙印。

国家和民族的命运多舛，或许是史家的幸事。不仅是因为它增添了历史的戏剧性和趣味性，而是从这变化和起伏中，人们更容易分析、总结和发现隐藏于事件和过程中那些必然联系——正如牛顿从掉落的苹果发现万有引力，瓦特从震动的水壶盖获得发明蒸汽机的灵感。倘若历史如古井无波、死水无痕，史家如何去分析、总结、发现？

同理，民族院校命运的起伏变化中，隐含着社会环境和学校、历史与现实、偶然与必然等众多影响因子的纠结、互动和博弈，变化愈烈愈能显现其内在之联系，昭示运行法则之不可违反。因而，这波澜起伏的历史，是研究者爬梳剔抉，浅析深研，寻找和发现其中规律性东西的富矿。如果民族院校历数十年而无变化无挫折无发展，那倒真不知如何去总结与发现了。

我们绝不敢以史家自诩，只不过，作为民族院校的工作人员，长期以来所交所往多为民族院校之人，所思所为多为民族院校之事，耳濡目染，日久生情，很想为自己半生所服务的事业做点什么。正好，有民族院校发展史这么一片空白，便不揣冒昧，不自嫌浅陋，也不怕笑话，就动笔了。

于治史，我们学非所用，先天不足；治民族院校发展史，所恃者感情多于学问。幸运的是，民族院校大都有自己的校（院）史出版，为我们提供了现成的资料；前面的研究者们著述亦丰，可资借鉴者良多。我们之所以敢动笔，很大程度上是因为有了这些基础和条件。

拙作之完成，我们能自慰者，是自己的态度是认真的。至于能力所不及处——尤其是不专业、欠规范，以及诸多尚待细琢与深研之难题，只好统统留待专家与贤者。

是为序。

作者
2011 年 12 月

绪　言

一

中华人民共和国是一个多民族统一的国家，迄今为止共有 56 个民族。除汉族外，还有 55 个少数民族。第六次人口普查表明，以 2010 年 11 月 1 日零时为标准时点，全国总人口为 1370536875 人，其中汉族人口为 1225932641 人，占 91.51%；其他民族人口共为 113792211 人，占 8.49%。① 由于人口较少，习惯上称除汉族以外的 55 个民族为少数民族。

中国是一个历史悠久的国家。在数千年社会发展过程中，"许许多多分散孤立存在的民族单位，经过接触、混杂、联结和融合，同时也有分裂和消亡，形成一个你来我去、我来你去、我中有你、你中有我，而又各具个性的多元统一体"②。伟大的中华民族，就在各民族碰撞与融合、由分散到统一的辩证过程中凝聚和诞生。

在漫长的历史过程中，中国各民族艰难开拓，辛勤耕耘，共同缔造了 960 万平方公里的美好家园；同时，各民族以其特色鲜明、多姿多彩的文化，丰富着中华民族的物质和精神文明宝库，融合为瑰丽、雄浑，多元而一体的中华文明。在世界上几乎所有古老文明或中断或衰落的历史过程中，以多元而绚丽、因一体而博大的中华文明奇迹般穿越岁月沧桑，度过重重劫难，显示出蓬勃、旺盛的生命力和美好的前景。

中华人民共和国是一个实行民族区域自治的国家，民族区域自治是中国三大基本政治制度之一（另两项制度是全国人民代表大会制度，共产党领导的多党合作、政治协商制度）。至 2003 年末，中国共建立 155 个民

---

① 参见中华人民共和国国家统计局《2010 年第六次全国人口普查主要数据公报 ［1］》（第 1 号），2011 年 4 月 28 日发布。

② 费孝通：《中华民族多元一体格局》，中央民族学院出版社 1989 年版，第 1 页。

族自治地方，其中包括 5 个自治区、30 个自治州、120 个自治县（旗）。①
对这些民族自治地方，习惯称之为民族地区。在中国，民族地区面积约占
国土总面积的 64%。辽阔广袤的民族地区，山川漠野雄姿奇丽，资源宝
藏储量丰富，各民族文化异彩纷呈，是中国现代化建设不可或缺的物质和
精神的资源宝库。

中国少数民族和民族地区分布的另一个重要特点，就是很多少数民族
和民族地区都地处边疆。据统计，中国有 33 个少数民族居住在边境地区，
还有不少少数民族和国外同民族跨境而居（仅云南的 25 个少数民族中就
有 15 个跨境而居）。中国 2.2 万公里陆地边境线，有 1.9 万公里在民族地
区。这一特点使这些少数民族和民族地区成为维护国家主权独立、领土完
整和社会稳定的前线卫士和前哨阵地。那里的和谐和稳定，事关整个国家
安全、统一和稳定，战略意义极其重大。

中国少数民族大都信仰宗教，"这些宗教包括：在少数民族中产生的
原始宗教、萨满教，出自汉族的道教和世界性的佛教、伊斯兰教、基督
教、天主教、东正教"②。因此，和世界上很多国家一样，中国的民族问
题也往往和宗教问题密不可分，而且往往因宗教问题而变得敏感而复杂；
稍有不慎，民族问题会加上宗教因素或宗教问题掺杂民族因素而演变为极
其错综复杂、难以收拾的重大政治问题或事件。多年来，世界各国因为类
似问题而酿成社会动荡、国家分裂、家园倾覆、生灵涂炭的实例俯拾即
是，历史和现实的教训极其深刻。

充分的事实和理由表明，在中国，没有少数民族和民族地区的发展，
就没有整个国家的发展；没有平等、团结、互助、和谐民族关系的形成，
就没有整个国家的团结、和谐。妥善解决民族问题，任何时候都是一个事
关全局，既现实又长远的极其重要的国家战略问题。

为妥善解决国内民族问题，推进民族团结进步事业，建设多民族统
一、繁荣富强的社会主义新中国，在取得中国革命胜利之后，中国共产党
人在民族平等、民族团结的旗帜下，大力发展民族教育，创建了一批以培
养少数民族干部为宗旨的民族学院。

---

① 参见中国民族信息年鉴编委会《中国民族信息年鉴创刊号·2005》，2005 年版，第 381
页。

② 黄光学主编：《中国当代民族工作》（上），当代中国出版社 1993 年版，第 3 页。

二

民族学院是中国共产党在马克思主义指导下，在中国革命和社会主义建设的实践中创造的一种富有特色的民族教育形式。民族学院这一名称，最早见于抗日战争时期的延安民族学院。中华人民共和国成立初期设立的一批培养少数民族干部的学校也沿用此名称。自 20 世纪 90 年代开始，先后有部分民族学院更名为民族大学，同时有的民族地方院校先后更名为民族学院或民族大学。对这些民族大学和民族学院，人们习惯以"民族院校"称之。

需要说明的是：在民族高等教育研究领域，"民族院校"和"民族地方院校"是有区别的。前者指称名为民族学院和民族大学的高等院校。如：哈经雄先生、滕星先生主编的《民族教育学通论》指出，"新中国的民族院校包括北京的中央民族大学和各地的 12 所民族学院"。① 杨胜才博士的专著《中国民族院校特色研究》，蔡琼博士的专著《中国民族院校发展中的文化转型》也如此界定。② 因此，"民族院校"的外延比较小，而"民族地方院校"外延则比较大，包括设在全国各民族自治地区——主要是自治区和自治州的所有高等学校。据林仕梁先生统计，1993 年全国即有"民族地方院校"101 所。③

按上述统计口径，2011 年全国民族院校共 15 所，计有：中央民族大学、西北民族大学、西南民族大学、中南民族大学、北方民族大学、大连民族学院、云南民族大学、广西民族大学、内蒙古民族大学、湖北民族学院、贵州民族学院、青海民族大学、西藏民族学院、四川民族学院、呼和浩特民族学院。在这 15 所民族院校中，前 6 所为国家民族事务委员会管辖，简称委属民族院校或委属院校；后 9 所为有关省、自治区管辖，简称地方民族院校。按前述关于"民族院校"和"民族地方院校"的区分，后 9 所民族院校也可归入"民族地方院校"。

---

① 哈经雄、滕星：《民族教育学通论》，教育科学出版社 2001 年版，第 421 页。
② 杨胜才：《中国民族院校特色研究》，民族出版社 2007 年版，第 1 页；蔡琼《中国民族院校发展中的文化转型》，中国海洋大学出版社 2009 年版，第 1 页。
③ 参见林仕梁《中国少数民族高等教育发展与研究》，天津人民出版社 1998 年版，第 41 页。

本书无意于探讨"民族院校"、"民族地方院校"的内涵和外延的界定，旨在按大家习惯的划分方法，以名为民族学院和民族大学的公立民族院校发展的历史作为介绍、描述和研究对象，因而定名为《中国民族院校发展史》。鉴于此，有的民族院校如内蒙古民族大学、呼和浩特民族学院、四川民族学院等在更名为民族大学或民族学院之前，未纳入研究范围，更名后则纳入；广东民族学院自建校至1998年纳入研究范围，1998年更名为广东技术师范学院后即舍弃。此外，新中国成立初期成立的新疆民族学院，因其历时仅一年即更名而未纳入研究范围。而民营机制的民族学院——如北京民族大学，也不纳入研究范围。

三

从抗战时期建立的延安民族学院，到如今分布于全国各地的15所民族院校，其间历时70年。70年的经历和发展，使各院校取得极大的成绩和进展，也积累了丰厚的历史资料。尤其是绝大多数民族院校都有自己的校（院）史，系统地介绍了学校发展的里程，总结了办学特点和经验，也为研究者提供了方便。

但各民族院校的院（校）史，基本上是学校各方面工作的全面介绍和总结，教学、科研、管理、后勤、安全、领导视察、班子更替、院系调整、思想政治工作、校舍建设、校园绿化等面面俱到，无所不包。如做简单汇总，学校的发展主线势必被林林总总的事务性介绍和描述所淹没，脉络不易梳理，重点难以突出。因此，本书重点是在相应的社会历史背景下，以民族院校教育事业的发展——尤其是发展目标、办学思路、发展模式、学科专业建设、人才培养模式、内在结构和办学规模的调整与演变、科研工作的发展与变化等——作为全书的主线来组织材料和文字；特别注意分析在此主线延伸的过程中出现的阶段性特点和标志性事件，以揭示民族院校发展与改革的历史脉络。而对各院校发展过程中的有些问题甚至是一些重要问题如管理体制的变更、领导班子的变化等，均未涉及。从这个意义上说，本书实际上是一本中国民族院校教育事业发展史。

改革开放以来，高等教育研究热潮兴起，民族高等教育尤其是新中国民族院校也受到不少研究者的关注，有的研究者还出版了专著，如赵世怀、欧以克先生的《中国民族学院论》，前述杨胜才博士、蔡琼博士的专著等，都各有灼见，赐教甚多。但这些研究成果，重在从空间的角度来横向解析民族院校发展与改革的诸种问题，而主要从时间的角度对其发展的历史脉络作回顾与梳理的专著迄今为止尚属空白。本书的写作动机，就是想在这方面作一次尝试。

四

关于新中国民族院校发展的历史分期问题，也有必要作些说明。

由于各院校成立的时间和社会背景不同，发展的起承转合相异，在它们的校史资料中，历史分期的标准、时段也不尽相同。如：

中央民族大学：

第一阶段，初创时期（1951 年 6 月～1951 年底）

第二阶段，规范建设（1952 年～1966 年 5 月）

第三阶段，"文革"岁月（1966 年 6 月～1976 年底）

第四阶段，综合发展（1977 年～1993 年 10 月）

第五阶段，争创一流（1993 年 11 月～2000 年）①

西北民族大学：

蓓蕾初绽（1949 年 9 月～1951 年 3 月）

春闹枝头（1951 年 3 月～1957 年 7 月）

几经风雨（1957 年 7 月～1965 年 12 月）

横遭摧残（1966～1976 年）

再度芬芳（1976 年 10 月～1990 年 12 月）

硕果累累（1990～1999 年）②

西南民族学院：

西南民族学院的诞生（1950 年 10 月～1951 年 9 月）

贯彻民族学院的办学任务（1951 年 6 月～1956 年）

在曲折发展的道路上（1956 年～1961 年 1 月）

---

①　参见荣仕星主编《中央民族大学五十年》，中央民族大学出版社 2001 年版，第 3～11 页。

②　参见西北民族大学校史编写委员会《西北民族大学校史》第一卷，甘肃民族出版社 2007 年版。

在调整的基础上提高（1961 年 2 月～1966 年 6 月）

"文化大革命"的十年（1966 年 6 月～1976 年）

开创学院工作的新局面（1976 年 10 月～1982 年）

在改革中跨上新台阶（1983～1988 年）

在治理整顿中展新貌（1989～1991 年）①

加速提升期（1992～1998 年）

跨越发展期（1999～）②

中南民族大学：

适应民族工作需要，创办中南民族学院（1951～1956 年）

曲折中求得发展，动乱中被迫撤销（1957～1979 年）

南湖畔恢复重建，新校园初具规模（1980～1985 年）

专业改造奠定发展基础，规模扩张增强办学实力（1986～2000 年）

探索民族高教办学规律，建设高水平的民族大学（2001～2011 年）③

云南民族大学：

亘古盛事：祖国边陲创办云南民族学院（1951～1965 年）

凤凰涅槃：昂首跨入普通高等学校行列（1966～1976 年）

屹立高原：众志成城建设省属重点大学时期（1977～2005 年）

科学发展：奋力建设高水平有特色民族大学（2006～2011 年）④

广西民族大学：

创建和初步发展阶段（1952 年 3 月～1960 年 6 月）

创办大学系科时期（1960 年 6 月～1966 年 4 月）

"文化大革命"停滞时期（1966 年 5 月～1976 年 10 月）

拨乱反正全面恢复时期（1976 年 10 月～1984 年）

深入改革和发展时期（上）（1985 年～1992 年 3 月）

---

① 参见西南民族学院院史编辑室《西南民族学院院史（1951～1991）》，四川民族出版社 1991 年版。

② 参见西南民族大学校史编辑部《西南民族大学校史（1951～2011）》，2011 年 5 月印刷，第 8～9 页。

③ 参见中南民族大学校史编纂委员会《中南民族大学校史（1951～2011）》，湖北长江出版集团、湖北人民出版社 2011 年版。

④ 参见《云南民族大学 60 年》，云南民族出版社 2011 年版。

深入改革和发展时期（下）（1992 年 4 月～2001 年 12 月）①

贵州民族学院：

创建时期（1951～1959 年）

恢复时期（1964～1977 年）

全面建设时期（1977～1991 年）

曲折时期（1991～1995 年）

治理整顿时期（1996～1998 年）

健康快速发展时期（1999 年以后）②

青海民族大学：

奠基阶段的青海民族大学（1949 年 12 月～1956 年 9 月）

曲折发展中的青海民族大学（1956 年 9 月～1966 年 4 月）

十年动乱中的青海民族大学（1966 年 5 月～1976 年 10 月）

改革开放时期的青海民族大学（1976 年 10 月～1998 年 12 月）

教育转型时期的青海民族大学（1999 年 1 月～2002 年 12 月）

快速发展时期的青海民族大学（2003 年 1 月～2009 年 9 月）③

西藏民族学院：

西藏公学创建时期（1957～1959 年）

从西藏公学到西藏民族学院（1960～1966 年）

"文化大革命"时期（1966～1976 年）

改革开放时期（上）（1976～1991 年）

改革开放时期（下）（1992～1998 年）④

广东民族学院：

羊城创办（1957～1961 年）

搬迁通什（1961～1980 年）

广州创业（1980～1998 年）

易名改制（1998～2003 年）⑤

---

① 参见广西民族学院校史编辑委员会《广西民族学院校史》，广西民族出版社 2002 年版。

② 参见贵州民族学院办公室《贵州民族学院》，2004 年 7 月印刷，第 12～23 页。

③ 参见青海民族大学校史编写组《青海民族大学校史（一九四九～二〇〇九）》，青海人民出版社 2009 年版。

④ 参见李世成主编《西藏民族学院校史》，西藏人民出版社 1998 年版。

⑤ 参见吕奎文主编《广东技术师范学院校史》，中央文献出版社 2005 年版。

在相关的研究论著中，研究者根据自己的分析与归纳，也提出了关于历史分期的意见。如：

赵心愚先生：

第一阶段：1950～1956 年，民族学院创立和初步发展阶段

第二阶段：1957～1966 年，民族学院第一个大发展阶段

第三阶段：1966～1976 年，民族学院发展停滞阶段

第四阶段：1976～1992 年，民族学院第二个大发展阶段

第五阶段：1992 年以来，民族学院进入新的发展阶段①

陈达云先生：

（一）新中国成立初期的民族院校（1949～1955 年）

（二）全面建设社会主义时期的民族院校（1956～1966 年）

（三）"文化大革命"中的民族院校（1966～1976 年）

（四）恢复和发展时期的民族院校（1977～1991 年）

（五）深化改革、加快发展时期的民族院校（1992 年至今）②

综合上述各院校发展阶段的划分方法和特点，并参考有关研究者的意见，本书除将延安民族学院辟专章介绍外，将新中国民族院校从初建到现在的历史，划分为七个阶段（时期）并分为七章进行介绍、描述和分析。具体分期为：

第一阶段：初创阶段（1950～1956 年前后）

第二阶段：向正规高等学校转型阶段（1956 年前后～1966 年）

第三阶段："文化大革命"阶段（1966～1976 年）

第四阶段：新时期恢复阶段（1977～1985 年前后）

第五阶段：教育体制改革阶段（1985 年前后～1998 年）

第六阶段：扩招阶段（1999～2005 年前后）

第七阶段：内涵式发展时期（2005 年～）

在初创阶段，因国内民族工作的急需，根据政务院两个《试行方案》的部署和要求，新中国先后建立了 8 所民族学院，基本奠定民族院校的办学格局。此阶段，除中央、西北民族学院在主要短期培训、轮训民族干部同时办有部分本专科层次的教育外，其他民族学院都只有干训、预科

---

① 赵心愚：《中国民族学院的发展及成就》，《天府新论》，1998 年第 6 期。

② 陈达云：《民族院校学科建设战略研究》，人民出版社 2011 年版，第 24～32 页。

（或文化补习）教育层次，因而不能纳入严格意义的高等教育的范畴。鉴于此，本书将它单独作为一个阶段。

　　第二个阶段即"向正规高等学校转型阶段"。1956 年前后，上阶段未设本专科教育层次的民族学院纷纷设置或计划设置本专科专业，向正规化的民族综合院校或民族师范学院转型。其过程虽不乏曲折甚至有的学校最终退回到上阶段的办学模式，但到 20 世纪 60 年代初，除云南、广东民族学院和 1959 年被并校的贵州民族学院外，其他如西南、中南、广西等民族学院在保留干训、预科这两种传统办学形式、教育层次的同时，业已形成一定规模的本专科教育，有的学校甚至一度形成以本专科教育为主的办学格局。所以，此阶段名之为"向正规高等学校转型"。

　　第三阶段即"'文化大革命'阶段"。和全国高等学校一样，本阶段所有民族学院均为"文化大革命"所席卷，在浩劫的洪流中载浮载沉，遭受重大损失，直至 1976 年"四人帮"被粉碎，"文化大革命"结束。

　　第四个阶段称为"新时期恢复阶段"。如此划分并称名的理由，是因为经过"文化大革命"十年浩劫之后，从中央到地方，从思想领域到实际工作，都以拨乱反正，正本清源，恢复"文化大革命"前的方针、政策、做法为要务，"恢复"成为当时最流行的思想方法和工作模式。尤其是 1977 年高考制度的恢复，对中国高等教育的发展更具有标志性的意义。在此大背景下，和全国高等学校一样，民族学院教育事业发展的主要特征，就是向"文化大革命"前的教育和发展模式回归，如恢复停办的专业并招生，恢复一度被废弃的教学计划及规范体系（如重新强调执行"高教六十条"），乃至恢复被撤销的学校——如中南民族学院；甚至主管机关在有关文件中对民族学院的教育方针的规定，仍采用的是 20 世纪 50 年代的提法：以培养政治干部为主，专业技术干部为辅。① 有的民族学院也将这一阶段称名为"拨乱反正全面恢复时期（1976·10～1984）"。② 因此，以"恢复"二字来描述此阶段民族学院教育事业发展的主要特征，应是恰当的。

---

　　① 参见西南民族学院院史编辑室《西南民族学院院史（1951～1991）》，四川民族出版社 1991 年版，第 220 页；青海民院院史编写组《青海民族学院院史（1949～1999）》，青海民族出版社 1999 年版，第 67 页。

　　② 参见广西民族学院校史编辑委员会《广西民族学院校史》，广西民族出版社 2002 年版，第 65 页。

第五个阶段为"教育体制改革阶段"。1985 年 5 月《中共中央关于教育体制改革的决定》颁布，掀开了中国教育体制改革崭新而恢弘的一页。全国民族学院开始认识到社会历史的巨变对教育事业的发展与改革提出的新要求，上阶段以"恢复'文化大革命'前的办学与发展模式"为特征的工作思路，已不太适应当前及今后少数民族和民族地区经济建设和社会发展对人才的需要，因而先后开始了以专业体系改造与更新、教学——人才培养模式调整和招生与毕业生就业制度改革为主要内容的教育体制改革。到 20 世纪 90 年代末，民族院校基本完成了上述改革，建立起对少数民族和民族地区经济建设和社会发展的主动适应机制，形成以应用型、实用型人才为主体目标的人才培养体系，并实行以学生"自费上学"、"自主就业"为特征的招生和毕业生就业制度。体制改革是本阶段的重头戏、主旋律，是民族院校教育事业发展活力和动力的源泉。因此，以"教育体制改革"来概括和描述此阶段民族院校教育事业发展的主要特点，应是理由充分的。

第六个阶段为"扩招阶段"。自 1999 年开始，根据党中央和国务院的决策，中国高等学校开始连续数年的"扩招"。和全国绝大部分高校一样，本阶段民族院校普通本专科，研究生教育招生计划连年大幅增长，在校生规模高速扩展，因而称之以"扩招阶段"。

2005 年以后称为进入"内涵式发展时期"。2003 年，新一届党中央提出学习和贯彻科学发展观，转变经济增长方式，建设和谐社会问题。经过连续数年的扩招之后，国家自 2005 年开始将高校的招生计划增长率降至 10% 以下，高等教育办学规模的增速减缓；而包括民族院校在内的全国高等学校因扩招带来的一些问题尤其是办学条件的恶化也日益凸显，教育质量滑坡、发展模式趋同化等问题备受社会关注。从 2005 年开始，教育部等领导机关也频频开会并发文，要求高等学校调整工作重心，转换发展模式，将提高教育质量、优化内在结构、发展办学特色等内涵发展问题提上重要议事日程。此时，由上阶段的主要"做大"，转入以后的主要"做强"、"做优"，既是大势所趋，也是民族院校落实科学发展观、实现自身可持续发展的需要。民族院校明显加大了改善办学条件、加强教学基础性建设和师资队伍建设、实施教育质量工程的力度，"质量立校"成为各院校共同的发展战略。因此，将 2005 年后的时期名为民族院校进入"内涵式发展时期"也是符合客观形势和事实的。

　　本书共十章。为便于读者了解各章基本内容，除第十章外，其余各章后面均有"本章小结"或"本阶段小结"。为给有关研究者提供方便，本书"附录"中收录全国民族院校校训，1985 年、1998 年、2005 年、2011年全国民族院校普通本专科招生专业种数，2011 年各民族院校普通本专科招生专业设置，国务院学位委员会历次审批的民族院校博士和硕士学位授予学科名单。

第一章　中国近现代民族高等教育的诞生

　　教育是人类特有的一种传承文化、培育新人的自觉活动，发源和服务于人类生存和发展的需要，并从人类生产、生活的实践获得发展的条件和动力。随着人类生产、生活方式的发展和进步，随着人类对客观世界和主观世界认识的不断深入和积累，教育也由简单到复杂、由低层次向高层次发展，从而导致高等教育的诞生。

　　人类不仅是一种自然存在，还是一种文化存在。由于生存环境尤其是自然条件的差异、生产方式和生活习俗等方面的不同，人类各族群在世相沿袭的过程中形成了各种不同文化。在各种文化的孕育和陶冶中，形成了不同的教育模式和传统。这种打上特定族群及其文化的深深烙印的教育，可称为民族教育。而在中国，人们习惯上将少数民族教育简称为民族教育，将少数民族高等教育简称为民族高等教育。

　　蔡元培先生说："大学者，研究高深学问者也。"[①] 在中国，如果就传授和研究高深学问而言，高等教育应古已有之，"中国西周的辟雍、泮宫，汉代以后的太学和晋代以后的国子学等都属于大学性质"[②]。中国古代那些有名的书院，也基本上是在传统官学之外的一种讲授、探讨高深学问的民间教育机构，和古希腊的学园有相似之处。与此相应，各少数民族的教育体系中——如藏、蒙、回等民族的传统的寺院教育体系中，也自有其高深部分。

　　高等教育包括民族高等教育古已有之，但具有近代性质的中国高等教育，则出现于西方列强入侵、西学东渐、风云激荡、民族危机深重的晚清。而中国近代少数民族高等教育，也在这一过程中孕育和诞生。

---

　　① 蔡元培：《就任北京大学校长演说词》，见于《蔡孑民先生言行录》，广西师范大学出版社 2005 年版，第 148 页。

　　② 夏征农主编：《辞海（缩印本）》，上海辞书出版社 2002 年版，第 278 页。

在历经 1840 年、1856 年两次鸦片战争的惨痛失败之后，清政府中有一部分头脑比较清醒的官员认识到开启国门、认识外部世界、学习他人长处的必要，洋务运动应运而生。因洋务运动的需要，中国开始举办与传统的科举教育、书院教育制度不同，培养洋务（包括翻译）人才、技术人才、军事人才为主的外语学堂、技术学堂、军事学堂，开始了中国传统教育和世界近现代教育的艰难对接。

1894 年，甲午海战爆发，中国惨败于日本，引起海内震动。焦头烂额的清政府终于发现在旧教育体制上的修修补补完全不能适应造就新人、挽救王朝的需要，于是紧锣密鼓地颁布了一系列关于教育改革的诏书。1901 年 4 月谕令开设经济特科，7 月谕令禁用八股文程式而以策论试士，8 月谕令废各级书院而分别改为大、中、小学堂；1902 年，清政府公布并实行中国教育史上首个具有学校系统的"新教育制度"——"壬寅学制"；1903 年，又在"壬寅学制"的基础上出台"癸卯学制"；尤其是1905 年 9 月，清政府谕令废止在中国已实行 1300 多年且积弊深重的科举制度，开启了新式教育包括近代高等教育发展的闸门，使学习"新学"日渐形成席卷全国的潮流。中国近代性质的高等教育包括少数民族高等教育，就是在这种内忧外患的特定社会历史条件下孕育和诞生的。

一　中国近代民族高等教育诞生的标志——满蒙文高等学堂

在中国民族高等教育发展史上，1908 年诞生的"满蒙文高等学堂"应是近代少数民族高等教育诞生的标志。

（一）满蒙文高等学堂及其学制

"满蒙文高等学堂"成立的背景，是满族入关建立大清王朝后，满文化长时间经受历史悠久、根基牢固、内涵博大精深、覆盖广阔的汉文化的浸淫、陶冶和同化，很多满族人对本族的传统文化包括自己的母语（清政府称为"国语"）已日益荒疏，到乾隆朝（1736 ~ 1796），连满族发源地东北的满人也转而使用汉语汉字，以致黑龙江地区也"通国语者寥寥"①。嘉庆年间（1796 ~ 1820），已形成"满洲非惟不能翻译，甚至清话生

---

① 见于（清）西清《黑龙江外记》卷 6，第 60 页。

疏，不识清字"局面。① 1907 年 11 月，清政府学部上《奏议复八旗及驻防学堂特设满文专科折》，认为"国语满文经列祖列宗之创制，凡八旗子弟，人人皆当研习，以期襄庙堂之隆仪，赞车书之盛治"，提议"仿照译学馆之例，另设清文专门高等学堂，以备中学堂之毕业生升入此科，专心研究清文，务臻完备"。② 清政府批准的学部的这个奏折，是"满蒙文高等学堂"建立的依据。

1908 年 7 月，清政府学部在《咨宪政编查馆准满蒙文高等学堂咨送章程文》所附章程中，对"满蒙文高等学堂"的办学宗旨、分科及学制、课程安排、招收对象、学籍管理、教员管理、经费来源、奖惩事宜等作了系统的规定，③ 确定了学校管理体制和运行机制的基本框架和原则。

《满蒙文高等学堂章程》规定，清政府创办该学堂的目的，即"造就满蒙文通才，以保国粹而裨要政为宗旨"。学校主要设满文、蒙文、藏文三科，三科之下又各设预科及正科，正科学制三年，预科学制两年，学生学完预科方得升入正科。三科之外附设别科，学制三年，但"此科只招学生一次，毕业后即行停办"。三科招生对象"无论满、汉子弟，惟经中学堂毕业、年在二十以内、略识满蒙文字、口音清利、中文通顺者为合格"，但创办之初"暂以中文通顺、粗解满文或蒙文，年在二十五以内者为合格"。别科则以"考取举、贡、生、监及官职，年在三十五岁以内，中文清通、素娴满文或蒙文者"为招生对象。教育内容方面，三科"分别以满、蒙语文或藏语藏文为主课，辅以普通及政法、测绘各科学"，别科则取"应用各种学科择要教授"。三科学生"概不收取学费及膳费"。毕业生的出路则"嗣后遇有各衙门需用通晓此项学科人员，及各学堂延聘此项学科教员，均以本学堂毕业生为上选"④。

在《章程》中，各科开设的课程均详细列出。如：

① 见于《清朝续文献通考》（一）卷 95，第 8547 页。
② 见于潘懋元、刘海峰主编《中国近代教育史资料汇编·高等教育》，上海教育出版社 2007 年版，第 114～115 页。
③ 同上书，第 115～122 页。
④ 同上书，第 115～121 页。

满蒙文正科课程安排

第一年	每星期钟点	第二年	每星期钟点	第三年	每星期钟点
人伦道德	1	人伦道德	1	人伦道德	1
满蒙文	10	满蒙文	10	满蒙文	10
蒙语	8	蒙语	7	蒙语	7
中文	3	中文	3	中文	2
满、蒙地理	3	财政学	2	理财政策（以农业工业为主）	2
满、蒙近史	3	理财政策（以交通商业为主）	2		
用器画法	2			殖民政策	3
测量学	2	统计学	1	制图法	2
大清律例	2	制图法	2	实测	2
体操	2	测量学	2	刑法	2
合计	36	行政法	2	国际法	3
		宪法	2	体操	2
		体操	2	合计	36
		合计	36	东文俄文（随意科每星期3点钟）	

　　藏文正科的课程安排，除上述安排中的满蒙文、蒙语、满蒙地理、满蒙近史课替换为藏文、藏语、藏卫地理、藏卫近史课外，其余基本相同。

　　从学校章程及上述课程安排可以看出，"满蒙文高等学堂"在办学宗旨、教育内容诸方面，均突出了满、蒙、藏民族文化特点，是基本符合少数民族教育的界定标准的。同时，诸如数、理、化、博物、统计、制图、法学等大量新学课程的安排及新学制的实行，使教育内容和方式确已大异于以科举为目标、以理学为基本内容的传统教育，属于"新学"范畴无疑。

　　在清政府1903年开始实施的"癸卯学制"中，规定初等小学堂学制5年、高等小学堂4年、中学堂5年、高等学堂3年、大学堂3～4年、通儒院 5 年；"高等学堂，令普通中学堂毕业愿求深造者入焉，以教大学预备科为宗旨，以各学皆有专长为成效"；而大学堂则"令高等学堂毕业者入焉"，以"造就通才为宗旨"，"以各项学术艺能之人才足供任用为成效"。① 按此体制，高等学堂介于中学堂和大学堂之间，属专业教育和大学堂的预备教育。

关于学制，《满蒙文高等学堂章程》规定："预科二年毕业，正科三年毕业；学生习完预科后始得升入正科"，"正科毕业者……愿升入大学堂文学科者听"②。因此，"满蒙文高等学堂"的预科，属"正科"的预备教育；而正科既是在预备教育完成之后且又有三年的学习时间，应相当于现在的高等教育本科层次。别科学生招录时即要求"考取举、贡、生、监及官职，年在三十五岁以内，中文清通、素娴满文或蒙文"，文化程度要求明显高于预科的"中文通顺、粗解满文或蒙文"，且学制中无预科阶段，所开课程与正科相近，应视同正科层次。

关于满蒙文高等学堂，还有一个需辨析的问题：不少民族高等教育研究论著在论及该学堂时往往以"满蒙高等学堂"称之，即在"满蒙"之后少了一个"文"字，欠妥。从现代汉语的角度来说，"满蒙文"应是个偏正词组，其中"文"是中心词，是决定词组的归属意义的，"满蒙"是对"文"作修饰、限定的，中心词省略会导致词组的中心意义改变。再从学校的性质上看，"满蒙文高等学堂"实际上就是"仿照译学馆之例""以满、蒙、藏语文为主课"，造就满、蒙、藏文专门人才的高等学堂。而以"满蒙高等学堂"简称之则有使人产生该学堂为培养满蒙子弟之一般学校的误解的可能。因此，该校名称上这个"文"字是断断不能省略的，正如不能将"外国语学校"省略为"外国学校"一样。

（二）关于"满蒙文高等学堂"的评价

在中国高等教育史上，"满蒙文高等学堂"的特有意义即在于，由于大量引进"新学"作为教育内容，且采用了新的学制和课程结构方式，

---

① 参见璩鑫圭、唐良炎主编《中国近代教育史资料汇编·学制演变》，上海教育出版社 2007 年版，第 337、348 页。

② 见于潘懋元、刘海峰主编《中国近代教育史资料汇编·高等教育》，上海教育出版社 2007 年版，第 116、120 页。

它已大不同于传统的教育模式而具有近代教育性质；它在招生方面满、汉子弟兼收，教育内容上注意开设满、蒙、藏民族文化、历史、地理方面的课程，因而可区别于当时的其他高等学校而纳入民族高等教育范畴。但总的来看，在历史潮流很快就要将腐朽的清王朝摧毁的时候，其主要为各衙门和各学堂输送专业人才以"裨要政"，"襄庙堂之隆仪，赞车书之盛治"的为家国统治服务的办学宗旨，并未超出以"中体西用"为思想旗帜的洋务运动的范畴；不仅和辛亥革命后蔡元培先生等执掌或创办的具有现代性质的大学不可同日而语，就是与戊戌变法时康有为、梁启超开民智以强国家为指归的教育理念也落后很多。因此，他是中国传统教育向现代教育过渡的产物，可称为中国近代史上第一所少数民族高等学校，也可将其作为中国近代少数民族高等教育诞生之标志。

满蒙文高等学堂这样为苟延残喘的家国统治服务的学校，注定是要随着清王朝一起没落的。随着辛亥革命的爆发和清王朝的覆灭，满蒙文高等学堂也于 1912 年寿终正寝。

二　中国第一所具有现代性质的民族高等学校——蒙藏学校

1911 年辛亥革命之后，蔡元培先生主政的新政府教育部，在自由、平等、实利主义等新的政治和教育理念的指导下，颁布了一系列改革法令，对旧的教育思想和体系进行了清理、改造和整顿，并于 1912 年、1913 年颁布"壬子·癸丑学制"。北京蒙藏学校，就是在这种背景下诞生的。

1913 年，当时的蒙藏学务局呈文大总统，认为"蒙、藏、青海等处，交通不便，风气闭塞，人民愚昧不知，不能顺时势谋进步"，而清乾隆年间所设咸安宫蒙古学、唐古忒学、托忒学，"年久学荒，有同虚设；理藩部之蒙古学，所订学课，因陋就简，亦与民国教育方针不合"，因而提议在三学及蒙古学基础上扩充改良，设蒙藏学堂，"使蒙、藏、青海人民共受同等教育，开通其智识，促进其文化，俾能发挥其生产力，运用其选举权，以副民国宗旨……其教育程度，在养成蒙、藏、青海人民专门科学，尤以能讲自治，能谋生计为宗旨。"[1] 在后来教育部核定的《蒙藏学校章

---

[1]　见于璩鑫圭、唐良炎主编《中国近代教育史资料汇编·学制演变》，上海教育出版社 2007 年版，第 612～613 页。

程》中，学校定名为"蒙藏学校"。学校章程如下：

蒙藏学校章程（教育部核定）

总　章

第一条　本学校以开发蒙、藏、青海人民学识，增进蒙、藏、青海人民文化为宗旨。

第二条　本学校以旧有之咸安宫学、唐古忒学、托忒学及前理藩部所办之蒙古学为基础，力图扩充改良。

第三条　本学校收学生不分种族，惟因西北闭塞而办此学，故重在多收蒙、藏、青海学生。

第四条　本学校收初入学之学生，其学额划作二十分计算，内外各蒙古占二十分之十，西藏占二十分之三，青海及其左近各回部占二十分之二，其余二十分之五专收汉满两族学生。

第五条　本校学生先设预备科，俟毕业后另行开办专门科。其附设之补习专科，毕业后不再设置。

第六条　本学校经费由蒙藏局列入预算，函请财政部按期发给。

第七条　本学校直隶于蒙藏事务局，由教育部考核。

补习专科章程

第一条　旧有之咸安宫学、唐古忒学、托忒学及前理藩部所属蒙古学之学生，惟略习普通，并无专科科学，与民国教育宗旨不合。本学校特设补习科，令该学生等补习法律、政治、经济等科学，储为共和民国人才。

第二条　本科专收咸安宫学、唐古忒学、托忒学及前理藩部所属蒙古学旧有之学生，其他蒙、藏人愿旁听者听，但以教室能收容为限。

第三条　旁听生中如有学力充足、愿与本补习科学生一体受试验、经教习评定合格者，得给与修业文凭，以资鼓励。

第四条　肄业年限定为三年，一年分三学期。

第五条　本补习科目：汉文，法学通论，宪法，民法，刑法，商法，行政法，国际公法，国际私法，中西地理、历史，外国地理、历史，统计学，外交学，办交政策，经济原理，经济政策，政治学，财政学，交通政策，殖民政策，簿记学，其每学期分配学课别以表定之。

第六条　本科学生无多，只开一班，合诸生一堂教授之。

第七条　本科学生不纳学费，其膳宿自备。至原有之膏火，仍照旧章办理，本校概不过问。

第八条　本补习专科学生卒业后不再继续开办，即照本总章第五条办理。

预备科章程

第一条　本科以完足普通教育、造成健全国民为宗旨。

第二条　本科肄业年限，照教育部所定中学校章程定为四年。

第三条　本科学额至少以二百名为限。

第四条　一年分三学期，自八月一日至十二月三十一日为第一学期，自元月一日至三月三十一日为第二学期，自四月一日至七月三十一日为第三学期。

第五条　本科入学资格，暂定以年满十五岁至二十五岁之男子、身体健全者为合格。

第六条　如所收学生程度太低、科学全未肄习者，得于入预备科之前，由校长分别程度高低，令其在校内补习小学功课一年或二年。

第七条　征集蒙、藏、青海学生时，由各盟长、将军、都统各办事长官挑选咨送。其来京路费，由本旗酌量补助。

第八条　各地咨送学生额数，每年斟酌情形，公平派定之。

第九条　本科学生依人学前后，分班教授，每班至多不得过五十人。

第十条　本科所授课目如下：汉文，汉语，蒙文，藏文，修身，本国地理、历史，外国地理、历史，算术，代数，几何，三角，博物，生理卫生，物理，化学，图画，体操，乐歌，手工，法制经济。其每学期功课别以表定之，但第一学年须多学汉语、汉文，以备后来听讲之用。

第十一条　蒙、藏、青海学生概不收纳学费，其膳宿费亦暂由公家备办，以示提倡。本学校之修业放假及学生赏罚、试验、进级、卒业等章程及教室规则、寄宿舍规则，容后续订之。

《政府公报》中华民国二年第 303 号①

---

① 见于璩鑫圭、唐良炎主编《中国近代教育史资料汇编·学制演变》，上海教育出版社 2007 年版，第 613～616 页。

上述引文表明，蒙藏学校所设办学层次中，预备科学制比照"中学校章程"而定，授课内容为文化科学基础知识，当不属于高等教育范畴；而专科和补习专科，与现在的高等专科教育层次相当。较之于前面所讲的"满蒙文高等学堂"，蒙藏学校的学制无多大区别，所开课程中"新学"有所加强而蒙藏民族文化课程则有所削弱，对学生的学费和食宿费的优待政策也大致相沿用，其突出的实质性进步，表现在办学理念：无论是作为办学依据的蒙藏学务局呈文中"使蒙、藏、青海人民共受同等教育，开通其智识，促进其文化，俾能发挥其生产力，运用其选举权，以副民国宗旨……其教育程度，在养成蒙、藏、青海人民专门科学，尤以能讲自治，能谋生计为宗旨"，还是《章程》中"开发蒙、藏、青海人民学识，增进蒙、藏、青海人民文化"，"造成健全国民"的办学宗旨，"收学生不分种姓，惟因西北闭塞而办此学，故重在多收蒙、藏、青海学生"，以及为各民族划定录取比例的招生方式，表现了"满蒙文高等学堂"所缺乏的民主、民本的现代意识和对西北偏僻地区少数民族群众的政策倾斜。因此，把它作为较"满蒙文高等学堂"更进步的中国第一所具有现代性质的少数民族高等学校，应无不妥。

五年后的 1918 年 6 月，"蒙藏专门学校"在北京成立。该校办学宗旨和招生政策等，几乎完全沿袭蒙藏学校，① 表明二者之间有着十分明晰的传承关系。

上述满蒙文高等学堂、蒙藏学校和蒙藏专门学校，在短短的十年间便表现了中国民族高等教育由近代向现代演变的过程。它们的诞生及命运证明，中国的近现代民族高等教育，从一开始就是极其特殊的社会历史条件的产物。

由于生逢艰难时世——更准确地说是因艰难时世而生，也由于传统的经世致用思想根深蒂固的影响，和中国近现代高等教育一样，近现代民族高等教育从一开始就被赋予救时济世的国家使命和社会责任，从而从诞生之日起就建立在美国学者布鲁贝克所称的"政治论哲学"② 基础之上，表

---

① 参见潘懋元、刘海峰主编《中国近代教育史资料汇编·高等教育》，上海教育出版社2007 年版，第 650 ~ 651 页。

② 参见［美］约翰·S. 布鲁贝克《高等教育哲学》，王承绪等译，浙江教育出版社 2002年版，第 15 页。

现出强烈的"工具主义"色彩。如果说欧洲大学是因知识使命而诞生的话，那么，包括民族高等教育在内的中国近现代高等教育，则是因政治使命而诞生的。

三 本章小结

20世纪初，经过了从第一次鸦片战争到甲午战争一系列丧权辱国的失败教训的清政权，在家国危机的逼迫下，不得不顺应时代潮流，先后颁布并推行"壬寅"、"癸卯"新学制，废除已延续千余年的科举制度，建立新式学堂，推行新学。在这教育改革的潮流中，满蒙文高等学堂诞生。

属"癸卯学制"范畴的满蒙文高等学堂，在教学内容、教育方式、学制诸方面，均已迥异于以科举为指归的旧式官学、私学，而具有当时新式学校的特点；同时也具备民族教育的一些基本特征，因而可称为近代中国第一所民族高等学校或近代民族高等教育诞生的标志。但其为家国统治服务的办学宗旨，并未超出以"中体西用"为旗帜的洋务运动范畴。

与"满蒙文高等学堂"相比，晚其5年（1913年）在辛亥革命后诞生的蒙藏学校，不仅学制、教育内容等体现了新学的特征，更重要的是其办学宗旨等表现了满蒙文高等学堂所缺乏的民本、民主的现代意识，因而可将其作为中国第一所具有现代性质的民族高等学校。

第二章　中国第一所民族学院

——延安民族学院

自 1921 年建党之后，中国共产党人就十分重视党的干部培养。毛泽东 1921 年 8 月在长沙创办的湖南自修大学，就是以传播马克思主义理论、培养革命干部为目的的新型学校。1922 年 10 月，中国共产党在上海创办上海大学，邓中夏任校务长，瞿秋白、陈望道、恽代英、蔡和森等革命家均在学校任职或任教。在第二次国内革命战争时期，中共中央在革命根据地创办了红军大学、苏维埃大学、马克思共产主义大学等一系列干部教育学校，开了中国共产党在自己的根据地办干部学校的先河。1935 年 11 月，刚刚经过长征到达陕北的中共中央就决定将马克思共产主义大学更名为中央党校，积极开展干部培训。次年 6 月，又决定继续办好中国工农红军大学。1937 年 1 月，红军大学更名为"中国人民抗日军事政治大学"，并先后在各根据地设分校达 10 余所。

在民族危机空前严重的抗日战争时期的延安，中共中央将少数民族干部的培养和教育问题提上了重要议事日程。

日本帝国主义者对辽阔的中国领土垂涎已久。1927 年夏，日本内阁就制定了《对华政策纲领》，露骨地觊觎中国东北领土。同年 7 月，内阁首相田中义一向天皇奏呈《帝国对满蒙之积极根本政策》（即臭名昭著的"田中奏折"），公然宣称"欲征服中国，必先征服满蒙；欲征服世界，必先征服中国"，[①] 提出了霸占"满蒙"，鲸吞中国，称霸世界的狂妄战略。1931 年 9 月 18 日晚，盘踞在中国东北的日本关东军突然向驻守在沈阳北大营的中国军队发动进攻，制造震惊中外的"九一八"事变，开始夺取中国东北地区。1937 年 7 月 7 日，日本帝国主义发动"卢沟桥事变"，侵华战争全面铺开，中国抗日战争爆发。

---

① 参见《中国人民抗日战争史》，上海人民出版社 2005 年版，第 9 页。

日本侵略者在攫取中国领土时，利用中国多民族国家的特点，采取了挑拨民族关系、肢解中国版图，以便实行殖民统治的策略："九一八"事变后，在中国东北建立了伪满洲国；"七七"事变后，又在内蒙古西部地区建立了伪蒙疆政府；并有进一步在西北地区建立所谓"回回国"的企图。[①] 日本侵略者的挑拨、分裂和蚕食策略，使中华民族面临民族分裂、山河破碎、国家危亡的空前危机。

1936 年 12 月 12 日，"西安事变"爆发。由于中国共产党的积极调解，事件得以和平解决，以国共合作为基础的抗日民族统一战线基本形成。次日，中国共产党就果断发表宣言，提出全民抗战主张，在全国各界引起热烈反响。在中国共产党抗日民族纲领和政策的感召下，各民族大批有志青年纷纷奔赴延安和其他抗日根据地。

一贯重视干部教育的中国共产党人，面对组织抗日民族统一战线以实现各民族共同抗战的需要和纷纷而来的各地、各民族有志青年，作出了建立并扩大各种干部学校，培养大批抗日干部的决策。因而，在中国共产党领导的抗日革命根据地尤其是延安，出现干部教育大发展局面：1937 年 8 月成立陕北公学，1938 年成立鲁迅艺术学院，1939 年成立华北联合大学和主要培养妇女干部的中国女子大学，1940 年成立培养科学技术干部的自然科学院和中国医科大学，1941 年成立军事学院等。据统计，延安地区干部学校最多时达到 10 余所。[②] 延安的干部学校，其培养任务有大致分工，其中就有一所主要培养各少数民族抗日干部的学校——延安民族学院。

一　延安民族学院的诞生

有研究者考证，"中国共产党有计划地培养少数民族干部，是从 1937 年在中央党校开办少数民族班开始的，主要是培训随红军长征到延安的藏、彝、苗族学员和西北地区的少数回族学员"[③]。1941 年春，随着来延安的各民族青年的增加，中共中央在陕北公学设民族部。1941 年 9 月，

---

① 参见甘旭岚《抗战时期延安民族学院的创立及其变迁》，见于李福珊等编《少数民族史及史料研究·三》，德宏民族出版社 1998 年版，第 201 页。

② 参见曲士培《中国大学教育发展史》，北京大学出版社 2006 年版，第 292 页。

③ 参见甘旭岚《抗战时期延安民族学院的创立及其变迁》，见于李福珊等编《少数民族史及史料研究·三》，德宏民族出版社 1998 年版，第 202 页。

又在陕北公学民族部的基础上成立延安民族学院，校址在延安大砭沟（文化沟）。开办时由当时中共中央西北局书记高岗兼任院长，副院长高克林，总支书记刘景平，教育处处长乌兰夫；学员主要来自原陕北公学民族部和中央党校藏彝青年班共 200 余人，"有汉、满、蒙、回、藏、彝、苗、东乡八个民族。其中，蒙族占 40%，回族占 20%，藏族占 4%，苗族占 1%，彝族占 4%；曾经参加过革命斗争的占 30%；女生 32 人"。①1943 年，刘春接任院长。学院设教育、研究、干部、总务 4 处，其中研究处是在中共中央西北局民族问题研究室的基础上成立的，下设蒙、回、藏三个民族研究室，重点是对蒙古、回、藏三个民族的历史、现状、政治、经济、文化以及社会风俗等进行调查研究。

　　延安民族学院的教学单位是班。建校之初，根据学员的民族成分和文化水平，全院共编为一个研究班和五个普通班（到 1943 年夏季，研究班学员陆续分配工作后，只留下普通班，其中包括一个蒙族班和一个回族班）。各班学员划分为若干小组，一个小组约 8 人，是学员自学、生产劳动和生活的基本单位。修业年限最初规定六年，分三个学程进行，每个学程两年。全年教学时间九个月，生产劳动两个月，根据任务增减，寒暑假一个月。研究班学员的文化程度相当于高中或高中以上水平，学习的重点是政治理论课，主要有马列主义基础、哲学、政治经济学、科学社会主义、世界革命史、中国革命问题、民族理论与民族政策、统一战线理论和政策、党的建设和根据地建设等。各普通班重点开设三类课程，即文化课、政治课和少数民族语文课，还有不定期的关于民族问题、历史和政治方面的报告。文化课包括汉语文、自然常识、历史、地理、生理卫生、体育、音乐等；政治课包括社会发展史、中国革命运动史、马克思主义民族理论、党的民族政策、中国共产党的基础知识、时事和国际形势等。少数民族语文课设蒙古语文和藏语文课。在教学安排中生产劳动是一门重要的课程，实行在学习中生产，在生产中学习的教育原则。

　　学院还拟定了富有时代特征和民族特色的校歌，歌词为：

　　　　我们是各民族的优秀子孙，
　　　　我们是中国的真正主人。

---

　　①　见于曲士培《中国大学教育发展史》，北京大学出版社 2006 年版，第 320 页。

汉、满、蒙、回、藏、苗、彝，

亲密地团结在一起。

今天是各民族学习的伙伴，

明天是革命中战斗的先锋。

同志们，让我们携起手来，

高举起民族革命的旗帜，

迈步走向平等、幸福、各民族团结的新中国。①

1943 年 4 月，延安民族学院和鲁迅艺术学院、自然科学院、新文字干部学校一起并入延安大学，仍保留原有建制，实行单独领导。1944 年 4 月，根据西北局的决定，学院又从延安大学分出，部分学员迁到陕西定边，并于 7 月和三边师范、三边地委干训班合并为三边公学，但民族学院仍然保持原建制，院长由高岗兼任，刘春、王铎任副院长。1945 年 3 月，根据西北局的决定，学院的回族学员留在三边公学，蒙族学员随学院迁至内蒙古伊克昭盟城川继续办学，史称城川民族学院。1948 年末，学院并入当时设在吴起镇的三边分区干部学校。②

据有关研究者考证，从陕北公学蒙古青年队成立，到 1948 年民族学院撤销，共培养各民族干部以及从事民族工作的汉族干部 500 余人；其中延安时期 400 余人，计有蒙古族 150 余人、回族 60 余人、藏族 7 人、彝族 6 人、苗族 1 人、满族 37 人、汉族 140 余人。毕业学员中，有一批人后来担任了党政军重要领导职务，如杨静仁、天宝、王占清、何树声、布赫、云照光等。③

二　延安民族学院办学的特点

延安民族学院是中国共产党人创办的第一所少数民族干部学校，也是

---

① 参见曲士培《中国大学教育发展史》，北京大学出版社 2006 年版，第 320～321 页。

② 参见宗群《回顾与展望——从延安民族学院到中央民族大学》，见于《民族教育研究》1994 年第 2 期。

③ 参见甘旭岚《抗战时期延安民族学院的创立及其变迁》，见于李福珊等编《少数民族史及史料研究·三》，德宏民族出版社 1998 年版，第 203～204 页。

中国共产党人创造的一种新的民族教育形式。和历史上包括满蒙文高等学堂、蒙藏学校在内的民族教育机构一样，它以少数民族学生（学员）为主要培养对象，在教育内容方面注意突出民族特色——如开设民族语文、民族历史、民族理论与政策、民族经济和社会介绍等方面的课程。但它的主要的创新还在于：

第一，根据抗战的需要来办学。延安民族学院应抗战而生，也因抗战而办。无论是教育对象的选择，还是学制的设置，教育原则、教育内容、教育方式的确定，甚至于学校的校址的选择和建制的分合，全部适应抗战时期特殊的形势、条件，服从抗战的需要而定。这一点，从很大程度上决定了延安民族学院的其他特点。

第二，办学方式非常灵活，不拘一格。不像讲究程式化、体系化和统一性的普通学校，延安民族学院教育教学工作不拘泥于固定的内容和形式，学制可以调整，教育内容包括课程可灵活组合，教育方法上课堂讲授、报告会、学员自学、共同研讨、互相帮助等结合，教育过程与生产劳动、抗日斗争实践紧密联系等。这种灵活而实用的办学方式，有利于文化程度不一的学员按自己的条件和需要来学习。

第三，教育方式上要求理论联系实际，教育过程中注重实践性环节。理论必须联系实际，这是在 20 余年革命斗争中犯过多次主观主义、教条主义错误，历史教训惨痛而深刻的中国共产党人总结出来的宝贵经验。为了在今后的工作中避免类似错误，关于理论必须联系实际的要求贯彻于包括民族学院在内的所有根据地干部学校的教育方式中。罗瑞卿曾将其阐释为"每一抽象的概念的说明，都必须证之以具体的例证，每一具体的经验的讲述，应当引导向一定的原则"；在讲述任何革命理论时，"都必须特别注意到与当前中国革命运动相联系，以及与学生所切身经验过或者所能体贴到的许多实际工作实际斗争相联系"。[1] 因此，延安干部学校特别注意教材内容中理论和实际的统一，还经常邀请既有理论又有实际工作经验的有关领导兼任教员。对于连接理论和实际的实践性教育环节，学校尤其关注，经常组织学员到农村、部队、机关等进行实习甚至参加实际工作；而生产劳动则被列入教育计划而成为教育过

---

[1] 罗瑞卿：《抗大工作的检查总结与今后的方针》，见于《八路军军政杂志》第 1 卷第五期，1939 年 5 月发行。

程的必要环节。

　　第四，强调学生自主学习和互相研讨问题。在延安民族学院，师生之间的关系中没有传统学校里常见的师道尊严而趋于平等。课程设置、教材选编、教育活动的安排等均贯彻"少而精"原则，学生自主学习、自己思考和实践，以及共同研讨问题的时间相对较多，因而他们实际上已成为教育活动、学习过程中的主体，是自己学习的主人。

　　上述特点，使延安民族学院形成独具一格、富有生机、注重实效的民族干部教育方式，既相异于世纪初的满蒙文高等学堂、蒙藏学校，也区别于国统区的各类普通学校。这些特点——实际上也是延安干部学校的普遍特点之形成，既缘于当时的客观形势和条件的限制，但与中国共产党人尤其是其领袖人物毛泽东教育思想的影响密切相关。

三　毛泽东教育思想对延安民族学院的影响

　　延安干部学校包括延安民族学院富有生机和实效的干部教育方式之形成，凝结着已经走向成熟的中国共产党人的集体智慧和创新精神，尤其深受毛泽东教育思想的影响。

　　受五四新文化运动的影响，并从中国传统教育方式中汲取了精华，毛泽东在青年时代就初步形成了自己的教育思想。这在1921年他创立湖南自修大学时发布的《湖南自修大学宣言》及《湖南自修大学组织大纲》中有集中的表现。

　　对当时流行的"现代学校"和已遭废弃的传统书院，毛泽东均有比较理性的认识，认为"各有其可毁，也各有其可誉"。他肯定现代学校"研究的内容"，但批评其"坏的总根，在使学生立于被动，消磨个性，灭掉性灵，庸懦的随俗浮沉，高才的相与裹足。"对传统书院，毛泽东认为弊在内容，但其"师生的感情甚笃"、"自由研究"和"课程简而研讨周"的"研究的形式"，要"比学校优胜得多"。因此，自修大学"取中国古代书院的形式，纳入现代学校的内容"；在教育方法上"反对教员用灌注食物方式施教"，强调学生"自己看书，自己思索"和"共同讨论共同研究"；还提出"为破除文弱之习惯，图脑力与体力之平均发展，并求知识与劳力两阶级之接近，应注意劳动。本大学为达劳动之目的，还有相当之设备，如艺园、印刷、铁工等"①。

到抗战时期，历经多年军事和政治斗争锻炼，已成为中国共产党人公认领袖的毛泽东，对教育问题尤其是干部教育问题又有了政治和哲学层面的思考。作为政治家，他坚持教育要为政治服务，为革命和军事斗争服务。作为具有深厚的中国文化底蕴的马克思主义者，他在辩证唯物主义认识论的基础上对教育思想进行了重构，其中最突出的一点是"实践"理念的引入。

在其哲学名作《实践论》中，毛泽东从认识和实践的辩证关系出发，系统地阐述了实践对人的认识形成和发展的重要作用，认为实践是认识的来源，是检验真理的标准，是认识发展的动力。"实践、认识、再实践、再认识，这种形式循环往复以至无穷，而实践和认识之每一循环的内容，都比较地进到了高一级的程度。这就是辩证唯物论的全部认识论，这就是辩证唯物论的知行统一观。"②

在毛泽东的哲学视域里，教育如果脱离了实践就必然走向主观和客观、理论和实际、知与行的分离，导致主观主义、教条主义、本本主义的产生；而中国共产党人以往的失败，就在于忽视了实践这一连接主观与客观、理论与实际、知与行的关键性环节，路线、方针、政策的制定脱离了中国的国情和中国革命的实践，恰如"盲人骑瞎马"，失败在所难免。因此，在包括《改造我们的学习》、《整顿党的作风》、《反对党八股》等一系列的讲话和文章中，都可以看到他对马克思列宁主义的普遍真理要和中国革命实践相结合、理论要联系实际的阐释，和对主观主义、教条主义、本本主义等思想倾向的不遗余力的批评。

抗战期间，毛泽东的教育思想逐步渗透到延安乃至所有解放区的干部教育体系中。延安民族学院为抗战服务的办学宗旨，教育方式中对理论联系实际问题，教育要同生产劳动、革命斗争实践相结合问题的高度关注和强调，就证明了这一点。而从该校那灵活、简约，注重学生自主学习和共同研讨的教育方式中，还可以看出青年毛泽东对书院式教育方法的推崇。

---

① 毛泽东：《湖南自修大学创立宣言》，见于张腾霄《中国共产党干部教育研究资料丛书第一辑》，中国人民大学出版社 1988 年版，第 35～42 页。

② 毛泽东：《中国共产党在民族战争中的地位》，见于《毛泽东选集》（合订本），人民出版社 1967 年版，第 273 页。

四　延安民族学院的历史作用和意义

在中国教育史上，延安民族学院是第一所以民族学院命名的学校，是中国共产党在极其艰苦的形势和条件下创造并领导的一种新的民族干部教育形式。

延安民族学院的历史作用表现为：

（1）通过对各民族政治、军事干部的培养和输送，为在全国建立抗日民族统一战线，实现全民抗战起到了十分积极的作用；

（2）通过延续 8 年的办学，为新中国成立后党的民族政策的制定、宣传、落实和发展，为党的民族工作的推动和发展储备了人才。

从民族教育史的角度来说，延安民族学院的意义在于：它凝结了中国共产党人的集体智慧和毛泽东的教育思想，在极其特殊的社会历史条件下形成了一种富有中国特色而又灵活、实用、富有生机的民族干部教育模式。它的知行合一，学以致用，理论联系实际的教育理念，它对学习与实践、教与学之间关系的诠释，它的不拘一格的办学形式及教育教学方法等，在中国民族教育史上写下了崭新的一页，也为后来者提供了可资借鉴的榜样和经验。

五　本章小结

抗日战争时期，日本侵略者采取挑拨民族关系，建立民族伪政权等策略，妄图分裂中华民族，肢解中国领土并实行殖民统治。在国家和民族面临深重危机的时刻，以国共两党合作抗日为基础的抗日民族统一战线成立。因实现全民族抗战和对大批奔赴抗日根据地的各民族有志青年进行培训的需要，中国共产党在各根据地特别是延安，建立了以"抗大"为代表的一批以党政军干部培训为主要任务的干部学校，延安民族学院应运而生。

根据延安干部学校的大致分工，延安民族学院的主要任务是培训、培养少数民族抗日干部。在极其严峻的形势和艰苦条件下，延安民族学院坚持按照抗战的需要办学的方针，坚持教育与革命斗争实践相结合、教育与生产劳动相结合、理论联系实际、老师讲授和学生的自主学习、共同研讨相结合等原则，形成了一种富有生机、特色和实效的办学模式和教育方式。

　　同当时延安其他的干部学校一样，自诞生之日起，延安民族学院就体现了并不断实践着经过五四新文化运动的陶冶和艰苦的革命斗争磨炼的中国共产党人尤其是他们的领袖毛泽东对教育的理解和创新。

　　延安民族学院的意义，既在于它为实现全民族的抗日统一战线和夺取中国革命的胜利培养了一批少数民族干部，还在于作为中国共产党人创造的一种民族教育形式留下了可资后人借鉴的榜样和经验。

第三章 初创阶段的新中国民族学院
(1950～1956年前后)

1949年10月1日，中华人民共和国成立，宣告了中华民族一个新纪元的开始。当时中国共产党人面临的艰巨任务，就是在全国范围内实行社会主义改造，建立社会主义的新型生产关系，团结各族人民，大力发展社会生产力，建设一个统一、强大、繁荣的社会主义国家；其中，少数民族和民族地区的建设和发展更有其特殊性和艰巨性。

新中国成立初期，全国约4.5亿人口，其中少数民族人口3000余万。由于历史和现实、自然条件和生产方式等多方面因素的限制，少数民族和民族地区的经济和社会发展极不平衡。在生产方式上，各少数民族中"既有精耕细作，也有广种薄收，甚至刀耕火种。有的少数民族长期从事渔业和狩猎，而辅之以粗放的农业和畜牧业，如赫哲族、鄂伦春族、鄂温克族、京族等；有的长期从事畜牧业，如哈萨克族、柯尔克孜族、塔吉克族、裕固族以及部分蒙古族和藏族等；有的从事粗放的农业不足以维持生活的，还兼事渔猎和采集，如独龙族、珞巴族、怒族、佤族、傈僳族和部分苗族、瑶族等"。许多少数民族现代工业一片空白，"有些甚至还没有完成畜牧业和农业、农业和手工业的分工"[1]。据1949年统计，占国土面积60%以上的少数民族地区，工业总产值只占全国工业总产值的3.8%。[2] 帮助经济发展滞后的少数民族和民族地区发展社会生产力，消灭因经济差距而形成的"事实上的不平等"，实现跨越式发展而进入社会主义社会，是新中国面临的一道难题。

与经济发展水平的差异性相应，当时各少数民族的社会发展程度也极不平衡，大约有包括回、满、壮、维吾尔、苗等三十几个民族在内的

---

[1] 见于黄光学主编《中国当代民族工作（上）》，当代中国出版社1993年版，第3～4页。

[2] 参见黄光学主编《中国当代民族工作（下）》，当代中国出版社1993年版，第4页。

约 2500 万人口的地区还保持着封建地主土地占有制度，有包括藏族、傣族等少数民族在内的 350 万人口的地区还保持着封建农奴制度，有包括大小凉山彝族在内的 80 万人口的地区还保持着奴隶制度；此外，还有云南边疆的傈僳、景颇、独龙、怒、布朗等民族，内蒙古的鄂伦春、鄂温克人，黑龙江的赫哲人，海南岛的一部分黎族等约 60 万人口的地区保持着浓厚的原始公社制度的残余。① 旧的生产关系极大地束缚着各民族人民群众的身心，逐步调整、改造和革除之，是解放那里社会生产力的前提和条件。

在旧中国，由于少数民族和民族地区经济及社会发展总体滞后，民族教育的发展也很不平衡。既存在原始社会形态的教育（如以狩猎为生的鄂温克族，尚无学校，儿童教育在家庭中进行），也存在奴隶制社会形态的教育（如四川凉山彝族尚停留在奴隶社会阶段，教育以格言、谚语、家谱为内容，而且是奴隶主的特权），还存在封建社会形态的寺院教育（如藏族、蒙古族的喇嘛寺庙，傣族小乘佛教的缅寺，维吾尔族、回族的清真寺中的教育），同时在一些少数民族（如朝鲜族、新疆南疆地区维吾尔族、哈萨克族、回族、蒙古族等）中近代学校教育也有所发展。② 总的来说，绝大部分少数民族地区学校很少，群众得不到受教育的机会，很多少数民族和民族地区人口中，文盲占绝大多数。有些少数民族，如傈僳族、布朗族、怒族、佤族、鄂伦春族、鄂温克族等民族没有自己的文字，也没有学校，人们刻木以记事，结绳以计数。在一些全民信教的少数民族或民族地区如藏族、蒙古族牧区，西北的回族、维吾尔族、乌兹别克族、塔塔尔族、东乡族、撒拉族等民族聚居区，教育主要为宗教寺庙所办，识字人口十分有限。凉山彝族地区，占人口绝大多数的奴隶和其他劳动人民，完全被剥夺受教育的权利。直到新中国成立之前，内蒙古地区只有 16 所中学、1600 所小学；宁夏学龄儿童入学率只有 10%；青海全省只有 29 所小学、1000 多名学生；西藏在和平解放前，近代教育尚未起步。③

---

① 参见《十年民族工作成就（1949～1959）》，民族出版社 1960 年版，第 46、18、30 页。

② 中国教育年鉴编辑部：《中国教育年鉴（1949～1981）》，中国大百科全书出版社 1984 年版，第 401 页。

③ 参见黄光学主编《中国当代民族工作（下）》，当代中国出版社 1993 年版，第 314～315 页。

少数民族和民族地区文化教育发展的滞后，严重地制约着那里的经济和社会发展进程和水平，是建设繁荣、富强的多民族统一的社会主义新国家的巨大障碍。

除了各民族之间经济、社会和教育发展不平衡问题之外，新中国面临的还有一个民族关系问题。从某种意义上说，民族关系问题是一个比经济和社会发展水平差异更复杂、微妙、深刻因而更难解决的问题。因历史上曾经有过的民族冲突、大汉族主义和对少数民族的歧视，以及少数反动分子别有用心的宣传、挑拨等，新中国成立初期各民族之间特别是汉族和一些少数民族之间，存在不少误解、隔阂和矛盾，有的甚至导致民族关系紧张。在各民族一律平等、互相尊重的基础上消除这些误解、隔阂和矛盾，建立国内各民族团结和谐，互相支持，共同发展的新型的社会主义民族关系，是建设强大、繁荣和统一的社会主义国家不可缺少的政治条件。新中国的诞生，摧毁了历史上造成民族歧视、民族压迫、民族剥削和民族仇恨的上层建筑，为实现各民族的平等、团结、互助创造了条件。马克思主义的民族理论，为合理地解决国内民族问题提供了科学的思想武器。但民族关系问题的复杂性、敏感性尤其是产生这些问题的深层历史原因的存在，决定了建立新型的社会主义的民族关系任务艰巨，尚需时日。正如毛泽东所说的，"历史上的反动统治者，主要是汉族统治者，曾经在我们各民族中间制造种种隔阂，欺负少数民族。这种情况所造成的影响，就在劳动人民之间也不会很快消除。"①

在新中国成立前夕的1949年9月21日至30日，中国人民政治协商会议在北平召开，各民主党派、人民团体，各界爱国人士，各少数民族正式代表、候补代表和特邀人士等662人参加了会议，通过了具有临时宪法性质的《中国人民政治协商会议共同纲领》（以下简称《共同纲领》）。《共同纲领》除序言外，分为总纲、政权机关、军事制度、经济政策、文化教育政策、民族政策、外交政策共7章60条，对新中国的国体、政体、政权组织形式、各项基本政策和公民的基本权利和义务等重大问题作出了规定，在中国宪政史上有着重要的历史意义。《共同纲领》总纲第九条明确规定："中华人民共和国境内各民族，均有平等的权利和义务。"在第

---

① 毛泽东：《论十大关系》，见于《毛泽东著作选读》（下册），人民出版社1986年版，第732页。

六章，则将新中国的民族政策归纳为四条：

"第五十条　中华人民共和国境内各民族一律平等，实行团结互助，反对帝国主义和各民族内部的人民公敌，使中华人民共和国成为各民族友爱合作的大家庭。反对大民族主义和狭隘民族主义，禁止民族间的歧视、压迫和分裂各民族团结的行为。

第五十一条　各少数民族聚居的地区，应实行民族的区域自治，按照民族聚居的人口多少和区域大小，分别建立各种民族自治机关。凡各民族杂居的地方及民族自治区内，各民族在当地政权机关中均应有相当名额的代表。

第五十二条　中华人民共和国境内各少数民族，均有按照统一的国家军事制度，参加人民解放军及组织地方人民公安部队的权利。

第五十三条　各少数民族均有发展其语言文字、保持或改革其风俗习惯及宗教信仰的自由。人民政府应帮助少数民族的人民大众发展其政治、经济、文化、教育的建设事业。"①

1952 年 2 月 22 日政务院第 125 次政务会议通过，8 月 8 日中央人民政府委员会第 18 次会议批准的《中华人民共和国民族区域自治实施纲要》，将《共同纲领》中有关民族区域自治的条款进一步具体化，为中国民族区域自治制度的实施提供了操作性依据。

然而，在百废待兴的新中国成立初期，制定《共同纲领》、《自治纲要》仅仅是个开端，将它的理念、精神、方针、政策等转化为全国人民尤其是少数民族和民族地区人民群众的共识和行动，才是困难和关键之所在。对此，已经在长期的革命斗争实践中积累了丰富经验的中国共产党人和他们的领袖们，自有其深谋远虑的战略思考。举办民族学院，培养各民族政治干部和专业技术人才，就是他们战略考量和决策的重要结果。

"政治路线确定之后，干部就是决定的因素。"② 这是毛泽东的一句名言。毛泽东还有一句曾经广为传颂的话："我们共产党人好比种子，人民好比土地。我们到了一个地方，就要同那里的人民结合起来，在人民中间

---

① 见于《人民日报》，1949 年 9 月 30 日。

② 毛泽东：《中国共产党在民族战争中的地位》，见于《毛泽东选集》（合订本），人民出版社 1967 年版，第 492 页。

生根、开花。"① 毛泽东的这两句话，仿佛是对中国共产党人夺取中国革命胜利的基本方略的诠释：制定正确的政治路线，然后培养、造就成千上万理解党的政治路线并善于做群众工作的干部，将他们派往广大的农村，以星火燎原之势建立革命根据地，组织起浩浩荡荡的人民（主体是农民）革命军，以农村包围城市，用武装夺取政权。在这里，正确的政治路线的制定是夺取胜利的前提，而培养干部则是取得成功的关键；如果没有大批的革命干部，就不会有革命的运动。

如果说政治干部的主要作用是组织人民群众变革旧的生产关系及其上层建筑，为解放社会生产力创造条件的话，那么，专业技术人才尤其是技术人才的作用，则主要是推动生产力发展。因为，构成社会生产力的核心、关键性因素是劳动者，培养和造就越来越多的专业技术人才，提高劳动者的整体素质水平，就是培养和发展社会生产力。

以马克思主义为指导思想和理论基础的中国共产党人，深谙社会生产力和生产关系、经济基础和上层建筑之间的这种辩证关系。而在多年浴血奋斗中积累的丰富经验，使他们更懂得如何将抽象的理论转化为实际的方针、政策和措施。新中国诞生不久，毛泽东就看到了培养少数民族干部在解决国内民族问题、建设多民族统一国家方面的重要性和急迫性。1949年 11 月，他在给彭德怀和西北局的指示中指出："一切有少数民族存在的地方的地委，都应办干部训练班，或干部训练学校。""要彻底解决民族问题，完全孤立民族反动派，没有大批从少数民族出身的共产主义干部，是不可能的。"② 在 1950 年 6 月的一次讲话中，他又强调："没有群众条件，没有人民武装，没有少数民族自己的干部，就不要进行任何带群众性的改革工作。"③ 1951 年 5 月，毛泽东再次指出："政治、经济、文化、宗教等项固有制度的改革以及风俗习惯的改革，如果不是出于各民族人民以及和人民有联系的领袖们自觉自愿地去进行，而由中央人民政府下命令强迫地去进行，而由汉族或他族人民中出身的工作人员生硬地强制地

---

① 毛泽东：《关于重庆谈判》，见于《毛泽东选集》（合订本），人民出版社 1967 年版，第1060 页。

② 金炳镐主编：《民族纲领政策选编》（第二编），中央民族大学出版社 2006 年版，第 419页。

③ 同上书，第 421 页。

去进行，那就只会引起民族反感，达不到改革的目的。"① 对培养民族干部问题频发指示，一再强调，表明雄才大略的毛泽东深知这是解决民族问题的关键所在。

在党和国家的民族工作中，少数民族干部的优势在于：他们和少数民族和民族地区有着天然的血缘联系和文化纽带，对那里的生产和生活方式包括宗教习俗等有着深刻的了解和理解，掌握着开启各民族文化和心灵之锁的钥匙（包括各民族语言及其特有的表达方式），更容易被各民族群众接受、认同。他们的这种优势，是非少数民族包括非本民族的干部难以具备的，因而其作用不可取代。对这一点，曾在 20 世纪 50 年代初任西南军政委员会副主席兼西南民委会主任、西南民族学院院长的王维舟有过论述："培养少数民族干部是党和国家解决国内民族问题的一项重要政策，少数民族干部的作用，是其他干部代替不了的。因为他们最知道本民族的情况，熟悉本民族的特点，通晓本民族的语言，了解本民族人民的愿望和要求，把他们培养成才，就可顺利地开展民族工作，为今后实行民族区域自治准备了最基本的条件。"②

关于培养少数民族干部在民族工作尤其是在少数民族和民族地区经济和社会发展中的重要地位和特殊作用，国家民委原副主任陈虹女士曾代表民族工作领导机关做过更全面、系统的总结："培养选拔少数民族干部工作是关系党和国家全局的具有战略意义的重要工作。少数民族干部来自群众，是党和国家联系各族群众的桥梁和纽带。他们了解本民族的历史和现状，懂得本民族的语言文字，熟悉本民族的生产、生活和风俗习惯，在不同范围内具有一定的影响力和号召力，能够在某些方面发挥其他民族干部不可替代的作用：

其一，培养民族干部，可以保证党和国家大政方针在民族地区的贯彻执行。党和国家的大政方针是行动的指南，这些大政方针需要通过各民族干部的行动转化为民族地区的实践，转化为广大少数民族群众的具体行动。民族干部一方面可以及时地把本民族人民的要求和愿望反映给党和政

① 金炳镐主编：《民族纲领政策选编》（第二编），中央民族大学出版社 2006 年版，第 454 页。

② 参见西南民族学院院史编辑室《西南民族学院院史（1951～1991）》，四川民族出版社 1991 年版，第 4 页。

府，另一方面，民族干部特别是各级领导岗位上的民族干部，肩负着向少数民族群众宣传党的路线、方针、政策和发动、带领群众进行社会主义现代化建设的重大责任。

其二，培养少数民族干部，才能更好地体现各民族人民当家做主。在中国，一切权力属于人民，但是人民并不都直接管理国家，而是通过选举自己的代表，通过各级国家机关及其工作人员行使管理的职权。培养选拔少数民族干部，让他们在各级政权机关中参与国家的管理，就能充分反映少数民族人民群众的愿望和要求，维护少数民族的合法权益，体现各民族在政治上的平等。

其三，培养使用少数民族干部是实现、巩固和完善民族区域自治的关键。民族区域自治是中国解决民族问题的基本政策，也是国家的一项重要政治制度。民族自治地方由各民族的代表进行管理，并且必须有少数民族的公民任自治机关的负责人，其中行政首脑法定由实行自治的民族担任。少数民族干部正是这种自治权利的体现者和行使者。因此，要实现民族区域自治，加强民族自治地方的政权建设，就必须加强少数民族干部队伍建设。

其四，培养民族干部，对维护社会稳定和国家统一，保证中华民族大团结和社会主义事业顺利发展意义重大。民族干部在加强民族团结方面具有特殊重要的作用，正如江泽民同志指出的：'只要我们有一批具有马列主义水平，有高度的政治觉悟，又有很好的文化科学知识的少数民族干部，在处理民族和宗教问题时就会顺利得多。'少数民族干部是本民族的代表，其一言一行对本民族群众有很大的影响作用。所以，民族干部坚定地维护国家统一和民族团结，就能更好地促进群众之间的团结。对属于人民内部矛盾的各民族之间的冲突，少数民族干部出面调解处理，会有助于问题的更好解决。在维护祖国统一和民族团结方面，少数民族干部有着汉族干部不可替代的特殊作用。

其五，培养民族干部，才能推动民族地区的改革与发展。在改革开放的新时期，必须致力于民族地区加快发展、缩小民族地区与发达地区之间的差距，以实现整个国家的协调发展，促进各民族共同繁荣。然而，要实现这一光荣而艰巨的历史任务，除了国家的大力帮助和兄弟民族的支援外，关键是靠大批有强烈事业心的少数民族干部团结带领本民族群众自力更生，艰苦奋斗。没有高素质的人才，就不可能改变民族地区的现状，民族地区经济就不会得到较快发展。从这个意义上说，培养少数民族干部和各类人才关系到民族地区乃至整个国家现代化事业的进程。"[1]

新中国成立初期少数民族和民族地区的社会改革和经济发展的迫切需要，少数民族干部在党和国家民族工作中的不可取代的地位和作用，中国共产党人尤其是他们的领袖们对培养民族干部的深刻认识和高度重视，以及以往干部教育包括延安民族学院在培养少数民族干部方面所提供的样板作用和历史经验，促成了新中国民族学院的诞生。

一　新中国民族学院的诞生

在新中国成立刚满周年的 1950 年 11 月 24 日，中央人民政府政务院第六十次会议批准了《培养少数民族干部试行方案》（以下简称《方案》）和《筹办中央民族学院试行方案》。

《培养少数民族干部试行方案》对举办民族学院的目的、任务、培养对象、教育内容等作了全面、系统的阐述和安排。《方案》指出，"为了国家建设、民族区域自治与实现共同纲领、民族政策的需要，从中央至有关省县，应根据新民主主义的教育方针，普遍而大量地培养各少数民族干部"；建校的具体安排是"在北京设立中央民族学院，并在西北、西南、中南各设立中央民族学院分院一处，必要时还可以增设……各有关省份设立民族干部学校"；教育内容"应以中国历史与中国现状（包括中国各民族的历史与各民族社会经济情况等），中国人民政治协商会议共同纲领，民族问题与民族政策，毛泽东思想与马列主义理论为长期班政治课的基本内容。短期班依此方向，规定当前实际工作需要的具体内容"；还要求"中央民族学院及其分院均应设立关于少数民族问题的研究室"。[2]

《筹办中央民族学院试行方案》则对中央民族学院的任务、办学形式与层次、学制、培养对象、教学方法、领导体制等具体事宜提出了操作性的安排和要求。[3]

---

①　见于《中国民族工作五十年（1949～1999）》，民族出版社 1999 年版，第 9 页。

②　金炳镐主编：《民族纲领政策选编》（第二编），中央民族大学出版社 2006 年版，第441～442 页。

③　同上书，第 443～444 页。

　　根据上述安排和要求，新中国首批民族学院建校：

　　1950年8月，经当时的西北军政委员会申报、中央人民政府批准，在"西北人民革命大学兰州分校第三部"的基础上成立了西北民族学院——新中国最早成立的民族学院。

　　1951年，经贵州省政府请示、西南军政委员会批准，贵州民族学院在贵阳成立。5月17日，该校举行首届新生开学典礼。

　　1951年，经政务院批准，西南民族学院在四川成都建立。6月1日，该校举行首届新生开学典礼。

　　1951年6月11日，中央民族学院举行首届新生开学典礼，标志着该校在北京诞生。

　　1951年8月1日，根据西南军政委员会的安排，云南民族学院在昆明成立。

　　1951年，中南军政委员会批准在武汉建立中央民族学院中南分院。11月29日，该校举行首届新生开学典礼。1952年11月，中南分院更名为中南民族学院。

　　1952年，中央民族学院广西分院在南宁建立。3月19日，该校举行首届新生开学典礼。1953年2月，该校更名为广西省民族学院。

　　1956年9月20日，经国务院批准，青海省将青海民族公学改建为青海民族学院。至此，新中国民族学院已有8所。这8所民族学院，在全国大致形成既有分工，又有合作的少数民族干部教育体系，确定了中国民族院校的基本布局。

二　民族学院的基本任务

　　关于民族学院的基本任务，《培养少数民族干部试行方案》中有非常简练的概括：开办"政治训练班，培养普通政治干部为主，迫切需要的专业技术干部为辅"。[①] 这一规定，在整个20世纪50年代尤其是前期一直为各民族学院所遵循，并在专业设置、办学层次与形式、教育模式等方面充分体现；在此后的很长一段时间内，也影响着民族学院的发展。

　　在《筹办中央民族学院试行方案》中，政务院对中央民族学院的办

---

　　① 金炳镐主编：《民族纲领政策选编》（第二编），中央民族大学出版社2006年版，第441页。

学宗旨和所承担的任务作了更明确、具体的规定："一、为国内各少数民族实行区域自治以及发展政治、经济、文化建设培养高级和中级干部。二、研究中国少数民族问题,以及各少数民族的语言文字、历史文化、社会经济,宣传并介绍各民族的优秀历史文化。三、组织和领导关于少数民族方面的编辑和翻译工作。"① 这三条规定,尤其是前两条,虽然是针对中央民族学院的,但实际上为所有民族学院所遵循,而且也对其教学、科研工作的开展与发展产生了深远的影响。

各地方政府或主管部门,也对民族学院承担的任务提出了具体要求。

1951 年 5 月,当时的西北局和西北军政委员会对西北民族学院的办学、教学方针作出决定:"培养忠实于劳动人民事业的少数民族干部,以短期训练为主,六个月一期;同时长期培养一批青年,时间可由三年到五年;至于各种专业训练班,只能是短期训练后的短期业务训练,按学院的实际情况与各该托办机关商定,经西北军政委员会批准开办"。②

1951 年 5 月,中共云南省委对云南民族学院的办学方针和任务也作了明确的指示:云南民族学院是为解决云南民族问题而创办的。学院的办学方针是,培养本省各民族的政权工作及经济、文化、教育、建设的干部,并提高其政治觉悟和文化水平,使之成为执行民族政策的可靠干部;任务是,学习共同纲领的民族政策和研究本省少数民族问题,使民族形式与新民主主义的内容获得适当的结合。③

1953 年 6 月,西南民族干部教育工作会议在《会议纪要》中对西南民族学院办学任务作的规定是:"应将主要力量置于轮训川、康两省在职干部及经过初步训练,具有深造条件的学员,对他们施以较长的（一年或两年）政治、文化教育;其次吸收一批少数民族知识分子和具有高中文化程度、政治纯洁的汉族青年学习藏、彝语文,以培养语文翻译及民族地区小学师资;有计划地训练川、康及云南藏、彝两族上层人物（包括在职上层在内）"。④

---

① 金炳镐主编:《民族纲领政策选编》（第二编）,中央民族大学出版社 2006 年版,第 443 页。

② 《西北民族学院大事记（1950~1984）》,1985 年印刷,第 15 页。

③ 《云南民族大学 55 年》,云南民族出版社 2006 年版,第 37~38 页。

④ 西南民族学院院史编辑室:《西南民族学院院史（1951~1991）》,四川民族出版社 1991 年版,第 17 页。

归纳起来，民族学院的任务大致为两项。

（一）培养各民族人才

本阶段，民族学院承担的人才培养任务大致可分为以下四类。

1. 各民族政治干部

根据《培养少数民族干部试行方案》"培养普通政治干部为主，迫切需要的专业技术干部为辅"的要求，本阶段民族学院的中心任务，就是培养少数民族政治干部。

从办学的实际情况来看，这里所说的"政治干部"，是与"专业技术干部"相对而言的，其内涵应比狭义的"思想政治工作干部"宽泛，既包括思想政治干部，也包括行政干部、司法干部、管理干部等。各民族学院创建后开办的各种培训班、训练班——如军政干部班、政治班、司法班、妇女干部班、研究班、生产班、民族政策班等，以及中央、西北民族学院开办的相关的本专科专业，以及其他民族学院所办的预科的有关班次，均可归于这宽口径的"政治干部"范围。

2. 各民族专业技术人才

各少数民族和民族地区政治改革、政权建设包括实行民族区域自治等，迫切需要大批专业技术人员以支持其各项专门业务的开展；各民族经济、文化等方面的建设和发展，也急需技术人才的支持。各民族学院此阶段开办的师范班、畜牧兽医班、医务班、助产班、文艺班、铁道先修班、护士班、财会班、妇幼卫生班、体训班乃至拼音文字方案推行班等，承担的就是这类任务。

3. 各民族语言文字翻译人才

如中央民族学院开办的藏文班、语文班；西北民族学院初创时期先后举办过汉语班、维语班等；西南民族学院举办的两年制的民族语文（藏、彝语文）班；广西民族学院举办壮文、瑶文班；云南民族学院开办傣语、傈僳语、哈尼语、拉祜语等民族语文班等，除培养党政干部外，都兼有培养各民族语言文字翻译人才的任务。

4. 少数民族和民族地区民族、宗教上层爱国人士

《筹办中央民族学院试行方案》关于短期军政干部训练班的招收对象包括"县以上范围内的爱国民主人士"，还特别强调"对个别民主人士如

不适于一般的训练方式，可采取较为灵活的教学方法，并缩短训练期限。"① 西北民族学院 1952 年 10 月招收的民族宗教上层人士专班，西南民族学院 1953 年举办的西康、四川民族上层人士班（政治科一班），云南民族学院 1952 年举办的民族研究甲班等，都是根据这一任务的要求举办的。

（二）开展民族问题研究

《培养少数民族干部试行方案》第六条提出："中央民族学院及其分院均应设立关于少数民族问题的研究室，中央民族学院并应负责研究少数民族的语言文字、历史文化和社会经济等，组织和领导这方面的出版著作，以及各民族文字翻译马列主义、毛泽东思想的各种文献及其他应用书籍。"《筹办中央民族学院试行方案》将中央民族学院研究任务表述为："研究中国少数民族问题，以及各少数民族的语言文字、历史文化、社会经济，宣传并介绍各民族的优秀历史文化。"② 在西北民族学院成立之前，西北军政委员会在《筹办西北民族学院计划草案》中就提出要"从目前西北各民族区域自治的各项实际出发，结合学生和各族人民的需要，对西北各民族的历史和目前各民族地区的政治、经济、文化建设的情况与回顾，进行系统的整理和深刻的研究，提出意见，供学校民族政策课教学和领导机关决定政策时参考。"③

1941 年延安民族学院建校时，研究处就是和教育、干部、总务并列的处室之一。新中国民族学院建校之初也沿袭这一建制，表明中国共产党对民族问题调查研究的一贯重视。

三　民族学院的办学形式及规模

在两个试行方案的指导下，各民族学院根据国家民族工作的部署和需

---

① 金炳镐主编：《民族纲领政策选编》（第二编），中央民族大学出版社 2006 年版，第 443 页。

② 同上书，第 442～443 页。

③ 西北民族大学校史编写委员会：《西北民族大学校史》（第二卷），甘肃民族出版社 2010 年版，第 31 页。

要，从少数民族和民族地区的实际出发，积极探索民族干部教育的规律和特点，迅速组建教职工队伍，形成以干部培训为主的办学体系，教育事业发展迅速。

一经建校，各民族学院即以短期培训为主要办学形式，投入到少数民族干部培养和输送的急迫任务中。到 1956 年前后，各校均已开办过多种干部培训班次。如：中央民族学院先后开办了军政干部培训班、文化班、政治研究班、马列主义研究班、教育行政培训班以及多种民族语文培训班；西北民族学院开办了政治班、军政班、司法班、妇女干部班、师范班、畜牧兽医班、医务班、助产班、文艺班、铁道专业先修班、护士训练班等；西南民族学院举办了政治班、司法班、检查班、农学班、畜牧班、师资班、民族语文班等；中南民族学院举办了政治班、司法班、研究班、教育行政干部班、农业会计班、文化班、民族语文班等班次；广西民族学院举办了行政干部训练班、文化班、农林班、财务班、财经班、生产班、教师班等；云南民族学院举办过政治训练班（根据文化程度分一、二、三班）、政策研究（甲、乙）班、民族上层人士班、民族语文班等；贵州民族学院举办普通干部政治班、民族政策研究班、政治班、文化班等。

本阶段，除以干部培训班作为主要的办学形式外，中央、西北民族学院还开办有一些学制不甚规范的本专科教育班次。《筹办中央民族学院试行方案》规定，中央民族学院"目前先行设立军政干部训练班，本科政治系与语文系"，"本科政治系以二年时间（水平较低者先入预科半年或一年）培养各民族的革命骨干"，"语文系招收高中毕业以上的志愿作少数民族工作的汉民族学生及有相当学历的少数民族学生，专修各少数民族语文，两年毕业。"① 据此，1952 年 10 月，中央民族学院建语文、政治两系。语文系是在 1951 年 5 月为西藏和平解放而开办的第一个藏语班和当年 9 月开办的语文班，以及院系调整时从北京大学东方语言文学系转来的藏语班、维语班的基础上建立起来的，下分藏、维吾尔、壮、苗等语种，既实行本专科学历教育，也开展非学历的短期培训。政治系的前身则是1951 年开办的第一期军政干部训练班，建系后保留军政干部训练班教育，

① 金炳镐主编：《民族纲领政策选编》（第二编），中央民族大学出版社 2006 年版，第443～444 页。

同时设宽口径的政治理论专业，建系当年招专科生，次年试办本科。1956年，又在研究部的基础上建历史系。校史资料表明，该校当时业已确定的发展方向是"多学科性的高等学校。"①

1951年初，西北民族学院将当时的教学单位归并为军政干部训练班、政治系、语文系、预科四部分（单位），和本（专）科、预科、干部训练班三大教学系统。同年3月，该校开办语文系，设蒙古文、藏文、维吾尔文三个专业，主要培养翻译干部，学制三年；开办政治系，设政治专业，主要培养政工干部，学制两年。1952年9月，根据西北民委转来中央人民政府司法部和民族事务委员会关于开设司法干部训练班的来函，学校决定开办司法系司法专业，学制二年。1954年，改司法系为法律系，学制也由原来的二年改为三年。1954年8月，受甘肃省教育厅委托举办师范科，培养蒙古族地区小学师资，学制三年或四年。上述专业班次中，凡委托举办者如司法、师范专业（科），其学员主要由各地有关部门推荐，其他专业班次则由学校从各地推荐来的学员包括干训班学员和预科学生中按本人志愿和文化程度经考试选拔并分系编班。1954年秋，该校语文系参加全国高等学校统一考试招生，下设三专业的学制也从二年级起由三年延长至四年，就已成为比较规范的本科教育了。②

因此前的延安民族学院实行的是非学历教育，中央和西北民族学院此时的本专科教育规模虽小，但在中国民族院校发展史上却是兴办正规高等教育之始，具有标志性意义。

在民族学院的办学体系中，预科也是很重要、有特色的组成部分。

根据2002年版《辞海》的解释，"中国1902、1903年的学制，设独立预科；1912年的学制，预科属于大学；1922年的学制，不设预科。"③在中国近现代教育史上，1902年清廷颁布的学制习称"壬寅学制"，是中国第一个具有学校系统的"新教育"制度，其中在京师大学堂之下首设

---

① 参见荣仕星主编《中央民族大学五十年》，中央民族大学出版社2001年版，第17～18、174页。

② 参见西北民族学院校史编写委员会《西北民族学院校史》，甘肃民族出版社2000年版，第16～18页。

③ 夏征农主编：《辞海（缩印本）》，上海辞书出版社2002年版，第2089页。

预科教育层次——在管学大臣张百熙所拟《钦定学堂章程》中称"预备科"，[①] 意为京师大学堂之预备教育，学制三年。1903 年，"壬寅学制"为"癸卯学制"所取代。与"壬寅学制"不同，"癸卯学制"在中等实业学堂、高等实业学堂、大学堂本科之前均设预科作为预备教育。[②]"癸卯学制"自 1903 年颁布一直沿用至 1911 年清廷覆灭，1908 年成立的满蒙文高等学堂所设预科应属于当时高等学堂学制之通例。辛亥革命之后，临时政府于 1912 年颁布"壬子·癸丑学制"，预科成为甲种实业学校、高等专门学校、大学的内设学制（学制一般三年），因而 1918 年成立的蒙藏学校也设置了预科。延安民族学院未设预科。但新中国民族学院则大都在建校时即沿用预科学制。例如：中央民族学院 1953 年 1 月开办预科，1956 年分设为预科一部、预科二部；[③] 西北民族学院 1951 年即开办预科；[④] 西南民族学院 1952 年招收第二期学生开始就开办预科；[⑤] 中南民族学院开始称为文化班，1955 年更名为预科；[⑥] 贵州民族学院于 1955 年开办预科（设初中、高中部）。[⑦]

　　晚清和民国初年预科的基本性质，是较高层次专业、专门教育的预备教育。新中国初建时民族学院的预科，则除预备教育之外，兼有文化补习班性质，学制不像晚清和民国颁布的学制那样规整——真正成为和本专科专业教育对接的规范化的预科要到 20 世纪 80 年代初。预科招收的主要对象，是暂时达不到相应文化程度或汉语程度较差甚至不懂汉语的少数民族学员，一般按学生的文化程度编班；补习文化的主要目的是为下一步的正规培训或较高层次教育打基础、作准备。学生结业后的去向，有的进入程

---

　　① 璩鑫圭、唐良炎主编：《中国近代教育史资料汇编·学制演变》，上海教育出版社 2007 年版，第 241 页。

　　② 参见曲士培《中国大学教育发展史》，北京大学出版社 2006 年版，第 225 页。

　　③ 参见阿拉江《中央民族大学预科部历史沿革》，见于《预科教育 50 年》，民族出版社 2003 年版，第 21 页。

　　④ 参见西北民族大学校史编写委员会《西北民族大学校史》第一卷，甘肃民族出版社 2007 年版，第 13 页。

　　⑤ 参见西南民族学院院史编辑室《西南民族学院院史（1951～1991）》，四川民族出版社 1991 年版，第 14 页。

　　⑥ 参见中南民族大学校史编纂委员会《中南民族大学校史（1951～2011）》，湖北长江出版集团、湖北人民出版社 2011 年版，第 12 页。

　　⑦ 参见贵州民族学院办公室《贵州民族学院》，华夏文化艺术出版社 2001 年版，第 118 页。

度较高的培训班（包括研究班）或校内外的本专科教育——如中央民族学院规定预科的培养目标，就是"为升本院政治系本科或其他大学、中等技术学校补习文化"①，也有直接参加工作的。因各民族学院生源地文化教育发展水平不一，学生的文化程度差异较大，开设的班次从小学、初中到高中都有。西北民族学院的预科，分甲、乙、丙三个班，学员多为初中以下文化程度者，主要进行速成式的文化科学基础教育，学生通过考试者可以按志愿升入校内本专科继续学习。② 中央民族学院 1953 年开办的预科一部，则按学生文化程度分为甲、乙、丙三个大组，"教材基本全部使用中学教科书"；1954 年调整了学制和培养目标，"小学阶段定为三年，中学定为四年，分文法、理工和农医三种类型班，教学上采用速成中学的模式并向定向培养方面转化"。③

有的民族学院虽未设预科部，但类似的办学层次和机构还是有的。如青海民族学院设有中小学部，开办中小学文化班；④ 广西民族学院设有性质类似的文化部——1958 年改为预科部并分设初中、高中班。⑤

在 20 世纪 50 年代，利用预科或类似预科的文化部这种办学形式，国家和民族学院可以弥补当时少数民族和民族地区基础教育的不足或为有文化隔阂尤其是不懂汉语的少数民族学生提供向更高层次教育过渡的阶梯。它是国家为消除民族间"事实上的不平等"而对少数民族实行的倾斜和优惠政策的具体表现，深受少数民族和民族地区的欢迎，并成为此后民族院校所一直沿用的传统办学形式。

以干部（包括专业技术干部）培训为主，辅之以预科（文化班）和少量的本专科教育，这就是本阶段民族学院办学的基本格局。经过几年的发展，到 1956 年前后，各民族学院均已形成相当的办学规模。如中央民族学院的专职教师已由 1951 年建校时的 14 人增至 1956 年的 280 余人，

---

① 参见荣仕星主编《中央民族大学五十年》，中央民族大学出版社 2001 年版，第 175 页。

② 参见西北民族大学校史编写委员会《西北民族大学校史》第一卷，甘肃民族出版社 2007 年版，第 9 页。

③ 参见阿拉江《中央民族大学预科部历史沿革》，见于《预科教育 50 年》，民族出版社 2003 年版，第 23 页。

④ 参见青海民院院史编写组《青海民族学院院史（1949～1999）》，青海民族出版社 1999 年版，第 23 页。

⑤ 参见广西民族学院院史编辑委员会《广西民族学院院史》，广西人民出版社 1991 年版，第 12 页。

在校学生由 262 人增至 2282 人。① 1950～1956 年，西北民族学院教职工由 140 人增至 570 人，其中专任教师由 21 人增至 154 人；在校生由 489 人增至 2309 人。② 西南民族学院 1951 年教职工 115 人，其中教师 10 人；1956 年教职工达 320 人，其中教师 121 人。③ 建校时该校在校生 518 人，1956 年仅入校新生即达 2105 人。④ 1953 年 4 月，中南民族事务委员会决定将正在筹办的广东民族学院并入中南民族学院，使该校的实力大增。1956 年时该校的教职工达到 233 人，其中专任教师 70 人。⑤ 在校生 1951 年为 194 人，1956 年秋达到 1062 人。⑥ 云南民族学院 1951 年教职工 42 人，1956 年达到 234 人，其中专任教师 74 人；⑦ 建校时在校生 685 人，1951～1956 年在校生最多时达到 1600 人。⑧ 广西民族学院建校时教职工 24 人、在校生 135 人，到 1956 年已有教职工 159 人（其中教师 50 人）。⑨ 贵州民族学院 1951 年建校时在校生 251 人，1956 年秋在校生累计为 1187 人。⑩ 1956 年 9 月由青海民族公学更名的青海民族学院教职工 101 人，在校生也达到 600 余人。⑪ 粗略估算，到 1956 年，除青海民族学院外，其余 7 所民族学院均形成千人以上的办学规模，在校生总规模应在 1.2 万人

---

① 参见荣仕星主编《中央民族大学五十年》，中央民族大学出版社 2001 年版，第 30、178 页。

② 参见西北民族学院校史编写委员会《西北民族学院校史》，甘肃民族出版社 2000 年版，第 413～416 页。

③ 参见西南民族学院院史编辑室《西南民族学院院史（1951～1991）》，四川民族出版社 1991 年版，第 28 页。

④ 同上书，第 197、42 页。

⑤ 参见中南民族学院院办公室《中南民族学院综合统计资料汇编》，1995 年印刷，第 16、14 页。

⑥ 参见中南民族大学校史编纂委员会《中南民族大学校史（1951～2011）》，湖北长江出版集团、湖北人民出版社 2011 年版，第 7、13 页。

⑦ 参见云南民族学院院史编写组《云南民族学院大事记（1950～1989）》，1989 印刷，第 221 页。

⑧ 参见《云南民族大学 55 年》，云南民族出版社 2006 年版，第 6～7 页。

⑨ 参见广西民族学院院史编辑委员会《广西民族学院院史》，广西人民出版社 1991 年版，第 232、7 页。

⑩ 参见贵州民族学院院史编写组《贵州民族学院院史（1951～1991）》，1991 年 3 月印刷，第 24～25 页。

⑪ 参见青海民院院史编写组《青海民族学院院史（1949～1999）》，青海民族出版社 1999 年版，第 43、23 页。

以上。

　　本阶段，各民族学院通过诸种办学形式源源不断地向民族地区输送各民族党政干部和专业技术人才。据粗略统计，到 1956 年前后，各民族学院培养各民族干部和专业人才不少于 25000 人。其中：

　　西北民族学院共培养 16 个民族的毕业、结业学生 4551 人，其中政治干部 3815 人（包括民族宗教上层人士 163 人）、民族语文翻译干部 452 人、司法检查干部 142 人、初级畜牧兽医干部 39 人、小学教师 36 人、助产士 33 人、护士 16 人、音乐舞蹈演员 18 人。①

　　西南民族学院为西南民族地区培养 30 多个民族的干部 3327 人，其中政治干部 2286 人、司法干部 182 人、农牧干部 548 人、民族语文干部 205 人、师资 53 人、体育干部 53 人。②

　　中南民族学院培养十几个民族的学员 2304 人。③

　　云南民族学院培训各民族干部 5705 人。④

　　广西民族学院培训各民族干部 1630 人。⑤

　　贵州民族学院培训各民族干部 2786 人。⑥

　　青海民族学院培训各民族干部 822 人。⑦

　　中央民族学院培养人数无确切数据，如取上述各校之均数则不少于 3000 人。

　　在新中国刚刚诞生，全国少数民族和民族地区社会改革、政权建设、经济和文化发展迫切需要人才支持的时候，各民族学院培养、输送的约 2.5 万名各民族党政干部和专业技术人才，有效地保证了党和国家的各项

---

① 　参见西北民族学院校史编写委员会《西北民族学院校史》，甘肃民族出版社 2000 年版，第 63 页。

② 　参见西南民族学院院史编辑室《西南民族学院院史（1951～1991）》，四川民族出版社 1991 年版，第 22 页。

③ 　参见中南民族大学校史编纂委员会《中南民族大学校史（1951～2011）》，湖北长江出版集团、湖北人民出版社 2011 年版，第 16 页。

④ 　参见《云南民族大学 55 年》，云南民族出版社 2006 年版，第 6～7 页。

⑤ 　参见广西民族学院院史编辑委员会《广西民族学院院史》，广西人民出版社 1991 年版，第 241 页。

⑥ 　参见贵州民族学院院史编写组《贵州民族学院院史（1951～1991）》，1991 年 3 月印刷，第 20 页。

⑦ 　参见青海民族学院院史编写组《青海民族学院院史（1949～1999）》，青海民族出版社 1999 年版，第 263 页。

治国方略和工作部署转化为少数民族和民族地区人民群众的具体行动，保
证了政治改革的推进和各项建设的顺利进展。没有他们的支持和努力，新
中国在短短几年间就基本实现在各少数民族和民族地区政治改革和经济、
文化建设等目标，是很难想象的。

四　民族学院办学的基本特点

新中国民族学院是新中国成立初期党和国家在民族工作的特殊形势和
需要下，按照延安干部教育模式建立的。这一社会背景以及教育对象本身
的特殊性，决定了民族学院自建校伊始就具有区别于其他普通学校——包
括干部学校的明显特点。

（一）与少数民族和民族地区经济建设和社会发展的需要紧密结合、与民族工作的需要紧密结合的办学方针

少数民族和民族地区社会改革和经济、文化等方面建设和发展的需
要，党和国家民族工作的需要，本来就是新中国民族学院建立的原因和依
据。因此，按这需要来办学，是民族学院与生俱来的基本特点。

本阶段民族学院开办的各种干部培训班次，一部分出自主管部门的
计划安排，另一部分甚至是相当大的一部分，都是应有关部门的委托
而办。

主管部门编制计划的依据，就是全国或本行政区、本省少数民族和
民族地区政治改革、政权建设、经济和社会发展等对民族干部的需要，
因而计划本身就是需要的结果。民族学院按计划办学，无疑就是按需要
办学。

与按主管部门的计划办学相比，其他部门的委托培训更随机、灵活，
不仅事先可能无计划，其业务要求还可能是变化的，因而更能凸显民族学
院按需办学特征。如：西北民族学院 1952 年 9 月受西北军政委员会畜牧
部委托，办了畜牧兽医系（因开办太仓促，准备不足，该系 10 月转入新
疆民族学院）；1953 年 4 月，受西北检察署委托，办检查班；同年 5 月，
受西北妇联委托，办妇女干部训练班；1954 年 8 月，受甘肃教育厅委托，
成立师范科培训民族地区的山区、牧区急需的小学师资；1956 年受甘肃
卫生厅委托，办医务班、助产班；同年还受铁道部委托，办新疆少数民族

的铁道先修班。[①] 西南民族学院 1952 年受西康省农牧厅委托办农业畜牧兽医班；根据最高法院西南分院的要求，开办司法检查班；受西南文教部委托，办小学师资和文教干部培训班。[②] 其他民族学院举办的财会班、生产班、农林班、师资班之类，很多都属于这种因需而办、随机性很强的委托办班。

按需办学的，不仅是各种干部培训班，也包括中央、西北民族学院的本专科教育。如：西北民族学院开办的三年制蒙古文、藏文、维吾尔文专业，主要培养当时民族工作所急需的翻译干部；两年制的政治专业，主要培养政治干部；两年制的司法专业，是根据中央人民政府司法部和民族事务委员会关于开设司法干部训练班的来函办的；学制三年或四年的师范科，更是受甘肃省教育厅委托而举办。[③] 中央民族大学在回顾 20 世纪五六十年代开办的 36 个专业时指出，当时"专业的特点首先是应急，即与国家民族工作紧密的联系在一起，因而班次类型、学习年限尚不固定，学历与非学历交叉进行，比较灵活，专业方向也不作硬性规定"，[④] 正表明了这一特点。

多年后各民族学院在总结本阶段办学经验时，按需办学也作为突出的一条。中央民族大学所说的"应急"，其实就是"应"民族工作需要之"急"。西南民族学院校史将"从民族地区实际需要办学"作为本阶段办学的首要特点。[⑤] 广东民族学院在其校史中，将这一特点表述为"民族地区需要什么人才就培养什么人才，需要什么干部就培养什么干部，需要什么教师就培养什么教师"。[⑥] 直到 20 世纪末，西藏民族学院在总结办学经验时，还将"西藏需要什么人才，学院就培养什么人才；西藏什么时候需要，学院就什么时候输送。总之，只要西藏需要，有条件的要办，没有

---

①　参见西北民族学院校史编写委员会《西北民族学院校史》，甘肃民族出版社 2000 年版，第 17～19 页。

②　参见西南民族学院院史编辑室《西南民族学院院史（1951～1991）》，四川民族出版社 1991 年版，第 13 页。

③　参见西北民族学院校史编写委员会《西北民族学院校史》，甘肃民族出版社 2000 年版，第 16～18 页。

④　参见荣仕星主编《中央民族大学五十年》，中央民族大学出版社 2001 年版，第 21 页。

⑤　参见西南民族学院院史编辑室《西南民族学院院史（1951～1991）》，四川民族出版社 1991 年版，第 10 页。

⑥　吕奎文主编：《广东技术师范学院校史》，中央文献出版社 2005 年版，第 20 页。

条件创造条件也要办"作为重要一条。① 新中国民族学院的政治功利色彩，在这方面表现得极其明显。从这个意义上说，在世界高等教育发展史上占有一席之地的所谓"威斯康辛思想"，在新中国民族院校从来就不缺乏。

（二）以非学历教育为主要办学形式

如前所述，本阶段民族学院的整体办学结构，就是干部培训、本专科教育、预科（或文化部、文化班、中小学部）三结合，以干部培训为主。其中本专科教育只有中央、西北民族学院部分开办，其他民族学院实际上只有干部培训、预科（或文化部）两种办学形式。因此，非学历教育是民族学院的主体办学形式。

民族学院这种办学特点之形成，既缘于当时民族地区、民族工作对民族干部的大量而急迫的需要，更与当时少数民族和民族地区文化教育水平普遍偏低等实际情况密切相关。即便代表全国民族学院最高教育水平的中央民族学院，也只能顺时应势，因需办班，因才施教。据该校统计，1951～1966 年的 16 年间，该校曾先后开办过军政干部训练班、文化班、政治研究班、马列主义研究班、教育行政班等非学历干训班 35 个。② 为鼓励少数民族学生来校学习，该校预科实行"来者不拒，一视同仁"的招生原则，招来的学生"文化程度有高中、初中、小学和文盲。汉语程度有会汉话的、懂一点汉文的及汉语汉文都不会的。年龄最小的 9 岁，最大的 38 岁。入学时间早晚不一，随到随编班或插班上课，学习时间有长期的，有短期的，还有中途改变志愿的。"③ 类似情况在其他民族学院也不同程度存在。据中南民族学院统计，在该校前三期政治训练班学员中，高中文化水平者仅占 1.3%、初中水平占 17.4%、高小水平占 23.5%、初小水平占 31.5%、粗通文字或文盲者占 26.1%；后三期学员高中水平占 5.8%、初中水平占 34.5%、高小水平占 30.4%、初小水平占 26.3%、粗通文字

① 李世成主编：《西藏民族学院校史》，西藏人民出版社 1998 年版，第 226 页。

② 参见荣仕星主编《中央民族大学五十年》，中央民族大学出版社 2001 年版，第 20 页。

③ 阿拉江：《中央民族大学预科部历史沿革》，见于《预科教育 50 年》，民族出版社 2003 年版，第 22 页。

或文盲者占 2.9%。① 而西南民族学院首批 518 名培训学员中，除文化程度参差不齐外，其中还有部分学员（15%）不懂汉语；第二期 1084 名培训学员中，不懂汉语者达到 30%，以至于不得不采用"速成识字法"进行三个月的汉语培训，使他们先掌握汉语的日常生活和教学用语。② 面对文化背景、文化程度、汉语程度殊异的教育对象，实施内容严整、教育程式化、强调统一要求的学历教育显然不太适宜；举办形式和学制都比较灵活、教育内容相对实用、精简的干部培训班和预科，更有利于加强教育工作的针对性而求得实效。

根据《培养少数民族干部试行方案》的规定，民族学院的培训班主要有长期、短期两种班次，前者学习时间为 2～3 年，后者短的为时数月。在实践中，学制实际上非常灵活，长一点短一点是可以调整的，有时因特殊情况或需要，提前结业也是可能的。西北民族学院举办的首届短期政治干部培训班学习时间为 3 个月，而军政干部训练班则为期半年；因民族工作的急需，也曾多次发生从各种干训班次临时抽调教师和学员参加民族地区土改等工作，或选调部分条件好的学员提前结业走上工作岗位的事。如1952 年初，该校抽调 456 名师生参加临夏、平凉、天水等民族地区土改运动；同年 4 月，46 名干训班学员提前毕业，赴青海果洛藏区参与宣传贯彻党的民族政策、建立各级地方政权的各项工作。③ 西南民族学院的政治班学习时间根据学员情况的不同而分为一年班和半年班，妇女卫生班学习时间只有 52 天，而畜牧兽医班、司法检查班、师资班、民族语文班学制均为一年。④ 中南民族学院开办的政治班、研究班、司法班、教育行政干部班、师范班、民族语文班学习时间一年，农业会计班等学习时间多在半年到一年之间。⑤ 广西民族学院从创办到 1960 年，办行政干部训练班

---

① 参见中南民族大学校史编纂委员会《中南民族大学校史（1951～2011）》，湖北长江出版集团、湖北人民出版社 2011 年版，第 21 页。

② 参见西南民族学院院史编辑室《西南民族学院院史（1951～1991）》，四川民族出版社 1991 年版，第 14 页。

③ 参见西北民族大学校史编写委员会《西北民族大学校史》第一卷，甘肃民族出版社 2007 年 9 月版，第 47～48 页。

④ 参见西南民族学院院史编辑室《西南民族学院院史（1951～1991）》，四川民族出版社 1991 年版，第 13～14 页。

⑤ 参见中南民族大学校史编纂委员会《中南民族大学校史（1951～2011）》，湖北长江出版集团、湖北人民出版社 2011 年版，第 14～16 页。

14 期 40 班 2835 人，除第一期学制一年外，其余班次均为 3 个月到半年。①

（三）教育内容上注重民族理论和民族政策教育

1951 年 9 月，第一次全国民族教育工作会议在北京召开。会议研究和制定了民族教育的方针和政策，规定："各少数民族的教育内容必须是新民主主义的：即民族的、科学的、大众的教育，而不能是其它性质的教育。"②

关于民族学院的教育内容，《培养少数民族干部试行方案》（以下简称《试行方案》）规定得更具体："应以中国历史与中国现状（包括中国各民族的历史与各民族社会经济情况等）、共同纲领、民族问题与民族政策、毛泽东思想与马列主义理论为长期班政治课的基本内容。短期班依此方向，规定当前实际工作需要的具体课程。在一切民族学校内，应发扬共同纲领精神，克服大民族主义倾向与狭隘民族主义倾向，培养民族间互相尊重、平等、团结、友爱合作的作风。"③后来，民族院校习惯上将这类教育统称为"马克思主义民族理论和党的民族政策教育"，或简称为"民族理论和民族政策教育"。

开展民族理论和民族政策教育，既是《试行方案》和上级部门的要求，也是民族学院实现自己办学宗旨、培养少数民族人才的需要，还是各民族学生自身成长、成才的特有需求。在这方面，各民族学院的教育形式可能有所不同，基本内容大同小异，而高度重视则是一致的。

中央民族学院除了将民族理论和民族政策教育列入各层次、各专业的教学计划外，还利用地处首都的得天独厚的条件，邀请中央民委汪锋副主任、西藏自治区副主席阿沛·阿旺晋美等领导干部作关于西藏民主改革等问题的报告；乌兰夫院长也亲自给师生作报告，介绍内蒙古自治区经济发展与民族关系情况，大大开阔了学生的眼界。④西北民族学院从一开始就

---

① 广西民族学院院史编辑委员会：《广西民族学院院史》，广西人民出版社 1991 年版，第 9~10 页。

② 朴胜一：《民族教育的大事——历届全国民族教育工作会议的回顾》，见于《中国民族教育》2002 年第 4 期。

③ 金炳镐主编：《民族纲领政策文献选编》，中央民族大学出版社 2006 年版，第 442 页。

④ 荣仕星主编：《中央民族大学五十年》，中央民族大学出版社 2001 年版，第 98 页。

将民族理论和民族政策教育纳入规范化轨道，在 1951 年 4 月制定的第一个教学工作重要文件《西北民族学院教学试行方案》中，就将民族政策列为各系科班政治课的重要内容，并根据专业和层次的不同制定相应的教学目标。1952 年 3 月，学校调整教学方针，强调以共同纲领、民族政策为爱国主义教育和毛泽东思想、马列主义理论教育的主要内容，要求学生树立各民族平等、团结、互助的观点，全心全意为人民服务的革命观点，认真执行共同纲领的政策观点，密切联系群众的群众观点，成为实行区域自治及发展政治、经济、文化建设事业的为各族人民服务的忠实干部。①西南民族学院开办的第一期政治训练班的政治思想教育的总原则，就是以民族政策为中心，对学生进行爱国主义与国际主义相结合的教育，开设基本课程有民族情况和民族政策、中国革命基本问题、共同纲领等；第三期的民族、宗教上层人士班，开设的课程主要包括民族政策、伟大祖国、世界两大阵营、思想修养等，② 民族理论和民族政策教育是其中的重头戏。中南民族学院在总结这一阶段办学经验时，将"坚持以民族政策教育为主"列为第一条，采取的措施包括将《民族问题与民族政策》作为主课列入教学计划；有计划地请上级首长作有关民族政策方面的报告；加强对该课程的教学检查和总结；开展贯穿民族政策教育的多种社会活动；组织任课教师深入民族地区调查研究以改进教学等。③"云南民族学院一建立就把民族政策教育当作头等大事来抓，十分强调各族师生员工的大团结，提出'云南民族学院是各族学员友爱合作的大家庭'。"④ 广西民族学院思想政治教育的主要内容是"我省形势的发展，各个时期党的民族工作方面的总任务，以民族团结为主要内容的社会主义和爱国主义思想……《民族问题和民族政策》课，是我院教学和政治思想教育的一门重要课程，1955 年后，这门课定为各班、各专业的必修课。"⑤ 贵州民族学院将

---

① 参见西北民族学院校史编写委员会《西北民族学院校史》，甘肃民族出版社 2000 年版，第 21 页。

② 参见西南民族学院院史编辑室《西南民族学院院史（1951～1991）》，四川民族出版社 1991 年版，第 10～11、19～20 页

③ 中南民族大学校史编纂委员会：《中南民族大学校史（1951～2011）》，湖北长江出版集团、湖北人民出版社 2011 年版，第 32～33 页。

④ 见于云南民族大学编《云南民族大学 55 年》云南民族出版社 2006 年版，第 7 页。

⑤ 参见广西民族学院院史编辑委员会《广西民族学院院史》，广西人民出版社 1991 年版，第 16 页。

思想政治教育一直放在教学工作的首位，并将"各民族大团结的教育"列为思想政治教育的四大内容之一。①

注重马克思主义民族理论和党的民族政策教育，不仅是本阶段民族学院的教育工作的特点，而且数十年沿袭而成为民族院校的办学传统和基本特色。

（四）　教育方法上强调理论联系实际

1949年9月中国人民政治协商会议通过的《共同纲领》规定："中华人民共和国的教育方法为理论与实际一致。"② 因而理论联系实际是对新中国所有学校教育方法的统一要求。但对初创时期的民族学院来说，这一要求还有其特殊意义。

新中国民族学院是借鉴延安干部教育经验、依照延安民族学院的办学模式创建的。如前所述，延安干部教育的重要特点之一，就是理论联系实际——这也是毛泽东主席所极力倡导的。延安干部教育的这一特点，在新中国民族学院中自然地传承和延伸着。

从现实的角度来看，短期培训的办学形式，学员文化程度参差不齐且整体水平偏低，以及民族文化尤其是语言的隔阂等，也不允许在教育过程中有过多的理论成分。

如何在教育教学实践过程中落实理论联系实际的要求，各民族学院都有自己的经验。如：中央民族学院格外"强调深入民族地区进行调查实习"；③ 西南民族学院提出"学与用的结合"、"劳力与智力相结合"；④ 中南民族学院要求"在课堂教学方面明确联系政策实际、民族工作实际、学员思想实际"；⑤ 广西民族学院尤其注重教育过程中学员学、看、做结合，"边学边做"。⑥

---

① 贵州民族学院办公室：《贵州民族学院》，华夏文化艺术出版社2001年版，第16~17页。

② 见于《人民日报》，1949年9月30日。

③ 参见荣仕星主编《中央民族大学五十年》，中央民族大学出版社2001年版，第47页。

④ 参见西南民族学院院史编辑室《西南民族学院院史（1951~1991）》，四川民族出版社1991年版，第15页。

⑤ 中南民族大学校史编纂委员会：《中南民族大学校史（1951~2011）》，湖北长江出版集团、湖北人民出版社2011年版，第25页。

⑥ 参见广西民族学院院史编辑委员会《广西民族学院院史》，广西人民出版社1991年版，第13~14页。

　　为加深学员对教学内容的理解，各民族学院的教育工作频频向课堂之外尤其是民族地区和民族工作的实践延伸。中央民族学院要求各班次学员深入民族地区进行调查实习的时间，一般不少于一个学期，有的长达一年；而且这种调查实习并不是停留在验证理论这一层次上，而是具有科学调查性质。① 1952 年 1 月至 5 月中旬，西北民族学院抽调干训部、政治系、语文系师生 456 人，分赴临夏、平凉、天水等地参加土地改革运动，直接经受民主革命实践的锻炼；1953 年 3 月至 7 月，语文系藏文班 41 名学生随解放军赴甘南参加剿匪工作。② 1951 年 9 月，西南民族学院组织了为期近一月的参观活动，学员参观西南区工业展览、工厂、学校等，亲身感受到祖国欣欣向荣的景象。③ 广西民族学院除组织学生到武汉、广州、柳州等地参观外，还根据"边做边学"原则，组织学员直接参加广西省民族工作队，赴民族地区进行为期三个月的民主建政工作。④ 这些做法，不仅加深了学员对理论和政策的理解，更有意义的是有效地开阔了学员的眼界，在实践中锻炼和增长了才干。

五　民族学院的科研工作

　　根据两个试行方案的安排和要求，本阶段民族学院的科研工作主要围绕民族问题研究而进行，取得不少开拓性成果，也为特色化科研打下了基础。

（一）科研工作的主要进展和成绩

1. 建立了研究机构

　　根据《培养少数民族干部试行方案》中"中央民族学院及其分院均应设立关于少数民族问题的研究室"⑤ 的要求，各民族学院建校之初大都

---

① 参见荣仕星主编《中央民族大学五十年》，中央民族大学出版社 2001 年版，第 47 页。

② 参见西北民族学院校史编写委员会《西北民族学院校史》，甘肃民族出版社 2000 年版，第 279～280 页。

③ 参见西南民族学院院史编辑室《西南民族学院院史（1951～1991）》，四川民族出版社 1991 年版，第 12 页。

④ 参见广西民族学院院史编辑委员会《广西民族学院院史》，广西人民出版社 1991 年版，第 14 页。

⑤ 金炳镐主编：《民族纲领政策文献选编》（第二编），中央民族大学出版社 2006 年版，第 442 页。

建立了专门的研究机构。中央民族学院不但建立了研究部，还按地域和民族——或几个较为接近的民族分设中南、西北、东北、内蒙古、藏族等研究室。① 1951 年 1 月，西北民族学院成立以西北民族为主要研究对象的研究室。② 西南民族学院在建校之初就成立了以西南少数民族问题调查和研究为主要任务的民族研究室。③ 1953 年 4 月，中南民委将中南少数民族问题研究室转设至中南民族学院，以加强对中南地区少数民族问题的调查研究。④ 同年 6 月，广西民族学院成立研究室。⑤ 贵州民族学院 1954 年成立民族研究室。⑥ 云南民族学院也于 1956 年成立以本省少数民族问题为研究方向的研究所。⑦ 研究机构的建立，使民族学院研究工作有了可以依托的组织形式。

2. 组建专兼职结合的研究队伍

依托研究机构，各民族学院迅速组建起专兼职结合、兼职为主的研究队伍。1952 年中央民族学院的研究部成立时由著名历史学家翁独键担任主任。西北民族学院研究室成立之后，专职人员有 6～7 人。⑧ 西南民族学院研究室人数最多时有 20 余人。⑨ 中南民族学院研究室专职人员一度至少有 8 人。⑩ 其他民族学院的研究室也设有或多或少的专职人员。

---

① 参见荣仕星主编《中央民族大学五十年》，中央民族大学出版社 2001 年版，第 64、173 页。

② 参见西北民族学院校史编写委员会《西北民族学院校史》，甘肃民族出版社 2000 年版，第 39 页。

③ 参见西南民族学院院史编辑室《西南民族学院院史（1951～1991）》，四川民族出版社 1991 年版，第 29 页。

④ 参见中南民族大学校史编纂委员会《中南民族大学校史（1951～2011）》，湖北长江出版集团、湖北人民出版社 2011 年版，第 35 页。

⑤ 参见广西民族学院院史编辑委员会《广西民族学院院史》，广西人民出版社 1991 年版，第 20 页。

⑥ 贵州民族学院办公室：《贵州民族学院》，华夏文化艺术出版社 2001 年版，第 14 页。

⑦ 《云南民族大学 55 年》，云南民族出版社 2006 年版，第 124 页。

⑧ 参见西北民族学院校史编写委员会《西北民族学院校史》，甘肃民族出版社 2000 年版，第 41 页。

⑨ 参见西南民族学院院史编辑室《西南民族学院院史（1951～1991）》，四川民族出版社 1991 年版，第 29 页。

⑩ 参见中南民族大学校史编纂委员会《中南民族大学校史（1951～2011）》，湖北长江出版集团、湖北人民出版社 2011 年版，第 36 页。

除专职人员以外，研究队伍更多的是由兼职的专任教师组成。各院校校史资料表明，到 1956 年前后，民族学院的教师队伍人数应超过 800 人，其中中央民族学院 280 余人、西北民族学院 154 人、西南民族学院 121 人、中南民族学院约 70 人、云南民族学院 74 人、广西民族学院约 50 人。这些教师既是教学的主体力量，也是科研的基本队伍。

尤其值得一提的是，根据《筹办中央民族学院试行方案》第四条"尽可能将目前各大学和国内各地研究有关上述问题的适当人才集中到民族学院"[①] 的安排，在 1952 年开始的"院系调整"等工作中，燕京大学、北京大学、清华大学、中国科学院考古所和中央民族事务委员会参事室等处的著名社会学家和民族学家潘光旦、杨成志、吴泽霖（1953 年夏由中央民族学院调往西南民族学院）、费孝通、林耀华等，著名历史学家翁独健、冯家昇、傅乐焕等，著名语言学家于道泉、王静如、马学良等调入中央民族学院，使该校一时成为国内民族学、社会学、历史学、语言学等领域名家荟萃的学术重镇。同期，藏族史教授黄奋生、蒙古史教授谢再善、藏文教授段克兴等学者调入西北民族学院；社会学家、民族学家夏康农教授、李安宅教授、罗荣宗教授等先后来到西南民族学院参与研究工作；知名语言学家严学宭教授、历史学家岑家梧教授先后来中南民族学院。这些专家、学者的到来，大大提升了民族学院研究工作的起始水平和学术地位，也为民族学院科研工作奠定了良好的基础和传统。

3. 深入开展民族调查，为国家和地方关于民族工作的重大决策尤其是民族政策的制定提供科学依据

为了深入了解国内各少数民族和民族地区的实际情况，以有效推进少数民族和民族地区的政治改革和经济建设，尤其是为了实施《共同纲领》、实现少数民族区域自治的需要，本阶段国家和地方组织专门力量，在国内进行了大规模的少数民族社会形态、历史文化、语言文字调查（史称"三大调查"），几乎所有的民族学院都参与了这项重要工作。如 1950 年代初到 1961 年，中央民族学院共有 5200 人次的师生参加了"三

---

①　金炳镐主编：《民族纲领政策文献选编》（第二编），中央民族大学出版社 2006 年版，第 444 页。

大调查"，有关研究人员先后参加了福建、浙江、云南、广东、湖南等省的民族识别调查。① 1953～1954 年，西北民族学院研究人员先后 5 次参加上级机关组织的短则 4 个月、长则 8 个月民族调查。② 西南民族学院研究人员先后参加过川西、甘孜、凉山以及云南、贵州等地的民族调查。③ 中南民族学院研究人员参加过广西、海南、广东、贵州等地的民族识别、民族语言和民族社会历史调查。④ 云南、广西、贵州民族学院研究人员均参加了地方组织的相关调查。这些民族调查最为重要的成绩，是为国家后来确认多个少数民族成分提供了依据。

新中国成立初期，全国各地报上来的民族成分达 400 多个。民族调查的基本任务，"主要是根据马列主义有关民族的定义和民族形成的论述，结合中国的具体情况，参考大量的历史文献以及考古学、语言学、民族学、民俗学、历史学、人类学等有关资料，对各个待识别的民族集团的来源及其历史发展，进行综合的分析研究，以明确其民族属性。"至 1953年，确认了 38 个少数民族，"其中除蒙古、回、藏、维吾尔、苗、彝、朝鲜、满、瑶、黎、高山等 11 个民族早已确认，不须再进行识别外，其他被确认的少数民族有：壮、布依、侗、白、哈萨克、哈尼、傣、傈僳、佤、东乡、纳西、拉祜、水、景颇、柯尔克孜、土、塔吉克、鄂温克、保安、羌、撒拉、俄罗斯、锡伯、裕固、鄂伦春"。⑤ 在这项工作中，各民族学院的有关专家发挥了重要的作用。如中央民族学院著名社会学、民族学家潘光旦先生撰写的论文《湘西北的"土家"与古代的巴人》，基本解决长期悬而未决的"土家"是不是一个民族的问题；林耀华教授主持编写的《云南省民族识别研究第一、第二阶段初步总结》，在云南少数民族

---

①　参见荣仕星主编《中央民族大学五十年》，中央民族大学出版社 2001 年版，第 65页。

②　参见西北民族学院校史编写委员会《西北民族学院校史》，甘肃民族出版社 2000 年版，第 42 页。

③　参见西南民族学院院史编辑室《西南民族学院院史（1951～1991）》，四川民族出版社 1991 年版，第 29～30 页。

④　参见中南民族大学校史编纂委员会《中南民族大学校史（1951～2011）》，湖北长江出版集团、湖北人民出版社 2011 年版，第 35～37 页。

⑤　见于黄光学主编《当代中国的民族工作（上）》，当代中国出版社 1993 年版，第 87～88页。

确认工作中发挥了决定性的作用。①

在民族调查的基础上创制、改革少数民族文字，也是本阶段民族学院参与的一项重要工作。如 1956 年中央民族学院"除组织师生参加了中国科学院组织的少数民族语言调查工作队外，还派出若干调查队（如新疆各民族语言和方言、蒙古语言和方言及苗语方言调查队等）分赴全国民族地区开展大规模的民族语言普查工作。"该校的著名语言学家、教育家马学良教授除参与主持了全国少数民族语言调查训练班并主讲了部分课程外，还"与有关专家一道提出为苗族创造四种方言文字的创建性意见"。②中南民族学院的知名语言学家严学宭教授也积极参加了这项工作。这项工作的最后结果，是帮助少数民族创制、改革了 16 种文字或文字符号。③

除参加国家组织的民族调查活动外，各地方民族学院的科研工作更多地与地方民族工作的需要紧密结合。如云南民族学院马曜教授等在深入调查研究基础上提出的先帮助处于原始公社社会形态、阶级分化明显不足的景颇、德昂等十几个民族发展生产，并在这个过程中完成民主改革、直接向社会主义过渡的理论和建议，以及《关于西双版纳自治州傣族地区采取和平协商方式进行土地改革的意见》，为云南省委所采纳④并在工作实践中取得预期的效果。

4. 为有中国特色的马克思主义民族理论的建立做了大量基础性、开拓性工作

马克思主义民族理论是全党和全国人民开展民族工作、解决民族问题的指导思想。本阶段是有中国特色的马克思主义民族理论建设的一个重要的开拓、积累时期。在这方面，全国民族学院都表现了高度的自觉精神，做了大量的工作，取得重要的阶段性进展。

首先，是在民族调查中搜集和整理了各个少数民族大量的社会和历史资料。如中央民族学院仅收集少数民族文物即达万余件；⑤ 西南民族学院1951～1953 年搜集、整理佤族、哈尼族、拉祜族等 25 个民族的政治、经

①　参见荣仕星主编《中央民族大学五十年》，中央民族大学出版社 2001 年版，第 65～66 页。

②　同上书，第 66 页。

③　同上。

④　《云南民族大学 55 年》，云南民族出版社 2006 年版，第 126 页。

⑤　参见荣仕星主编《中央民族大学五十年》，中央民族大学出版社 2001 年版，第 65 页。

济、语言、宗教、风俗习惯等方面的资料，编印了《西南少数民族情况参考资料》、《民族工作资料索引》、《民族工作资料月报》；[①] 1954～1955年，中南民族学院组织专家赴海南岛山区进行黎、苗族社会发展情况调查，仅搜集、整理的黎、苗族资料即达 120 万字以上，收集少数民族文物 13000 余件；[②] 贵州民族学院搜集的民族资料 450 种、民族文物 3150 件、图片 1600 张，还搜集、整理民族志、地方志、民族史以及有关古籍等 2 万余册；[③] 广西民族学院也搜集、整理了数十万字的海南黎、苗族的社会历史资料。鉴于很多少数民族正面临政治改革、社会转型，当时搜集的很多资料具有抢救性质，其中不少本身就是民族文物，极大地丰富了中国民族理论研究的资源库藏，为后来的深入研究创造了条件。

在占有大量历史和现实资料的基础上，民族学院科研人员以历史唯物主义为指导，吸收国内外民族研究成果，开展理论和应用研究，撰写了大量介绍和分析少数民族历史和现状的论文、调查报告、民族史志等。如中央民族学院杨成志教授所编《中国少数民族区域略图》、《中国少数民族文字简表》、《中国少数民族旧有政治制度概况》；西南民族学院吴泽霖教授的《大小凉山彝族的婚姻》、《黔西滇东苗族的婚姻》、《布依族的婚姻》、《纳西族的婚姻》，夏康农教授的《四川凉山彝族地区民主改革前的社会面貌》，李安宅教授的《西藏问题的研究》，研究室编印的《西南十四个少数民族简况》等成果；[④] 中南民族学院岑家梧教授撰写的《海南岛黎族"合亩制"的调查研究》、《黎族母系氏族制的遗迹》，严学宭教授编审的《龙胜伶人情况调查》、《南丹栏关乡水家、隔沟人情况调查》、《环江毛难人情况调查》、《罗城仫佬人情况调查》、《防城越族情况调查》等调查报告；[⑤] 西北民族学院专家们编写的《回族史》、《民族政策》、《西

---

① 参见西南民族学院院史编辑室《西南民族学院院史（1951～1991）》，四川民族出版社1991 年版，第 29～30 页。

② 参见中南民族大学校史编纂委员会《中南民族大学校史（1951～2011）》，湖北长江出版集团、湖北人民出版社 2011 年版，第 36～38 页。

③ 贵州民族学院办公室：《贵州民族学院》，华夏文化艺术出版社 2001 年版，第 14～15页。

④ 参见西南民族学院院史编辑室《西南民族学院院史（1951～1991）》，四川民族出版社1991 年版，第 30 页。

⑤ 参见中南民族大学校史编纂委员会《中南民族大学校史（1951～2011）》，湖北长江出版集团、湖北人民出版社 2011 年版，第 35～36 页。

北民族情况与问题》、《裕固族》等教材；① 云南民族学院组织编写的 20
多个民族史志稿，② 等等，其中不乏资料翔实、论证严谨的佳作，具有很
高的历史价值和学术价值。如著名民族学家、人类学家和社会学家林耀华
先生的著作《从猿到人的研究》，运用马克思主义唯物史观指导人类起源
研究，使国内的人类学研究转到了新的方向。③ 在有中国特色的马克思主
义民族理论构建的初始阶段，这些研究成果出现，具有极大的开拓性、基
础性意义和学术价值。

　　教材和教学参考资料是本阶段民族学院研究成果的另一种重要形
式。初创阶段的民族学院，少数民族干部培训任务大量而急迫，而培训
教材却基本没有现成的；尤其是各民族概况、民族志，民族理论与政策
等方面的教材和教学参考资料，几乎都只能自己编。因而各民族学院的
研究室往往兼任编写教材和教学参考资料的职责。如西北民族学院规定
研究室的基本任务之一就是"承担学校的民族语文类课程，参加教材的
编写"。④ 广西民族学院也将编写教学参考资料作为研究室的基本任务
之一。⑤ 从 50 年代到 60 年代中期，中央民族学院组织教学科研人员编
写的教材近 800 种。⑥ 云南民族学院编写了民族政策、中国革命史和西
傣语、德傣语、傈僳语、哈尼语、景颇语、拉祜语、佤语、民族舞蹈等
专业教材。⑦

（二）科研工作的基本特点

　　从上面的介绍可以归纳出本阶段民族学院科研工作的基本特点。
　　第一个特点是科研为党和国家的民族工作服务。正如《中央民族大
学五十年》所说的，"中央民族大学的科研工作，从一开始就与党和国家

　　① 参见西北民族学院校史编写委员会《西北民族学院校史》，甘肃民族出版社 2000 年版，
第 41 页。
　　② 《云南民族大学 55 年》，云南民族出版社 2006 年版，第 124 页。
　　③ 参见荣仕星主编《中央民族大学五十年》，中央民族大学出版社 2001 年版，第 66 页。
　　④ 西北民族学院校史编写委员会：《西北民族学院校史》，甘肃民族出版社 2000 年版，
第 41 页。
　　⑤ 参见广西民族学院院史编辑委员会《广西民族学院院史》，广西人民出版社 1991 年
版，第 20 页。
　　⑥ 参见荣仕星主编《中央民族大学五十年》，中央民族大学出版社 2001 年版，第 65 页。
　　⑦ 《云南民族大学 55 年》，云南民族出版社 2006 年版，第 125 页。

的民族工作紧密的结合在一起。"① 为民族工作服务，也是其他民族学院科研工作的基本宗旨。如参与民族调查、民族识别工作，是为国家掌握少数民族历史和现状，实行民族区域自治和制定并执行民族政策创造条件；参与创制民族文字，旨在为实现民族平等，发展各民族文化服务；为上级部门有关决策提供参考或依据，更是为民族工作服务的直接形式。

　　第二个特点是科研为教学工作服务。本阶段，为教学工作服务是全国民族学院对科研工作的普遍要求。中央民族学院研究部的任务是，"以进行民族问题研究为主，还可以担任一部分教学工作。"② 研究室刚刚建立，西北民族学院便将"科研更好地为教学服务"，"教学和科研工作密切结合"作为对科研工作的基本要求。③ "为中南民委工作服务和我院教学工作提供参考"，是中南民族学院对科研工作的两大基本要求。④ 贵州民族学院民族研究室成立时的宗旨就是"为本院的教学服务，兼为本省的民族工作服务"。⑤ 云南民族学院将"开展调查研究，把教学与科研紧密结合起来"作为研究所的三大任务之首。⑥ 而科研为教学服务的方式，一是编写教材；二是编写、编译教学参考资料；三是科研人员直接承担教学任务。

　　第三个特点，民族问题研究是科研的主导性方向。民族问题研究，既是两个试行方案对民族学院的规定任务，也是当时国内民族工作对各院校科研工作的迫切要求，同时还是民族学院本身教育、教学工作的需要。从各民族院校的校史资料来看，本阶段民族学院无论是研究资料的积累，还是研究成果的推出——尤其是有影响力的成果的出现，均以民族问题研究为主。本阶段民族学院科研工作的这一特点，也为今后的特色化科研奠定了基础，开辟了道路。

　　总的来说，由于处于初创阶段，民族学院本阶段科研工作也是开拓

　　① 荣仕星主编：《中央民族大学五十年》，中央民族大学出版社 2001 年版，第 64 页。

　　② 同上书，第 175 页。

　　③ 参见西北民族学院校史编写委员会《西北民族学院校史》，甘肃民族出版社 2000 年版，第 41 页。

　　④ 参见中南民族大学校史编纂委员会《中南民族大学校史（1951～2011）》，湖北长江出版集团、湖北人民出版社 2011 年版，第 35 页。

　　⑤ 贵州民族学院办公室：《贵州民族学院》，华夏文化艺术出版社 2001 年版，第 14 页。

　　⑥ 《云南民族大学 55 年》，云南民族出版社 2006 年版，第 124 页。

性、奠基性、积累性的，是今后科研工作深入和发展的必需过程和必要基础。在短短的几年间，取得如此进展也是难能可贵的。但因时间短，队伍初组建，教学任务比较重，研究工作整体上处于收集、整理原始资料并在此基础上进行粗加工阶段；形成的成果，也以调查报告、参考资料等介绍性、描述性文字材料居多，如潘光旦、杨成志、林耀华等先生的著述那样成熟的学术性成果尚少。从教学与科研的关系来说，科研明显从属于教学。

六 本阶段小结

新中国成立初期，各少数民族和民族地区经济和社会发展水平整体偏低，文化教育发展滞后，迫切需要进行社会和政治改革，实现民族平等，建立社会主义的新型生产关系和民族关系，解放和发展社会生产力。在这种急迫的社会需求下，根据两个《试行方案》的安排和要求，一批以培养少数民族干部为办学宗旨的民族学院诞生。

从诞生之日起，民族学院就承担起各民族党政干部和专业人才培养、民族问题研究这两项基本任务。经过本阶段的发展，新中国民族学院初步形成以干部培训为主，以预科（文化班）和本专科教育为辅，三种层次和形式相结合的办学格局。其中，中央、西北民族学院开办的本专科教育，在民族院校发展史上具有开先河的标志性意义。

通过本阶段办学实践，新中国民族学院建成了一支包括一批著名专家、学者在内的具有自己特色和优势的教学科研队伍，在各民族党政干部和专业人才培养方面进行了初步的探索，形成了有自己特色的办学理念、办学原则、办学结构和管理模式。

在短短几年间，通过约 2.5 万余名各民族人才的培养、输送，民族学院有效地支持了中国少数民族和民族地区的社会改革和经济、文化等方面建设，支持了党和国家民族工作的顺利推进。在开展民族调查和民族问题研究中，收集、整理了各民族历史和现状的大量的资料，在帮助国家制定民族政策、进行民族识别、创制民族语言文字，以及构建有中国特色的马克思主义民族理论等方面也取得很多成绩，奠定了特色化科研工作的基础。

无论在办学宗旨方面，还是办学形式、教育模式等方面，新中国民族学院基本上是延安干部学校尤其是延安民族学院在新的社会历史条件下的复制。民族学院的这种办学理念和模式，是与新中国诞生初期整个国家的形势，与当时民族工作的条件和需要相适应的。

第四章　向正规高等学校转型阶段的民族学院
（1956～1966 年）

20 世纪 50 年代后期，新中国疾风骤雨般的社会、政治、经济改革告一段落，全国除少数地区外基本上完成了生产资料的社会主义改造，进入全面建设社会主义时期。1956 年 9 月召开的中国共产党第八次全国代表大会认为，社会主义制度在中国已经基本建立起来，国内主要矛盾已经不再是工人阶级和资产阶级的矛盾，而是人民群众迅速发展的经济文化需要同当前经济文化不能满足其需要的矛盾；因而全国人民的主要任务是集中力量发展社会生产力，实现国家工业化，逐步满足人民日益增长的物质和文化需要。[①]

经过前几年的改革、建设和发展，中国民族工作领域也发生引人注目的变化。

20 世纪 50 年代初通过的《中国人民政治协商会议共同纲领》，确立了新中国民族工作的基本政治、政策框架。此后，中共中央根据各少数民族和民族地区的不同情况，采取"慎重稳进"的方针和因地制宜的策略，领导和组织了民主改革，摧毁了旧中国遗留下来的阶级剥削和压迫制度，实现了少数民族群众的人身解放。在此基础上，各民族地区又先后进行了农业、畜牧业的社会主义改造，逐步走上集体所有制和合作化道路。到1956 年末，除西藏以外，民族地区的民主改革和农业的社会主义改造基本完成。新的社会政治制度和新型生产关系的建立，有效地解放了社会生产力，促进了经济的发展。在 1953～1957 年的"一五"计划期间，民族地区工农业总产值平均每年增长 9.7%，其中工业平均每年增长 20.9%，

---

① 齐鹏飞、杨凤城主编：《当代中国编年史》，人民出版社 2007 年版，第 169 页。

农业年均增长 6.1% ,[①] 呈现出良好的发展趋势和前景。

有了经济发展作为基础并得到国家的大力扶持，民族教育事业也进入发展的快车道。到 1956 年，全国少数民族的小学在校生达到 319 万人，比 1951 年增长 2 倍；普通中学学生达 23 万多人，比 1951 年增长 5 倍；中等技术学校学生 1.6 万人，增长 24 倍；中等师范学校学生 1.6 万人，增长近 3 倍。[②]

少数民族和民族地区社会和经济及文化教育事业的迅速发展，一方面引起少数民族和民族地区人才需求结构的变化——对高层次专业技术人才的需求日益增长，另一方面也为民族高等教育的发展创造了生源等方面的条件。

对少数民族和民族地区经济和社会发展以及人才需求的变化，民族学院及其主管部门是了解的。1955 年 6 月，教育部和国家民委在北京召开第一次全国民族学院院长会议，明确"民族学院今后一个时期内，以提高在职少数民族区、乡级干部和部分县级干部的政治水平、文化水平和业务水平为主；个别地区根据建设事业上的需要和学生来源，可适当招收少数民族青年，进行一定专业训练和文化科学教育，培养少数民族的各种专业干部和知识分子。"[③] 与《培养少数民族干部试行方案》中提出的"普遍而大量地培养各少数民族干部"，"培养普通政治干部为主，迫切需要的专业与技术干部为辅"的要求相比，这段话蕴涵的新意在于：一是强调"提高"——民族学院今后的任务是以提高在职区、乡、县级干部政治、文化、业务水平为主；二是为招收少数民族青年学生，进行"专业训练和文化科学教育，培养少数民族的各种专业干部和知识分子"开启了政策的大门。

1956 年 6 月，教育部在京召开第二次民族教育工作会议，确定"民族学院今后一个时期的主要任务是：继续轮训干部，提高民族干部的政治、文化水平和业务能力；培养有必要由民族学院培养的政治、财经、文教工作干部和一部分初中级技术人员以及民族中学学校的部分教师。争取

---

① 参见黄光学主编《当代中国的民族工作（下）》，当代中国出版社 1993 年版，第 6 页。

② 同上书，第 317 页。

③ 参见国家民族事务委员会教育司《新时期民族教育工作手册》，中央民族学院出版社 1991 年版，第 267 页。

在 12 年内，逐步改建成为当地的民族高等学校。1956～1958 年筹建青海、西藏两所民族学院。"[1] 与第一次全国民族学院院长会议相比，这次会议的规格更高，影响更大，态度则更明确：民族学院的发展方向，就是民族高等学校。

此时的不少民族学院，经过上一阶段的发展和积累，业已具备适当开办本专科专业，培养各民族高层次专业技术人才的物质、经验等方面的条件；尤其是在高等学校院系调整等工作中，西北、西南、中南等民族学院得到各部门和兄弟院校支援的一批专家、学者，师资力量大大增强，能够支撑教育事业向高层次发展。

同时，在上阶段办学过程中，由于客观形势的需要和生源条件的限制，民族学院也的确存在办班的随机性大，业务要求多变，层次和学制零乱不齐等问题。如：1956/1957 学年末，西北民族学院按民族、语言和文化程度，分设混合班、蒙古族班、藏族班、哈萨克班 4 个班，包括从初小到初中 10 个年级，有学生 472 人；[2] 而青海民族学院在 1956 年秋办有藏语文本科 1 个班、干训 4 个班、民族语文 4 个班（含藏、蒙古两种民族语言），中小学部 4 个班——包括高中、初中和小学班，囊括从小学到高等教育的所有层次，实行所谓"一条龙"办学。[3] 尽管事出有因，但这种过于零乱多变的办学方式也的确造成民族学院师资不能精专，力量难以凝练，管理不易规范，教学不易统筹等诸多问题，从长远看并不利于学校的发展并提升其为少数民族和民族地区服务的水平。

在民族学院内部，也早已涌动着向正规高等学校发展的期望。《西北民族学院校史》记载，由于该校部分干部中出现"急于实现'正规化'的急躁思想"，1956 年 12 月 8 日，时任国家民委副主任兼西北民族学院院长的汪锋曾在全校师生员工大会上作解释说：民院向正规化大学发展的方向是不会改变的，但目前还只能是过渡性质的大学，即一部分是大学性质，一部分是行政干校性质，一部分是中小学性质。如不是这样，就会将

① 朴胜一：《民族教育的大事——历届全国民族教育工作会议的回顾》，见于《中国民族教育研究》2002 年第 4 期

② 参见西北民族学院校史编写委员会《西北民族学院校史》，甘肃民族出版社 2000 年版，第 20 页。

③ 参见青海民院院史编写组《青海民族学院院史（1949～1999）》，青海民族出版社 1999 年版，第 23 页。

少数民族子弟关在门外。至于过渡时间的长短，还要看各民族地区中小学教育的发展情况。当各民族地区都有了中学毕业生以后，民院自然就变成了完全的正规大学。[①] 这段话，表明了领导机关对民族学院发展愿望的理解和看法，同时也道出了民族学院办学的类别、班次、形式和层次的确过于杂乱的实情，以及形成这种局面的原因。

　　既有外在的需求和宽松的政策环境，又有内在的期望和动力，民族学院向正规高等学校转型——习称"正规化"的条件基本具备。

一　民族学院向正规高等学校的转型

　　大致从 1956 年开始，上阶段尚未开办本专科教育的民族学院开始设置本专科专业，向正规高等学校转型。

　　1956 年 9 月，西南民族学院举办师范专修科，下设中国语言文学、政治与历史、数学与物理、生物与地理等 7 个专业，学制 3 年，相当于专科层次——是为该校办高等教育之始。1957 年，经四川省批准，在原藏文专修科、彝文专修科的基础上建民族语文系（1959 年改为政治语文系），分设藏语文、彝语文两个专业，学制 3 年，本科层次，从全国统一高考中录取成绩合格新生。1960 年以师范专修科 7 个专业为基础，分别建立中国语言文学、数学、政治与历史、物理与化学、生物与地理 5 个系，学制均为 4 年，本科层次。此时，该校开办的包括高师本专科、中专等在内的专业共 22 个，在校生达到 3000 余人，教职工达到 544 人，已成为以本科为主，多学科、多层次办学的综合性民族师范院校。[②]

　　1956 年秋，根据教育部《1956～1967 年民族教育事业规划纲要》提出的"必须为少数民族单独建立高等师范学校"[③] 的精神和自己调查研究结果，中南民族学院决定开办师范专业，为中南区少数民族和民族地区培养中学师资。经教育部、高教部批准，该校当年开办了语文、历史 2 个师

　　① 参见西北民族学院校史编写委员会《西北民族学院校史》，甘肃民族出版社 2000 年版，第 21 页。

　　② 参见西南民族学院院史编辑室《西南民族学院院史（1951～1991)》，四川民族出版社 1991 年版，第 61～62 页。

　　③ 参见中南民族大学校史编纂委员会《中南民族大学校史（1951～2011)》，湖北长江出版集团、湖北人民出版社 2011 年版，第 40 页。

范专修科，参加全国统一高考招生——是为该校办高等教育之始。1958年，语文、历史两专科升格为两个本科系，该校首次开办本科教育。1958年5月该校制定《1958～1962年事业发展规划》，明确其发展目标是"一所面向全国培养少数民族工人阶级知识分子的全心全意为民族教育事业服务的民族高等师范学院"；第二个五年计划期间要陆续增设政治教育、教育、数学、生物、物理、化学等系；全日制在校生由1958年的706人发展到1962年的2600人。①1960年该校制定的1960～1967年事业发展规划基本确认上述发展目标，并提出"短期培训的政治专修班，学习一年，附设于政治教育系内，已办到十期，仍拟继续办下去，并拟由轮训干部逐步向轮训民族地区中等学校各项师资发展；政治研究班也附设在政治教育系内，学习三年，今年毕业后即结束，不再办。"②

1956年，云南民族学院制定《云南民族学院1956～1967年发展纲要》，提出学校发展方向：从短期轮训少数民族干部的政治训练班，逐步向培养少数民族政治、语文、历史、文艺等专业人才的综合性大学过渡。③

1956年，根据贵州省委关于贵州民族学院向全日制高校过渡的决定，该校制定12年发展规划，拟陆续开办民族语文、历史、政治、经济、法律、艺术等系，向综合性民族大学发展。同年秋，贵州省委、省政府决定将贵阳师范学院艺术科包括教师、设备等并入贵州民族学院，成立贵州民族学院艺术系。1957年，学校开办一期艺术师范专修科，学制两年，设音乐、美术两专业——这是该校首次开办专科教育。1958年设民族语文系，包括苗语、布依语、侗语三个专业，学制四年，本科层次。④

1956年9月，经国务院批准更名的青海民族学院确定自己的办学方针和任务"主要是为我省少数民族地区继续培训干部，提高和培养民族干部的文化、政治理论、政策水平和工作能力，培养中小学师资，培养民族语文翻译干部及其他方面的民族高、中级专业人才，并为本科和专业班

---

① 参见中南民族大学校史编纂委员会《中南民族大学校史（1951～2011）》，湖北长江出版集团、湖北人民出版社2011年版，第41～42页。

② 中南民族学院校史编写组：《中南民族学院简史（1951～1979）》，1988年印刷，第197页。

③ 《云南民族大学55年》，云南民族出版社2006年版，第8页。

④ 参见贵州民族学院办公室《贵州民族学院》，2004年印刷，第12～17页。

开辟学生来源而培养从高小到高中程度的少数民族青年知识分子。"① 据此，当年秋该校开办从统一高考录取学生的藏语文本科班——后因师资、教学的基本设施和设备等办学条件及经验不够充分于 1957 年 1 月并入西北民族学院语文系。1958 年该校设大学部，下设藏语文、中国语言文学、政治历史、数学、体育 5 个专科。1960 年秋设三年制物理、化学专科，培养目标是少数民族地区中学物理、化学师资。1961 年秋该校对专业和学制进行调整，大学部下除体育专科外，其他各专业学制均由三年改为四年；政史专科改为政治系，中文专科分为汉语文、藏语文两个系。

经广西壮族自治区党委批准，广西民族学院于 1960 年下半年创办政治、汉语文、历史 3 系 3 个专业，学制分 4 年、2 年两种；6 月，自治区将南宁师范学院并入该校；9 月，该校成为一所拥有政治、中文、历史 3 个系，数学、物理、化学 3 个专修科，同时办有干部轮训班、预科部的综合性民族高等学校，有 12 个民族的在校生 979 人、教职工 300 人。1963 年，政治、中文两专业升格为本科。1964 年，该校开办外国语言文学专修科，设越南语、老挝语、泰国语 3 个专业，学制三年。1966 年初，各类在校生达到 1312 人。②

1957 年 10 月，国务院批准筹办广东民族学院。1958 年 7 月该校开始招生。1959 年该校制定《广东民族学院 1960～1967 年度规划书》，根据"以政治为主适当培养和提高教育、财经等基层干部的业务水平和工作能力，同时积极准备条件建立师范性质的专科和系，为民族地区培养中等学校的师资力量"的思路，将发展目标确定为民族高等师范学院，并拟在 1962 年设政治、语文、数学、化学、生物 5 个两年制专科，1964 年转为 5 个本科专业，1967 年办学规模达到全日制在校生 1600 人。③

上阶段已开办本专科教育的西北民族学院，1956 年后系科专业建设又有新进展，先后开办三年制畜牧兽医班，学制分别为三年、五年的医务班，学制两年（主要学汉语文）的铁道专业先修班，学制三年的文艺班。到 1956/1957 学年末，该校已开办本科语文、政治、法律 3 个系，设蒙古

---

① 青海民院院史编写组：《青海民族学院院史（1949～1999）》，青海民族出版社 1999 年版，第 22～36 页。

② 参见广西民族学院院史编辑委员会《广西民族学院院史》，广西人民出版社 1991 年版，第 30～35 页。

③ 参见吕奎文主编《广东技术师范学院校史》，中央文献出版社 2005 年版，第 17 页。

语文、藏语文、维吾尔语文、汉语文、政治、司法 6 个专业；此外还开设师范班、医务班、护训班、铁道先修班、畜牧兽医班、文艺班 6 个专业班；加上干训、预科学生，全校教学班达到 53 个，在校生 2166 人。①1958 年 4 月成立民族铁道系，设铁道经营专业。1959 年秋设教育系，学制四年，培养中等学校政治、教育、汉语藏族师资。1959 年制定十五年发展规划，提出学校将设置农业、工业、水利、土木工程等专业，要办成共产主义的民族综合大学。1960 年学校制定十年发展规划，打算在第四个五年计划期间，将西北民族学院发展成为以文科为主的民族综合性大学。②

至 1960 年代初期，除云南、广东、贵州民族学院（已被并入贵州大学）外，西南、中南、广西、青海民族学院先后具备一定规模的本专科教育，其中西南、中南民族学院实际上已形成以本专科教育为主的办学格局；同时，各民族学院也保留了干训部、预科部等办学形式。各校的校史资料表明，在转型和发展过程中，中央、西北、广西、云南、贵州民族学院的发展目标是综合性民族高等学校，而西南、中南、广东民族学院则将自己的发展目标定为民族高等师范学院。

二　民族学院正规化转型的中止

在有关民族学院向正规高等学校转型并雄心勃勃地规划自己的发展目标时，形势发生了变化。

1958 年 2 月 5 日至 11 日，第二次全国民族学院院长会议在北京召开。会议强调，"民族学院不同于一般大学，其性质基本上是政治学校。因此，在相当长的阶段以培养政治干部为主，同时培养专业人才。"③ 这段话中关于民族学院是"政治学校"的定性，隐含着对民族学院正规化转型的抑制态度。

1964 年 5 月召开的第四次全国民族学院院长会议，对民族学院正规

---

① 参见西北民族学院校史编写委员会《西北民族学院校史》，甘肃民族出版社 2000 年版，第 19～20 页。

② 同上书，第 73～90 页。

③ 国家民族事务委员会教育司：《新时期民族教育工作手册》，中央民族学院出版社 1991 年版，第 267 页。

化转型的抑制态度已非常明确："民族学院是培养少数民族共产主义干部的学校，是革命的抗大式的政治学校"；"要把轮训和培养少数民族政治干部的工作列为首要任务。要调整本科专科，切实办好预科"；"在今后两到三年内，八所民族学院培养轮训少数民族政治干部在校生人数所占的比例要达60%～70%"；"民族学院的本科、专科同一般大专院校应有适当分工。过去没有举办本科、专科的，今后一般不再举办；已经举办的，可根据当前少数民族地区的需要，对现有学科进行适当调整。"① 而在当时的语境中，"调整"几乎与压缩、撤销同义。

转型最早受阻的是贵州民族学院。1958年，根据当年中共中央成都会议精神，贵州省决定恢复1953年院系调整时撤销的贵州大学。次年秋季，贵州大学迁入贵州民族学院校址，贵州民族学院被并入贵州大学。②

1960年，云南民族学院向上级主管部门提出建立语文系、历史系，未获批准③。

1961年，广西民族学院按照自治区教育厅《关于高等学校和中等专业学校调整的意见》，原二年制的政治专业和四年制的汉语言文学、历史专业除保留原班级外，一律改为三年制专科，当年秋季招收的学生即按三年制安排课程；原数学、物理、化学三个专修科停止招生。同时，将原先并入的南宁师范学院仍分出去成立"广西教师进修学院"。1964年7月，历史系正式停办。在对系科进行调整的同时，1962年根据中共中央批转的教育部《关于进一步调整教育事业和精简学校教职工的报告》，学校将精兵简政和压缩城市人口作为当年党政工作的中心，对部分教职工进行工作调整或动员回乡，共计调出29人，校内调整10人、动员回乡12人。④

1962年，西南民族学院根据上级要求，贯彻"调整、巩固、充实、提高"方针，精简专业结构，高师5系合并还原为师范系下设的5个专业，政治系改为政治文化科，农牧专修科分设为农学科、畜牧兽医科，停办政治教育、司法检察、农业机械、教育行政、民族艺术等专业以及中

① 国家民族事务委员会教育司：《新时期民族教育工作手册》，中央民族学院出版社1991年版，第268页。

② 贵州民族学院办公室：《贵州民族学院》，华夏文化艺术出版社2001年版，第18～19页。

③ 《云南民族大学55年》，云南民族出版社2006年版，第8页。

④ 参见广西民族学院校史编辑委员会《广西民族学院校史》，广西民族出版社2002年版，第30～31页。

师、小教、铁道、体育等班次；同时大幅压缩招生规模，在校生由 3000
人降至 1963 年计划的 1215～1500 人；对教职工也进行了精减，压缩编制
133 人，其中教师 53 人、职员 60 人、工人 20 人。[①]

　　1964 年 5 月，青海省对青海民族学院进行调整，不仅将 1962 年并入
该校的医疗系、畜牧兽医系、师范部分出，该校原有的政教系、中文系、
数学系、物理系、化学系、体育系均分出到其他院校，相关的专业教师、
教学设备、图书资料等也同时拨出，仅剩藏文系、干训部和第一附中。
1965 年 3 月，青海省再次对青海民族学院进行调整，该校藏文系及其师
资、教学设备、图书资料等并入青海师范学院，仅保留了干训部、文化班
和第一附中。此时，青海民族学院作为高等学校已有名无实，"文科教师
走了一大半，特别是理工科教师所留无几"。[②]

　　虽然自 1950 年代初即开办本专科教育，西北民族学院的发展同样受
到遏制。根据上级部门的要求，学校于 1960 年停办蒙古语言文学专业，
1961 年停办法律系，1962 年停办维吾尔语言文学专业，铁道系由于铁路
缓建等原因也于 1964 年 9 月停办，艺术科于 1965 年撤销。1964 年 7 月至
1965 年 1 月，当时的西北局统战部召开第 47、69、94 次部委（扩大）会
议，都是专门落实第四次全国民族学院院长会议精神，研究如何纠正西北
民族学院办多学科、多层次正规大学的倾向，把它办成"抗大"式政治
学校的。[③] 1964 年 12 月 29 日，该校党委召开第 45 次扩大会议，决定贯彻
第四次全国民族学院院长会议关于调整本专科的精神和西北局统战部关于
把学院办成"抗大式"政治学校的要求，"教学单位只保留干训部、会计
训练班以及汉藏翻译和文化补习班等，教育系、语文系、政治系、医务
科、畜牧兽医科、师范科等不再招生，待现有学生毕业后全部停办，或者
建议上级立即将这些系科的现有学生调整到其他院校，以使学校集中精力
办好社教积极分子训练班和干训部"。会议还决定参照"抗大"模式"在
全校范围内取消系、科、部等称谓，改称总队、大队、中队、小队"。与

　　① 参见西南民族学院院史编辑室《西南民族学院院史（1951～1991）》，四川民族出版社
1991 年版，第 61～62 页。
　　② 青海民院院史编写组：《青海民族学院院史（1949～1999）》，青海民族出版社 1999 年
版，第 44 页。
　　③ 参见西北民族学院校史编写委员会《西北民族学院校史》，甘肃民族出版社 2000 年版，
第 93 页。

此同时，还根据中央关于精简职工和减少城市人口的政策，大力压缩招生和办学规模，调减招生计划。到 1963 年暑期，全校在校生由 1961 年的 3500 人减至 1497 人。①"到 1965 年 12 月以后，除干训部、会计训练、翻译和文化补习等班级外，大多数系科部名称废除，不再招生。"②

"调整"遭遇的最顽强的抵抗来自中南民族学院。由于该校在 1960～1967 年发展规划中提出要向民族高等师范学院发展的同时，还表示要逐步放弃传统的政治干部短期培训的办学模式，"向轮训民族地区中等学校各项师资发展"，上级机关"认为违背了民族学院的政治性质"，先是在 10 周年校庆时批评该校主要领导"好高骛远"，从 1962 年起又陆续下文对原经批准创办的几个系除政治系外均限期停办。该校当时的主要领导对上级机关上万言书据理力争，"撤销与反撤销的争论持续了数年之久，最后本着下级服从上级的原则，中南民院于 1964 年首先撤销了历史系"。③ 1965 年 5 月，领导机关再次指示，撤销中文系建制，数学系办到 1967 年暑假毕业生毕业时停办。④

经过几年的调整以后，上述民族学院此前兴办的本专科专业大多或降格、或停办、或合并，有的学校虽然还办有本科但原设专业已大部停办或撤销——如中南民族学院仅剩政治系政治教育专业；有的学校几乎退回到新中国成立初期只办干训部和预科的水平——如西北、青海民族学院；有的申办本专科教育的未获批准——如云南民族学院；有的学校中断了历史——如贵州民族学院；而广东民族学院则徘徊在广州和海南岛之间难以确定校址。在民族学院的发展史上，这是一个挫折期。

三　民族学院正规化转型中止的原因

关于本阶段大部分民族学院正规化进程中止的原因，学校和研究者们

---

① 参见西北民族学院校史编写委员会《西北民族学院校史》，甘肃民族出版社 2000 年版，第 83～85 页。

② 西北民族大学校史编写委员会：《西北民族大学校史》第一卷，甘肃民族出版社 2007 年版，第 71 页。

③ 张瑞敏：《中南民族学院创建纪实》，见于《湖北文史资料》1999 年第 10 期

④ 参见中南民族大学校史编纂委员会《中南民族大学校史（1951～2011）》，湖北长江出版集团、湖北人民出版社 2011 年版，第 47 页。

的说法不一，大致可归纳为两种。

第一种，主要归因于"左"倾思潮的影响。

《中南民族大学校史》称："由于'左'倾错误的恶性膨胀，上级有关部门的领导对我院的办学方向也产生了疑虑，认为违背了民族学院的政治性质。于是，从一九六二年起，陆续下达文件，决定对原经批准创办的几个系，……除政治系外，均限期停办撤销"[1]。

《云南民族大学55年》记载："这一时期，云南民族学院在从短期轮训政治干部转到提高办学层次，培养专业人才方面作了初步探索，取得了一定成绩，但'左'倾思想和接连不断的政治运动严重地冲击了正常的教学秩序，影响了学校的发展。"[2]

在有关研究者的论著中，类似说法也较常见。朴胜一先生主编的《中国少数民族教育发展与展望》，肯定了"各民族学院在办学中，积累了经验，创造了办学条件，根据客观要求，在办学形式上逐步向正规化、专业化过渡"，同时指出"在1958年后，由于受'左'的错误思想的干扰和影响，又片面强调把轮训和培训少数民族政治干部列为首要任务，限制、压缩本、专科专业的发展……有的地方甚至走得更远，公然撤销了开办多年的民族学院。"[3] 杨胜才先生在其专著《中国民族院校特色研究》中认为："民族院校的这种历史性转轨并非一帆风顺。由于极'左'思潮的影响，民族院校的办学方针摇摆不定……1964年5月的第四次民族学院院长会议认为，民族院校是革命的抗大式的政治学校，要集中力量办好干训部，现有的学科专业要调整，没办的本科不要再办。接着，各民族院校的本专科专业纷纷下马。"[4] 马麒麟先生主编的《中国民族高等教育的改革和发展》指出：1964年召开的第四次全国民族学院院长会议"试图把民族学院的办学方向扭转到建校初期的老路子上去"，"同当时的政治气候是分不开的。整个20世纪60年代，在中国共产党内占主导地位的是'左'的思想路线……民族学院的发展，必然要受到'左'的思想路线的

---

① 中南民族大学校史编纂委员会：《中南民族大学校史（1951~2011）》，湖北长江出版集团、湖北人民出版社2001年版，第46页。

② 《云南民族大学55年》，云南民族出版社2006年版，第8页。

③ 朴胜一主编：《中国少数民族教育发展与展望》，北京教育出版社1990年版，第39页。

④ 杨胜才：《中国民族院校特色研究》，民族出版社2007年版，第74页。

影响。"①

第二种意见，则主要归因于中央和地方根据"调整、巩固、充实、提高"方针（简称"八字方针"）对"大跃进"后高等教育规模的压缩和调整。如：

《西北民族大学校史》：自 1961 年始，"遵照中央的（八字）方针，进行了一系列的调整。首先，是学校规模的压缩……其次，是系科专业及班级的调整。"②

《西南民族学院院史（1951～1991）》：从 1962 年开始，根据中共中央"八字方针"和全国民族学院第四次院长会议精神，对规模和专业进行了压缩、精减。③

《广西民族学院校史》记载，根据中央"八字方针"和自治区的要求，1961 年"在充分调查研究的基础上，学院对各系科专业作了适当的调整。"④

《青海民族学院院史（1949～1999）》将从 1962 年到 1965 年间经历的大起大落归咎于省里在贯彻落实中央"八字方针"的过程中的"随意折腾"。⑤ 林仕梁先生的专著《中国少数民族高等教育发展与研究》，将青海省的这种做法称为"盲目发展，盲目调整"。⑥ 霍文达教授在其《中国少数民族高等教育改革与发展重大问题研究》中也认为青海民族学院的大起大落的原因在于中国高等教育"大跃进"后中央和地方根据"八字方针"所作的调整和压缩。⑦

---

① 马麒麟主编：《中国民族高等教育的改革和发展》，教育科学出版社 2000 年版，第 41 页。

② 西北民族大学校史编写委员会：《西北民族大学校史》第一卷，甘肃民族出版社 2007 年版，第 63～65 页。

③ 参见西南民族学院院史编辑室《西南民族学院院史（1951～1991）》，四川民族出版社 1991 年版，第 61～62 页。

④ 广西民族学院校史编辑委员会：《广西民族学院校史》，广西民族出版社 2002 年版，第 29～31 页。

⑤ 参见青海民院院史编写组《青海民族学院院史（1949～1999）》，青海民族出版社 1999 年版，第 42 页。

⑥ 参见林仕梁《中国少数民族高等教育发展与研究》，天津人民出版社 1998 年版，第 28 页。

⑦ 参见霍文达主编《中国少数民族高等教育改革与发展重大问题研究》，南海出版公司 2005 年版，第 25 页。

综合各方面的材料和意见并考察当时的社会背景，民族学院正规化转型中止的大致原因可归纳如下。

（一）事情起因于国家对前期过度膨胀的高等教育规模的调整、压缩

20 世纪 50 年代后期，中共中央高层领导中关于治国方略的分歧日益明显。一方面出现了非理性的"左倾"冒进思潮，1958 年以"超英赶美"为口号的"大跃进"即是其集中表现；另一方面，也有稳健、务实者，1956 年前后主张"反急躁冒进"而被毛泽东批评为"右倾保守"，1959 年在庐山会议遭到批判，60 年代初力主对国民经济进行调整者主要就是这些领导人。领导层不同治国方略的矛盾和冲突，使中国经济和社会发展过程出现波动和摇摆。

此阶段，和经济建设一样，中国的高等教育也出现过一次"大跃进"和"调整"的"过山车"式起伏波动。1958 年 9 月 19 日，《中共中央、国务院关于教育工作的指示》颁布，提出"我们将以十五年左右的时间来普及高等教育，然后再以十五年左右的时间来从事提高的工作"，① 全国兴起大办高等教育的热潮。从 1957 年至 1960 年秋，全国高等学校由 229 所增加到 1289 所，增长 4.6 倍；在校生由 44 万人增加到 96 万，增长 1.2 倍。② 如此超常规的高速发展，不仅超过了国家的经济承受能力和学校的承载能力，也超过了社会对毕业生的吸纳能力（大学生毕业要分配工作当干部）。因此，在 1960 年代初对国民经济进行调整的同时，对高等教育规模的调整也在紧张地进行。1961 年 4 月，中共中央、国务院批转了教育部《关于审定全国重点高等学校发展规模和专业设置的报告》，对重点和非重点高校都提出了控制办学规模，进行专业调整的要求。1961 年 7 月和 12 月，教育部先后两次在京召开全国高等学校及中等学校调整工作会议，对高、中等教育规模进行调整、压缩。③ 1962 年 5 月，中共中央又批准教育部党组《关于进一步调整教育事业和精简学校教职工的报告》，认为虽经两次压缩，高等教育规模仍然过大，必须"大幅度裁并高

---

① 中国教育年鉴编辑部：《中国教育年鉴（1949～1981）》，中国大百科全书出版社 1984 年版，第 690 页。

② 参见曲士培《中国大学教育发展史》，北京大学出版社 2006 年版，第 432 页。

③ 参见中国教育年鉴编辑部《中国教育年鉴（1949～1981）》，中国大百科全书出版社 1984 年版，第 93 页。

等学校"，主要是裁并在"大跃进"中由中等学校"戴帽子"办起来的专科学校和"1958年后设立的条件太差和不必要重复设置的"本科院校，其中本科院校要裁29.5%计148所，专科院校裁86.6%计297所。① 经过连续两年的调整，"1963年，全国高等学校由1960年的1289所，压缩到407所"；②"全国高等学校的本科专业，保留549种，裁减了191种……招生人数，由1960年的32.3万人，压缩到10～16万人。"③

历史资料表明，在1958年中国高等教育"大跃进"的形势下，不少民族学院也出现发展过度问题。

《西北民族学院校史》记载："大跃进以后，民院发展速度很快，学校规模不断扩大，学生人数猛增。"④

《西南民族学院院史（1951～1991）》记载："1958～1960年期间，我院的发展规模过大……脱离了当时的财力和学校的承受能力。"⑤

广西民族学院《1958～1962年跃进规划纲要》就是在1958年"大跃进"时制定的⑥。"规划"之前冠之以"跃进"二字，已显出当年"大干快上"的气息。

1958年，青海民族学院党委为适应"大跃进"的形势，将原计划在1962年开办的政治历史、中国语言文学、数学、藏语文、体育5个系提前到1958年开办；同时办学规模也急剧扩张，1958年上半年时学校师生员工还只有785人，到当年秋则达到1915人。⑦

无疑，很多民族学院正规化的进程，正好和中国高等教育的"大跃进"交叉甚至同步，而且不少民族学院也的确存在发展太快问题，所以，

①　参见何东昌主编《中华人民共和国重要教育文献》，海南出版社1998年版，第1095页。

②　参见曲士培《中国大学教育发展史》，北京大学出版社2006年版，第432页。

③　中国教育年鉴编辑部：《中国教育年鉴（1949～1981）》，中国大百科全书出版社1984年版，第235页。

④　西北民族学院校史编写委员会：《西北民族学院校史》，甘肃民族出版社2000年版，第65页。

⑤　参见西南民族学院院史编辑室《西南民族学院院史（1951～1991）》，四川民族出版社1991年版，第61—62页。

⑥　参见广西民族学院校史编辑委员会《广西民族学院校史》，广西民族出版社2002年版，第271页。

⑦　参见青海民院院史编写组《青海民族学院院史（1949～1999）》，青海民族出版社1999年版，第25～26、29页。

在 1961～1963 年间遭遇调整、压缩，首先是社会形势、国家政策使然。

（二）和领导机关在发展目标上的分歧和矛盾，是民族学院正规化转型中止的基本原因

1963 年以后，国家对高等教育发展的基本政策，已由紧缩转向宽松。全国高等学校"1963 年为 407 所，1964 年为 419 所，1965 年为 434 所"，① 呈持续、稳定发展态势。但正是在这个时候，以 1964 年第四次全国民族学院院长会议为标志，对民族学院的"调整"也达到空前坚决甚至不惜动用强制性行政命令的程度，这不是用贯彻"八字方针"所能解释的。

在高等学校办学模式、发展目标转型的过程中，由于新旧模式和目标的差异以及当事人理解与看法的不同，往往会导致内在的或外在的矛盾甚至冲突。如果对发展目标的不同理解和看法来自内部，矛盾和冲突就可能出现在内部；如果出现在外部——主要指高等学校和外部环境之间，矛盾和冲突则可能发生在高等学校和环境因素之间。当 20 世纪 50 年代后期民族学院在向正规高等学校转型时，就面临这种新旧发展目标的矛盾和冲突。这里所谓旧目标，就是沿袭延安民族学院、由两个《试行方案》所界定的以干部短期培训为主要办学形式，以培养普通政治干部为主的少数民族干部学校。所谓新目标，即民族学院当时作为发展目标的文理科综合高等（师范）院校。

1956 年 6 月教育部在京召开的第二次民族教育工作会议，对民族学院向正规高等学校转型是基本肯定的，但要求在 12 年之内"逐步改建"。对于为什么要有 12 年的过渡期，同年 12 月 8 日时任国家民委副主任兼西北民族学院院长的汪锋针对该校部分干部中出现"急于实现'正规化'的急躁思想"时所作的讲话已有解释。但民族学院对"过渡期"以及如何过渡显然有自己的理解，西南、中南民族学院当年就办起了专科专业，1957 年、1958 年又分别升格为本科；而青海民族学院 1956 年就办起了藏文本科，其他民族学院也先后有所行动。对民族学院的做法，领导机关表示了不满。1958 年 2 月召开的第二次全国民族学院院长会议对民族学院"不同于一般大学，其性质基本上是政治学校"强调，明显是有所指的。但这种不满显然很快就被不久后由最高层所发动的中国高等教育"大跃进"热潮所淹没，

---

①　参见曲士培《中国大学教育发展史》，北京大学出版社 2006 年版，第 432 页。

而不少民族学院则在这热潮中加快了转型的步伐。到 60 年代初，有部分民族学院业已形成以本专科教育为主的办学格局，传统的干部培训则退居于辅助性办学形式。而这实际上已等于扬弃建校初期的办学模式，以至于引起领导机关对民族学院"办学方向"和"政治性质"的怀疑。1964 年 5 月第四次全国民族学院院长会议对民族学院正规化转型的坚决遏制态度，是领导机关对转型的不同看法的集中表现和爆发。

　　上面的事实及分析表明，关于民族学院的正规化转型问题，学校和领导机关之间从一开始就存在不同的理解和看法。由于所处地位、看问题的角度不同，分歧的出现本是正常的。但由于形势（如"大跃进"和"左"倾思潮）的影响，分歧非但没有得到弥合反而越来越大形成矛盾继而演变为冲突。1961 年开始的"三年调整"，无疑为领导机关扭转局面提供了机会。当"三年调整"仍未扭转到位时，就出现了 1964 年后领导机关的态度坚决乃至强硬的遏制。

　　据有关学者考察，在中国共产党干部教育史上，由于党内对教育方式的理解、看法的差异，曾多次出现过所谓干部教育方式的"正规化"和"游击主义残余"（或称"游击习气"）之争。所谓"正规化"，就是强调教育的程式化、体系化、规范化。而被称为"游击习气"的教育方式则强调在艰苦的军事斗争中和困难的条件下教育的灵活性、实用性。二者之争在江西苏区、抗战时期、解放战争时期都曾经发生过，而且该研究者认为 1958 年的"教育大革命"是对"游击习气"的肯定和对"正规化"的批判。[①] 这种解说追溯了新中国教育领域——尤其是干部教育方式发生波动和摇摆一种历史渊源，也为分析民族院校正规化进程中止的原因和背景提供了重要参考。

（三）"左"倾思潮对民族学院正规化转型的影响

　　20 世纪 50 年代后期到 60 年代前期，中国共产党内的"左"倾思潮不断掀起波澜并有主导国家政治生活之势。受其影响，在教育领域以政治取代学术甚至取代教育的情况也时有发生。尤其是 1958 年出现的所谓"教育革命"，对原有的教育体制和模式——从教学计划、教材到教育管

---

　　① 参见陈桂生《中国干部教育（19271～949）》，华东师范大学出版社 2007 年版，第 58～62 页。

理制度几乎取全盘否定的态度，而对以往根据地教育——尤其是延安教育的经验则推崇到极端化的程度。在这种形势下，由于民族学院和延安干部学校特有的历史传承关系，也由于对"正规化转型"的不同理解和看法，在领导机关中也出现了不顾新中国成立近10年后少数民族和民族地区人才需求的变化，也不顾很多民族学院已经实现转型而且有些专业已经办得相当成熟的事实，以民族学院是"革命的抗大式的政治学校"的名义硬要将其拉回到"抗大"模式去的思想倾向。

　　从1956年6月第二次全国民族教育工作会议对民族学院正规化发展的基本肯定——分歧仅在过渡期的长短，到1964年第四次民族学院院长会议将问题上升到"办学方向"和"政治性质"的高度对民族学院转型的坚决遏制，领导机关的态度明显地向"左"偏转，并有将学校的发展目标问题政治化的倾向——这是当时流行的思维方式。这种偏转和倾向发生在"左"倾思潮愈演愈烈的60年代前期，应不是偶然的。如果说在1961~1963年这种"左"转尚被"调整"所掩盖的话，那么，到1964年以后尤其是在对中南民族学院采取强制性行政命令手段迫使其撤销有关本科专业时就表现得非常明显了。因此，在民族学院正规化转型中止这个问题上，"左"倾思潮确实起到了推波助澜的作用。

　　实际上，在民族学院转型中止这个问题上，因多方面的原因，各有关院校的具体情况也有因时而异、因校而异的一面——如中央民族学院似乎就没有受什么影响。总的来看，1960~1963年，影响主要来自中央和地方对高等教育规模的调整、压缩；1963年后，则领导机关的干预和"左"倾思潮的影响非常明显，到第四次全国民族学院院长会议前后达到高峰。就学校来看，有的学校如西南民族学院等，影响程度最大的是"调整"；有的学校如中南、西北民族学院，领导机关的干预和"左"倾思潮的影响更突出一些。情况比较特殊的是青海、贵州民族学院。1962年，青海省根据"八字方针"调整"大跃进"时过度膨胀的高等教育，将全省8所高校停办的停办，拆并的拆并，最后只留青海民族学院一所高校；1964、1965年，又将该校原有的本专科专业和并入该校的其他高校的本专科专业先后全部剥离出去，仅保留干训部、文化班和第一附中。[①] 这种

---

　　① 参见青海民院院史编写组《青海民族学院院史（1949~1999）》，青海民族出版社1999年版，第39~42页。

大起大落主要归因于地方政府执行"八字方针"时决策的轻率，但也不排除其他因素的影响。而贵州民族学院的特殊性在于：当 1959 年别的民族学院都在正常发展甚至"跃进"的时候，它被并入贵州大学——此时"八字方针"尚未提出；而当别的民族学院被坚决"调整"的 1964 年，贵州省委又决定恢复——后因选址以及"四清"、"文化大革命"等原因而耽误、停止。在《中国民族教育 50 年》中，它被撤销的原因解释为"在贵州这个边远地区，因受天灾人祸、自然灾害，'瞎指挥'、'浮夸风'造成的经济困难的影响，使民族教育遭到了毁灭性打击。贵州民院于1959 年被撤销"。①这段话有点含糊地将学校被撤销的主要原因归结于因天灾人祸、"大跃进"引起的"经济困难"，缺乏说服力。综合当时的情况，该校被撤（实际上是并校而非撤销）的主因，应是国家和地方对高等教育结构的调整。1958 年 3 月 22 日，中共中央成都会议通过《关于高等学校和中等技术学校下放问题的意见》，提出"没有设立综合大学的省和自治区，可以新办或者以现有的专业学校为基础办一所综合大学"。②根据这一精神，贵州省决定恢该省 1953 年院系调整时撤销的原综合性大学贵州大学。而 1956 年贵州民族学院的规划发展目标也是综合性高等院校，作为地方院校，这是与省里的新安排有矛盾的。在这个背景下，贵州省按照"以现有的专业学校为基础办一所综合大学"的思路将贵州民族学院并入贵州大学并在其校址上复办贵州大学，是符合计划体制下领导机关的决策逻辑的。当然，在这个过程中贵州省显然缺乏应有的政治敏感性，对在一个多民族且少数民族人口较多的省份取消一所民族学院的独立建制所产生的社会反响和负面影响估计不足，所以在 1959 年轻率决策之后又在 1964年决定恢复贵州民族学院。

四　民族学院的教学工作

本阶段前两年，民族学院的教学工作尚属正常。开始向正规高等学校转型的西南、中南等民族学院，认真编制教学计划，建立和完善教学管理

---

① 夏铸主编：《中国民族教育 50 年》，红旗出版社 1999 年版，第 159 页。
② 何东昌主编：《中华人民共和国重要教育文献》，海南出版社 1998 年版，第 1095、812页。

制度，加强师资队伍建设，教学工作趋向规范化。

1956 年 10 月，教育部颁布《民族学院政治训练班暂行教学计划草案》，"要求依据理论联系实际的原则，对学员进行中国现代革命史教育，马列主义理论知识的教育，过渡时期党在民族问题方面的总任务和基本政策的教育，爱国主义与国际主义思想的教育，以提高政治政策水平"，① 对民族学院政治训练班的教学内容进行规范。

值得注意的是，1956 年在包括民族学院在内的高校中出现学习苏联教育经验尤其是学习苏联教育家凯洛夫教育思想的热潮，有的学校还以凯洛夫的《教育学》中提出的原则为指导开展教育改革的研讨，或修订教学计划。② 1957 年 5 月，西北民族学院召开全校教学经验交流会，宣读论文 30 余篇，就思想政治教育、教材教法、语文教学、教学翻译等问题进行深入、系统的总结和研讨。③ 这都表明，当时民族学院的教育教学工作是正在逐渐向理论层面探索和延伸的。

这两年全国教育领域发生的重要事情还有：1957 年 2 月，在《关于正确处理人民内部矛盾的问题》的讲话中，毛泽东提出："我们的教育方针，应该使受教育者在德育、智育、体育几方面都得到发展，成为有社会主义觉悟有文化的劳动者。"④ 毛泽东提出的这一教育方针，对此后数十年中国的教育教学工作——包括民族院校的教育教学工作都发生了重要影响。

大致也就从这段时间开始，1950 年代前期在批判电影《武训传》、俞平伯《〈红楼梦〉研究》和胡风文艺思想等运动中有所表现的中国共产党内的左倾思潮对中国社会的影响加剧，阶级斗争学说逐渐兴起。1957 年，发生影响深远的"反右派"运动，全国划定"右派分子"55 万，其中包括中央民族学院潘光旦教授、吴文藻教授、费孝通教授、闻宥教授等，西

① 西北民族学院校史编写委员会：《西北民族学院校史》，甘肃民族出版社 2000 年版，第 27 页

② 参见《云南民族大学 60 年》，云南民族出版社 2011 年版，第 18 页；西北民族学院校史编写委员会《西北民族学院校史》，甘肃民族出版社 2000 年版，第 26 页。

③ 西北民族学院校史编写委员会：《西北民族学院校史》，甘肃民族出版社 2000 年版，第 36 页。

④ 中国教育年鉴编辑部：《中国教育年鉴（1949～1981）》，中国大百科全书出版社 1984 年版，第 39 页。

南民族学院的吴泽霖教授、何剑熏教授等，中南民族学院的岑家梧教授，西北民族学院的黄奋生教授、王沂暖副教授等一批知名学者，还包括部分普通教师、职工和学生。不仅使他们本人和家庭受到极大的身心伤害，而且使旁观者震慑而噤声，学术风气因此而趋向紧张，教育教学工作不可能不受影响。在反右运动中殃及池鱼的是：全国高等学校的政治学、社会学、心理学等学科被判定为"资产阶级学科"而撤销，中央民族学院的"民族学"也被打成"资产阶级反动学科"① 而在劫难逃。

从 1958 年开始，本阶段的后八年大致可划分为两个小阶段：第一个小阶段从 1958 年"教育革命"兴起到 1961 年 10 月《教育部直属高等学校暂行工作条例》（即"高校六十条"或称"高教六十条"）颁布之前，可称为"教育革命"阶段；第二个小阶段为"高教六十条"颁布之后到"文化大革命"爆发之前，可谓"教育革命"后的调整、整顿阶段。

（一）"教育革命"的兴起及其对民族学院教学工作的影响

1950 年代前期，新中国在改造旧教育并以苏联为样板建立与计划经济体制相适应的新的教育体系的过程中，由于多方面的原因，也出现了不少问题。其中最主要的问题，1958 年 9 月 19 日发表的《中共中央、国务院关于教育工作的指示》中总结为"教育脱离生产劳动、脱离实际，并且在一定程度上忽视政治、忽视党的领导"。为了纠正这些错误，中共中央提出了"教育为无产阶级的政治服务，教育与生产劳动结合"的方针，并就实施这方针等问题作了系统的阐释。② 其基本思路之一，就是引入当年解放区尤其是延安办教育的经验，改革当时的教育思想和模式，"教育革命"因而兴起。

如上所述，"教育革命"的初衷，应是纠正前期教育工作中出现的问题。但在实际工作中，由于"左"倾思潮的影响，包括民族学院在内的全国高等学校出现了很多极端化的做法，严重影响了正常的教学工作。

1. 政治运动频繁，严重干扰了教学工作

这段时间，和其他高等学校一样，民族学院的政治运动此起彼伏；而

---

① 参见荣仕星主编《中央民族大学五十年》，中央民族大学出版社 2001 年版，第 7 页。
② 中国教育年鉴编辑部：《中国教育年鉴（1949～1981）》，中国大百科全书出版社 1984 年版，第 688～690 页。

且不少政治运动往往归结为对人尤其是对知识分子的整肃，风波起处往往冤案随之。

　　西北民族学院 1958 年 3 月开始反浪费、反贪污——"双反"运动，同时还在全体少数民族教师、干部中开展批判地方民族主义运动；6 月开始"插红旗，拔白旗"，搞臭资产阶级个人主义的思想批判运动；7 月组织批判资产阶级教育和学术思想；8 月组织教师、干部分赴武山、永靖进行现场整风；9 月底开始在全校进行反对封建特权、废除宗教压迫剥削制度运动；10 月转入以大字报、大鸣大放、大辩论的形式进行诉苦和重点批判运动，知名学者丹巴副教授被列为重点批判对象。1959 年 8 月开始持续较久的反右倾运动。1960 年 6 月开始反贪污、反浪费、反官僚主义的"三反"运动。[①]

　　西南民族学院 1958 年 3 月开展"双反"运动，揭批工作中的"三风"（主观主义、官僚主义、宗派主义）和"五气"（官气、暮气、阔气、骄气、娇气）；4 月，掀起"插红旗，拔白旗"的"兴无灭资"的思想批判运动，一批教师包括知名学者如李安宅、于式玉教授等，以及少数用功读书的学生被作为"走白专道路"的典型受到批判。在 1958 年的反贪污、反浪费，1959 年的反对右倾机会主义，1960 年的"新三反"（反贪污、反浪费、反官僚主义）等运动中，都有干部教师甚至工人受批挨整，严重者蒙冤入狱。[②]

　　广西民族学院 1959 年开展"社教"和"反右倾"为中心的整风运动，历时 5 个月，列为批判对象的职工 7 人，其中院党委副书记、副校长韦章平被列为重点批判的右倾机会主义分子。[③]

　　上述几所学校的情况，已足以表明本阶段民族学院政治运动频率之繁，政治空气之紧张。在此环境之中，教师们动辄得咎，自保已经不易，哪还顾得上搞教学？谁又能认真搞教学？

---

　　① 参见西北民族学院校史编写委员会《西北民族学院校史》，甘肃民族出版社 2000 年版，第 69～71 页。
　　② 参见西南民族学院院史编辑室《西南民族学院院史（1951～1991）》，四川民族出版社 1991 年版，第 49 页。
　　③ 参见广西民族学院校史编辑委员会《广西民族学院校史》，广西民族出版社 2002 年版，第 22～24 页。

2. 生产劳动占用了大量教学时间，教学秩序被打乱

在"教育革命"中，"左"倾思潮将"教育要与生产劳动相结合"、"要联系实际"几乎演绎成生产劳动可以取代教育和教学；尤其是"今后的方向，是学校办工厂和农场，工厂和农业合作社办学校"①的指示，导致全国各级各类学校几乎全都兴起大办工厂和农场的热潮，民族学院也不例外。

1958 年，西北民族学院的劳动安排是：年初开展勤工俭学活动，4 月 450 余名学生、教师到工地包做土方工程；7 月进行"大搞创造发明，掀起技术革命"运动，大办工厂；9 月 400 余师生参加引洮工程，900 师生赴临洮、靖远等地炼铁；11 月 200 师生赴定西火车站运洋芋——截至年底，全年人均劳动 94 天。②

1958 年，西南民族学院的师生员工大炼钢铁，先后建小土高炉 14 座、炼钢炉 120 座、炼焦炉 3 座；同时还在汶川、雅安建立钢铁基地，派师生数百人轮流劳动；为贯彻共青团中央《关于在学生中提倡勤工俭学的决定》，该校出现大办工厂、大搞发明创造热潮，七八月份师范专修科和农牧专修科开办工厂 18 家，还建立了第一个钢铁厂。除此之外，当年 2 月，根据上级要求，下放教职工 163 人到西昌劳动锻炼。1959 年 2 月到 1961 年 6 月，又先后抽出教师、干部 200 多人分三批到汶川、茂汶参加劳动锻炼。"学生参加生产劳动的时间增加过多，有的班次成了基建队、生产队，劳动时间长达半年以上，教育质量得不到保证。"③

中南民族大学校史记载：1958 年最时兴的教育改革措施就是大办工厂、大炼钢铁、大办农场；"师生员工参加农场劳动的，最多每天达到 231 人，平均每天 106 人"。④

云南民族学院在 1958 年的"大跃进"、"大炼钢铁"高潮中基本停课，建起了木工厂、机械厂、修配厂、化工厂、印刷厂、缝纫厂、制药

---

① 中国教育年鉴编辑部：《中国教育年鉴（1949～1981）》，中国大百科全书出版社 1984 年版，第 688 页。

② 参见西北民族学院校史编写委员会《西北民族学院校史》，甘肃民族出版社 2000 年版，第 7 页。

③ 参见西南民族学院院史编辑室《西南民族学院院史（1951～1991）》，四川民族出版社 1991 年版，第 51～54 页。

④ 中南民族大学校史编纂委员会：《中南民族大学校史（1951～2011）》，湖北长江出版集团、湖北人民出版社 2011 年版，第 48 页。

厂、食品加工厂、钢铁厂、饲养场10个工厂（场），还到北教场开荒建立近300亩的农场。①

广西民族学院1958年制定的《1958～1962年跃进规划纲要》，提出把学院农场化、果园化、鱼塘化、花园化。学校办有钢铁、机械、化工、化肥、农药、糠醛、石灰、砖瓦等工厂，规定学生每年劳动70天。②

1958年下半年以后，青海民族学院师生几乎将主要精力投入到生产和革命热潮中，"勤工俭学"（教育与生产劳动相结合）搞得轰轰烈烈，学校先后办起砖厂、石灰厂、五金修配厂、农场、牧场、炼铁厂、电子仪器修配厂和理发、缝纫等服务小组；年末，生产砖57000块、石灰70余吨、牛奶800斤、酥油20余斤、小麦7000余斤、青稞400斤、洋芋3万余斤、蔬菜25000斤，割油菜9000亩，同时还支援郊区农村修造梯田400亩，植树300多亩；为突击炼铁，建小高炉35座。③

在如此频度和强度的生产劳动之下，师生们用于教学和学习的时间必定大大减少——且不说这种做法本身所包含的对书本知识、理论知识的蔑视。

任何教育，都不应该和社会实践包括生产劳动相隔绝。但是，教育毕竟是教育，自有其特点和运行的法则和逻辑；忽视这特点，违背这法则和逻辑，就不成其为教育或不是办教育了。而且，教育与社会实践相结合并不等于就是和生产劳动相结合，生产劳动也不完全等同于体力劳动。这种用生产劳动甚至是体力劳动取代学校教育特别是课堂教学的做法，是对教育要同生产劳动结合原则的莫大的曲解。

3. 教育改革花样翻新，教学工作失范

本阶段，教育改革举措层出不穷，教学管理严重失范。首先是以大批判开路，批判所谓资产阶级教育思想、教学观点、教学方法、教学态度以及教学制度等，④批判所谓"白专道路"，批判教育的四脱离——脱离政

① 《云南民族大学55年》，云南民族出版社2006年版，第118、9页。

② 参见广西民族学院校史编辑委员会《广西民族学院校史》，广西民族出版社2002年版，第15页。

③ 参见青海民院院史编写组《青海民族学院院史（1949～1999）》，青海民族出版社1999年版，第33页。

④ 参见西北民族学院校史编写委员会《西北民族学院校史》，甘肃民族出版社2000年版，第70页。

治、脱离生产、脱离群众、脱离实际,[①] 等等。在大批判的基础上,根据"高等学校的教材,应该在党委领导下采取党委、教师、学生'三结合'的方法,经过大鸣大放大争大辩,认真予以修订"[②] 的指示精神,按照厚今薄古、详中略外、理论联系实际等原则,各民族学院组织领导、教师、学生"三结合"修订各专业教学计划、各种课程的教学大纲和讲义;[③] 或干部、教师、学生的三结合备课;[④] 有些课程干脆采取教师作启发报告,学生阅读有关材料、课堂讨论等形式来上;[⑤] 或直接从当时的报刊上选用各种体裁的文章来讲授。[⑥] 如此等等,所谓"旧教育"破得很彻底,"新教育"尚不知道如何建立,老师们迷惘不已。

　　总之,政治运动、生产劳动、教育革命三管齐下,教育的基本特点和规律被忽视,没有哪所民族学院能放下一张安静的书桌。据统计,中南民族学院历史系58级"从入校到一九六一年7月底止,在校1064天,除去假日190天,其余874天中,劳动占34.4%,政治运动占8.3%,科研占8%,总共占50.7%。真正用于教学时间不到一半"。[⑦] 就这50%的教学时间,还要搞"教育改革"。而且,后来又遭遇"三年自然灾害",师生员工还得千方百计弄吃食,填肚子。在这种情况下,即使想读书的人也很难安静下来读书,何况还有"走白专道路"的帽子满天飞舞。1961年4月,中宣部、教育部和文化部联合召开全国高等学校文科和艺术院校教材编选计划会议,会议讨论的重点问题之一就是"'白专道路'的概念使用过滥……以致在学生中造成不敢读书,不敢研究学问的不正常风气",并

---

① 中南民族大学校史编纂委员会:《中南民族大学校史（1951～2011）》,湖北长江出版集团、湖北人民出版社2011年版,第49～50页。

② 《中共中央、国务院关于教育工作的指示》,见于中国教育年鉴编辑部《中国教育年鉴（1949～1981）》,中国大百科全书出版社1984年版,第689页。

③ 参见西南民族学院院史编辑室《西南民族学院院史（1951～1991）》,四川民族出版社1991年版,第50～51页。

④ 中南民族大学校史编纂委员会:《中南民族大学校史（1951～2011）》,湖北长江出版集团、湖北人民出版社2011年版,第50页。

⑤ 参见青海民院院史编写组《青海民族学院院史（1949～1999）》,青海民族出版社1999年版,第34页。

⑥ 参见广西民族学院校史编辑委员会《广西民族学院校史》,广西民族出版社2002年版,第15页。

⑦ 中南民族大学校史编纂委员会:《中南民族大学校史（1951～2011）》,湖北长江出版集团、湖北人民出版社2011年版,第60页。

"建议今后不再用'白专道路'这个名词来批评学生。"①这表明当时的学习环境的确已经到了十分糟糕的地步。

（二）"高校六十条"颁布后民族学院对教学工作的整顿

鉴于高等教育出现的种种问题尤其是所谓"教育革命"对高等学校正常秩序和教育质量的严重影响，20世纪60年代初，中共中央、国务院在根据"八字方针"对经济建设和高等教育规模进行调整的同时，也对高等学校教育教学工作进行整顿，其标志就是1961年9月庐山会议通过的《中华人民共和国教育部直属高等学校暂行工作条例（草案）》——著名的"高校（教）六十条"的出台。

在"高校六十条"中，有一些提法明显是对前几年极端化做法的纠正。如：强调"高等学校必须以教学为主，努力提高教学质量"；"必须正确处理教学工作与生产劳动、科学研究、社会活动之间的关系"；"生产劳动过多、科学研究过多、社会活动过多等妨碍和削弱教学工作的现象，应该纠正"；"为了保证以教学为主，高等学校平均每学年应该有八个月以上的时间用于教学。学生参加生产劳动的时间一般为一个月至一个半月。在教学计划以外，不对学生规定科学研究任务"；"在教学中，必须发挥教师的主导作用"；"必须正确执行党的知识分子政策，团结一切可以团结的教授、副教授、讲师、助教和其他具有专门知识技能的人，调动一切积极因素，为社会主义的高等教育事业服务"；"在自然科学中，必须提倡不同的学派和不同的学术见解，自由探讨，自由发展。必须正确划分政治问题、世界观问题、学术问题之间的界线"；"教师可以讲授自己的学术见解，但是应该保证完成教学大纲的要求……不对教师按照何种学术观点讲课作出规定"；"专业设置、教学方案、教学计划、教学大纲和教材要力求稳定，不得轻易变动"。②

针对被"教育革命"搞乱了的高等学校教学工作，针对几年来频遭整肃、神经紧张，几乎已无所适从的高等学校教师，"高校六十条"制定

---

① 中国教育年鉴编辑部：《中国教育年鉴（1949～1981）》，中国大百科全书出版社1984年版，第254页。

② 参见中国教育年鉴编辑部《中国教育年鉴（1949～1981）》，中国大百科全书出版社1984年版，第693～699页。

了一套"应该做什么，不应该做什么，应该怎样做，不应该怎样做"[①] 的
规则；在纠正以往的偏激和偏颇的同时，表现了对高等教育基本规律和知
识分子的应有尊重。这让早已不胜烦扰的全国高等学校的师生员工如久旱
之降甘霖。各民族学院深受鼓舞，采取了很多措施，对教育、教学秩序进
行整顿。

西北民族学院采取 10 项措施贯彻落实"高校六十条"的规定和要
求：（1）调减各系科部学生劳动时间；（2）规定每学年课堂教学（包括
实习）时间不少于 34 周；（3）严格控制社会活动时间，增加教师的业务
活动时间；（4）对某些专业、班次进行调整，加强了教研室（组）的领
导和骨干力量；（5）调整、修订各系科、班级的教学计划；（6）狠抓了
以基础课教学和基本训练为主要内容的教学工作；（7）充分发挥教师在
教学中的主导作用；（8）明确教学与科研的关系和学校科研的重点；
（9）建立健全教学行政管理工作的各项规章制度，加强了教学第一线的
力量；（10）贯彻落实党的民族政策和知识分子政策。这些措施出台后，
在学校引起很大反响，受到师生员工的热烈欢迎。[②]

西南民族学院从 6 个方面整顿教学秩序：（1）坚持以教学为主原则，
稳定教学秩序。（2）贯彻循序渐进原则，加强基本理论、基础知识教学
和基本技能训练。（3）坚持教育和生产劳动相结合。（4）贯彻劳逸结合
原则，减轻学生学习负担。（5）贯彻党的知识分子政策，充分发挥教师
在教学中的主导作用。（6）加强教学制度建设，建立和健全各种规章制
度。[③] 通过整顿，教育教学秩序明显好转。

从 1961 年 10 月起，中南民族学院多次召开党委和院务委员会会议，
研究和部署如何贯彻、落实"高校六十条"，提出加强教学的组织领导、
积极改进教学方法、加强在职教师的培养提高、调减生产劳动时间、加强
规章制度建设等措施维护教学秩序，提高教育质量。同时，认真贯彻、落
实知识分子政策，对 1958 年来受到错误批判和处理的知识分子进行甄别，

---

① 中国教育年鉴编辑部：《中国教育年鉴（1949～1981）》，中国大百科全书出版社 1984 年
版，第 237 页。

② 参见西北民族学院校史编写委员会《西北民族学院校史》，甘肃民族出版社 2000 年版，
第 86～87 页。

③ 参见西南民族学院院史编辑室《西南民族学院院史（1951～1991）》，四川民族出版社
1991 年版，第 63～67 页。

对非党知识分子大胆任用，改善高级知识分子的工作、生活、医疗和政治待遇。[①]

1961年10月，广西民族学院制定《1961～1962学年度试行〈高教六十条〉办法》，从改进领导作风，完善规章制度，调整课程设置，改革教学方法等方面重新确立教学工作的中心地位，规范教学工作，稳定教学秩序，提高教师水平，保证教学质量，教风、学风有所好转。[②]

青海民族学院在全院范围内集中时间组织教职工学习"高校六十条"，提出一系列意见和措施，特别注意提高教师的思想素质和业务水平，力图在全院初步形成钻研业务、刻苦学习、狠抓教学的教学环境和学习风气。[③]

总的来说，在"高校六十条"出台以后，全国民族学院认真学习和贯彻，整顿教学秩序，教学工作也一度出现新气象。不过，由于大环境中"左"倾思潮并未受到遏制，阶级斗争的弦越绷越紧，要确立教学工作在学校的中心地位很困难。1964年10月，中央民族学院组织511名师生赴四川凉山彝族自治州参加"四清"运动，11月又组织320余名师生赴四川马尔康"四清"。[④] 广西民族学院好不容易把教学秩序稳定下来，1963年3月又按照上级的部署学校开展"五反"运动；同年12月至次年2月，政治系61级师生64人到龙胜自治县参加社会主义教育运动试点；1964年9月，全院文科教师到武鸣、三江县参加"四清"和"社教"运动；1965年11月，教职工330人下乡参加"社教"；1964年11月～12月，搞校内党内"四清"运动。[⑤] 同样，西南民族学院1963年5月开始搞"五反"运动；次年1月到1966年6月师生们又分四批参加农村社会主

① 中南民族大学校史编纂委员会：《中南民族大学校史（1951～2011）》，湖北长江出版集团、湖北人民出版社2011年版，第62～65页。

② 参见广西民族学院院史编辑委员会《广西民族学院院史》，广西人民出版社1991年版，第35～41页。

③ 参见青海民族大学校史编写组《青海民族大学校史（一九四九～二〇〇九）》，青海人民出版社2009年版，第24～25页。

④ 参见荣仕星主编《中央民族大学五十年》，中央民族大学出版社2001年版，第186页。

⑤ 参见广西民族学院院史编辑委员会《广西民族学院院史》，广西人民出版社1991年版，第41页。

义教育运动。① 从 1963 年起，云南民族学院连续三年没有招生，教职工分期分批抽到宜良、安宁、寻甸、大姚等县参加农村"四清"运动或去内地山区调查，留校人员则担负校办农场的生产任务。② 1964 年 7月，由于错误地估计了党员和干部中存在的问题，青海省委派"五反"（反贪污盗窃、投机倒把、铺张浪费、分裂主义、官僚主义）工作组进驻青海民族学院，批评"民族学院是和平演变的典型"，在整肃过程中"伤害了不少好同志"，甚至有人被迫害致死。③ 其他民族学院的情况也大同小异，真所谓"树欲静而风不止"，几乎又回到"高校六十条"颁布之前的局面。

上述情况表明，由于社会大环境尤其是所谓"教育革命"的影响，本阶段民族学院的教学工作在相当长的时间内和程度上处于非正常状态，人们的心思都用在了无休止的斗来斗去上，破旧而不能立新，教育被折腾得不像教育，学校不像是学校，教育质量不可能不受影响。

五　民族学院的办学形式及规模

虽然 1959 年贵州民族学院被并入贵州大学，但 1958 年广东民族学院建校，1958 年建校的西藏公学于 1965 年更名为西藏民族学院，本阶段末期全国民族学院增加到 9 所。

由于受社会大环境的影响，本阶段民族学院发展方针摇摆不定，正规化进程进进退退，办学规模一会儿快速膨胀一会儿又遭遇压缩，"教育革命"勃然而兴又哗然而退，教育事业的发展很不稳定。

值得关注的是，于这大不稳定中，中央民族学院的发展似乎一枝独秀，到 1966 年"文化大革命"爆发前，"已设有政治、少数民族语言文学、历史、汉语、艺术 5 系 44 个专业，另设预科一部、二部，在校生2647 人，有教职工近 900 人，形成了以民族学科为特色的初具规模的文

---

① 参见西南民族学院院史编辑室《西南民族学院院史（1951～1991）》，四川民族出版社 1991 年版，第 67～68 页。

② 参见《云南民族大学 55 年》，云南民族出版社 2006 年版，第 9 页。

③ 参见青海民院院史编写组《青海民族学院院史（1949～1999）》，青海民族出版社 1999 年版，第 46 页。

科高等学校，在国内外享有较高的社会地位。"① 而且，该校 1956 年暑期招收民族学研究生 20 名，开了民族学院研究生教育之先河；② 1965 年，又接受了建校以来第一批学习基础汉语的越南留学生 200 人，③ 成为新中国第一所招收留学生的民族学院。该校教育事业之所以能比较顺利地发展，也许首先在于其师资力量强劲，办学实力雄厚；而且，根据《筹办中央民族学院试行方案》规定，开办本科教育是"与生俱来"、有据可凭的；再则，由于地处首都，其政治象征意义也远非其他民族学院可比。

本阶段，民族学院还出现了一种新的教育形式：函授教育。

1960 年，中南民族学院经国家民委和教育部批准开始举办函授教育，相继在湖南湘西，广西南宁、桂林、柳州等地建立了一些函授站，招生专业有政治、中文、历史、数学，至"文化大革命"爆发时毕业生 1072 人。④

（一）本阶段民族学院的干训、预科教育

和上阶段有所不同，根据 1956 年第一次全国民族学院院长会议提出的"民族学院今后一个时期内，以提高在职少数民族区、乡级干部和部分县级干部的政治水平、文化水平和业务水平为主"⑤ 的要求，本阶段民族学院干部培训的重点是采用轮训的方式以提高现有少数民族干部的政治和业务水平。从 1956 年开始，西南民族学院将轮训少数民族政治干部作为主要任务，对象分为三种：年龄 50 岁左右的县、区级少数民族上层人士，主要进行爱国主义和民族政策教育，使其积极参加民主改革；高小以上文化程度的少数民族干部，主要学习政治理论和各项基本政策；没有文化或文化程度很低的少数民族一般干部。1956～1961 年，轮训这三类干部 1400 余人。同时，该校也加强了对少数民族专业技术干部的轮训，

① 荣仕星主编：《中央民族大学五十年》，中央民族大学出版社 2001 年版，第 6 页。但在同一书第 21 页又称"到'文革'前夕，中央民族大学当时已先后开办过 36 个专业"。从史料分析来看，后一说更可信。

② 参见荣仕星主编《中央民族大学五十年》，中央民族大学出版社 2001 年版，第 177 页。

③ 同上书，第 186 页。

④ 参见中南民族大学校史编纂委员会《中南民族大学校史（1951～2011）》，湖北长江出版集团、湖北人民出版社 2011 年版，第 42 页。

⑤ 参见国家民族事务委员会教育司《新时期民族教育工作手册》，中央民族学院出版社 1991 年版，第 267 页。

1957~1961年，轮训司法、农业、畜牧、兽医、农机等业务技术干部和教育行政干部、四川新彝文推广干部共计2400余人。①

西北民族学院干部培训工作的情况和西南民族学院基本相同。1956/1957学年末，该校除8个政治班、2个文化班外，开办的专业班次有师范班、医务班、护训班、铁道先修班、畜牧兽医班。② 1956年以后，广西民族学院先后开办瑶语班、农林班、生产班、财经班、政治研究班、壮学专职教师训练班等班次。③

本阶段，各民族学院的预科教育的职能因面向地区的不同或教育对象的变化而继续分化和变化，有的学校的预科沿袭上阶段模式只具有补习文化、提高文化水平的职能。如西南民族学院的预科，"训练的对象是从社会吸收的农民、牧民积极分子，主要学习文化"④，"1963年，预科改制为附中，分设初中班、高中班"⑤。有的民族学院的预科开始开办高中班，以为本科提供生源。如：1956年，中南民族学院预科开始举办高中班（同时也办初中甚至小学班），1963年又开设高考补习班。⑥ 1959年8月该校制定的《中央民族学院分院教学计划》中，确定预科的任务是"学习中学阶段的文化科学知识，为本院各系输送新生"，学制有两年的也有三年的。⑦ 1960年秋，该校还曾撤销预科建制，试办预科——本科"一条龙"培养体制，但效果不好，次年初仍恢复预科建制。⑧ 西北民族学院1956年开办的学制两年，招收新疆各民族初中毕业以上文化程度学生，主要学习汉语的铁道先修班，学生结业后升入铁道部所属专业院校进行专

① 参见西南民族学院院史编辑室《西南民族学院院史（1951~1991）》，四川民族出版社1991年版，第43~44页。

② 参见西北民族学院校史编写委员会《西北民族学院校史》，甘肃民族出版社2000年版，第20页。

③ 广西民族学院院史编辑委员会：《广西民族学院院史》，广西人民出版社1991年版，第12页。

④ 西南民族学院院史编辑室：《西南民族学院院史（1951~1991）》，四川民族出版社1991年版，第44页。

⑤ 西南民族学院校史编辑部：《西南民族学院校史（1951~2001）》（内部资料），2001年2月印刷，第111页。

⑥ 参见中南民族大学校史编纂委员会《中南民族大学校史（1951~2011）》，湖北长江出版集团、湖北人民出版社2011年版，第413、418、420页。

⑦ 同上书，第45页。

⑧ 同上书，第418页。

业学习，其实也属预备教育层次。① 广西民族学院 1961 年开始在预科开办"大学先修班"，次年开办文、理科班各一个，每年从高考落选的边远民族地区考生中选择成绩较好者补习一年以参加下年高考。到 1965 年，该班学生升大学的比例在 75% 以上。② 体制变化较频的是青海民族学院，该校 1958 年成立预科，1962 年 9 月改为该校第一附中，次年 4 月改为青海民族学院附中，翌年 3 月又改为青海省民族中学。③

1956 年暑期，鉴于学生人数较多，情况比较复杂，中央民族学院将预科分为预科一部和预科二部，预科一部为中等教育层次，包括汉语补习班、中学班，也包括医学预备班、地质班、地理班、水利班、气象班等定向培养和中等技术专业班，后者一般与有关单位合办（如医预班是和北京医学院合办，地质班、地理班为与中科院地质所、地理所合办）实施中等层次的教育，并按专业的需要增加相关科目教学的比重，毕业后从事相关的专业技术工作；预科二部属小学教育层次，按一年级到五年级开设班次，同时也开办文化班和初级技术班次。④

总的来看，本阶段民族学院的预科开班学习各循所需，层次、学制因需而设，没有统一规制，但其补习文化和预备教育的基本性质并无改变。

（二）民族学院的办学规模

尽管处于多事之秋，本阶段民族学院办学规模仍有所发展。

1957 年，中央民族学院教职工 730 人，其中专任教师 288 人，到 1966 年教职工已近 900 人。1966 年设 5 系 36 个专业和预科一、二部，在校生 2647 人。⑤

1956~1966 年，西北民族学院教职工由 570 人增至 631 人，其中专

---

① 西北民族学院校史编写委员会：《西北民族学院校史》第 19 页。

② 参见广西民族学院校史编辑委员会《广西民族学院校史》，广西民族出版社 2002 年版，第 30 页。

③ 参见青海民族大学校史编写组《青海民族大学校史（一九四九～二〇〇九）》，青海人民出版社 2009 年版，第 198 页。

④ 参见阿拉江《中央民族大学预科部历史沿革》，见于《预科教育 50 年》，民族出版社 2003 年版，第 22~26 页。

⑤ 参见荣仕星主编《中央民族大学五十年》，中央民族大学出版社 2001 年版，第 30、6 页。

任教师由 154 人增至 265 人。1966 年全日制在校生 1752 人。①

1956~1965 年，中南民族学院教职工由 233 人增至 364 人，其中专任教师由 70 人增至 134 人；1966 年全日制在校生 733 人，其中本科生 628 人、预科 38 人、干训班 67 人。②

广西民族学院 1966 年教职工 378 人，其中专任教师 108 人；全日制在校生 1000 余人。③

广东民族学院：1964 年教职工 91 人，其中教师 47 人；全日制在校生 400 余人。④

1965 年，西南民族学院教职工 476 人，其中专任教师 192 人。⑤ 尤其是 1956 年因开办师范专修科的需要，四川省从西南师范学院、四川师范学院、四川大学等院校以及北京、重庆、南充等有关单位调来何剑熏、董吉安、林博寰、罗荣宗、谢元范、周励秋教授等一大批人才，极大地增强了该校师资力量。⑥

云南民族学院 1963 年末教职工 214 人，其中专任教师 65 人（讲师 3 人、助教 12 人）。⑦ 青海民族学院 1966 年教职工 294 人⑧。

据不完全统计，到 1966 年"文化大革命"爆发前，上述 8 所民族学院教职工人数约 3200 人。如加上缺乏统计数据的西藏民族学院，教职工总数应超过 3300 人。5 所有统计数据的民族学院在校生约 6500 人，校均 1300 人。如果缺乏数据的西南、云南、青海、西藏民族学院也按校均 1300 名在校生统计，那么全国 9 所民族学院在校生总数应接近 1.2 万人，与上阶段末期全国民族学院在校生规模相当。参考《中国教育年鉴

---

① 参见西北民族学院校史编写委员会《西北民族学院校史》，甘肃民族出版社 2000 年版，第 413~414、416 页。

② 参见中南民族学院院办公室《中南民族学院综合统计资料汇编》（内部资料），1995 年印刷，第 63~16 页。

③ 参见广西民族学院院史编辑委员会《广西民族学院院史》，广西人民出版社 1991 年版，第 233、237~246 页。

④ 参见吕奎文主编《广东技术师范学院校史》，中央文献出版社 2005 年版，第 27 页。

⑤ 参见西南民族学院院史编辑室《西南民族学院院史（1951~1991)》，四川民族出版社 1991 年版，第 283 页。

⑥ 同上书，第 45 页。

⑦ 参见云南民族学院院史编写组《云南民族学院大事记（1950~1989)》（内部资料），1989 年印刷，第 222 页。

⑧ 参见《青海民族学院院史（1949—1999)》，青海民族出版社 1999 年版，第 53 页。

(1949~1981)》中关于 1959 年末全国民族学院在校学生 14109 人的说法[1]，这个数字还是具有一定可信度的。

本阶段，各民族学院输出的毕业、结业学生情况大致如下：

1956~1966 年，西北民族学院毕业生计 5702 人，其中本专科毕业生 1268 人；[2] 西南民族学院毕业生 10030 人，其中本专科毕业生 1318 人、中专生 3674 人、干训生 3181 人、预科生 1857 人；[3] 中南民族学院1956~1966 年毕业生计 4765 人，其中本专科毕业生 908 人、干训 2933 人、预科 924 人；[4] 广西民族学院毕业生 6286 人，其中本专科毕业生 691 人、干训 4658 人、预科生 742 人、先修班 195 人；[5] 青海民族学院毕业生 4461 人。[6]

此外，1957~1964 年云南民族学院毕业生共计 4014 人，其中政治训练班 2009 人、政策研究班 232 人、汉语文班 1306 人、民族语文班 383 人、文艺班 39 人、预科 45 人。[7] 西藏公学——西藏民族学院至 1966 年毕业生 6090 人，其中专科生 777 人、中专生 788 人、干训和预科生 4552 人。该校毕业生中藏族 5083 人，占 83%。[8] 广东民族学院 1958~1964 年共培养黎、苗、瑶等 8 个民族的基层干部、教师、初级技术人员、预科生等 850 人。[9]

上述 8 所民族学院毕业、结业学生共计约 42200 人，校均 5270 人。如果缺乏本阶段统计数据的中央民族学院也取 5270 人的平均值（该校实

① 中国教育年鉴编辑部：《中国教育年鉴（1949~1981）》，中国大百科全书出版社 1984 年版，第 409 页。

② 参见西北民族学院校史编写委员会《西北民族学院校史》，甘肃民族出版社 2000 年版，第 424 页。

③ 参见西南民族学院院史编辑室《西南民族学院院史（1951~1991）》，四川民族出版社 1991 年版，第 279 页。

④ 参见中南民族学院院办公室《中南民族学院综合统计资料汇编》（内部资料），1995 年印刷，第 18 页。

⑤ 根据广西民族学院院史编辑委员会编《广西民族学院院史》，广西人民出版社 1991 年版，第 237~246 页资料计算。

⑥ 参见青海民院院史编写组《青海民族学院院史（1949~1999）》，青海民族出版社 1999 年版，第 263 页。

⑦ 《云南民族大学 55 年》，云南民族出版社 2006 年版，第 8 页。

⑧ 参见李世成主编《西藏民族学院校史》，西藏人民出版社 1998 年版，第 273 页。

⑨ 参见吕奎文主编《广东技术师范学院校史》，中央文献出版社 2005 年版，第 28 页。

际人数必定大于此数），那么 9 所民族学院本阶段输出毕业、结业学生约为 47500 人，再加上 1959 年被撤销的贵州民族学院的毕业、结业生约 1250 人，[①] 总数应接近 5 万人，约为上阶段 5 年的 2.5 倍。其中，西北、西南、中南、广西、西藏 5 所民族学院本专科毕业生 4962 人，中央民族大学本专科毕业生应不少于 1500 人，总计本专科毕业生在 6500 人以上。另有中专毕业生在 5000 人以上。由于毕业结业生中学历教育毕业生比重较大，本阶段全国民族学院人才输出的结构要优于上阶段。即使是干部培训学员，由于重心转为"提高"，专业教育的比重也有所加大，因而输出人才的整体素质水平也应高于上阶段。他们中的不少人后来——尤其是在度过"文化大革命"动乱之后在管理或业务岗位上脱颖而出，成为民族学院毕业生中的优秀代表。

六　民族学院的科研工作

由于"左"倾思潮逐渐泛滥，思想政治领域批判运动不断，特别是 1957 年的反右派运动使一大批知名学者蒙冤受屈，还发生了政治学、心理学、民族学等被打成"资产阶级学科"而撤销之类的事件，本阶段社会大环境中学术空气趋于紧张。1958 年以后，"左"倾思潮愈演愈烈，阶级斗争学说日益高涨，政治运动、教育革命、生产劳动、三年自然灾害频频挤压着人们的心理和生理空间，和全国高等学校一样，民族学院校园里缺乏宽松、和谐、宁静的学术环境和氛围，独立的学者想做学问很难。何况，当时时兴的"插红旗，拔白旗"的思想批判运动，就是针对些不关心政治，只想搞业务、做学问的人的。

从各民族学院校史资料中很有限的介绍来看，本阶段时间虽长于上阶段，但科研成果却少得多。尤其是在"教育革命"时采用"三结合"等形式编写的不少教材，正如时任中宣部副部长的周扬所说的，"由于对旧遗产和老专家否定过多，青年人知识准备又很不足，加上当时一些浮夸作风，这批教材一般水平都低，大都不能继续采用。"[②] 此外，各院校科研

---

① 参见《贵州民族学院院史（1951～1991）》，1991 年印刷，第 20 页。
② 中国教育年鉴编辑部：《中国教育年鉴（1949～1981）》，中国大百科全书出版社 1984 年版，第 862 页。

人员继续参与国家和地方组织的民族调查，为识别和确认新的少数民族成分和创制少数民族文字做了一些工作。中央民族学院的师生撰写了大量少数民族社会历史调查资料，参与编写了多种少数民族简史简志。① 可贵的是，西北民族学院 1957 年组织编纂一部约有 2.4 万词条的《汉藏词汇》，1963 年又编纂一部约有 1.6 万词条的《藏汉词典》，还发表了一批西藏历史研究论文。② 中南民族学院语言学家严学宭教授，在主要担负黎族文字创制实验和推行工作时，撰写了《黎语构词规律和创立新词术语的原则》、《关于划分黎语方言和创制黎文的意见》、《从语言现象结合人文情况探索民族史例》等论文，具有较高的学术价值和实践意义。③ 青海民族学院科研人员整理、编写了包括《藏族文学简史》初稿、《撒拉族史料汇编》、《撒拉族民间故事选》等在内专著和教材，还撰写和发表一批论文。④

虽然学术环境恶化，但也有少数专家、学者，仍在沉静地整理和分析研究资料，进行学术的积累和理论的提炼，等待发表、出版的时机。如中央民族学院的著名语言学家、教育家马学良教授，对在民族语言调查和创制过程中的一些重大理论和实践问题进行了科学的总结，"到 80 年代，他的研究成果经过整理，形成多部专著，并多次获得各类大奖"；青年教师戴庆厦，"调查、研究了 20 余种藏缅语族的语言和方言，掌握了大量的国内外未见的新语料，并在此基础上，为此后进行综合的科学研究奠定了基础"。⑤ 曾以《图腾艺术史》（1937 年出版）、《史前艺术史》（1938年出版）、《史前史概论》（1940 年出版）名世的中南民族学院的历史学家、人类学家岑家梧教授，身负"右派"之"恶名"而笔耕不辍，1958年业已完成了他的重要著作——《中国原始社会史》的第四稿，而《中

---

① 参见荣仕星主编《中央民族大学五十年》，中央民族大学出版社 2001 年版，第 67～68页。

② 参见西北民族学院校史编写委员会《西北民族学院校史》，甘肃民族出版社 2000 年版，第 88 页。

③ 参见中南民族学院校史编写组《中南民族学院简史（1951～1979）》，1988 年印刷，第153 页。

④ 参见青海民院院史编写组《青海民族学院院史（1949～1999）》，青海民族出版社 1999年版，第 37 页。

⑤ 参见荣仕星主编《中央民族大学五十年》，中央民族大学出版社 2001 年版，第 66～67页。

国民族关系史》和《中国美术史》正在酝酿、构思之中。[1]

　　总的来看，本阶段民族学院科研工作的成果无论从数量来看，还是就质量、水平而论，均不及上阶段。尤其是政治运动的频频整肃，导致广大知识分子的独立人格和自由探讨、学术创新精神的萎缩，科研工作动力缺失。从教学与科研的关系来说，本阶段民族学院的科研工作基本上仍从属于教学。西北民族学院因教学工作的需要，干脆撤销研究室建制，人员、资料等并入民族课教研组。[2] 中南民族学院的研究室也于1956年8月撤销。[3]

七　本阶段小结

　　由于国内少数民族、民族地区的发展和人才需求的变化，也由于发展的环境与政策的宽松，以及民族学院办学条件的改善和经验积累，大致从1956年前后开始，大部分民族学院开始向正规高等学校转型，先后建立了一批本专科专业和并形成一定办学规模，并将发展目标定位为民族综合高等院校。

　　由于和领导机关的发展目标和安排相矛盾甚至相冲突，又适逢国家对前期曾过度膨胀的高等教育规模的调整、压缩，再加上"左"倾思潮的影响，60年代前期，很多民族学院的本专科专业被撤销，有的已退回到建校初期的干训培训办学模式。

　　虽正规化转型受阻，但不少民族学院还是保留了一定的本专科专业，形成普通本专科、干部培训、预科三种层次和形式相结合的办学结构。在遭遇调整和压缩以后，干部培训在民族学院办学体系中的比重有所加大；预科教育没有统一的规制，但其文化补习和预备教育的性质未变。此外，有的民族学院还发展出一种新的教育形式——函授教育。1956年，中央民族学院招收首届研究生，开了民族学院研究生教育之先河。1965年，该校接受了首批学习汉语的越南留学生，成为全国民族学院中第一个开办

---

　　① 参见中南民族学院校史编写组《中南民族学院简史（1951～1979)》，1988年印刷，第146～147页。

　　② 参见西北民族学院校史编写委员会《西北民族学院校史》，甘肃民族出版社2000年版，第43页。

　　③ 参见《中南民族学院简史（1951～1979)》，1988年印刷，第47页。

留学生教育的学校。

由于"左"倾思潮和所谓"教育革命"的干扰，再加上"三年自然灾害"的影响，本阶段民族学院教学秩序一度处于混乱状态，教学工作严重失范，教育质量下降。在"高校六十条"颁布后，情况有所好转，但总的趋势并未扭转。同样，由于科研环境不断恶化，本阶段民族学院科研人员积极性严重受挫，科研成果异常单薄。

本阶段末期，随着1958年广东民族学院在广州诞生，1965年西藏公学更名为西藏民族学院，新中国民族学院总数已有9所。1964年，贵州省同意恢复1959年撤销的贵州民族学院，但因无校址办学，这恢复并无实质意义。而在广州建校不到四年的广东民族学院，1961年又出现徘徊于广州和海南（通什）之间，难以定址办学的麻烦。

第五章 "文化大革命"非常阶段的民族学院
(1966~1976年)

由于党内民主机制不健全，民主生活不正常，不能形成对错误思潮的制约、纠正机制，1950年代后期逐渐泛滥的"左"倾思潮终于在1966年爆发，酿成史无前例的浩劫——"文化大革命"。从1966年5月到1976年10月"四人帮"被粉碎，中国社会处于长达十年的非正常阶段。对这个阶段，人们习惯上称之为"十年浩劫"或"十年动乱"。

1965年，上海《文汇报》发表姚文元《评新编历史剧〈海瑞罢官〉》，拉开"文化大革命"的序幕。1966年5月，中共中央发布发动"文化大革命"的《五·一六通知》，是为"文化大革命"爆发的标志。当年6月1日，《人民日报》发表社论《横扫一切牛鬼蛇神》，次日又刊登了北京大学聂元梓的大字报。8月9日，中国共产党八届一中全会通过《关于无产阶级"文化大革命"的决定》（即著名的"十六条"），对文化革命作了全面部署。从当年8月到10月，毛泽东主席在北京天安门广场先后8次接见共计约1100万红卫兵，亲手点燃了红卫兵运动的熊熊烈火，"文化大革命"在全国轰轰烈烈铺开。此后，各种红卫兵组织和群众组织在全国范围内纷纷兴起，"破四旧"（旧思想、旧文化、旧风俗、旧习惯），"抓牛鬼蛇神"，"怀疑一切，打倒一切"，"踢开党委闹革命"，批斗"走资本主义道路的当权派"、"资产阶级代表人物"、"三反分子"、"反动学术权威"和游街的风潮席卷各地，全国陷入混乱和瘫痪。因所谓"观点不同"和权力之争，红卫兵和群众组织分裂为不同派别，先是口诛笔伐而后刀枪相向，武斗频仍，"全面内战"。为制止武斗，实现各种派别的"大联合"，成立"革命委员会"，"工宣队"、"军宣队"进驻各级各类学校，但派性斗争仍无休止地进行，国无宁日，民生多艰。

尤其是，1971年4月全国教育工作会议在京举行，通过了《全国教育工作会议纪要》，提出著名的"两个估计"，即：新中国成立后十七年

"毛主席的无产阶级教育路线基本上没有得到贯彻执行"，在教育路线上"资产阶级专了无产阶级的政"；原有教师队伍中的大多数人的"世界观基本上是资产阶级的"。① 会后，中共中央批准了这个《会议纪要》。"两个估计"基本否定了新中国成立以来的教育工作，并给全国教师戴上了一顶"资产阶级知识分子"的黑帽子，置他们于入另册、受侮辱（所谓"臭老九"）之境，影响极其恶劣。

"文化大革命"的十年，教育领域是所谓红卫兵运动的发源地，人所共知的"重灾区"；而在高等教育领域，民族学院又是"重灾区"。

一 "文化大革命"初期的民族学院

"文化大革命"一开始，由于学校是狂热而激进的"红卫兵"最早诞生地，各级各类学校受到的冲击也最早、最猛烈；而在学校中，受冲击最烈的又是各级领导和知识分子。在全国民族学院，"破四旧"的狂潮尚未平息，揪斗"牛鬼蛇神"的高潮又起；派性斗争硝烟未散，清理阶级队伍等运动又开始了，人们以阶级斗争为纲，按路线斗争划线，以"斗"为事业，以"斗"为乐趣，锋芒所至，冤狱丛生。

"文化大革命"中，中央民族学院"资产阶级反动学术权威"、"修正主义分子"、"历史反革命"、"特务"、"现形反革命"、"516分子"、"黑五类"、"臭老九"帽子满天飞，大批教职工、学生遭到不同程度的冲击、迫害，著名学者潘光旦、傅乐焕教授等被迫害致死。②

据西北民族学院校史记载，在 1967 年 10 月 8 日到 11 月底 54 天内，全校举行大小批斗会 1266 次，平均每天 23 次之多。从 1968 年 4 月开始的所谓"清理阶级队伍"运动中，以"死不悔改的走资派"等罪名关进牛棚者达 150 人以上。同时，对几百名学生以"站错队"、"家庭关系复杂"、"修正主义苗子"为由，不分配工作，令回原籍。还凭空捏造"一条黑根，两条黑线"，"二套班子"两起冤案，使80%以上的教师和干部

---

① 参见何东昌主编《中华人民共和国教育史（上卷）》，海南出版社 2007 年版，第 422页。

② 参见荣仕星主编《中央民族大学五十年》，中央民族大学出版社 2001 年版，第 8页。

受到迫害和牵连。①

西南民族学院统计："文化大革命"中，学校教职工被立案审查和揪斗者占当时教职工总数的 33%。1968 年 10 月下旬开始清理阶级队伍，两个月即立案审查 148 人，开各类批斗会 150 余场，揪出 58 人，"有严重问题"被点名的 20 余人。②

1966 年 9 月，中南民族学院著名历史学家、人类学家岑家梧教授，因不堪屈辱，含冤辞世——和他一起夭折的，还有正在构思、酝酿的《中国民族关系史》和《中国美术史》。1968 年 11 月，驻院工人宣传队指挥部制定"开展清理阶级队伍群众运动的初步计划"，被列为叛徒、特务、漏网右派、资产阶级反动学术权威、走资派等清理对象的教职工 69 人，占全校教职工总数的 21%。③

1968 年，广西民族学院被批斗、殴打的领导和干部、教师 75 人，抄家的教师 48 人，60 余名干部教师被打成"牛鬼蛇神"。1970 年 3 月掀起大检举、大揭发、大批判、大清理高潮，被作为调查、审查对象者 100 余人，其中喊"反动"口号、贴"反标"的，幼儿园儿童 18 人，最小的两岁多。④

1967 年 2 月，因解放军进驻青海民族学院校园，发生"二·二四"流血事件，死伤少数民族学生 12 人。1968 年 4 月开始"清理阶级队伍"，被勒令交代和群众专政者 102 人，占全院 294 名教职工中 37.7%。⑤

1967 年 9 月 9 日凌晨，群众组织数千人荷枪实弹包围西藏民族学院，发生重大流血事件，死 4 人。"文化大革命"中学校共有 158 名职工受到打击迫害，其中 114 人被立案审查。⑥

从以上数据和乱象，已足见"文化大革命"初期民族学院所遭受的

---

① 参见西北民族学院校史编写委员会《西北民族学院校史》，甘肃民族出版社 2000 年版，第 99～100 页。

② 参见西南民族学院院史编辑室《西南民族学院院史（1951～1991）》，四川民族出版社 1991 年版，第 75～88 页。

③ 参见中南民族大学校史编纂委员会《中南民族大学校史（1951～2011）》，湖北长江出版集团、湖北人民出版社 2011 年版，第 424 页。

④ 参见广西民族学院校史编辑委员会《广西民族学院校史》，广西民族出版社 2002 年版，第 50、52 页。

⑤ 参见《青海民族学院院史（1949～1999）》，青海民族出版社 1999 年版，第 52～53 页。

⑥ 参见李世成主编《西藏民族学院校史》，西藏人民出版社 1998 年版，第 58、83 页。

劫难。经过如此扫荡，各民族学院校园荒芜，楼宇破败，人心涣散，斯文扫地，的确非浩劫不足以形容之。

二　"文化大革命"中期民族学院的沉浮

"文化大革命"的铁帚，在扫荡了民族学院的校园和师生员工以后，又开始扫荡学校本身。

1971 年国家计委和国务院科教组根据有关会议意见向国务院提出《关于高等院校调整问题的报告》，建议财经、政法、民族院校拟多撤销一些。① 当时，全国民族学院本来就只有 9 所（贵州民族学院尚未复校），还要"多撤销一些"，这与"左"倾思潮在民族工作领域的泛滥密切相关。

1950 年代后期，随着"左"倾思潮的泛滥，阶级斗争学说逐渐高涨；在民族工作领域，所谓"民族问题的实质是阶级问题"的学说和滥用阶级分析方法对待民族问题的现象开始出现。在"文化大革命"中，"左"倾思潮更将这学说和方法推向极端，在全国出现否认社会主义时期民族的存在，否定民族工作，撤销各级民族工作部门，否认民族间存在事实上的不平等，践踏民族区域自治政策，侵犯少数民族平等权利等严重问题。② 大多数民族学院被撤销，就是在这个背景和形势下发生的。

实际上，在国家计委和国务院教科组的报告出台之前，撤销民族学院的行动已经开始。

《西藏民族学院校史（1958~1998）》记载，1968 年 8 月，江青在一次讲话中说"西藏民族学院办在陕西咸阳是件怪事"。1970 年 1 月，西藏自治区革命委员会决定撤销西藏民族学院，汉族教职工全部由陕西省革命委员会安排，藏族教职工和预科学生组织进藏，校产包括房屋、财产、教学器材等移交陕西。③

---

① 新华月报社：《中华人民共和国大事记 1949~2004》，人民出版社 2004 年版，第 374 页。

② 金炳镐主编：《中国共产党民族政策发展史》，中央民族大学出版社 2006 年版，第 161~168 页。

③ 参见李世成主编《西藏民族学院校史》，西藏人民出版社 1998 年版，第 61 页。

1969 年 3 月，云南民族学院全院 190 多名教职工和 150 多名家属被安排到思茅云南第四"五七"干校接受"再教育"，学校房地产经清理造册全部上缴省革命委员会办事组处理，校舍分给了省戏剧学校、省图书馆、翠湖宾馆和空指 875 部队等单位，学校实际上被撤销。①

1969 年 5 月，广东省革命委员会发文决定停办广东民族学院，学院所有人员和财产均由海南行政区革命委员会接管处理。②

1970 年 1 月 17 日，未经请示中央，甘肃省革命委员会第四次全委扩大会决定撤销西北民族学院，并限令在两个月内办理完一切撤销工作。撤销理由：一是已经完成历史使命；二是西北各省区都能培养自己所需要的民族干部；三是高楼大厦条件太好，是培养修正主义苗子的温床。该校撤销后，609 名教职工除新疆、青海的回原籍和少数人留兰州外，有 200 人不分民族、专业、身体条件和家庭困难被分到甘南自治州各县，其余分配到临夏回族自治州及平凉、天水、武都等地，有 21 人被强迫退职或退休并限期离校。30 余万平方米的校园、近 6.2 万平米的建筑物、价值 1170 万余元的其他校产和设备、37.1 万余册藏书（其中蒙、藏、维、哈等民族文字文献约占上架图书的 1/5，古籍文献至少 5.6 万册而且不乏善本、珍本甚至孤本）等全部移交甘肃省毛泽东思想学习班等单位。③

1970 年 1 月，主管部门认为"在当前少数民族地区社会主义革命和社会主义建设已有了飞跃发展的新形势下，在武汉继续开办地区性的民族学院，脱离少数民族地区阶级斗争、生产斗争和科学实验三大革命运动的实际，决定停办中南民族学院"，并宣布将中南民族学院下放湖北省管理（实际上是"处置"）。当年 9 月，湖北省革命委员会决定撤销中南民族学院，教职工 352 人并入华中师范学院 220 人，到"五七"干校和到农村插队落户 57 人，其余在省内外另行安排；校园、校舍转交湖北省军区，校产分配给湖北省军区、华中师范学院等单位。④

---

① 《云南民族大学 55 年》，云南民族出版社 2006 年版，第 10 页。

② 参见吕奎文主编《广东技术师范学院校史》，中央文献出版社 2005 年版，第 37 页。

③ 参见西北民族学院校史编写委员会《西北民族学院校史》，甘肃民族出版社 2000 年版，第 101～103 页。

④ 参见中南民族大学校史编纂委员会《中南民族大学校史（1951～2011）》，湖北长江出版集团、湖北人民出版社 2011 年版，第 425～426 页。

1970 年 7 月，在未经国务院批准的情况下，青海省革命委员会下令撤销青海民族学院，改成青海民族师范学校。[①]

1971 年 9 月，四川省教育工作会议形成会议纪要，要将西南民族学院撤销，分别到四川的甘孜、阿坝、凉山三个自治州办"共大"。1972 年 5 月，四川省革命委员会以（1972）第 42 号文件批转省教育工作会议纪要，确认撤销西南民族学院。而早在"文化大革命"初期，有关部队就奉命进驻该校，校舍大部被占。[②]

到 1972 年前后，当时全国 9 所民族学院已被撤销 7 所，仅剩中央、广西民族学院。

由于不少撤销民族学院的决定是很草率地或非程序化地作出的，所以这些决定不久后又被撤销和否定。

云南民族学院 1969 年 3 月被云南省革命委员会撤销，1971 年 9 月省革命委员会又决定复办。1973 年 3 月，国务院教科组发文恢复 8 所高等学校，其中包括云南民族学院。[③]

广东民族学院 1969 年 5 月被广东省革命委员会发文撤销，1974 年 10 月又决定恢复。[④]

1970 年 1 月 26 日，甘肃省革命委员会有关负责人口头宣布撤销西北民族学院。到当年 8 月 25 日，省革命委员会才发出甘革发（1970）第 82 号《关于停办西北民族学院的通知》。而早在 4 月下旬，全校 609 名教职工已全部被扫地出门，校产等业已全部移交。该校被撤销后，因西北少数民族群众和本院教职工反应强烈和国务院干预，1972 年 11 月 20 日甘肃省革命委员会向国务院上报《关于恢复西北民族学院的请示报告》，称"'文化大革命'以来，由于我们对民族工作的特殊性和长期性认识不足，于 1970 年撤销了西北民族学院……遵照毛主席关于'要彻底解决民族问题，完全孤立反对派，没有大批从少数民族出身的共产主义干部，是不可能的'教导，为了培养少数民族干部，发展少数民族经济、文化，巩固

---

① 参见青海民族大学校史编写组《青海民族大学校史（一九四九～二〇〇九）》，青海人民出版社 2009 年版，第 35 页。

② 参见西南民族学院院史编辑室《西南民族学院院史（1951～1991）》，四川民族出版社 1991 年版，第 78 页。

③ 《云南民族大学 55 年》，云南民族出版社 2006 年版，第 10 页。

④ 参见吕奎文主编《广东技术师范学院校史》，中央文献出版社 2005 年版，第 40 页。

无产阶级专政，我们意见，应该恢复西北民族学院。"1973 年 3 月 17 日，国务院科教组下达（1973）科教计字第 59 号批复同意恢复西北民族学院；4 月 12 日，甘肃省革命委员会下达甘革发（1973）第 25 号《关于恢复西北民族学院的通知》，学校复办。①

青海民族学院 1970 年 7 月被青海省革命委员会下令撤销，1971 年 4 月又恢复。② 从决定撤销到又决定恢复，历时不到 1 年。

1972 年 5 月四川省革命委员会发文撤销西南民族学院之后，由于学校教职工顽强抗争，一再给国务院和周恩来总理写信上诉。特别是在当年 10 月初四川省革命委员会接到国务院科教组电话要求西南民族学院为西藏培训 150 名学生之后，当年 10 月召开的四川省民族工作会议和教育工作会议又作出恢复西南民族学院的决定。1973 年四川省委下发第 20 号文件确认"原办的民族学校，应整顿恢复，明确任务，合理分工，加强领导，继续办好。"同年 9 月，第一批 308 名学员陆续入学。1974 年 9 月，国务院科教组以（1974）科教字第 113 号文最后确认恢复西南民族学院，"今后主要招四川民族地区学生，同时兼顾西藏自治区"。③ 因此，该校的撤销实际上未形成事实。

和其他民族学院相比，西藏民族学院撤销和恢复的操作过程较复杂。1970 年 1 月，西藏自治区革命委员会决定撤销西藏民族学院。1971 年 1 月 9 日，西藏军区党委突然通知学校革命委员会说"西藏民族学院不撤了，还要继续办；政治条件好的教职员，一律停止调动；所有的财务要加强管理，不再调拨"。当年 5 月 16 日，自治区党的核心小组召开会议，正式作出了恢复西藏民族学院的决定，并认为 1970 年 1 月关于撤销西藏民族学院的决定是错误的，同意该校目前先在咸阳继续办学并准备招生。学校虽然恢复了，但校址又有问题了。1971 年 11 月末，新校址选定在西藏林芝县的八一镇。1972 年秋，农学、畜牧兽医队迁入林芝县八一镇；1974 年秋财会系又迁入八一镇，迁入八一镇的部分改为"西藏民族学院

---

① 参见西北民族学院校史编写委员会《西北民族学院校史》，甘肃民族出版社 2000 年版，第 101～105 页。

② 参见青海民族大学校史编写组《青海民族大学校史（一九四九～二○○九）》，青海人民出版社 2009 年版，第 270 页。

③ 参见西南民族学院院史编辑室《西南民族学院院史（1951～1991）》，四川民族出版社 1991 年版，第 78～80 页。

林芝分院"并开始招收新生。1975 年 1 月，自治区党委批转《西藏自治区第一次院校工作座谈会纪要》，确定咸阳总院各专业不再迁入西藏，以咸阳为总院、林芝为分院两地同时办学；总院除办好政治、语文（藏语文、汉语文两专业）、医务系和预科外，还要逐步筹办艺术、新闻系及理工科系；林芝分院暂设农业、畜牧兽医、林业、机电、财会 5 系，将来在适当的时机改为西藏大学或西藏农学院。1975 年 8 月机电系迁入八一镇。① 既有撤销和恢复的反复，又有两地办学的犹疑和艰难，西藏民族学院处于建校历史上最艰难阶段。

1974 年 6 月，国务院批准复办贵州民族学院。同年 10 月中共贵州省委下达《关于恢复贵州民族学院的通知》，确定选址重建。1975 年 8 月选定贵阳市花溪区螺丝冲为学校新址。② 从 1959 年被并入贵州大学，到1964 年省里决定恢复但因"四清"、"文化大革命"而耽误，再到1974 年选址重建，历时 15 年，贵州民族学院创造了民族学院从撤销到复校历时最长记录。

至 1974 年末，除中南民族学院外，其他被撤销的民族学院均已先后复办或批准复办，全国民族学院恢复到 9 所。这些民族学院，绕了一个或大或小的"否定之否定"圈子以后，又回到了原点。不过，此原点已非彼原点，这种折腾造成的有形和无形的损失，绝非简单的"恢复"所能挽回。西北民族学院因校园、校产、教学设备、图书资料等被拆分，教职工解散，复办时财产大部分无法收回，被 12 个单位分走的 37 万藏书只收回了 26 万册，被占的操场直到 1989 年才完全收回。③ 西南民族学院被占的校舍在恢复招生以后很久也未完全收回。中南民族学院的校园、校产等全部被占、被分基本无法收回，以至于在 1980 年不得不另选新址重建。贵州民族学院 1977 年招生时，是借用省委统战部政治学校的两栋房屋作临时校舍来办学的。④ 经过反复折腾的西藏民族学院，不仅校产损失严重，专业和教职工分分合合，而且在很长的时间内一校而两地（咸阳和

① 参见李世成主编《西藏民族学院校史》，西藏人民出版社 1998 年版，第 61～68 页。

② 贵州民族学院办公室：《贵州民族学院》，华夏文化艺术出版社 2001 年版，第 18～20 页。

③ 参见西北民族学院校史编写委员会《西北民族学院校史》，甘肃民族出版社 2000 年版，第 102～107 页。

④ 贵州民族学院办公室：《贵州民族学院》，华夏文化艺术出版社 2001 年版，第 21 页。

林芝）办学。其他被撤销、停办的民族学院，无一不遭受各种各样的损失，师生员工的积极性和感情受到严重挫伤。

三　恢复招生的民族学院

以 1970 年 6 月中共中央批转《北京大学、清华大学关于招生（试点）的请示报告》为标志，在"文化大革命"劫波中动荡和沉浮了几年的中国高等教育，出现了一个引人注目的变化：高等学校要恢复招生，招收两年制的"工农兵大学生"。招生条件是"政治思想好，身体健康，具有三年以上实践经验，年龄在 20 岁左右，有相当于初中以上文化程度的工人、贫下中农、解放军战士和青年干部。有丰富实践经验的工人、贫下中农，不受年龄限制和文化程度的限制。"而且，"废除修正主义的招生考试制度，实行群众推荐、领导批准和学校复审相结合的办法"。[①] 开始时学校还组织一下摸底性质的文化考试，后来张铁生事件一出，文化考试取消。

从 1971 年开始，一些民族学院开始恢复招生。

1971 年 2 月，广西民族学院政治、中文专业和师训班、干训班开始招生。[②] 同年秋，青海民族学院政治教育、中文、数学三系招收首批工农兵学员 251 人；[③] 12 月，中央民族学院政治系、少数民族语文系、艺术系恢复招生后的首批工农兵大学生 670 人报到。[④] 同年，云南民族学院也招收了首批工农兵大学生，其中政治专业 66 人、中文专业 57 人、师训班 39 人，同时干部轮训班招 37 人；[⑤] 西藏民族学院招收 393 名西藏地区的工农兵大学生。[⑥] 1973 年，西南民族学院招收政治文化班、西藏学生医预

---

① 《中共中央关于北京大学、清华大学招生（试点）请示报告的批示（附件一）》，见于杨学为主编《高考文献（1949～1976）》，高等教育出版社 2003 年版，第 632～633 页。

② 参见广西民族学院校史编辑委员会《广西民族学院校史》，广西民族出版社 2002 年版，第 54 页。

③ 参见青海民族大学校史编写组《青海民族大学校史（一九四九～二〇〇九）》，青海人民出版社 2009 年版，第 36 页。

④ 参见荣仕星主编《中央民族大学五十年》，中央民族大学出版社 2001 年版，第 190 页。

⑤ 《云南民族大学 55 年》，云南民族出版社 2006 年版，第 10 页。

⑥ 参见李世成主编《西藏民族学院校史》，西藏人民出版社 1998 年版，第 64 页。

班308人;[①] 刚刚经国务院批准恢复的西北民族学院藏语文、汉语文等专业和干训部也开始招生。[②] 1976年，广东民族学院中文、政治、数理三系首次招收工农兵大学生100人。[③] 至此，除尚未复校的中南、贵州民族学院外，全国另8所民族学院均已恢复招生。

在恢复招生的同时，民族学院专业的设置和建设也比较顺利。

1971年11月，广西民族学院除政治、中文专业已恢复招生外，另将原外语专科改为外语系，增设英语、法语专业。1972年师训部改为数理化系，分设数学、物理、化学专业。[④]

1973年1月，青海民族学院中文系分为汉语文系和少数民族语言文学系，少语系设藏语文、蒙语文两专业;9月，数学系增设化学专业。[⑤]

1973年秋，云南民族学院增设德宏傣语、西双版纳傣语、景颇语3个专业。[⑥]

1973年，西北民族学院1964年撤销的藏语文、汉语文等专业恢复招生。[⑦]

1974年，西南民族学院全面恢复原来的系科专业设置，分设政治、语文、数理化、畜牧兽医四系和预科;秋季，汉语文、藏语文、数学、理化、畜牧兽医5专业招生。1975年增加了政治、历史专业。[⑧]

如果说"文化大革命"期间民族学院还有什么比较顺利的事的话，那么专业的恢复应该算一件。而且，由于开始招收工农兵大学生，云南民族学院实际上等于进入普通高等学校序列，终于实现50年代后期就期望

---

① 参见西南民族学院院史编辑室《西南民族学院院史（1951～1991）》，四川民族出版社1991年版，第81页。

② 参见西北民族学院校史编写委员会《西北民族学院校史》，甘肃民族出版社2000年版，第107页。

③ 参见吕奎文主编《广东技术师范学院校史》，中央文献出版社2005年版，第41页。

④ 参见广西民族学院校史编辑委员会《广西民族学院校史》，广西民族出版社2002年版，第54～55页。

⑤ 参见青海民族大学校史编写组《青海民族大学校史（一九四九～二〇〇九）》，青海人民出版社2009年版，第270页。

⑥ 《云南民族大学55年》，云南民族出版社2006年版，第10页。

⑦ 参见西北民族学院校史编写委员会《西北民族学院校史》，甘肃民族出版社2000年版，第107页。

⑧ 参见西南民族学院院史编辑室《西南民族学院院史（1951～1991）》，四川民族出版社1991年版，第80～82页。

的向正规高等院校的转型。同样，1976年广东民族学院首次招收工农兵大学生100人，标志着该校也进入普通高等学校序列。[①]

恢复招生后，由于"左"倾思潮仍大行其道，民族学院教学工作面临的问题和困难也很多。

1973年，西北民族学院上报《关于西北民族学院编制和系科专业设置的意见》，提出的办学方针"仍以培养政治干部为主，迫切需要的专业技术干部为辅"；在编制各专业教学计划时均"以路线斗争为纲，继续搞好批林整风，狠抓意识形态领域的阶级斗争，进行阶级斗争、路线斗争和无产阶级专政下继续革命的教育"；规定"用三分之一的教学时间，深入三大革命实践，学工、学农、学军。建立教学、科学研究（社会调查）和生产劳动相结合的实践点，实行厂校和社校挂钩。"[②] 这份文件很具当时的时代特征：其一，办学方针退回到50年代初的"以培养政治干部为主，迫切需要的专业技术干部为辅"；其二，编制教学计划以阶级斗争、路线斗争为纲，阶级斗争是主课；其三，教育方式强调"深入三大革命实践，学工、学农、学军"。其他民族学院的教学工作，或许提法、做法略有不同，但基本精神应不会有什么不同。如广西民族学院，1971～1976年教学工作的特点是：（1）以革命大批判为纲组织教学，以阶级斗争、路线斗争为主课，把学校办成政治大学。（2）下乡下厂，"文科要把整个社会作为自己的课堂，使教学与现实阶级斗争挂钩，学文与学工、学农、学军相结合；理科要厂社挂钩，实行教学、科研、生产三结合"，各系部每年需以40%～60%的时间到三大革命斗争第一线进行教学，除劳动、大批判、政治文化活动等，实际教学时间只有50%。（3）学"朝农经验"，举办社来社去班。教师队伍按教师、工农兵干部群众、工农兵学员"三结合"原则组建[③]。同样，青海民族学院也实行"开门办学"，要求"文科要把整个社会作为自己的课堂"，理科则要"厂校挂钩，以产品为教材，以工人师傅为教师"，教材基本上自编，而且必须"充分体现无产阶

---

① 参见吕奎文主编《广东技术师范学院校史》，中央文献出版社2005年版，第41页。

② 西北民族学院校史编写委员会：《西北民族学院校史》，甘肃民族出版社2000年版，第109页。

③ 参见广西民族学院校史编辑委员会《广西民族学院校史》，广西民族出版社2002年版，第56～59页。

级政治方向",并"以批修整风为纲"。①

　　上述三所民族学院的情况,在其他民族学院——严格说是在全国高等学校也都纷纷上演着。和1958年的"教育革命"相比,仿佛历史重演,只不过政治挂帅的氛围更浓,阶级斗争调子更高,出现了"路线斗争"这门新课,教育为政治服务和教育与生产劳动结合也被演绎到了形式主义的极致。

　　恢复招生后民族学院在教学工作遇到的另一个问题,是因招生时片面注重"实践经验"而严重忽视学生的文化基础,导致进校时学生的文化程度参差不齐,难以统一施教。据西南民族学院院史记载,那几年招收的工农兵学员绝大多数具有比较强烈的学习愿望,渴求掌握文化科学知识,入学后各方面表现较好。但是他们中的多数,只具有初中文化水平,有的还是小学程度和半文盲,文化低,基础差,学习大学课程困难大,各专业都用了不少时间给他们补习文化基础知识,不得不降低教学起点,放宽教学要求。② 其他民族学院的情况也大同小异,如云南民族学院也认为"生源质量较差,大多数学生只有初中,甚至初中以下的水平,入学后学习时间短,劳动和政治运动过多,真正学到的文化科学知识相当有限,教育质量远不如'文革'之前"。③ 因学员文化程度参差不齐,广西民族学院不得不按文化程度编为高、中、低三班,教材根据学生的文化程度和"革命性、科学性、实践性"要求由教师自编,课程由原来的30门左右压缩到13门左右。④ 西藏民族学院医务系甲班学员32人,其中高中水平12人、初中水平6人、初小水平10人;只好先开政治、汉语文、算术、自然、理化、生物、生理卫生课打基础,补齐文化水平再进行专业教育。⑤

　　此时,高等学校里教育改革盛行,流行口号是"工农兵上大学,管大学,用毛泽东思想改造旧大学"。从语意分析,高等学校仍属于要改造

---

　　① 参见青海民院院史编写组《青海民族学院院史 (1949~1999)》,青海民族出版社 1999年版,第 57~58 页。

　　② 参见西南民族学院院史编辑室《西南民族学院院史 (1951~1991)》,四川民族出版社1991年版,第 82 页。

　　③ 《云南民族大学 60 年》,云南民族出版社 2011 年版,第 271 页。

　　④ 参见广西民族学院校史编辑委员会《广西民族学院校史》,广西民族出版社 2002 年版,第 58~59 页。

　　⑤ 参见李世成主编《西藏民族学院校史》,西藏人民出版社 1998 年版,第 66 页。

的"旧大学"范畴。谁来改造？工农兵。工农兵不仅改造大学，而且还要"管"大学，因而在学校中处于领导、主导地位。至于广大教师，则被"两个估计"归入"资产阶级知识分子"的另册，沉沦到社会底层，"不少教师因政治问题不能上课，能上课的教师也顾虑重重，有的没上几天课就遭到批判"，① 几乎是无所适从。

当时，整个社会动荡不宁，高等学校校园里如演闹剧，"反复辟回潮"、"反潮流"运动，"马振扶中学事件"、"园丁之歌事件"、"张铁生事件"，学"朝农经验"、搞"开门办学"等运动和事件一拨接一拨连台演出，即使教师有心教学、学生有心学习，也难以静心安神，民族学院的教学工作举步维艰，教育质量确难保证。

四 民族学院的科研工作

"文化大革命"初期，全国民族学院陷入混乱。乱世之中，难搞科研。

"文化大革命"中期，全国 10 所民族学院被撤销 8 所，教学科研人员惶惶然不知所归，头上还戴着一顶"资产阶级知识分子"的黑帽子，也难搞科研。

"文化大革命"后期，被撤销的民族学院大都复校，并开始招生，科研在形式上有所恢复。首先是因为旧的教材都有问题，工农兵学员文化程度又参差不齐，必须按突出无产阶级政治和以阶级斗争为纲的原则并照顾学习者的文化程度来重编教材。青海民族学院"采取教研室牵头，分工编写，集体讨论，领导审定，广泛征求工农兵学员意见的编写原则"，"1972 至 1973 年两年中，编写各专业教材 38 种"。② 广西民族学院按照突出"革命性、科学性、实践性"原则，1971～1976 年共编写 30 多种新教材。③ 西藏民族学院新编教材 120 余种。④ 如果这些教材能称为科研成果的话，那倒称得上是个丰收期。

值得一提的是，作为"国家政治任务"，本阶段中央民族学院研究部

① 荣仕星主编：《中央民族大学五十年》，中央民族大学出版社 2001 年版，第 8 页。

② 参见《青海民族学院院史（1949～1999）》，青海民族出版社 1999 年版，第 58 页。

③ 参见广西民族学院校史编辑委员会《广西民族学院校史》，广西民族出版社 2002 年版，第 59 页。

④ 参见李世成主编《西藏民族学院校史》，西藏人民出版社 1998 年版，第 72 页。

完成了《中国历史地图集》东北部分的绘制工作；吴文藻、冰心、费孝通教授等共同完成了美国尼克松《六次危机》的下册、海斯·穆恩和韦兰合著的《世界史》，英国韦尔斯的《世界史纲》的翻译工作；王钟翰教授参与点校并负责全书通稿的《清史稿》点校工作也已完成。①

　　由于离政治较远，应用技术研发的环境相对宽松。西南民族学院开展了草原改良、蓄种改良等试验，川西北植被调查、民族地区中草药调查等研究工作，优选法的推广和研究等，取得一定进展。② 1975 年广西民族学院受广西外贸局土畜产进出口公司委托试制当时为贵重药品的肝素钠，组织 40 名工农兵学员、酒精厂 8 名工人，16 名教师参加会战，1976 年获得粗制品 3000 万单位。③

　　"文化大革命"十年中，全国民族学院科研工作总的来说处于停滞状态，乏善可陈；知识分子人身安全尚且不能自保，遑论独立、自由开展学术研究；一批知名学者的含冤辞世，不知带走多少学术瑰宝；那些充满革命字眼和阶级斗争、路线斗争火药味的新编教材和应时之作，极少能逃过速朽的命运的。当然，也有学者悄然搜集、整理和分析着资料，等待科学的春天的到来。

　　"文化大革命"对包括民族学院在内的中国高等学校造成的危害和损失，如果说其有形的、物质的部分还容易计算的话，那么，其无形的、精神的部分则无法估量。正如许美德女士所指出的，"'大学'的基本价值观这一时期被完全抛弃了。代之而起的是对知识的批判态度"。④ 所谓"知识越多越反动"，知识分子被"妖魔化（牛鬼蛇神化）"而沉沦到社会底层——"臭老九"，便表达了对知识——尤其是理论知识、书本知识的这种极度的蔑视和批判态度。诞生于中世纪欧洲的大学，开始就是以传授和探讨知识为宗旨的"学者行会"的面目出现的，可谓因知识而生，也因知识而长。从这个意义上说，失去了对知识的尊敬和追求，就等于失

---

　　① 荣仕星主编：《中央民族大学五十年》，中央民族大学出版社 2001 年版，第 9 页。

　　② 参见西南民族学院院史编辑室《西南民族学院院史（1951～1991）》，四川民族出版社 1991 年版，第 82 页。

　　③ 参见广西民族学院校史编辑委员会《广西民族学院校史》，广西民族出版社 2002 年版，第 60～61 页。

　　④ 参见［加］许美德《中国大学 1895～1995：一个文化冲突的世纪》，许洁英主译，教育科学出版社 2000 年版，第 134 页。

去了大学立校的根本。"文化大革命"对中国大学的重创，直达大学立校之根基和本源，其影响不可低估。

五　本阶段小结

在 20 世纪 50 年代后期逐渐泛滥的"左"倾思潮，由于未受到有效的遏制，终于在 1966 年酿成一场席卷全国、历时十年的"文化大革命"。

"文化大革命"初期，各民族学院破"四旧"、揪斗"牛鬼蛇神"、清理阶级队伍等狂潮迭起，群众组织纷纷出现并结为派别，派别之争愈演愈烈最终导致武斗盛行，致使校园荒芜，人心混乱，损失惨重。尤其是 1971 年 4 月出台的"两个估计"，给广大知识分子特别是学校教师戴上"资产阶级知识分子"的帽子，造成不可估量的身心伤害。

1970 年前后，由于"左"倾思潮的发难，全国出现撤销高校的风潮，民族学院成为撤销的重点，广东、西藏、云南、西北、中南、青海、西南民族学院先后被撤销或停办。由于撤销的决策极其轻率，再加上有的民族学院顽强抗争等原因，各地和有关部门事后又不得不纷纷收回成命恢复民族学院。至"文化大革命"后期，除中南民族学院外，其他被撤销的民族学院均已先后复校，但都已在翻来覆去的折腾中蒙受有形和无形的重大损失。1974 年 6 月，国务院批准恢复 1959 年被并入贵州大学的贵州民族学院，全国民族学院恢复到 9 所。

从 1970 年代初开始，全国高校陆续恢复招生，广西、青海、西藏、中央、云南、西南、西北、广东民族学院先后招收"工农兵大学生"，教育事业略有转机，专业设置也比较顺利；其中云南、广东民族学院因此正式进入普通高等学校序列。

恢复招生后的民族学院，因"左"倾思潮仍在泛滥，1958 年的"教育革命"又以更极端化的方式重演，再加上招生时忽视文化基础，广大教师心有余悸等原因，此时的教育质量从整体上说降至低谷。

"文化大革命"对中国高等学校的最大危害，在于它摧毁了人们对知识的尊崇，损伤了大学之所以立校的根基。

第六章　新时期恢复阶段的民族学院
（1977～1985 年前后）

1976 年初，身罹癌症的周恩来总理去世。4 月 5 日，对祸国殃民的
"文化大革命"、"左"倾思潮和"四人帮"早已积蓄不满的人民群众为
悼念周恩来酿成震惊中外的"四五运动"。同年 9 月 9 日，毛泽东主席去
世。10 月 6 日，横行十年的"四人帮"被一举粉碎，为"文化大革命"
的终结创造了条件，同时也为中国的社会变革和一个崭新时期的到来开辟
了道路。

自 1976 年以后，中国社会发生了一系列重大事件：

——1977 年 10 月，国务院批准第二次全国高等学校招生工作会议通
过的《关于 1977 年高等学校招生工作的意见》，决定废除"文化大革命"
期间的招生办法，恢复中断 11 年的统一高考招生制度，预示着中国高等
教育在新时期的复苏。

——1978 年 5 月 11 日，《光明日报》发表《实践是检验真理的唯一
标准》，对"两个凡是"思想进行了批判，引发"实践是检验真理的标
准"问题的大讨论，打开了思想解放的闸门。

——1978 年 11 月 8 日，《人民日报》发表教育部文章《教育战线的
一场大论战——批判"四人帮"炮制的"两个估计"》；1979 年 3 月 19
日中共中央又作出撤销曾提出"两个估计"的 1971 年《全国教育工作会
议纪要》的决定，解开了禁锢广大知识分子身心的一道沉重的枷锁。

——1978 年 12 月，在中华人民共和国发展史上具有划时代意义的中
国共产党十一届三中全会召开，确定今后全党全国的工作中心将转移到经
济建设上来。这次会议及其决议，成为中国当代社会发展的一个分水岭，
标志着中国人民告别一个旧时代，进入一个改革、开放新时期。

——1980 年 2 月中国共产党十一届五次全会通过《关于党内政治生
活的若干准则》，在总结中国共产党几十年来政治生活的历史经验和教训

的基础上，重申和肯定了党内政治生活必须遵循的马列主义原则。

——1981 年 6 月，中共中央召开十一届六中全会，通过《关于建国以来若干历史问题的决议》。《决议》在马克思主义历史唯物论的指导下，对新中国成立 32 年来发生的重大事件——特别是"文化大革命"作出了总结和评价。《决议》指出：1966 年 5 月～1976 年 10 月的"文化大革命"，是一场由领导者错误发动，被反革命集团利用，给党、国家和各族人民带来严重灾难的内乱。

——1984 年 10 月党的十二届三中全会召开之后，中共中央相继作出经济体制、科技体制、教育体制改革的重要决定，拉开了改革、开放时代的大幕。

这一系列重大事件的发生，预示着以往那个错误思潮和路线主导中国，人为灾难甚至悲剧不断上演的时代渐渐远去，一个新的历史时期扑面而来。

一　民族学院发展的历史机遇

新时期之初，在通过思想政治领域的一系列重大举措，澄清了长期困惑人们的重重理论迷雾，为经济建设和社会发展开辟了道路后，作为经济和社会发展动力之源的教育事业的发展，也提上了重要议事日程。在民族工作和教育工作领域，民族学院的发展问题受到高度的关注。

1979 年 8 月，国家民委、教育部在北京召开第五次全国民族学院院长会议。会议总结了民族学院数十年来办学的成绩和经验，批判了"左"倾思潮对民族学院教育事业的干扰和破坏。会后，国家民委、教育部向国务院提交了《关于民族学院工作的基本总结和今后的方针任务的报告》。经国务院批准，该《报告》由国家民委、教育部于 11 月 12 日印发。这是自 1950 年政务院颁布两个《试行方案》以来，两个主管部委第一次联合起草而且被国务院批准转发的对民族学院的性质、宗旨、任务、重点工作等问题作全面而系统阐述的专题报告，对后来民族学院的发展和改革具有极其重要的指导作用，在民族学院的发展史上具有里程碑意义。

《报告》充分肯定了民族学院在解决国内民族问题，推进少数民族和民族地区的政治、经济、文化等建设，加强民族团结、巩固祖国统一等方面所发挥的积极作用，批判了"左"倾思潮对民族学院的摧残、破坏；

在此基础上，根据新的历史时期少数民族和民族地区经济建设和社会发展的需要，对民族学院今后的办学方针、任务等进行了阐述和部署。

《报告》指出："民族学院是主要培养少数民族政治干部和专业技术干部的社会主义新型大学。它既有培训政治干部的部分，又有培养各种专业技术人才的系、科。因此，它既不同于一般的少数民族政治干部学校（例如广西民族干校），又不同于一般的少数民族综合性大学（例如吉林延边大学），而是兼有这两个方面的少数民族高等学校。"

根据党和国家工作中心转移这一重大时代变迁的要求，《报告》在肯定了民族学院成立以来培养少数民族政治干部和专业人才的办学方针的同时，指出："现在，中国进入了新的历史时期，各民族学院必须把工作重点转移到社会主义现代化建设上来，坚决执行新时期党和国家的民族工作的任务，大力培养四化所需要的具有共产主义觉悟的政治干部和专业技术人才，为少数民族地区的社会主义现代化建设服务"；"既要尽可能多地培养少数民族专业技术人才，又要大力培养少数民族的政治干部"，"不认识尽可能多地培养少数民族专业技术干部的重要性、迫切性固然是不对的，但看不到少数民族政治干部仍然很少的事实和民族学院继续大力培养政治干部的重要性，也是不正确的"；还特别强调"任何政治干部都必须学习一、两门技术知识，力求成为又红又专的好干部，不要做'空头政治家'"。在民族学院的发展史上，《报告》第一次把发展专业技术教育、培养专业技术人才摆在非常突出的地位。

《报告》要求，为贯彻上述方针任务，民族学院要执行"高教六十条"的规定，切实把教学作为学校的经常性中心工作，"学校的一切工作都要围绕着教学这个中心来进行，都要有利于教学，而决不能妨碍教学"；要加强教师队伍的建设，积极为教师创造必要的条件，解除他们的后顾之忧，保证他们有 5/6 的时间用于教学和科学研究；要积极开展科学研究工作，为教学服务，为党和国家的民族工作服务；要搞好学校的基本建设，尤其要注意解决校舍和教学设备不足问题；"最近三年应当坚决执行'调整、改革、整顿、提高'的八字方针，在调整中恢复过去的办学规模，并力求有所发展，为以后大幅度的发展打下基础。"[①]

---

① 上述引文均见于国家民族事务委员会教育司《新时期民族教育工作手册》，中央民族学院出版社 1991 年版，第 25～26 页。

在"文化大革命"结束不久，许多问题尤其是民族学院如何发展、朝什么方向发展等重要问题尚不明晰的 1979 年，《报告》的出台，消除了师生员工在办学的许多重要问题上的疑惑，为各院校教育事业的发展指明了道路。

1980 年 10 月，经国务院批准的教育部、国家民委《关于加强民族教育工作的意见》印发。《意见》明确指出："建国以来，我们确实成功地培养了一批从少数民族出身的政治干部（虽然还很不够，还必须大力培养，以适应民族区域自治和其他工作的需要），但是比较起来，我们培养的少数民族的科学技术人才和管理人才极少，远远不能适应建设各民族自治地方的需要。这是培养少数民族干部方面一个十分突出的问题。没有大批从少数民族出身的坚持社会主义道路和党的领导的、有专业知识和能力的干部，特别是大批的科学技术和管理人才，要逐步消灭民族间事实上的不平等，彻底解决中国民族问题，显然是不可能的"。① 和前述《报告》中有关提法相比，《意见》明显而突出地将科技人才和管理干部的培养置于政治干部之前，这是自 1950 年代以来民族高等教育办学理念上的重大突破。

上述情况表明，1950 年代初由《培养少数民族干部试行方案》提出的民族学院"以培养普通政治干部为主，专业技术干部为辅"的办学方针，已经到了进行调整的时候。对经过近 30 年坎坷的发展里程，正处于拨乱反正和恢复阶段的民族学院来说，这一调整清除了曾经横亘在向正规高等学校发展道路上的障碍，鼓舞了他们向教育专业化、办学规范化的高等院校发展的希望和热情。

1984 年 9 月，在西安召开的全国民族学院书记、院长预备会议提出：民族学院的办学方针和任务必须适应当前民族地区"四化"建设和"三个面向"的要求，首先必须办好普通本专科专业，实行多层次、多规格、多渠道的办学方式；同时，要加强工科和外语专业建设；还要通过改革，发挥民族学院的优势，办出民族特色。② 这次会议在民族院校发展史上的意义在于：（1）首次提出工科专业建设问题。自 1950 年代中期向正规高等学校转型以来，民族学院基本以苏联模式的文理科综合高等院校为发展目标。如建设工科类专业，就意味着对传统发展目标、办学模式的突破。

---

① 参见吴仕民主编《中国民族教育》，长城出版社 2000 年版，第 467～468 页。

② 同上书，第 62 页。

（2）首次强调民族学院要发挥优势，办出自己的特色。这标志着民族学院及其领导机关对民族高等教育发展内涵的认识在不断深化。

所有的情况都表明和预示，新时期已为民族学院教育事业的发展提供了极其广阔的政策空间和良好的历史机遇。

二　民族学院的拨乱反正工作

和全国各领域、各行业一样，民族学院教育事业的发展，起步于正本清源、拨乱反正，把过去被颠倒了的事情颠倒过来；尤其是要打开以往束缚广大知识分子心灵的枷锁，解放潜藏在他们内心的积极性和创造力。

根据中共中央的统一部署和要求，各民族学院纷纷组织专班，对数十年来累积尤其是"文化大革命"造成的各种冤假错案进行全面清理和甄别，还历史本来面目，树公道于人心。这项工作力度之大，涉及之广，前所未有。

1978 年以后，中央民族学院党委制定落实干部政策的八点意见和五条验收标准，积极清理和纠正冤假错案，落实知识分子政策、民族政策和统战政策[①]

西北民族学院对收到的大量申诉材料进行梳理，立案 153 个。处理结果是：（1）对在"文化大革命"中受到林彪、"四人帮"反革命路线残酷迫害所造成的冤假错案涉及的 64 人，一律予以平反；（2）对在"文化大革命"中受到冲击、审查，但没作出结论的 45 人，清理了他们的档案，否定了对他们的不实之词；（3）对于在 1957 年反右派运动中错划右派分子的 55 人，根据中共中央（1978）第 11 号和（1978）第 55 号文件精神，全部予以改正；（4）对在"文化大革命"以前的其他运动中遭受处理的教职工和学生，为其中的 74 人予以平反和改正，24 人作了部分改正，另 2 人则维持原案结论。[②]

西南民族学院于 1978 年成立落实政策办公室，对在"三大"运动（1957 年的反右派运动、1959 年的反右倾运动、"文化大革命"）以及一些历史旧案中受到处理的 420 名干部、教师、学生，逐个复查。经过认真

---

① 参见荣仕星主编《中央民族大学五十年》，中央民族大学出版社 2001 年版，第 100、9 页。
② 参见西北民族学院校史编写委员会《西北民族学院校史》，甘肃民族出版社 2000 年版，第 116 页。

复查，对在反右派运动中被错划为"右派分子"的 47 名教职工全部予以纠正，受到错误处分的 61 人全部撤销处分；对在"反右倾"运动中受到错误处理的 18 名教职工和学生彻底平反；对"文化大革命"中形成的 63起冤假错案全部平反。①

从 1978 年到 1987 年的 9 年中，云南民族学院一直高度关注落实党的干部和知识分子政策，平反冤假错案 82 人，其中改正"右派"18 人，协助配合外单位改正错划"右派"5 人，改正和平反 1957 年因其他名目被错误处理者 22 人、1959 年反右倾中被错误处理者 11 人，平反"文化大革命"中的冤假错案和错误处理者 13 人，落实起义人员政策 5 人，恢复包括配合外单位恢复党籍者 6 人。此外，还对 600 多名知识分子的档案进行了全面清理，剔除不应入档的材料。②

1978～1981 年，广西民族学院撤销了 77 件"文化大革命"中形成的冤假错案，并彻底平反；对错划为右派分子和因右派问题受到错误处分的10 人全部予以改正。同时，加大发展知识分子入党的力度，提拔他们到各级领导岗位任职，在住房分配等方面对他们实行政策倾斜，解决了 65对知识分子夫妻分居以及子女上学、就业等问题。③

1978 年，西藏民族学院对在"文化大革命"中受到打击迫害的 158名教职工全部平反、恢复名誉；对在 1958 年"整风反右"中被错划为"右派分子"的 18 人予以彻底纠正；对在 1959 年"反右倾"运动中错误批判和处理、在平叛教育中错定为"地方民族主义分子"和反动分子、坏分子的 41 人区别不同情况落实了政策。④

1977 年到 1986 年，青海民族学院受理 152 名干部和知识分子提出的历史遗留问题 162 件，解决其中 161 件；对错划的 24 名"右派分子"和98 人的冤假错案全部予以纠正。⑤

---

① 参见西南民族学院院史编辑室《西南民族学院院史（1951～1991）》，四川民族出版社1991 年版，第 89～90 页。

② 《云南民族大学 55 年》，云南民族出版社 2006 年版，第 15 页。

③ 参见广西民族学院校史编辑委员会《广西民族学院校史》，广西民族出版社 2002 年版，第 71～73 页。

④ 参见李世成主编《西藏民族学院校史》，西藏人民出版社 1998 年版，第 83～84 页。

⑤ 参见青海民院院史编写组《青海民族学院院史（1949～1999）》，青海民族出版社 1999年版，第 66～67 页。

　　到 1980 年代中期，各民族学院基本完成以往数十年积累的冤假错案的清理、甄别和纠正、平反工作。大批知识分子尤其是教师从各种各样的精神枷锁中解放出来，扬眉吐气地走上教学、科研、管理岗位，焕发出青春般的活力。拨乱反正任务的顺利完成，为民族学院教育事业和科研工作的顺利发展清除了一道厚重的思想障碍。

三　民族学院各层次、形式教育的发展

　　受到形势和政策鼓舞的各民族学院，看到了教育事业发展的美好前景，纷纷雄心勃勃地规划未来，摹画明天。

　　1979 年 9 月，根据第五次全国民族学院院长会议精神，西北民族学院制定《西北民族学院人员编制意见》。计划到 1985 年，该校发展到 9 个系科、16 个专业，在校生达到 3200 人，教职工达到 1280 人，其中教学人员 781 人、行政及工勤人员 499 人。①

　　1978 年 8 月，根据第五次全国民族学院院长会议精神和四川省的部署，西南民族学院编制"六五"期间前三年教育事业发展规划，拟设政治、历史、汉语文、藏语文、彝语文、数学、物理、化学、畜牧、兽医等专业；同时办好干训部、预科，"六五"期末在校生达到 3000 人。②

　　1979 年，云南民族学院制定《云南民族学院 1980～1985 年发展规划》，明确该校要逐步发展成为包括本科、预科、干部轮训和民族研究所在内的新型民族高等学校，1985 年在校生规模为 3000 人。③

　　1977 年，西藏民族学院开办了西藏自治区高等教育第一个本科专业——藏语文专业。1978 年 5 月，该校编制《西藏民院发展规划》，提出学校的发展方向为以文理科为主的综合性大学，拟设政治、语文、历史、外语、数学、物理、化学、机械、财经 9 个系 10 个专业和预科，1985 年在校生规模为 2500 人。④

──────────

　　①　参见西北民族学院校史编写委员会《西北民族学院校史》，甘肃民族出版社 2000 年版，第 121、305、312 页。

　　②　参见西南民族学院院史编辑室《西南民族学院院史（1951～1991）》，四川民族出版社 1991 年版，第 102～103 页。

　　③　《云南民族大学 55 年》，云南民族出版社 2006 年版，第 45 页。

　　④　参见李世成主编《西藏民族学院校史》，西藏人民出版社 1998 年版，第 90～91 页。

1980 年 1 月经国务院批准恢复重建的中南民族学院，制定"六五"规划，明确该校到 1985 年设置政治、中文、历史、数学、物理、化学 6 个本科系，2 个部（干部轮训部和大学预科部）和民族研究所；面向中南，兼顾华东；在校生发展规模 3000 人。①

1980 年 2 月，贵州省计划委员会发文，核定贵州民族学院的建设规模为在校生 1200 人，设 4 系（政治、中文、物理、数学）1 部（干训部），本科学制 4 年。同年 6 月，贵州省政府同意该校按在校生 2500 人规模规划第二期工程。②

各民族学院的发展规划表明，普通本专科教育、干训部、预科部三者结合，以普通本专科教育为主，是民族学院办学的标准结构和发展预期；传统模式的文理科综合院校，基本上仍是它们预期发展目标；西藏民族学院提出要设机械系、财经系，这在当时的民族学院中尚无他例，似有与众不同的发展目标和思路。

（一）普通本专科教育的发展

1977 年统一高考招生制度恢复以后，各民族学院均开始招收四年制的本科生，进入普通本科院校序列。1978 年，全国民族学院全日制在校生共计 8808 人，其中普通本专科在校学生 6902 人，占 78.4%；干训生 1301 人，占 14.8%。中央、西北、广西三所民族学院另有预科在校生 214 人，占三校在校生总额 4686 人的 4.6%。③ 显然，从本阶段开始，民族学院教育事业发展的主体，是普通本专科教育；而干训和预科，是办学的辅助性形式和层次。

与 1960 年代前期截然不同，这时的民族学院，可以根据自己的办学条件，理直气壮地开办本专科专业，实施规范化的高等教育。本阶段各民族学院普通本专科专业建设情况如表 6 - 1 所示。

---

① 参见中南民族大学校史编纂委员会《中南民族大学校史（1951～2011）》，湖北长江出版集团、湖北人民出版社 2011 年版，第 99 页。

② 贵州民族学院办公室：《贵州民族学院》，华夏文化艺术出版社 2001 年版，第 233 页。

③ 根据国家民族事务委员会教育司《新时期民族教育工作手册》，中央民族学院出版社 1991 年版第 473 页有关数据计算。

表 6 - 1　　　　　　1978～1985 年全国民族学院本专科专业建设情况

学校	1978 年所设专业	1979～1985 年新增专业
中央民族学院	政治理论、汉语言文学、朝鲜文、维吾尔文、哈萨克文、声乐、器乐、舞蹈、历史学、数学、物理	思想教育、法律、哲学、政治经济学、中国史、民族学、蒙语文、藏语文、壮语文、彝语文、新闻、英语、美术、油画、国画、理论作曲、民族民间舞蹈、民族理论与政策、民族文物博物馆、经济管理
西北民族学院	政治教育、藏语文、蒙语文、汉语文、声乐、器乐、舞蹈、美术、畜牧、兽医、医疗	民族贸易、历史、数学、物理、化学、
西南民族学院	政治、汉语言文学、藏语文、彝语文、历史、数学、物理、化学、畜牧、兽医、	法律、民族学
中南民族学院	（尚未复校）	政治、中文、英语、历史、数学、物理、化学、经济管理
西北第二民族学院		法律、汉语文
云南民族学院	政治、语文	傣语、景颇语、傈僳语、英语、彝语、佤语、拉祜语、历史、数学、物理、化学、经济管理、
广西民族学院	政治、中文、越南语、老挝语、法语、英语、泰语、数学、物理、化学	中共党史、壮语文、历史
贵州民族学院	政治、语文	少数民族语言文学、音乐、美术、历史、数学、物理
广东民族学院	政治、中文、数理	经济数学、财会
青海民族学院	政治教育、中文、藏语文、数学、蒙语文、化学	法律、物理
西藏民族学院	政治理论、藏语文	体育、汉语文、历史、医学、计划统计、财务会计、档案
专业合计(个)	57	69

　　注：（1）1978 年资料来源于国家民族事务委员会教育司：《新时期民族教育工

作手册》，第301-302页，1985年资料来各民族学院校史等资料。（2）西藏民族学院林芝分院1978年4月经国务院批准独立为西藏农牧学院，农林、畜牧类及机电等专业划归农牧学院，咸阳的西藏民族学院实际上只保留了藏语文、政治理论专业。（3）从1984年开始西北第二民族学院以"西北民族学院"的名义招生。

1978年，全国9所民族学院设普通本专科专业共26种57个，1979～1985年增加了中南、西北第二民族学院两所学校，新增的本专科专业29种69个，新增专业比1978年所设专业的总数还多。而且，西北、云南、贵州民族学院开始新建数、理、化之类的理科专业，实施向文理科综合院校发展的规划；中央、西北、中南、云南、西藏民族学院开始新建管理、经贸类专业，说明以经济建设为中心的社会变迁，已在民族学院的专业建设中有所反映；情况比较特殊的是西藏民族学院，新设专业中不仅有医学、财经类，还有体育、档案这样的新类别，表明它们的发展目标与其他民族学院所选择的传统的文理科综合院校已有所不同。

有了良好的发展环境，又有了新增的大批专业作依托，全国民族学院办学规模持续增长（见表6-2）。

表6-2　　　1978～1985年全国民族学院全日制普通本专科学生增长情况

单位：人

类别	1978年	1979年	1980年	1981年	1982年	1983年	1984年	1985年	年均增长率（%）
招生数	2723	2210	2068	2380	2935	3797	4569	7204	14.9
在校生数	6902	7384	8477	10059	9601	11337	14045	18369	15
毕业生数	—	1457	598	1868	4618	1991	2020	3017	12.9

注：资料来源于国家民族事务委员会教育司：《新时期民族教育工作手册》，第471页。

本阶段，全国民族学院的全日制普通本专科学生的招生数、在校生数、毕业生数的增长率分别为176%、176%和107%，年均增长率分别达到14.9%、15%和12.9%，增长速度是比较快的。

1982年1月，经国务院学位委员会批准，中央、西北、西南、广东、广西、云南、贵州、青海、西藏9所民族学院均成为学士学位授予单位。

1985 年 6 月，国务院学位委员会又批准中南民族学院为学士学位授予单位。至此，全国所有的民族学院（尚在立项筹建阶段的西北第二民族学院和东北民族学院除外）均已获得学士学位授予权，成为名副其实的本科高等学校。民族学院从 1950 年代中期开始的正规化转型，经过多年的坎坷与曲折，终于在新时期之初圆满实现目标。

（二）研究生教育的发展

本阶段，在普通本专科教育迅速发展的同时，民族学院的办学层次还在向上延伸，其标志就是研究生教育有了新的开端和初步的发展。

研究生教育形成于 19 世纪的欧美国家，晚清时中国曾拟沿用，但到民国初年（1918 年）的北京大学才真正实施。1935 年国民政府颁布《学位授予法》，"第一次从法律上明确了学士、硕士和博士三级学位的名称及其相互关系。"[①] 新中国的研究生教育，则起步于 1950 年代。

根据《中国教育年鉴（1949~1981）》的划分方法，1982 年前新中国研究生教育可以分为四个阶段：1949~1961 年为初创和逐步完善阶段。其间的 1953 年 11 月高等教育部发布《高等学校培养研究生暂行办法》，是为新中国关于研究生教育的第一个法规性文件，也确立了新中国研究生教育的基本目标和模式。1962~1965 年为研究生教育的发展阶段，开始正规培养三年制研究生。1966~1976 年为第三个阶段，此期间因"文化大革命"研究生教育中断。1977 年 10 月到 1982 年为研究生教育的第四个阶段即恢复阶段。1977 年 10 月国务院批转教育部《关于高等学校招收研究生的意见》，启动了新时期高等学校的研究生教育。1978 年 1 月教育部发出《关于高等学校 1978 年研究生招生工作安排意见》，决定将 1977 年、1978 年两年研究生招生工作合并进行，统称 1978 级研究生。[②] 1980 年 2 月 12 日第五届全国人大常委会第十三次会议通过《中华人民共和国学位条例》，1981 年 5 月 20 日国务院批准实施《中华人民共和国学位条例暂行实施办法》，标志着新中国学位制度正式建立，研究生教育进入学

---

① 中国学位与研究生教育发展报告课题组：《中国学位与研究生教育发展报告》，高等教育出版社 2006 年版，第 3 页。

② 中国教育年鉴编辑部：《中国教育年鉴（1949~1981）》，中国大百科全书出版社 1984 年版，第 628~629 页。

位教育新时期。此后，具有中国特色的研究生教育体制逐渐发展并趋向成熟。

在 1977 年以前，全国民族学院只有中央民族学院 1956 年开始招收研究生。1977 年高考制度恢复以后，1978 年除中央民族学院开始招民族学、民族史研究生外，[①] 西北民族学院开始招收藏语言文学研究生；[②] 1979 年云南民族学院开始招收政治经济学（民族经济）、云南民族史、秦汉史、世界现代史、傣语研究、音韵学研究生，[③] 青海民族学院开始招收藏缅语族语言文学研究生。[④] 此时，中国社会百废待兴，国家尚来不及对研究生教育工作进行规范，可以看作是民族学院研究生教育的试验和准备阶段。

根据《中华人民共和国学位条例》的有关规定，从 1981 年开始，采取由国务院——从 1985 年开始由国务院学位委员会批准和公布博士、硕士学位授权单位和学科名单的办法，以确定开展研究生教育并授予学位的机构、学科的资格。自此，中国研究生教育进入比较规范的阶段。

1981 年 11 月 3 日，国务院批准的第一批博士、硕士学位授权单位和学科名单公布，全国民族学院中尚无博士学位授予单位，具有硕士学位授予权的学校和学科如下：

中央民族学院：民族学、语言学、藏缅语族语言文学、侗傣语族语言文学、苗瑶语族语言文学、蒙古语族语言文学、突厥语族语言文学、考古学、中国民族史

西北民族学院：藏缅语族语言文学

青海民族学院：藏缅语族语言文学[⑤]

1984 年 1 月 13 日，国务院批准的第二批名单公布，涉及民族学院的情况如下：

---

① 参见荣仕星主编《中央民族大学五十年》，中央民族大学出版社 2001 年版，第 22 页。

② 参见西北民族大学校史编写委员会《西北民族大学校史》第一卷，甘肃民族出版社 2007 年版，第 93 页。

③ 《云南民族大学 55 年》，云南民族出版社 2006 年版，第 12 页。

④ 参见青海民族大学校史编写组《青海民族大学校史（一九四九～二〇〇九）》，青海人民出版社 2009 年版，第 272 页。

⑤ 根据国务院学位委员会办公室编、高等教育出版社 1987 年出版的《全国授予博士和硕士学位的高等学校及科研机构名册》整理。

（1）博士学位授权单位及学科

中央民族学院：民族学、藏缅语族语言文学

（2）硕士学位授权学科

云南民族学院：藏缅语族语言文学（拉祜语）、侗傣语族语言文学（傣语）①

至 1985/1986 学年初，全国民族学院中已有中央、西北、青海、云南 4 所民族学院获得硕士学位授予权，中央民族学院还获得博士学位授予权；获准招生的博士学位学科 2 个、硕士学位学科 12 个（详情见表 6 - 3）。

表 6 - 3　　　　　　　　　　1985 年各民族学院研究生教育授权学科

单位：个

学校	博士学位学科	硕士学位学科
中央民族大学	民族学、藏缅语族语言文学	中国民族史、民族学、语言学、考古学、藏缅语族语言文学、蒙古语族语言文学、突厥语族语言文学、侗傣语族语言文学
西北民族学院		藏缅语族语言文学
云南民族学院		藏缅语族语言文学、侗傣语族语言文学
青海民族学院		藏缅语族语言文学
合　计	2	12

有的民族学院虽然未获硕士学位授权，但经过国家教委批准，采取与其他授权单位联合培养的方式招收研究生，如 1984 年国家教委批准中南民族学院招收民族史、汉语史、基础数学、有机化学研究生 12 人。②

研究生教育的起步，不仅使有关民族学院增加了一个新的人才培养层次，还意味着增加了一种新的人才培养模式。

新中国建立研究生教育制度的初衷，主要是培养较高学术和专业水平的高等学校师资和科学研究人才。从培养模式来看，如果说普通本专科教

---

① 根据国务院学位委员会办公室编《全国授予博士和硕士学位的高等学校及科研机构名册》整理。

② 参见中南民族大学校史编纂委员会《中南民族大学校史（1951~2011）》，湖北长江出版集团、湖北人民出版社 2011 年版，第 109 页。

育重在既有知识的和技能的传授与训练，基本属于传承的教育的话，那么，研究生教育则重在学生个人的学术研究能力，知识和技术创新能力的培养，重在学生学术和创造个性之养成；硕士研究生教育如此，博士研究生教育更是如此。因此，在民族学院的发展史上，研究生教育的出现，在人才培养模式的演变和发展方面也有其标志性的意义。

（三）干部及成人教育的发展

本阶段前几年，全国民族学院的少数民族干部培训基本沿袭新中国成立初期的办学和教育模式，即以政治教育为主的短期培训、轮训，属非学历教育范畴。1983 年 7 月，国家民委、教育部、财政部联合下达《关于民族学院干部轮训转向正规培训的意见》。根据党和国家实现干部"知识化、专业化"的要求，该《意见》提出"从 1983 年下半年起，干部轮训要逐步过渡到正规培训，主要提高少数民族干部的专业、知识水平"；"在今后一、两年内，除办好必要的短期政治、文化、专业轮训外，要积极挖掘潜力，创造条件，开办正规学制为两年、三年的相当于初中、高中程度，中专、大专程度的干部培训班"；"各民族学院干部培训班的招生，须纳入国家计划"，"都要按照国家规定经考试入学，由学校按德、智、体全面考核，择优录取"；"在学习期间，应对学员进行认真的考勤和学习成绩考核。学习期满，考试合格者，发给毕业证书"。①

《意见》颁布之后，在领导机关的指导、社会需求的影响下，复制于延安干部教育模式、新中国成立后在民族学院延续二十余年的传统的干部短期培训，走到了一个历史的转折点，逐渐为新的专业和学历教育所取代。原来短期培训的招生方式是主要由组织和单位推荐学员，现在的学历教育的正规培训要通过统一的文化考试和学校的全面考核来录取学生；在教育内容方面，原来的短期培训偏重文化、政治教育，现在强调专业化、知识化教育，且考试、考核合格者才能发给毕业证书。这种转折，是在党和国家的工作重心转移、党的干部政策发生重大调整（干部队伍的革命化、年轻化、知识化、专业化提上重要议事日程）、少数民族和民族地区人才需求变化、高等教育的规范化发展等因素所构成的时代背景下发生

---

① 参见国家民族事务委员会教育司《新时期民族教育工作手册》，中央民族学院出版社 1991 年版，第 80 页。

的，具有历史的必然性。

　　这种区别于并在后来基本取代了传统干部培训方式的正规化、专业化的全日制干部教育模式，在全国民族学院所填报的学年初普通高等学校基层报表中有一个统一归口的统计指标：干部专修科。其中的"专修"二字，意在它是一种专业教育。大致自 1983 年开始，各民族学院开始以干部专修科的名义招收干部培训学生。如：西北民族学院 1983 年受甘肃省委统战部委托承办二年制政治理论专修科，1984 年为新疆培训少数民族干部的汉语言专修科；① 西南民族学院从 1983 年开始本科各系举办的司法、汉语文、马列主义基础理论、藏语文、彝语文、国民经济管理等专业的干部专修科；② 中南民族学院从 1984 年开办的大、中专层次的行政管理、企业管理、农业经济、公关文秘等干部专修科；③ 广西民族学院 1983年下半年起开办 2 年制政治理论干部专修科；④ 青海民族学院从 1984 年开办的中专性质的秘书、政治班，1985 年为 87408 部队开办干部专科班、为玉树州开办藏文大专班；⑤ 西藏民族学院 1984 年举办的政治、语文、历史干部专修班⑥等，均属此类办学形式。

　　1980 年 9 月，国务院批转教育部《关于大力发展高等学校函授教育和夜大学的意见》，要求"凡有条件的高等学校，要分期分批地把函授教育和夜大学工作开展起来"，并提出"到一九八五年全国高等学校举办的函授教育和夜大学本科、专科在校生总数，要达到相当于全日制高等学校在校生人数的三分之一以上"的发展目标。⑦ 由于国家的大力提倡和政策鼓励，也由于社会对知识和学历的日益重视尤其是干部提拔的学历化要求，本阶段民族学院函授、夜大等非全日制形式的成人教育空前活跃。如

　　① 参见吴仕民主编《中国民族教育》，长城出版社 2000 年版，第 119 页。

　　② 同上书，第 108～109 页。

　　③ 参见中南民族大学校史编纂委员会《中南民族大学校史（1951～2011）》，湖北长江出版集团、湖北人民出版社 2011 年版，第 107 页。

　　④ 参见广西民族学院校史编辑委员会《广西民族学院校史》，广西民族出版社 2002 年版，第 78 页。

　　⑤ 参见青海民族大学校史编写组《青海民族大学校史（一九四九～二〇〇九）》，青海人民出版社 2009 年版，第 45 页。

　　⑥ 参见李世成主编《西藏民族学院校史》，西藏人民出版社 1998 年版，第 111 页。

　　⑦ 中国教育年鉴编辑部：《中国教育年鉴（1949～1981）》，中国大百科全书出版社 1984 年版，第 905 页。

中央民族学院 1980 年开始招夜大学生；1983 年经国家教委、国家民委批准成立夜大学，先后开设汉语言文学、电子学、化学、法律学、满语言文学、经济管理、企业管理与财会、文秘、贸易经济、金融、英语等本专科专业；1985 年国家教委、国家民委批准成立函授部，开设中国文学大专班。① 西南民族学院 1979 年经教育部批准成立函授部，开办面向四川"三州"（阿坝藏族自治州、凉山彝族自治州、甘孜藏族自治州）地区中学师资的汉语言文学、数学专业本专科函授教育；1984 年成立夜大学。② 中南民族学院 1984 年成立函授科，先后开办政治、中文、行政管理、经济管理、计算机及应用、电子技术、教育管理、法学、国民经济管理、工业企业管理、英语、会计学、文秘等 15 个专业，到 1987 年培养 15 个民族的学生 2400 余人。③ 1979 年，广西民族学院根据自治区教育局的决定，与广西师院、教育学院合办广西函授大学，该校负责中文函授专科教学。1983 年 1 月，教育部批准该校设函授机构和函授专科，9 月举办大专起点的中文函授本科。④ 西北民族学院 1985 年开办夜大学，开设财会、护士、图书馆专业。⑤ 云南民族学院 1982 年经国家教委、云南省教育厅批准，成立夜大函授部，按照"以函大为主，以边疆为主，以少数民族为主，先函大，后夜大；先边疆，后内地"的原则，开办学制三年、专科层次的成人学历教育；夜大主要招收昆明地区符合条件的在职职工，函授教育主要招收边疆少数民族地区和内地高寒山区的中、小学教师及在职职工。⑥ 到 1985 年前后，作为全日制教育的重要补充形式，全国民族学院基本开办了函授、夜大教育。

函授、夜大等形式比较灵活、投入相对俭省的成人教育方式，有效地提高了民族学院的办学效益，同时也不同程度地缓解了"文化大革命"后少数民族和民族地区对专业技术人才和管理人才的迫切需求。

---

① 参见吴仕民主编《中国民族教育》，长城出版社 2000 年版，第 81～82 页。

② 同上书，第 109 页。

③ 同上书，第 97～98 页。

④ 参见广西民族学院校史编辑委员会《广西民族学院校史》，广西民族出版社 2002 年版，第 80～81 页。

⑤ 参见吴仕民主编《中国民族教育》，长城出版社 2000 年版，第 119 页。

⑥ 《云南民族大学 55 年》，云南民族出版社 2006 年版，第 60 页。

（四）预科教育的发展

高考恢复之后，各民族学院渐次恢复预科教育。1981 年恢复招生的中南民族学院，招收的第一批新生中就有预科生。

1980 年 6 月国家民委召开的全国民族学院干训、预科工作座谈会，确定民族学院预科的办学宗旨是："帮助少数民族青年补习基础文化课，缩小和弥补少数民族地区中小学教育质量同全国的差距，为大专院校输送较多的少数民族学生。"① 这种表述明确了预科作为大专院校专业教育的预备教育的性质，有利于对 1960 年代各民族学院预科职能过于分化甚至小学层次都有的现象进行统一规范。

与此同时，1980 年 6 月教育部发出《关于 1980 年在部分全国重点高等学校试办少数民族班的通知》，提出为了更好地为少数民族培养人才，"决定从 1980 年开始，有计划、有重点地在部分全国重点高等学校举办民族班"，"主要补习高中课程，特别是数理化，并提高汉语听课的能力"；学生从"参加高考的少数民族考生中择优录取"，"录取线以上的考生不足计划招生数时，可适当降低录取分数线"；"经过一年或两年的补习，合格者根据少数民族地区的需要，直接升入本校有关专业学习"；并明确在这些少数民族班中，"今年除北京大学民族班是本科外，都是预科班。"② 1981 年，文化部、国家民委、教育部又印发《关于加强民族艺术教育工作的通知》，在要求民族地区艺术院校重视和加强各民族艺术人才培养的同时，非民族地区的艺术院校"可根据少数民族学生的情况，设置一年制预科班（或称预备班），然后再升入专科或本科"③。1984 年 3 月，教育部和国家民委又联合发出《关于加强领导和进一步办好少数民族班的意见》，在第一条明确规定："在预科班阶段，根据少数民族学生的特点，采取特殊措施，着重提高文化基础知识，加强基本技能的训练，为在高等院校本、专科进行专业学习打下良好基础。"④

上述文件的发布以及有关措施的实施，表明国家对培养少数民族高层

---

① 国家民族事务委员会教育司：《新时期民族教育工作手册》，中央民族学院出版社 1991 年版，第 286 页。

② 参见吴仕民主编《中国民族教育》，长城出版社 2000 年版，第 460～461 页。

③ 同上书，第 480 页。

④ 同上书，第 516 页。

次人才的空前重视，并将原来主要由民族学院开办的民族预科班，一下子普及到全国很多高校尤其是重点高校。但对民族学院来说，其意义还在于：（1）将预科的职责明确为"主要补习高中课程"，为将来的本、专科专业教育打基础；（2）将预科的学制规定为"一年或两年"；（3）规定预科从参加高考的少数民族考生中录取学生，必要时可适当降低录取分数线——1980 年规定为降 30 分，1984 年调至最低可降 80 分。这样一来，全国民族学院的预科教育从办学性质、学生来源、录取政策、学制到教育内容等都有了统一的规制，在很大程度上消除了以往各院校预科培养目标不一、学制不一，生源渠道不一，录取政策不一、教育内容随机性大，甚至预科职能与干部培训职能相交叉等问题，极大地提高了预科教育和管理的规范化程度。

　　根据上述文件和国家民委干训、预科工作会议精神，各民族学院对预科的培养目标、教育内容、管理体制等进行了相应调整。从此，中央民族学院"预科教育形成了两种形式的雏形：一种是为新疆地区民考民的少数民族学生学习汉语打好基础的班级，称为汉语专修班、汉语班，或简称为新疆班，学制两年；另一种是为清华大学、北京师范大学、北京医科大学、北京中医药大学、中央民族大学、中国人民大学等全国重点大学招收的补习基础文化知识的班级，简称全国班，学制一年。"① 西北民族学院1980 年 11 月 10 日的院长办公会决定今后预科不再招初中班，高中班是否招据实际情况而定，重点办好预备班为本科输送合格毕业生；学制可考虑改为 1～2 年，实行升留级制度。1984 年将预科改为预科部，并根据西北民族地区初、中等教育逐渐普及的实际，对预科的培养目标和任务进行调整，由过去的一般中学文化课教学，逐步转为为本科各专业输送合格人才和举办大学预备班。② 西南民族学院于 1981 年秋开办三年制高中班，到三年级实行文理分班，以便为高校输送合格毕业生。广西民族学院1980 年将原来设的中学部改为预科部，招收当年高考落选的老、少、边、穷县少数民族学生，学制 1 年，结业后参加全国统一高考，上线者录入高

　　① 宋太成：《中央民族大学预科教育 50 年回顾与展望》，见于《预科教育 50 年》，民族出版社 2003 年版，第 7 页。
　　② 参见西北民族大学校史编写委员会《西北民族大学校史》第一卷，甘肃民族出版社2007 年版，第 94 页。

校学习，未上线者回原籍；从 1981 年起改为学习一年后，经学校考试合格直升校内本专科学习，不合格者可再重读。① 1983 年，中南民族学院制定了《中南民族学院十年发展规划（1981～1990 年）》，明确规定"大学预科部，重点招收少数民族集中而又较后进地区的少数民族子弟，为本科各系提供合格的大学生"。② 云南民族学院从 1980 年开始，招生对象限于边疆及执行边疆政策的 35 个县和内地高寒贫瘠山区的农村少数民族高考落选生，降 80～100 分录取，经一年学习，考试合格者升入高校，不合格者按中师对待。③

　　预科向大学预备教育的转型并未强求一律，有的民族学院还可以根据自己面向地区的实际而对培养目标等做相宜的调整。如青海民族学院根据面向地区的实际，1981 年 4 月将预科的学制由原来的 5 年（初中三年，高中二年）延长到 6 年（初、高中各三年），但要求预科生高中毕业时参加全国统一高考，符合学校录取条件者方可进入本专科学习，未被录取者可留在学校补习一年再参加高考，仍达不到录取分数线者按州民师毕业生分配工作。④

　　本阶段民族学院预科教育发展的另一个新动向，就是为其他重点或普通高校代培预科学生这种办学形式有所发展。1982 年，卫生部、国家民委、教育部发布《关于全国重点高等医学院校培养少数民族高级医学人才的意见》，决定北京、上海等地的 5 所医学院校，每年从内蒙古、广西、宁夏、新疆、西藏 5 个自治区招收一定数量的少数民族学生，在中央、西北、西南、中南民族学院预科先代培 1～2 年（新疆、西藏的学生学 1 年，其他自治区的学生学 2 年），再进入本校学习。⑤ 这种班称为"医预班"。此外，西南民族学院从 1982 年秋开始为华东师范大学举办的一年制少数民族代培班，广西民族学院从 1982 年起为广西农学院、医学

　　① 参见广西民族学院校史编辑委员会《广西民族学院校史》，广西民族出版社 2002 年版，第 79 页。
　　② 中南民族大学校史编纂委员会：《中南民族大学校史（1951～2011）》，湖北长江出版集团、湖北人民出版社 2011 年版，第 107～108 页。
　　③《云南民族大学 55 年》，云南民族出版社 2006 年版，第 62 页。
　　④ 参见青海民族大学校史编写组《青海民族大学校史（一九四九～二〇〇九）》，青海人民出版社 2009 年版，第 43～44 页。
　　⑤ 参见吴仕民主编《中国民族教育》，长城出版社 2000 年版，第 66 页。

院、中医学院、师范学院招收的代培学生，均属于这类性质。

（五）办学规模的发展

本阶段末期，由于"文化大革命"中被撤销的中南民族学院于 1980年恢复重建并于 1981 年开始招生，再计入 1984 年立项建设并开始以西北民族学院名义招生的西北第二民族学院，全国民族学院数量为 11 所。此时，各民族学院基本形成全日制本专科教育、干部教育和预科教育并举，以普通本专科教育为主的办学格局；此外，各种形式、层次的成人教育也蓬勃开展起来；还有 4 所民族学院开办了研究生教育，但规模很小。总的来看，各民族学院均进入有史以来教育事业发展的最好时期，办学规模持续扩大，办学效益不断提高。

1985 年秋，全国民族学院普通本专科在校生 18369 人，比 1978 年增加11467 人，增长 166%，年均增长率为 11.5%。各院校具体情况见表 6 - 4。

表 6 - 4　　　1978～1985 年各民族学院普通本专科在校生增长情况

单位：人

学　校	1978 年在校生数	1985 年在校生数	增长率（%）	年均增长率（%）
中央民族学院	1337	3255	143.5	13.6
西北民族学院	514	1631	217.3	17.9
西南民族学院	933	2315	148.1	13.9
中南民族学院	—	2060	—	—
西北第二民院	—	266	—	—
云南民族学院	793	1979	149.6	14
广西民族学院	1306	2562	96.2	10.1
贵州民族学院	178	1338	651.7	33.4
广东民族学院	402	1041	159	14.6
西藏民族学院	496	559	12.7	1.7
青海民族学院	943	1363	44.5	5.4
合　计	6902	18369	166.1	15

注：本表 1978 年在校生数据来自国家民族事务委员会教育司《新时期民族教育

工作手册》，第 473 页，1985 年在校生数据来自《中国民族统计年鉴·1949～1994》第 350 页；1978 年中南民族学院、西北第二民族学院尚未复校（建校）；西北第二民族学院 1984 年开始以"西北民族学院"名义招生，但《中国民族统计年鉴》从 1985 年开始才列数据。

　　表 6-4 数据表明，在全国民族学院中，贵州民族学院因原来的基数小而办学规模发展最快，其次是西北、云南、西南、中央民族学院。1985 年秋，全国民族学院校均普通本专科在校生 1670 人，比 1978 年的 767 人增加 903 人，增长 117.7%。

　　本阶段，全国民族学院教职工队伍尤其是专任教师队伍发展速度也比较快。1985 年，教职工总数已达 9416 人，比 1978 年增长 84.8%；其中专任教师达到 3874 人，增长 82.6%。详情见表 6-5。

表 6-5　　　　　　　　1978～1985 年各民族学院教职工增长情况

单位：人

学校	1978 年教职工数		1985 年教职工数		增长率（%）	
	计	其中:专任教师	计	其中:专任教师	教职工	其中:专任教师
中央民族学院	1380	563	2125	804	54	42.8
西北民族学院	586	246	941	424	60.6	72.4
西南民族学院	630	318	1127	488	78.8	53.5
中南民族学院	—	—	1000	419	—	—
西北第二民院	—	—	181	84	—	—
云南民族学院	416	163	554	219	33.2	34.4
广西民族学院	759	307	970	435	27.8	41.7
贵州民族学院	139	34	906	388	551.8	1041.2
广东民族学院	145	68	411	167	183.4	145.6
西藏民族学院	568	193	562	235	-1	21.8
青海民族学院	472	229	639	211	35.4	-7.9
合　计	5095	2121	9416	3874	84.8	82.6

　　注：本表数据来自国家民族事务委员会经济发展司、国家统计局国民经济综合统计司编，民族出版社 2008 年版《中国民族统计年鉴·2007》和根据年鉴数据所做

的测算；1978 年中南民族学院尚未复办，西北第二民族学院尚未建校。

此外，云南民族学院于 1981 年开始招外国留学生，是云南省最早招留学生、开展对外汉语教学的高校之一，[①] 也是继 60 年代中央民族学院接受越南留学生以后第一所招收留学生的民族学院。1982 年，中央民族学院校也招收"文化大革命"后的第一批外国留学生 40 人；[②] 1984 年 11月，青海民族学院少语系招收了该校有史以来的第一个进修安多语和苯教的意大利留学生。[③] 本阶段民族学院的留学生人数虽然少，却是它们对外开放办学的先声和融入高等教育国际化潮流的起步。

四　民族学院的教学工作

本阶段民族学院教学工作的基本思路，是恢复"高校六十条"在学校的权威，端正教育理念，确立教学中心，调整培养目标，整顿教学秩序，规范教学要求，提高教学质量。

在 1979 年国家民委、教育部印发的《关于民族学院工作的基本总结和今后方针任务的报告》中，两部委明确要求民族学院"执行高教六十条的规定，学校的一切工作都要围绕着教学这个中心来进行，都要有利于教学，而绝不能妨碍教学"，[④] 确定"高教六十条"在指导和规范民族学院教学工作中的权威作用。

1979 年 12 月，西南民族学院召开教学工作会议，通过《认真贯彻执行"高教六十条"，千方百计提高教育质量》的报告，讨论了《关于加强师资培养提高的意见》、《教研室（组）暂行工作条例》、《学生成绩考核实施细则》等规章制度。此次会议是该校工作重点转移到教学上来的一个重要标志。[⑤]

---

①　《云南民族大学 55 年》，云南民族出版社 2006 年版，第 161 页。

②　荣仕星主编：《中央民族大学五十年》，中央民族大学出版社 2001 年版，第 201 页。

③　参见青海民族大学校史编写组《青海民族大学校史（一九四九～二○○九）》，青海人民出版社 2009 年版，第 273 页。

④　国家民族事务委员会教育司：《新时期民族教育工作手册》，中央民族学院出版社 1991 年版，第 27 页。

⑤　参见西南民族学院院史编辑室《西南民族学院院史（1951～1991）》，四川民族出版社 1991 年版，第 104～106 页。

　　1977～1979 年，西北民族学院不断制定和修订教学计划，逐步调整在"文化大革命"中被极端化的学工、学农、学军、开门办学等做法，突出教学工作的中心地位。尤其是，1985 年 3 月该校教务处印发《关于修订我院十三个专业教学计划的几点意见》，提出了增加选修课，减少课堂教学时数，增加学生自学时间，将培养民族地区社会主义现代化建设迫切需要的应用型、综合型、开拓性人才提上议事日程。《意见》还要求各专业"从以教师、教科书和课堂为中心，转向以学生、实践和社会为中心"。① 在《中共中央关于教育体制改革的决定》尚未颁布，包括民族学院在内的全国高等学校基本处于恢复期，教育教学改革基本上尚未启动的形势下，该校的提法和做法具有一定的前瞻性。

　　1978 年 7 月，青海民族学院对各系的教学计划进行了 1972 年以来的首次修订，内容包括培养目标、学制、课程设置、时间安排等方面的调整，强调各项工作要"保证以教学为主"。同年 8 月印发《关于当前教学工作中的几个问题》，要求"课堂教学要做到：教学有计划、备课有教案、讲课有要求、效果有检查、作业有讲评、课后有辅导。改进教学方法，采取启发式，废止注入式。"②

　　从 1977 年开始，广西民族学院就开始调整教学计划，"压缩了学军、学农和生产劳动时间，增加了专业课的教学时数，加强了基础理论，对一些课程进行了补缺。"从 1980 年开始，开始重点抓基础理论、基本知识、基本技能教育。同时，制定了各级职能部门的职责范围和关于教师、学生、教材和教学各环节管理的系列规章制度，以保证实现学校工作中心和重点向教学、科研的转移。③

　　本阶段民族学院教学工作的另一特点主要来自学生。自 1977 年高考恢复以后，各民族学院连续几年招收了一大批比较特殊的各民族大学生。由于"文革"动乱的发生，他们失去正常的学习机会，高考恢复后终于抓住机会考上大学。他们中"既有应届高中毕业生，还有一大批'老三

　　①　西北民族大学校史编写委员会：《西北民族大学校史》第一卷，甘肃民族出版社 2007 年版，第 95～98 页。

　　②　青海民族大学校史编写组：《青海民族大学校史（一九四九～二〇〇九）》，青海人民出版社 2009 年版，第 67－68 页。

　　③　参见广西民族学院校史编辑委员会《广西民族学院校史》，广西民族出版社 2002 年版，第 81～89 页。

届'（66、67、68 届）的初高中毕业生……年龄最小的 16 岁，最大的 35 岁……入学后很快形成了良好的学风……许多学生起早贪黑自觉地抓紧学习，开创了学院的新学风"。① 广西民族学院也认为 "77 级新生有着强烈的求知欲望，学习普遍刻苦认真，遵守纪律，自理、自律能力较强。他们所形成的良好学风，对学院的学风、校风建设起了良好的促进作用，使全院出现了勤奋学习，遵守纪律的新气象。"② 在经过 "文化大革命" 种种荒唐的折腾之后，全国高等学校猛然出现的这么一批年龄偏大、阅历丰富、思想活跃、嗜书如命、惜时如金的大学生，应是对以往片面强调所谓 "实践经验"、鄙视书本和理论知识的荒诞时代的反拨和嘲弄。

总的来说，经过本阶段的整顿和调整，各民族学院基本确立了教学工作在学校的中心地位，教学秩序恢复正常，教学规范基本建立，以往包括 "文化大革命" 前的一些不适当甚至错误的教育、教学观念及做法得到纠正，教师积极性很高，教风和学风良好，教育教学质量是较高的。有的学校——如西北民族学院提出的一些理念和措施，表现了它们对高等教育改革与发展大趋势的敏感和把握。

五　民族学院的科研工作

随着对 "左" 倾思潮历史性清算的进行和思想解放运动的洪波涌起，广大知识分子身心得到解放，被长期压抑的创造力开始释放，民族学院科研工作开始复苏。

各民族学院纷纷加强了对科研工作的规划、组织和管理。西南民族学院早在 1977 年末就制定《西南民族学院科学研究三年、八年（1978～1985）发展规划》，明确了今后科研工作的目标、主要任务和措施。1984 年 10 月，该校首届教代会通过《西南民族学院关于科学研究改革意见》，启动学校的科研改革。③ 西藏民族学院也在 1977 年末制定三年发展规划，明确科研工作的指导思想是：紧密结合教学，以教学带动科研，以科研促

---

① 《云南民族大学 55 年》，云南民族出版社 2006 年版，第 11 页。

② 广西民族学院校史编辑委员会：《广西民族学院校史》，广西民族出版社 2002 年版，第 74～75 页。

③ 参见西南民族学院校史编辑部《西南民族学院校史（1951～2001）》，2001 年 2 月印刷，第 123～125 页。

进教学；以开展藏学研究为主，密切联系西藏实际，研究与继承藏族历史文化的优秀遗产，研究西藏革命和建设中的现实问题，促进西藏地区两个文明建设。①

尤其值得关注的是，1979 年 5 月，国务院批转国家科委、教育部、农林部起草的《高等学校科研工作会议纪要》，明确提出"全国重点高等学校更应当努力办成教育中心和科学研究中心"② 的要求。根据这一动向，1979 年、1982 年，西北、中央民族学院先后在科研规划中提出向教学、科研两个中心发展的预期。③ 在科研一直处于辅助性地位的民族学院，这是一种办学理念上的重要突破，也表明科研工作地位在学校的提升。

为了明确科研方向，多出成果，出好成果，各民族学院还加强了对科研工作、科研资源的统筹和管理。

在民族学院内部管理体制中，科研管理部门和科研机构的分立——主要是科研管理职能从教务部门分离、科研机构从教学单位分离而形成独立建制，是科研工作在学校工作中地位提升的标志，而且在统筹管理校内科研资源和对外联络方面具有更大的便利。1978 年 10 月，西南民族学院设立了处级建制的科研管理机构，并先后成立了民族研究所、畜牧兽医研究所，在编人员 14 人；④ 1979 年，西北民族学院成立了科研处和民族研究室（1984 年更名为民族研究所），在编科研人员 11 人；⑤ 1980 年，中央民族学院将研究部改名为民族研究所，并成立少数民族语言研究所，次年又成立了少数民族经济、少数民族文学艺术、藏学研究所，有科研人员115 人；⑥ 广西民族学院在 1978 年成立了科研生产处，1984 年又将民族研究室升格为民族研究所，并新成立了广西古籍整理研究所和少数民族语

　　① 参见李世成主编《西藏民族学院校史》，西藏人民出版社 1998 年版，第 120～121 页。

　　② 中国教育年鉴编辑部：《中国教育年鉴（1949～1981）》，中国大百科全书出版社 1984 年版，第 813 页。

　　③ 参见西北民族学院校史编写委员会《西北民族学院校史》，甘肃民族出版社 2000 年版，第 105 页；荣仕星主编《中央民族大学五十年》，中央民族大学出版社 2001 年版，第 69 页。

　　④ 参见西南民族学院校史编辑部《西南民族学院校史（1951～2001）》，2001 年 2 月印刷，第 123 页；在编科研人员数据见于《中国教育年鉴（1949～1981）》，第 412 页，后面的西北、中央、西南、中南在编科研人员数据也均出自第 412 页。

　　⑤ 参见西北民族学院校史编写委员会《西北民族学院校史》，甘肃民族出版社 2000 年版，第 151 页。

　　⑥ 参见荣仕星主编《中央民族大学五十年》，中央民族大学出版社 2001 年版，第 11 页。

言文学研究所。① 1979 年，云南省民族研究所在云南民族学院恢复；1985
年，云南民族学院又将原设在教务处的科研科分离出来升格为科研处。②
1981 年，刚刚复办的中南民族学院就成立了民族研究所，在编人员 14
人；1983 年又将教务处下属的科研科分离出来单独建立科研处。1981 年
时青海民族学院业已设立了民族研究所。西藏民族学院 1977 年成立民族
研究室，1980 年成立科研处。③

　　随着科研工作在学校地位的提高和管理及支持力度的加大，科研工作
在各民族学院开始进入顺利、持续发展轨道，有社会影响力的研究成果成
批涌现。

　　由于拥有深厚的资料积累、学术积淀和学科、队伍等方面的优势
（具有研究民族问题的民族学科群、与民族地区联系紧密，很多职工本身
就是少数民族等），中央民族学院科研人员积极开展科学研究尤其是民族
问题研究，科研成果呈喷发态势。1978～1986 年，该校共出版著作 394
部，平均每年 44 部；发表论文 2591 篇，年均 288 篇。④ 研究成果中，有
不少填补有关研究领域的空白。如：马寅先生主编《中国少数民族》，是
中国第一部全面、系统介绍中国少数民族的知识性通俗读物，既有一定的
学术价值，也有重要的现实意义，1987 年荣获北京市哲学社会科学科研
优秀成果一等奖；郭毅生先生著《太平天国经济制度》是新中国成立以
来全面论述太平天国经济史的第一本专著，且学术上多有创见，1987 年
荣获北京市哲学社会科学科研优秀成果一等奖；林耀华教授主编的《原
始社会史》，是一部"中国民族学人类学恢复前后的重要的适应性与奠基
性成果"，1987 年荣获北京市哲学社会科学优秀成果一等奖；马学良、恰
白·次旦平措、佟锦华先生主编的《藏族文学史》，是中国第一部展示藏
族文学发展历程的开拓性的学术著作，受到中外学者关注，1987 年荣获
北京市哲学社会科学科研优秀成果一等奖；苏晋仁先生著《宋书乐志校

　　① 参见广西民族学院院史编辑委员会《广西民族学院院史》，广西人民出版社 1991 年版，
第 102 页。

　　② 《云南民族大学 55 年》，云南民族出版社 2006 年版，第 127、153 页。

　　③ 中国教育年鉴编辑部：《中国教育年鉴（1949～1981）》，中国大百科全书出版社 1984 年
版，第 412 页。

　　④ 参见荣仕星主编《中央民族大学五十年》，中央民族大学出版社 2001 年版，第 69、87
页。

注》，填补了有关研究领域的空白，1987 年荣获北京市哲学社会科学科研优秀成果一等奖；马学良教授主编的《语言学概论》，得到语言学界的好评，被国家教委推荐为高等学校文科教材而一版再版，并先后得到北京市和国家教委的奖励；格桑居冕先生著《藏文文法教程》（藏文版），岳相昆、戴庆厦先生等合著的《汉景·景汉词典》等，均填补了有关领域的空白，获得重要奖项。①

其他民族学院科研工作的收获也相当可观。如：中南民族学院李干教授的《元代社会经济史稿》，是当时国内外第一部系统研究元代社会经济的专著，填补了这方面的空白；宫哲兵先生 1983 年 7 月发表《关于一种特殊文字的调查报告》，首次向社会介绍了流传在湖南江永县瑶乡妇女中的一种独特的女性文字符号体系——女书，引起全世界有关专家的关注。② 1976～1986 年，青海民族学院出版专著等 53 部，发表论文约 1170 余篇，获教学科研成果奖 38 项。③ 贵州民族学院 1978～1986 年出版专著 6 部，发表论文等 346 篇。④ 广西民族学院教师自编和参编教材等 28 种。⑤

本阶段民族学院科研工作的另一进展，是以往作为科研弱项的自然科学研究尤其是技术性研发方面也开始收获成果。如：1976～1980 年，西南民族学院主持的"藏兽医验方整理研究"、"若尔盖草地藏系羊八项生理指标测定"、"草场改良"、"牦牛杂交改良"等 10 项次科研成果分别获全国科学大会、四川省科学大会、四川省革委荣誉奖、重大科技成果三、四等奖。⑥ 西北民族学院于洪志、山夫旦共同研制的微机藏文信息处理系统，建立了藏文字库，具有藏、汉、英三种语言文字混合编辑功能，具有

① 参见陈理、喜饶尼玛主编《中央民族大学获奖科研成果简介》，中央民族大学出版社 2001 年版。

② 参见中南民族大学校史编纂委员会《中南民族大学校史（1951～2011）》，湖北长江出版集团、湖北人民出版社 2011 年版，第 432 页。

③ 参见青海民院院史编写组《青海民族学院院史（1949～1999）》，青海民族出版社 1999 年版，第 118 页。

④ 参见贵州民族学院院史编写组《贵州民族学院院史 1951～1991》，1991 年 3 月印刷，第 83 页。

⑤ 参见广西民族学院院史编辑委员会《广西民族学院院史》，广西人民出版社 1991 年版，第 103～104 页。

⑥ 西南民族学院校史编辑部《西南民族学院校史（1951～2001）》，2001 年 2 月印刷，云南民族出版社 2006 年版，第 124 页。

很好的应用前景。[①] 在1984年12月全国民族学院理科科研先进集体和先
进工作者表彰大会上，中南民族学院"杂交水稻种子纯度室内检验法"、
"阿佛加德罗常数测定仪"、"物理电视教学片"、"修订电磁学教材"4个
项目获奖。[②] 广西民族学院的"由猪小肠粘膜提取肝素钠"、"人造石英粉
研制"获自治区优秀科技成果奖。[③] 贵州民族学院1978～1986年获国家
民委理科科研奖6项。[④] 对多年来沿袭文理科办学模式、主要以人文社会
科学研究尤其是以民族问题研究见长的民族学院来说，这些科技成果之取
得，是一个很好的开端。

综上所述，本阶段科研工作在民族学院各项工作中的地位是明显上升
的。这不仅表现在科研工作开始从1950年代以来基本从属于教学的状态
中分离出来逐渐获得相对独立的地位，更表现在中央、西北民族学院先后
提出了建设两个"中心"（教学中心和科研中心）的设想。即使没有采用
两个中心说法的学校——如西南、西藏民族学院，也强调教学和科研相结
合，互相渗透，互相补充，互相促进。在民族院校发展史上，这是具有转
折性意义的，也为今后民族院校由以往的教学型大学向新的教学科研型大
学发展埋下了伏笔。

六　本阶段小结

1976年以后，中国社会发生一系列重大事件，尤其是"四人帮"的
被粉碎和1978年11月中国共产党十一届三中全会的召开，结束了一个错
误思想和路线主导中国的时代，开辟了一个改革、开放的新纪元。1977
年高考招生制度的恢复，掀开了中国高等学校包括民族学院改革与发展的
崭新篇章。

---

① 参见西北民族学院校史编写委员会《西北民族学院校史》，甘肃民族出版社2000年版，
第155页。

② 参见中南民族大学校史编纂委员会《中南民族大学校史（1951～2011）》，湖北长江出版
集团、湖北人民出版社2011年版，第120页。

③ 参见广西民族学院院史编辑委员会《广西民族学院院史》，广西人民出版社1991年版，
第103～104页。

④ 参见贵州民族学院院史编写组《贵州民族学院院史（1951～1991）》，1991年3月印刷，
第84页。

1979 年，国务院批准了教育部、国家民委联合起草的《关于民族学院工作的基本总结和今后的方针任务的报告》，充分肯定了民族学院在推进中国少数民族和民族地区经济建设和社会进步，加强民族团结、巩固祖国统一等方面的积极作用和成就，批判了"左"倾思潮对民族学院的摧残、破坏，阐明了民族学院今后办学的方针和任务，在民族学院发展史上具有承前启后、继往开来的里程碑意义。

1981 年，被撤销已达十年的中南民族学院开始招生，标志着 50 年代后期曾出现在中国大地上的所有民族学院均已复校并走上健康发展之途。1978 年中央民族学院被批准为国家重点大学，结束了民族学院中无国家重点大学的历史。1984 年，教育部批准筹建东北民族学院和西北第二民族学院，至此全国民族学院的总数增加到 12 所。

高考恢复以后，民族学院都名正言顺地进入正规本科院校行列。一大批文理科新专业在民族学院的诞生，显示着传统的文理科综合院校基本上仍是民族学院预期的发展目标。本阶段的民族学院，一方面拨乱反正消除"左"倾思潮和"文化大革命"的各种影响；另一方面，以"高校六十条"为依据，确立教学中心，制定教学规范，恢复教学秩序，提高教育质量。

本阶段民族学院教育事业发展的一个重要的新动向，就是经过国务院批准，中央、西北、云南、青海 4 所民族学院先后成为硕士学位授予单位，中央民族学院还获得博士学位授予权；不仅使民族学院的办学结构中增加了一个新的培养层次，还意味着增添了一种以学生的创造力培养和学术个性养成为指归的人才培养模式。

1983 年，国家民委、教育部、财政部联合下文，要求民族学院的干部轮训向正规专业化的学历教育过渡。各民族学院开始以学历教育的干部专修科取代原来的干部短期培训。这意味着干部短训这种在民族学院曾经占主体地位的办学形式已基本完成其历史使命。同时，各种形式、层次和规格的成人教育在民族学院开始出现，成为各院校教育事业的重要组成部分。

根据教育部、国家民委有关文件精神，本阶段民族学院的预科教育也渐次形成统一的规制，并向本专科专业教育的预备教育转型。1981 年，云南民族学院招收了建校以来首批外国留学生，迈开了新时期民族学院融入高等教育国际化潮流的第一步。

经过长期的压抑和积累之后，民族学院的科研工作开始复苏并显示出良好的发展态势，不仅人文社会科学方面涌现一批有影响力的成果，自然科学研究尤其是技术成果的研发上也初见成效。

　　本阶段民族学院教育事业发展的基本特征，即在拨乱反正，"把被颠倒了的事情再颠倒过来"的思路之下，向"文化大革命"前的办学方针、模式、目标、结构、体制、运作方式等回归，因而名之以"恢复阶段"。

第七章　教育体制改革阶段的民族院校
（1985～1998 年）

　　经过前几年的整顿、调整和恢复以后，从 1980 年代中期开始，中国又到了一个社会历史转折点。中共中央不断推出重大决策和举措，将改革和开放推向全面和深入。在改革、开放中发展，在发展中改革、开放，成为中国经济建设和社会发展的主旋律。

　　为了解放被传统体制所压抑的社会生产力，1984 年，《中共中央关于经济体制改革的决定》颁布。《决定》指出，商品经济的充分发展是社会经济发展的不可逾越的阶段，中国现阶段实行的是在公有制基础上的有计划的商品经济，从而在社会主义中国发展史上首次为商品经济正了名。1987 年，中国共产党第十三次代表大会又提出，社会主义有计划的商品经济体制应该是计划与市场内在统一的体制，为市场正名。1993 年，在邓小平南巡讲话之后，中国共产党第十四届三中全会通过《中共中央关于建立社会主义市场经济体制若干问题的决定》，将中国经济体制改革的目标最终确定为建设社会主义市场经济体制。1997 年，中国共产党第十五次代表大会又系统阐述了公有制实现形式的多样化，撬动了传统经济体制最后也是最坚固的一块基石。

　　随着经济体制的改革的不断深入，科技、教育等体制改革也相继提上重要议事日程。

　　1985 年 3 月，《中共中央关于科技体制改革的决定》颁布，要求按照经济建设必须依靠科学技术、科学技术工作必须面向经济建设的战略方针，从中国的实际出发，对科技体制进行坚决的有步骤的改革，建立能使科学技术成果迅速地广泛地应用于生产，使科学技术人员的作用得到充分发挥，大大解放科学技术生产力，促进经济和社会发展的新的科技体制。①

　　1985 年 5 月 27 日，《中共中央关于教育体制改革的决定》颁布。该《决定》总结了以往教育工作的经验和教训，指出教育体制存在的问题，明确了今后教育体制改革的目的、目标、方针和方向。关于高等教育，《决定》认为主要问题是政府有关部门统得过死，致使高等学校缺乏应有的活力；高等教育内部的科系、层次比例失调，专业设置过于狭窄，不同程度地脱离了经济和社会发展的需要，落后于当代科学文化的发展；教育内容陈旧，教学方法死板，实践环节薄弱等。要从根本上改变这种状况，必须从教育体制入手，在加强宏观管理的同时，坚决实行简政放权，扩大高等学校的办学自主权；调整教育结构，改革传统的招生和毕业生分配制度；还要改革同社会主义现代化建设不相适应的教育思想、教育内容、教育方法，提高教学质量；加强学校同生产、科研部门和社会其他各方面的联系，增强主动适应经济和社会发展需要的积极性和能力。②

　　1993 年 2 月，中共中央、国务院颁布《中国教育改革与发展纲要》。根据中国共产党第十四次代表大会的精神，《纲要》提出了建立适应社会主义市场经济体制和政治、科技体制改革需要的教育体制的任务。高等教育体制改革的主要任务首先是理顺政府与高等学校、中央与地方、国家教委与中央各业务部门之间的关系，逐步建立政府宏观管理、学校面向社会自主办学的体制；还要改革招生与毕业生分配等制度。③

　　党和国家关于经济、科技和教育改革的重大决策，尤其是《中共中央关于教育体制改革的决定》和《中国教育改革与发展纲要》关于高等教育改革的部署和要求，得到包括民族院校在内的高等学校及其主管部门的积极响应。

　　1986 年 10 月下旬，国家民委召开全国各省、自治区、直辖市民委主任扩大会议。会议认为，老一套办学方式影响民族高等教育向高层次发展，要按民族地区的特点和发展规律及需要进行改革：1. 专业设置要变，增加数理化和经济类专业；2. 中央民族学院以文科为主，其他民族学院

---

① 《中共中央关于科技体制改革的决定》，见何东昌主编《中华人民共和国重要教育文献 1976～1990》，海南出版社 1998 年版，第 2261～2263 页。

② 同上书，第 2285～2288 页。

③ 《中国教育改革与发展纲要》，见何东昌主编《中华人民共和国重要教育文献 1991～1997》，海南出版社 1998 年版，第 3467～3472 页。

应设置农、林、乡村能源工程、经济管理等专业，自然科学的比重要更大一些；3. 采取多种形式办学，不搞一刀切，既办本科、专科，又办预科、干训班甚至中专班；4. 国家在宏观管理上不要统得太死，给学校一定的自主权。①

　　1992 年 10 月，国家教委、国家民委印发《关于加强民族教育工作若干问题的意见》，指出"民族学院在历史上为培养民族干部发挥了重要作用，在新形势下应继续办好，当前除重点办好具有民族特色的学科、专业和对少数民族干部进行培训外，还要办好大学预科。民族学院现有的专业，要根据社会需要积极改善办学条件，深化改革，提高质量；民族地区急需的一些专业，要在统筹规划的基础上，努力创造条件，有计划地设置。"② 同时，国家教委民族地区教育司印发《全国民族教育发展与改革指导纲要》，指出"民族高等教育在 90 年代，要把工作重点放在适度发展、优化结构、改善条件、提高质量上，并力争取得显著成效"；"民族学院在历史上为培养民族干部发挥了重要作用。在新的形势下，它在民族高等教育中将继续占有其重要地位。有关主管部门和省、区人民政府，要大力支持和帮助民族学院改善条件、深化改革、发挥优势、提高质量、办出特色。当前除要继续重点办好具有民族特色的学科、专业和民族干部培训以及大学预科以外，对现有一般专业，社会需要的要改善条件继续办好。对民族地区急需的一些专业，要统筹规划，努力创造条件，有计划地设置。"③ 这两个文件，对民族学院的专业体系的改造和更新都予以高度关注。

　　1993 年 7 月，国家民委印发《关于加快所属民族学院改革和发展步伐的若干意见》。根据上述《决定》和《纲要》的精神，《意见》从改革和发展的原则与任务、探索市场经济体制下发展的新思路、办学体制和管理体制改革、投资体制和管理模式改革、招生与就业体制改革、学校内部管理体制改革、教学改革、科研和校办产业、师资队伍建设、对外开放、加强对改革的领导共十一个方面对委属院校今后改革和发展诸种问题作了

---

　　① 参见青海民族学院院史编写组《青海民族学院院史（1949～1999）》，青海民族出版社1999 年版，第 72～73 页。

　　② 见吴仕民主编《中国民族教育》，长城出版社 2000 年版，第 712 页。

　　③ 《全国民族教育发展与改革指导纲要》，见于郭齐家主编《中华人民共和国教育法全书》，北京广播学院出版社 1995 年版，第 196、199 页。

全面而系统的阐述。和 1979 年国家民委、教育部《关于民族学院工作的基本总结和今后方针任务的报告》相比，出现了一些新的提法、观念和思路。如提出"民族学院是党和国家为解决国内民族问题而建立的专门培养少数民族专门人才的综合性高等学校"——肯定了民族学院综合性高等学校的发展目标和方向；"当前，在继续培养党政管理人才的同时，要特别加强培养科技人才和经济管理人才"——突出了管理和科技人才培养的重要性；"今后一个时期，要积极发展普通本专科教育，努力发展研究生教育，继续办好预科教育和干部培训、函授夜大学等成人教育"——归纳出了民族学院今后各层次和形式教育发展的基本方针；"对一般本、专科专业，应逐步改造，转向培养应用型人才"，"研究生教育要改变比较单一的学术型人才培养模式，注重应用型人才的培养"，"在充分论证的基础上，可增设一些民族地区大量需要，一般院校一时满足不了要求，民族学院又有条件办好的新兴学科和应用性专业"——强调了民族学院专业体系和人才培养模式调整与改革的应用性方向。[①] 该《意见》是《中共中央关于教育体制改革的决定》、《中国教育改革与发展纲要》的基本精神和民族学院的实际相结合的产物。它虽然指的是委属民族院校，但对全国民族学院都有指导意义。

毫无疑问，不同于 1980 年代前期的"恢复"和"调整"，1980 年代中期以后中国开始进入一个改革、开放的新阶段，目的在于探讨一条前人没有走过的建设有中国特色社会主义的新路子。在这个新阶段，改革、开放是经济和社会发展的前提，也是经济和社会发展动力之源泉。和全国高等学校一样，民族院校也进入了不断深化教育体制改革的新阶段。

一　民族院校本专科专业体系的改造与更新

本阶段民族院校教育事业的发展，是以改革来开辟道路、争取活力的。而在各项改革中，对传统的普通本专科专业体系的大规模改造与更新，又具有深远的意义和影响。

---

① 　参见吴仕民主编《中国民族教育》，长城出版社 2000 年版，第 719～727 页。

（一） 专业体系改造与更新的原因

自 1950 年代前期按照苏联模式建立起新中国高等教育体系之后，一方面，专业在高等学校成为人才培养的基本单元、教育教学活动的基础性平台——招生时学生是通过分专业招生计划进入高等学校的，教育教学活动主要按专业来组织，毕业生则通过专业分配计划进入社会各系统就业；另一方面，专业成为政府有关部门编制招生与毕业生分配计划、配置高等教育资源的基本统计单元。因此，无论是对高等学校来说，还是对政府有关部门来说，专业的建设与调整都不是一件小事。

在"全盘学苏"过程中所建立的中国经济——高等教育体制中，高等学校对社会的服务职能，是通过政府以计划的方式来实现的——无论是招生还是毕业生分配，都以计划为依据。同时，高等学校生存和发展所需资源，也统统由政府以计划的方式配给。这种以政府作为国家和社会的资源交换、流通、配置中枢的体制性设计，造成的一个客观事实和效果就是：高等学校的办学只需要对计划负责、按计划办就行了，至于这计划对社会需求的适切性如何，高等学校可以不负责任——正如当时的工厂都只要把产品生产出来交给政府就万事大吉一样。如此一来，高等教育人才培养与社会需求之间的疏离——尤其是专业结构与社会需求之间的反差在所难免。中国高等教育之所以出现《中共中央关于教育体制改革的决定》所称"内部的科系、层次比例失调。……专业设置过于狭窄，不同程度地脱离了经济和社会发展的需要"，[①] 在很大程度上可归因于这种体制性设计。

自 1980 年代中期开始，中国经济体制的改革不断推进，最终于1990 年代初确立了建设社会主义市场经济体制的改革目标。经济体制的改革要求教育体制改革必须相应跟进。以《中共中央关于教育体制改革的决定》的颁布为标志，中国教育体制改革提上重要议事日程。在《决定》关于高等教育体制改革的表述中，高等学校招生与毕业生分配制度摆在首要位置。其基本思路，就是通过政府简政放权和招生与分配制度——尤其是毕业生分配制度的改革，"加强高等学校同生产、科研

---

① 《中共中央关于教育体制改革的决定》，见于郭齐家主编《中华人民共和国教育法全书》，北京广播学院出版社 1995 年版，第 67 页。

和社会其他各方面的联系，使高等学校具有主动适应经济和社会发展需要的积极性和能力。"① 换句话说，如果以往高等学校的办学只需对政府负责、对计划负责的话，那么，体制改革之后的高等学校则更多地要对社会负责，对学生（就业）负责，因而必须主动地分析并研究社会的人才需求，提高人才培养的适切性，这样才能在实现自己的社会服务职能的前提下获得生存与发展所需资源，否则，学生不愿报考、毕业生就业困难，就会遭遇生存危机。

在中国高等教育体系中，民族院校的社会服务职能定位是为少数民族和民族地区经济建设和社会发展服务。这就意味着，民族院校的专业体系和结构，应该和少数民族和民族地区经济建设和社会发展对人才的实际需求基本适应。

1985 年，全国民族学院设 11 大科类的普通本专科专业 55 种 124 个。参照教育部门关于专业归类办法，其专业科类结构情况可参看表 7－1。

表 7－1　　　　1985 年全国民族学院普通本专科专业科类分布情况

单位：个

学校	合计	哲学类	经济学类	法学类	教育学类	文学类	历史学类	艺术学类	理学类	农学类	医学类	管理学类
中央民族学院	31	1	1	3	1	10	3	8	2			1
西北民族学院	16		1		1	3	1	4	3	2	1	
西南民族学院	12			2		3	2		3	2		
中南民族学院	8			1		2	1		3			1
西北第二民族学院	2			1		1						
云南民族学院	14			1		8	1		3			1

---

① 《中共中央关于教育体制改革的决定》，见于郭齐家主编《中华人民共和国教育法全书》，北京广播学院出版社 1995 年版，第 69～70 页。

学校	合计	哲学类	经济学类	法学类	教育学类	文学类	历史学类	艺术学类	理学类	农学类	医学类	管理学类
广西民族学院	13			2		7	1		3			
贵州民族学院	8			1		2	1	2	2			
广东民族学院	5			1		1			2			1
青海民族学院	8			1	1	3	3					
西藏民族学院	9			1	1	2	1				1	3
总计	126	1	2	14	4	42	12	14	24	4	2	7
比重（％）	100	0.8	1.6	11.1	3.2	33.3	9.3	11.1	19	3.2	1.6	5.6

注：资料来源于国家民族事务委员会教育司：《新时期民族教育工作手册》及各民族学院校史；专业科类参照教育部高教司1998年颁布的《普通高等学校本科专业目录和专业介绍》中分类法划分，但艺术类因特点明显而从"文学类"中拉出来单列，且后面各章中的科类分析均按此法。

　　表7-1的数据表明，在当时全国民族学院所设置的124个本专科专业中，传统的文科类（包括哲学类、以"政治"专业为主的法学类、以"政治教育"为主的教育学类、以各民族语文和"汉语言文学"以及外语为主的文学类、以"历史"为主的历史学类专业）专业71个，占57.7%；以数、理、化为主的理科类专业24个，占19%；以音乐、舞蹈、美术为主的艺术类专业为14个，占11%；三者加起来占专业总数的87.7%。再具体分析：法学类14个专业有10个是政治专业；而在文学类42个专业中，语言文学类专业为41个（其中汉语文——包括"中文"11个、少数民族语言文学类专业22个、外国语言文学类8个），占所有专业总数的32.5%。

　　根据上述分析，可以归纳出全国民族学院本专科专业结构的几个特点：（1）以传统的文、理科专业为主体（这两类专业加起来占专业总数的 76.7%）；（2）语言文学类专业比重较大（32.5%）；（3）整个结构偏文，经济学、农学、医学、管理学科类极其单薄，工学类专业尚属空白。

全国民族学院专业体系偏文科的特点——尤其是少数民族语言文学专业比重较大这一特点之形成，与它们建校初期所承担的培养（宽口径的）政治干部和民族语文翻译人才的基本任务密切相关；而传统的数学、物理、化学专业所占比重也较大（19%），则是 1950 年代中期正规化转型时以苏联模式的文理科综合性大学为发展目标的结果。

按苏联模式高等教育的分工与结构原则，以文、理科专业为主体的综合大学的培养目标主要是基础理论型人才（也包括部分高、中等学校的师资），而技术类、应用型、技能型人才则是由高等学校体系内的其他独立、专业学院来培养的。而问题在于，因经济发展整体水平较低，产业结构较落后，当时中国少数民族和民族地区的人才需求恰巧倾向于技术性、应用型、技能型人才，因而民族学院的专业结构与其服务对象的实际需求之间存在明显的反差。如果说在传统的计划体制下这种反差因作为社会资源计划分配枢纽的政府之存在而被屏蔽而且实际上也可以由政府来调整、解决的话，那么，一旦招生和毕业生分配制度改革，民族学院的生源必须通过适宜的专业体系来招收、毕业生必须凭自己的专业之长到竞争的社会去就业，那么这反差就完全可能影响民族学院的生存和发展。

当然，正如前面所指出的，专业结构与社会需要之间的疏离，根源在于体制性设计，是当时中国高等学校普遍存在的问题。因而专业结构的调整与更新，是中国经济、科技体制改革对高等教育的必然要求，是包括民族院校在内的全国高等学校的共同任务，也是民族学院自身发展的需要。

（二）专业体系改造与更新的方法和路径

关于专业体系的改革，《中共中央关于教育体制改革的决定》提出了明确的方向和要求："改变高等教育科类比例不合理的状况，加快财经、政法、管理等类薄弱系科和专业的发展，扶持新兴、边缘学科的成长。"[①]根据这一要求并结合自己的实际，大致从 1980 年代后期开始，民族院校

---

① 《中共中央关于教育体制改革的决定》，见何东昌主编《中华人民共和国重要教育文献1976～1990》，海南出版社 1998 年版，第 2288 页。

先后启动了对本专科专业体系的大规模的改造和更新。

1986 年前后，中央民族学院结合自己的实际，确定专业调整的基本原则是："巩固提高原有基础学科专业；加强、增设应用学科专业；发展新兴学科、边缘学科专业；改造已经不适应时宜的陈旧专业。"至 1980 年代末，已设本科专业 34 个、专科专业 17 个。1994 年，该校又"根据社会主义市场经济和民族地区经济文化建设的需要，对国家长远利益所需的长线专业进行保护并向高层次发展，一般专业规模之胀缩以市场为导向，着重发展应用型的热门专业"的基本原则，和新增、升格、保持、扩大、缩小、合并、改向、缓招这 8 种操作性办法，开始对原有学科专业的新一轮的调整和改造，1998 年设置的本专科专业达到 55 个。①

在民族院校中，中南民族学院的专业改造与建设起步也比较早，1986 年就开始设置工业企业管理、农业经济等新专业。1987 年开始从改造长线专业、发展应用性专业两方面入手，有计划、分步骤地更新专业体系，如对原基础数学专业进行改造，先后增设了经济数学、统计学、会计学、金融学等专业；在原化学专业的基础上增设了生物化学、应用化学等专业；在原物理学专业的基础上增设了电子技术专业等。至 1993 年前后，该校已将原有的以文理科为主体的 10 个专业发展到本、专科专业 55 个，基本完成对专业体系的改造与更新。②

西南民族学院将专业建设作为教学改革的突破口，1987 年开始分别按以培养师资为主，同时培养相关的应用人才；以培养应用人才为主，同时兼顾培养师资；培养"通才"型人才及相关的应用人才这三种类型调整、改造老专业，增设新专业。1990 年该校制定"八五"期间事业发展计划，按照"坚持方向，突出重点，保证质量，稳步发展"的指导思想，确定要通过调整、拓宽、转靠和增设等方法对专业体系进行改造，稳步增加新专业，为"八五"后期实现在校生 3900 人创造条件。③ 1991 年开始对专

① 参见荣仕星主编《中央民族大学五十年》，中央民族大学出版社 2001 年版，第 22、25～26 页。

② 参见中南民族大学校史编纂委员会《中南民族大学校史（1951～2011）》，湖北长江出版集团、湖北人民出版社 2011 年版，第 146 页。

③ 参见西南民族学院院史编辑室《西南民族学院院史（1951～1991）》，四川民族出版社 1991 年版，第 175 页。

业结构进行大幅调整，1992～2000 年增设 29 个本专科专业，其中工科、经济类占 75% 以上，其余也都是应用性或社会急需、就业前景好的基础性专业。[①]

西北民族学院的专业建设与改造主要在 1990 年代进行，其中 1991～1993 年为准备阶段，以 1992 年的"清水会议"为标志，主要是更新观念，解决学校的专业如何适应社会发展需要问题；1993～1996 年为调整阶段，以 1996 年教学研讨会为标志，对专业结构进行调整；1996～1999 年为新的发展阶段，以 1998 年"贵德会议"为标志，主要抓学科专业建设和师资队伍建设。经过连续 7 年的调整和改造，新增一大批应用型本专科专业。[②]

广西民族学院 1987 年初制定《广西民族学院 1988～1995 年发展规划》，提出专业结构改革、调整原则：采取拓宽专业面的办法，改造原有专业，向应用性方面发展；根据民族地区的需要，适当增设应用性、民族性的新专业。1992 年又提出了"保护、改造、创新、发展"的专业结构调整方针，即对民族学、壮语言文学等社会需求量少的特色、优势专业予以保护；对汉语言文学、政治学与行政学等社会需求量较少但有必要保留的老专业、长线专业予以改造，拓宽基础，提高人才培养质量；对社会需求量大的专业如应用化学、精细化工、应用电子技术等予以发展。[③]

1988 年，青海民族学院经多次论证，提出专业调整方案，如政治专业改为行政管理专业，化学专业向分析化学方向调整，物理专业向电子物理方向调整。1992 年开始采用在一个专业名称之下，增设几个专业方向的办法再次对专业结构进行调整。1997 年制定《青海民族学院九·五计划和 2010 年发展规划》，在系科和专业建设方面的基本方针是：稳定基础学科，适当发展新兴学科和边缘学科，重点发展应用学科，确保本科专业的主导地位，发展研究生和专科教育，大力调整已有专业的培养方向，加

---

①　参见西南民族学院校史编辑部《西南民族学院校史（1951～2001）》，2001 年 2 月印刷，第 10 页。

②　参见西北民族学院校史编写委员会《西北民族学院校史》，甘肃民族出版社 2000 年版，第 200 页。

③　参见广西民族学院校史编辑委员会《广西民族学院校史》，广西民族出版社 2002 年版，第 122、176 页。

大学科交叉力度。[1]

云南民族学院大致在"八五"期间（1991～1995 年）开始对专业体系进行应用性改造，主要采取先设"专门化方向"，然后再逐步转为本专科专业的做法，更新专业结构。[2]

本阶段民族院校专业体系改造和更新的基本特点是：

总的方向：在中国建设社会主义市场经济的大背景下，通过改革和调整，使学校的专业结构，向少数民族和民族地区经济建设和社会发展的实际需求调适。

基本思路和目标：改造以文理科为主体、重理论轻应用的传统专业体系，大力发展技术类、实用类、应用型专业，重组专业结构，向新的多科综合型大学发展。

具体的操作原则和办法：对传统的文科专业如政治、中文、历史等，先设法学、行政管理、新闻、文秘、文化旅游、档案学等专门化、应用性方向，待条件成熟则完成其转向；对传统的数学、物理、化学等理科专业，先向应用数学、经济数学、计划统计、应用物理、电气技术、电子技术、应用化学、化工等方向发展，待条件成熟则完成转向；对社会需求少，但属民族学院特色、优势学科的民族学科包括民族学、民族语言文学类专业，采取适当措施保护之、培育之、发展之，并促其向研究生教育层次延伸和发展；积极创造条件，新建实用类、技术类、应用型新专业尤其是工科专业；根据社会需求变化，采取控制招生规模等办法，保持对专业结构的动态调控。

由于方向明确，思路清晰，原则合理，操作比较稳妥，民族学院专业体系的改造与更新进展比较顺利。

（三） 专业体系改造与更新的结果

民族院校从 1980 年代后期开始的专业体系改造与更新，力度非常之大；到 1998 年前后，无论是设置专业的数量，还是其内在结构，均发生极大变化。

---

[1]　参见青海民族学院院史编写组《青海民族学院院史（1949～1999）》，青海民族出版社1999年版，第73、110 页。

[2]《云南民族大学55年》，云南民族出版社2006年版，第13 页。

1985 年时，全国有民族学院 10 所。1989 年在恩施师范专科学校基础上筹建的鄂西大学正式定名为湖北民族学院而加入民族院校行列。在1984 年立项筹建的西北第二民族学院，当年开始以西北民族学院的名义招生，1994 年经教育部批准正式建校。也是在 1984 年开始立项筹建的东北民族学院于 1993 年开始以中央民族学院（东北）的名义招生办学，1997 年 7 月经原国家教育委员会批准正式建校并定名为大连民族学院。1993 年，经教育部批准中央民族学院更名为中央民族大学。至 1998 年，全国民族院校有 13 所（包括即将更名为广东技术师范学院的广东民族学院），其中民族大学 1 所、民族学院 12 所。

1998/1999 学年初，13 所院校普通本专科招生专业①设置情况如下：

中央民族大学：哲学、宗教学、货币银行学、贸易经济、税务、国际金融、国际贸易、法学、经济法、国际经济法、音乐教育、美术教育、少数民族语言文学教育、汉语言文学、新闻学、藏语言文学、蒙古语言文学、维吾尔语言文学、哈萨克语言文学、朝鲜语言文学、语言学、英语、日语、俄语、作曲与作曲技术理论、演唱、管弦（打击）乐器演奏、中国画、油画、装潢艺术设计、表演、历史学、博物馆学、民族学、数学、计算数学及其应用软件、信息科学、物理学、化学、生物学、电子工程、计算机及应用、计算机软件、营养与食品卫生，教育管理、会计学，另有专业目录外法学、文学类新专业各 1 个，共计 48 个。

西北民族学院：国际贸易、国际金融、理财学、体育教育、舞蹈教育、汉语言文学、藏语言文学、蒙古语言文学、英语、阿拉伯语、演唱、中国乐器演奏、中国画、油画、装饰艺术设计、工艺美术学、装潢艺术设计、历史学、数学、物理学、电气技术、精细化工、食品科学与工程、工业分析、食品检验、畜牧兽医、临床医学、会计学、审计学、工商管理、企业管理，另有目录外工商管理类、数学类、历史类专业各 1 个，经济学类专业 2 个、中国语言文学类专业 3 个，共计 39 个。

西南民族学院：贸易经济、货币银行学、保险、税务、理财学、法学、经济法、国际经济法、少数民族语言文学教育、体育教育、汉语言文

---

① 招生专业指近几年中纳入招生简章招收学生的专业，区别于仅名义上设置但不参与招生的专业——这样的专业在招生与毕业生分配制度改革之后出现较多，一般为就业前景不太好的传统"长线"专业（如 1990 年代的历史学、基础数学等）。

学、藏语言文学、英语、装潢艺术设计、历史学、应用化学、工业分析、计算机及应用、计算机软件、电力系统及其自动化、应用电子技术、通信工程、精细化工、动物营养与饲料加工、食品科学与工程、食品检验、兽医畜牧、行政管理学、企业管理、会计学、市场营销、经济信息管理，另有目录外法学类、电工类专业各1个，中国语言文学类专业4个，共计38个。

中南民族学院：国际金融、贸易经济、工业经济、国际贸易、旅游经济、外交学、法学、经济法、汉语言文学、新闻学、广告学、英语、工艺美术学、民族学、化学、生物化学、应用电子技术、计算机及应用、计算机软件、通信工程、精细化工、生物医学工程、教育管理、企业管理、会计学、市场营销、档案学，另有目录外中国语言文学类专业1个、化学类专业2个、经济学类专业3个，共计33个。

西北第二民族学院：理财学、保险、法学、经济法、汉语言文学、英语、俄语、历史学、应用电子技术、计算机及应用、会计学，另有目录外中国语言文学类、历史学类专业各1个，共计13个。

大连民族学院：旅游经济、英语、日语、计算机及应用、电子工程、生物化工、会计学，共计7个。

云南民族学院：马克思主义基础、国民经济管理、劳动经济、旅游经济、法学、政治学、舞蹈教育、美术教育、少数民族语言文学教育、汉语言文学、英语、缅甸语、泰语、越南语、历史学、民族学、数学、物理学、化学、应用化学、计算机及应用、电气技术、应用电子技术，共计23个。

广西民族学院：国际贸易、政治学、行政管理学、法学、少数民族语言文学教育、体育教育、汉语言文学、英语、法语、老挝语、泰语、越南语、历史学、民族学、数学、计算数学及其应用软件、物理学、化学、应用化学、应用电子技术、计算机及应用、计算机应用与维护、精细化工、企业管理、档案学、经济信息管理，另有目录外中国语言文学类专业1个，共计27个。

湖北民族学院：法学、英语教育、音乐教育、美术教育、体育教育、思想政治教育、数学教育、物理学教育、化学教育、汉语言文学、新闻学、英语、数学、计算机及应用、电气技术、化工工艺、电机制造与运行、办公自动化设备运用、农产品贮运与加工、林学、园艺、蔬菜、经济林、临床医学、预防医学、中医学、中药学、护理学、麻醉学、妇幼卫生、会计学，共计 31 个。

贵州民族学院：旅游经济、贸易经济、行政管理学、法学、国际经济法、社会学、体育教育、少数民族语言文学教育、汉语言文学、新闻学、编辑学、英语、美术学、音乐学、历史学、民族学、数学、物理学、计算数学及其应用软件、应用化学、经济信息管理，另有目录外经济学类专业1 个，共计 22 个。

广东民族学院：汉语言文学、计算机及应用、电子工程、工商行政管理、企业管理、会计学、经济信息管理，另有目录外中国语言文学类、外国语言文学类、电子与信息类专业各 1 个，共计 10 个。

青海民族学院：国民经济管理、法学、经济法、汉语言文学、藏语言文学、蒙古语言文学、应用数学、应用化学、行政管理学、工商行政管理，另有目录外经济学类专业 1 个，共计 11 个。

西藏民族学院：马克思主义基础、国际贸易、旅游经济、税务、财政学、法学、体育教育、汉语言文学、编辑学、新闻学、统计学、临床医学、会计学、档案学，另有目录外经济学类、图书信息类专业各 1 个，共计 16 个。①

综合起来，各院校普通本专科专业总计 318 个（平均每校设 24.5个），其中纳入专业目录者可归结为 117 种，计有哲学类 3 种、经济学类12 种、法学类 7 种、教育学类 10 种、文学类 19 种、艺术学类 12 种、历史学类 3 种、理学类 10 种、工学类 20 种、农学类 5 种、医学类 7 种、管理学类 9 种。②

资料表明，1985 年时 11 所民族学院设置普通本专科专业数为 55 种126 个，到 1998 年时学校只增加了 2 所，但普通本专科专业数增加了近 1.6 倍 192 个，专业种数增加 62 种。其中 4 所委属院校新专业增速更为突出，中央民族大学和西北、西南、中南民族学院的新增专业数均在 15 个以上。相比之下，地方民族学院专业增幅要小一些。详情参看表 7 - 2。

---

① 上述招生专业情况根据各院校 1998/1999 学年初高等教育基层统计报表中有关资料整理；本专科专业名称重复者只按一个计。

② 详情参看本书附录二之"1998 年全国民族院校普通本专科招生专业科类及种数"。

表 7 - 2　1985 年、1998 年 11 所民族院校普通本专科招生专业数比较

单位：个

时间	合计	中央民族大学	西北民族学院	西南民族学院	中南民族学院	西北第二民院	云南民族学院	广西民族学院	贵州民族学院	广东民族学院	青海民族学院	西藏民族学院
1985 年	126	31	16	12	8	2	14	13	8	5	8	9
1998 年	280	48	39	38	33	13	23	27	22	10	11	16
1998 年增加数	154	17	23	26	25	11	9	14	14	5	3	7

注：为增加可比性，计入广东民族学院，未计入新增院校大连民族学院和湖北民族学院数据。

与专业数量的增长相比，民族院校专业体系的结构性变化更值得关注，因为它反映了专业建设和发展的方向、趋势，还涉及学校发展目标的调整。详情参见表 7 - 3。

表 7 - 3　1985 年、1998 年 11 所民族院校普通本专科招生专业科类分布变化情况

单位：个

时间	专业总数	哲学类	经济学类	法学类	教育学类	文学类	历史学类	艺术类	理学类	工学类	农学类	医学类	管理学类
1985 年	126	1	2	14	4	42	12	14	24	0	4	2	7
1998 年	280	4	39	27	15	61	13	20	29	39	2	2	29
1998 年增加数	154	3	37	13	11	19	1	6	5	39	- 2	0	22

注：为增加可比性，计入广东民族学院，未计入大连民族学院和湖北民族学院数据。

表 7 - 3 数据表明，本阶段民族院校新专业建设的重点，首先是工科类专业，十几年间从无到有达到 39 个，主要是计算机、电子信息工程、化工类专业；另外两个重点是经济类、管理类，新增专业数分别达到 37 个、22 个。经济类新增专业一般为贸易经济、旅游经济、金融、财税之类。新增管理类专业中，最多的是企业管理、工商管理、行政管理专业以

及会计学、市场营销类。此外，新增专业中法学类的也比较多，但几乎全是法学、经济法之类，而不是 1950～1960 年代常见的政治类专业。

本阶段上述 11 所民族院校文学类专业的增量也不算少，达到 19 个，主要为三类：一是外语类，如英语、日语、俄语等；二是中国少数民族语言文学类，如藏、彝、壮等民族语文等；三是应用类专业，如新闻、编辑专业。这表明，本阶段民族院校文科专业建设的基本思路，一是根据对外开放的需要增设外语类专业；二是注重发展作为自己的传统优势和特色的各民族语言文学类专业；三是发展应用类文学专业——正如理科向应用数学、应用物理、应用化学方向调整一样。

由于大量新专业的增加，到 1998 年，上述民族院校的本专科专业结构与 1985 年相比已发生极大的变化。新增工科、经济、管理类专业98 个，占新专业总数 154 个的 63.6%；与 1985 年相比，这三类专业在专业总数中所占比重分别增加了 13.9%、12.3% 和 4.8%，而传统的文（包括法学、文学、历史学）、理科专业所占比重则由 76.7% 下降至46.5%。1985～1998 年民族院校专业科类比例的具体消长情况如表 7－4 所示。

表 7－4　　1985 年、1998 年 11 所民族院校普通本专科专业科类结构比较

比例	合计	哲学类	经济学类	法学类	教育学类	文学类	历史学类	艺术学类	理学类	工学类	农学类	医学类	管理学类
1985 年科类比例（%）	100	0.8	1.6	11.1	3.2	33.3	9.3	11.1	19	0	3.2	1.6	5.6
1998 年科类比例（%）	100	1.4	13.9	9.6	5.4	21.8	4.6	7.1	10.4	13.9	0.7	0.7	10.4
结构比例变化情况（%）	–	0.6	12.3	-1.5	2.2	-11.5	-4.7	-4	-8.6	13.9	-2.5	-0.9	4.8

注：为增加可比性，未计入大连民族学院和湖北民族学院数据。

表 7－4 中"结构比例变化情况"数列中数值间离散度较大，表明本阶段民族院校专业科类结构变化比较剧烈。

民族院校专业体系的结构性变化，还可以从全日制普通本专科在校生的结构情况中得到印证（参见表 7－5）。

表 7-5　　　1998 年民族院校普通本专科在校生科类比例结构情况表

单位:%

学校	合计	哲学类	经济学类	法学类	教育学类	文学类	历史学类	艺术学类	理学类	工学类	农学类	医学类	管理学类
中央民族大学	100	1.9	15.3	8.1		25.4	5.7	9.3	14.2	14.8		2	3.4
西北民族学院	100		12.8		1.4	27	5	9.2	10.6	7.7	1.9	10	14.3
西南民族学院	100		7.3	13	0.7	18.9	1	1.6	3.2	31.6	3.6		19.2
中南民族学院	100		25	15.1		15.2	0.2	1.2	4.7	25.5			13.1
西北第二民院	100		15.9	27.2		22.3	4.9			15.5			4.3
大连民族学院	100		10.3			18.9				55.2			15.5
云南民族学院	100		16.7	12.4		30	6.9	3.3	21.2	9.4			
广西民族学院	100			10.8	4.3	26.8	5.7		21.5	16			14.9
湖北民族学院	100			5.8	2.2	15.4		2.8	12.5	15.9	9.4	29.6	6.4
贵州民族学院	100		5.3	19.7	3	27.3	4.5	6.6	21.2				12.5
青海民族学院	100		5	16.5		37.7			26.5				14.4
西藏民族学院	100	6.8	10.4	13.4	6.4	31.2			1.5			12	18.3
合计	100	0.4	10.8	11.8	1.4	23.2	3	3.2	12.1	16.8	1.6	4.7	11.1

　　注:本表数据根据各民族院校 1998/1999 学年初高等教育基层统计报表中有关数据计算得出。

　　表 7-5 资料表明,在 1998 年民族院校普通本专科在校生专业科类结构中,新增的经济、工学、管理类专业在校生比例达到 38.7%,几乎与文、理科类(包括哲学、教育学、文学、历史学、理学类)在校生比例

40.1%相当。大连民族学院在校生中这三类学生的比重高达81%，其中仅工学类学生就占55.2%，表达了该校以工科和应用学科为主体的发展趋向。经计算，上述三类学生在中南、西南民族学院在校生中的比重分别达到63.5%和58.1%，在中央民族大学、西北民族学院、广西民族学院、西北第二民族学院均超过30%。

上述分析表明，经过十余年的努力，民族院校基本完成对传统的专业体系的大规模改造与更新，内在结构发生脱胎换骨式的变化，应用型、技术类和实用类专业成为新的专业体系的结构主体；而在这结构发生巨变的同时，民族院校的发展目标实际上也已悄然改变：从1950年代中期开始一直作为发展目标的文理科综合高等院校，已被新型的经济、法、文、理、工、管理等多科综合性大学所取代。如中南民族学院1982年确定的发展目标是"文理兼有的高等院校"，1995年3月制定"九五"计划和2010年发展规划时已经调整为"文、理、工、法、财经等多学科综合性的民族大学"①。

民族院校在进行专业建设和改造时，非常注意保护、发展自己的传统特色、优势专业。如中央民族大学的民族学、民族经济、民族理论等专业，即使社会需求十分有限，就业比较困难，也采取种种保护措施，使之向高层次、重点学科发展；1989年民族学还被定为该校的国家级重点学科，民族经济、民族语文、民族史、马克思主义民族理论定为部委级重点学科。② 西北民族学院在1999年确定民俗学、中国少数民族语言文学（藏语、蒙语）、格萨尔学、宗教学、马克思主义民族理论与政策、计算机应用与技术7个学科为学校的首批重点学科，其中民俗学、中国少数民族语言文学（藏语）、格萨尔学为省级重点学科，宗教学为省级重点扶持学科。③ 其他民族学院也都有类似的思路和保护措施。

1989年6月经国家教委批准由鄂西大学更名的湖北民族学院的专业体系改造也在同步进行。1989年前，该校属综合性高等专科学校，设中

---

① 中南民族大学校史编纂委员会：《中南民族大学校史（1951～2011）》，湖北长江出版集团湖北人民出版社2011年版，第143页。

② 参见荣仕星主编《中央民族大学五十年》，中央民族大学出版社2001年版，第22、25～26页。

③ 参见西北民族学院校史编写委员会《西北民族学院校史》，甘肃民族出版社2000年版，第405页。

文、数学、历史、化学、外语、林学、特产、政治教育 8 个专业，专业结构和当时各民族学院接近。1989 年后，逐步新增应用类、实用类专业。至 1998 年，在恩施医学专科学校并入后，该校设跨法学、教育学、文学、艺术学、理学、工学、农学、医学 8 大类的本专科专业 32 个，法学、艺术学、工学是新增专业的主体，发展目标也逐渐明确为多科综合性大学。① 这与其他民族院校也是一致的。

1984 年在银川筹建的西北第二民族学院，1998 年已设本专科专业 12 个，其专业结构和发展方向与其他民族院校大同小异。

在民族院校对专业体系的改造、更新过程中，也曾出现过操之过急、条件跟不上等问题。有的学校一度设置的新专业如淡水养殖等专业，存在脱离学校的办学传统和条件，忽视专业建设的应有条件和规范的明显倾向。有一段时间内——主要是在 1998 年教育部新的本专科专业目录颁布之前，在舍弃传统的文理科专业的同时，却一度出现了《中共中央关于教育体制改革的决定》和《中国教育改革与发展纲要》所一再批评的"专业设置偏窄"问题，新增专业越设越细，出现涉外秘书、酒店管理、乡镇企业管理、蔬菜等过分职业化倾向。但总的来说，即使存在各式各样的问题，以社会服务为职能定位的民族院校专业体系的改造与更新，其大方向是顺应时代潮流和社会需要的，也确实给各院校教育事业的发展带来了动力和活力。

在专业体系改造和更新过程中，正如《中共中央关于教育体制改革的决定》所要求的，民族院校逐渐建立起了对社会需要的主动适应机制。没有这种主动适应机制的建立，民族院校要在 1990 年代后期招生和毕业生就业制度发生重大改革，高等学校毕业生就业竞争日趋激烈的形势下保持教育事业的持续、稳定发展是很困难的。

二 民族院校的教学改革

在对专业体系进行改造与更新的同时，民族院校的另一场改革——教学改革也空前活跃。

---

① 田万振、汤贤均主编：《湖北民族学院七十年 1938~2008》，2008 年 9 月印刷，第 13、41~50 页。

　　教学改革的重点，是变革旧的教育观念、模式和管理体制，建立新的人才培养模式。《中共中央关于教育体制改革的决定》指出，中国教育体制的弊端之一，是"在教育思想、教育内容、教育方法上，从小培养学生独立生活和思考的能力很不够，发扬立志为祖国富强而献身的精神很不够，生动活泼地用马克思主义思想教育学生很不够，不少课程内容陈旧，教学方法死板，实践环节不被重视，专业设置过于狭窄，不同程度地脱离了经济和社会发展的需要，落后于当代科学文化的发展。"而"要从根本上改变这种状况，必须从教育体制入手，有系统地进行改革"；"要针对现存的弊端，积极进行教学改革的各种试验，例如改变专业过于狭窄的状况，精简和更新教学内容，增加实践环节，减少必修课，增加选修课，实行学分制和双学位制，增加自学时间和课外学习活动，有指导地开展勤工助学活动等等。"①

　　《决定》所指出的问题，是全国高等学校共同的问题。但因历史和现实的种种原因，民族院校在某些问题上可能更为严重。如按苏联模式建立的文理科专业，存在明显的偏重理论而轻于应用的倾向，因而使民族院校传统人才培养模式在偏离少数民族和民族地区经济建设和社会发展的需要方面更为严重，更有改革的必要性和迫切性。

　　民族院校的教学改革大致也在 80 年代后期渐次启动。如西南民族学院在 1985 年 9 月即根据《中共中央关于教育体制改革的决定》的精神，制定《关于我院近期教学改革的几点意见》、《关于革新我院本科各专业教学计划的具体要求》等文件，以推动教学改革。②《中共中央关于教育体制改革的决定》颁布后，青海民族学院党委和行政联合发文要求各单位认真学习，尤其是"要求教师认真研究教育思想转变和教学内容、教学方法的改革问题"；在 6 月召开的教职工代表大会上，提出要把"开展以教学改革为中心的教育改革"放在各项工作首位。1988 年，该校根据全国高教工作会议精神并结合本校实际制定教育改革方案，在推进专业体系改造的同时推进教学改革。1992 年后，在广泛征求意见的基础上，《青

---

　　① 　参见何东昌主编主编《中华人民共和国重要教育文献》，海南出版社 1998 年版，第 2286 页。

　　② 　参见西南民族学院院史编辑室《西南民族学院院史（1951～1991）》，四川民族出版社 1991 年版，第 118 页。

海民族学院教学改革方案》出台，还专门成立"教学科研改革办公室"以研究和探讨改革中出现的问题。① 广西民族学院 1994 年 11 月制定《广西民族学院 1994~2000 年改革与发展纲要》，同年 12 月又出台《关于加快我院改革和发展步伐的意见》，将教学改革提上重要议事日程。② 西藏民族学院 1995 年 10 月在召开全院教学工作会议的基础上制定了对学校的发展有重要影响的文件《西藏民族学院教育改革和发展意见》，作为配套文件的《关于深化教学改革的意见》同时出台。③ 中央民族大学于 1995 年 5 月召开全校教学工作会议通过主题报告《中央民族大学深化教学改革的意见》，对教学改革工作作了全面的布置。④ 1996 年 12 月，西北民族学院召开教学改革工作会议，在总结前几年教育教学改革经验的基础上，推出教学改革的纲领性文件《西北民族学院教学改革五年工程》。⑤ 1997 年和 1998 年，西北第二民族学院分别召开了"泾源会议"、"临夏会议"两次教学工作会议，确立了"以教学为中心，以教改为核心"的办学思路。⑥

民族院校的教学改革，大致包括四方面内容。

（一）更新教育观念，调整人才培养目标

传统教育体制、教学模式种种问题的存在，与教育观念陈旧、落后密切相关。要改革旧的体制和模式，就要从更新教育观念入手。本阶段，很多民族院校如西北、西南、中南、西藏民族学院等，都先后组织过多次全校性的教学或教师工作会议，进行教育思想、教育观念大讨论，有的院校还利用学校举办的教育教学研究刊物（如中南民族学院举办的《民族高教研究》、西藏民族学院举办的《教学研究》等）积极研讨如何消除思想观念方面的障碍，推进教学改革。

人才培养目标和模式的调整，是各民族院校关注的重点。1985 年，

---

① 青海民院院史编写组：《青海民族学院院史（1949~1999）》，青海民族出版社 1999 年版，第 104~110 页。

② 参见广西民族学院校史编辑委员会《广西民族学院校史》，广西民族出版社 2002 年版，第 177~178 页。

③ 参见李世成主编《西藏民族学院校史》，西藏人民出版社 1998 年版，第 176 页。

④ 荣仕星主编：《中央民族大学五十年》，中央民族大学出版社 2001 年版，第 40 页。

⑤ 西北民族大学校史编写委员会：《西北民族大学校史》第一卷，甘肃民族出版社 2007 年版，第 163 页。

⑥ 见于 2007 年《西北第二民族学院本科教学工作水平自评报告》。

西北民族学院印发《关于修订我院十三个专业教学计划的几点意见》，率先将培养民族地区社会主义现代化建设迫切需要的应用型、综合型、开拓型人才提上议事日程。[①]《中共中央关于教育体制改革的决定》颁布以后，西南民族学院把转变教育思想放在首位，提出"加强基础，注重实践，培养能力"的教学改革原则，要求实现以知识型人才为主的人才培养模式向知识和能力兼顾，尤其注重培养学生独立思考和运用知识分析、解决问题能力的新模式转化。[②] 1986 年西藏民族学院组织全校教师着重讨论了人才质量观问题，明确各专业人才培养目标要向应用型转化，本科强调基础理论和应用能力并重，专科则以能力为主；1992 年又开展教育教学改革思想大讨论，确定了"文理结合，以培养行政管理和经济管理人才为主"的目标。[③] 1989 年，青海民族学院本着拓宽专业面，增强适应性原则，修订教学计划和教学大纲，推动以培养理论型人才为主向以培养应用型人才为主的转化；1994 年再次修订各专业教学计划，以加快人才培养模式的转化。[④] 1994 年，中南民族学院按"加强基础，淡化专业，扩大知识面，加强外语和计算机教学"的思路对所有专业的教学计划进行了一次历时近一年的全面修改，以真正落实人才培养模式的调整。[⑤] 归纳起来，民族院校人才培养目标和模式调整的基本思路是：扭转以往偏重知识传授倾向，向知识和能力并重转化；调整以往偏重理论型、学术型人才的培养模式，向应用型人才培养模式转化。

（二）改革教学管理体制，创造有利于人才成长的体制环境

人才培养目标和模式的调整，需要相应的体制建构来作为实施和运行的保证。在这方面，各民族院校推出了很多具有自己特色的改革举措。

中央民族大学教学体制改革的特色是将改革精神融入对教学的规范化

---

① 西北民族大学校史编写委员会：《西北民族大学校史》第一卷，甘肃民族出版社 2007 年版，第 97～98 页。

② 参见西南民族学院院史编辑室《西南民族学院院史（1951～1991）》，四川民族出版社 1991 年版，第 117～118 页。

③ 参见李世成主编《西藏民族学院校史》，西藏人民出版社 1998 年版，第 106、175 页。

④ 青海民院院史编写组：《青海民族学院院史（1949～1999）》，青海民族出版社 1999 年版，第 132～133 页。

⑤ 中南民族大学校史编纂委员会：《中南民族大学校史（1951～2011）》，湖北长江出版集团、湖北人民出版社 2011 年版，第 146 页。

管理之中。在 1990 年代之初，该校制定了《中央民族学院教学规范》，
《中央民族学院教师教学工作规程》、《中央民族学院教师职业道德规范》、
《中央民族学院教师工作规范及考核奖励津贴试行办法》、《学生淘汰制暂
行管理条例》、《关于专科升本科、本科降为专科的学籍管理规定》等系
列教育教学管理制度，目的在于在规范教学行为的同时，构建新的激励机
制，以更好地调动教师教学积极性和学生学习积极性。①

中央关于教育体制改革的决定颁布以后，西南民族学院制定《关于
我院近期教学改革的几点意见》、《西南民族学院本科优培生选拔培养暂
行办法》、《关于革新我院本科各专业教学计划的具体要求》等文件，允
许学有余力的学生选修第二专业或其他选修课程，实行优生优培制度。该
校在改革传统的考试制度方面着力尤大，力图将传统的单一的闭卷考试，
变成开卷与闭卷结合、口试与笔试结合、理论知识测评和实际运用结合、
期终考试和平时考查相结合的多样化的教育质量测评体系，以期对学生的
学习效果进行全面、客观的考察和评价。他们还设计了具有一定指标体
系、定量与定性评价相结合的教学质量评估系统，以期对教师的课堂教学
效果进行更加合理的评价。②

1996 年 12 月，西北民族学院推出在该校教学改革进程中具有重要意
义的《西北民族学院教学改革五年工程》。为提高教育质量和办学效益，
增强学生的竞争能力，该校拟用五年的时间，先组建经济管理、民族语言
文学、文史、工程技术、外语五个学科群，按学科群组织基础教学，再按
社会需求进行分流培养。在学科群内，打破系部界限，实现教学资源
（教师、设备、图书）共享。在竞争的基础上，择优选聘优秀教师挂牌讲
授基础课。同时，完善学分制，推行升降级制、主辅修制、双学位制、优
秀学生选拔制，改革考试制度，推行教师挂牌上课制度和下岗培训制度
等。③

其他民族院校的教学管理体制改革也各具特色，如为培养复合型人
才，中南民族学院从 1995 年 8 月份开始试行主辅修制，三年后则推广到

---

① 荣仕星主编：《中央民族大学五十年》，中央民族大学出版社 2001 年版，第 44～59 页。
② 参见西南民族学院院史编辑室《西南民族学院院史（1951～1991）》，四川民族出版社
1991 年版，第 117～124 页。
③ 西北民族大学校史编写委员会：《西北民族大学校史》第一卷，甘肃民族出版社 2007 年
版，第 163～165 页。

全校各专业。1999年，该校又和相邻的中南政法学院、武汉纺织工学院、武汉化工学院开展合作办学和资源共享，鼓励学生跨校跨专业辅修和选修。这是对高校之间资源相互隔离的传统体制的破冰之举，也是一种开辟社会资源、节约办学成本的好办法。①广西民族学院1987年开始在85级本、专、预科学生中试行淘汰性教学管理制度，本、专、预科学生根据成绩可在各层次中升降，差的还要留级或退学，②这也是完善学生学习激励机制的一种有效措施。

到1990年代末，各民族院校大都先后建立和实行了诸如学生的选课制、选修制、主辅修制、优秀生选拔制，以及教师的课堂教学质量评估制、优秀教学奖励等制度，教学管理体制的改革与创新取得明显进展。

（三）调整教学内容，优化课程结构

人才培养目标的调整必然带来教育教学内容的调整和改革。1980年代后期，中央民族大学对课程体系作了一次全面的梳理和总结，发现存在必修课多，选修课少；专业课多，基础课少；古典多，现代少；旧课多，新课少；因人设课多，因需设课少等问题，因而提出以改革课程体系，加强基础教学，适当放宽专业面，减少讲授，增加自学，允许跨专业、跨系选课为指导方针，将课程分解为公共必修课、系定必修课、限定选修课和任选课四个系列，按一定比例构建课程体系。1995年5月，该校召开全校教学工作会议，通过了《中央民族大学深化教学改革的意见》，确定"九五"期间的第一项任务就是"改革课程体系，优化知识结构"，并再次将课程体系分解为校定必修课、系定必修课（含基础必修课和专业必修课）和选修课三个系列，规定在总课时不超过国家教委规定的前提下三个系列结构比例分别为30%、40%、30%，还要求新设课程要占1/4到1/3，旧课程要删除，有的课程名称可以不改但教材内容要全面更新。③

①　中南民族大学校史编纂委员会：《中南民族大学校史（1951～2011）》，湖北长江出版集团、湖北人民出版社2011年版，第155～156页。

②　广西民族学院院史编辑委员会：《广西民族学院院史》，广西人民出版社1991年版，第132页。

③　荣仕星主编：《中央民族大学五十年》，中央民族大学出版社2001年版，第39～40页。

中央民族大学课程体系存在的问题，在民族院校中具有普遍性。因而各院校教育内容的改革、调整的思路和举措大同小异。1985 年，西北民族学院在《关于修订我院十三个专业教学计划的几点意见》要求增加选修课，减少课堂教学时数，增加学生自学时间。[①] 西南民族学院则以"加强基础，注重实践，培养能力，提高质量"为中心，推出教育内容调整三原则：增加自学时间，减少讲课学时；增加选修课，减少必修课；增加实践性教学环节，减少理论课学时。[②] 其他院校如青海民族学院本着拓宽专业面，增强适应性，培养应用型人才原则提出的减少理论性课程，增加应用性课程，加强实践性环节的教学改革思路；[③] 广西民族学院突出主干课，增加选修课，减少必修课，加强基础课和实践性教学环节，既打好基础，又适当拓宽专业面增强适应性的教改思路；[④] 西藏民族学院压缩教学时数，增加学生自学时间，拓宽专业面，加强实践性环节，培养学生动手能力、适应能力、独立工作能力的教改思路等，[⑤] 其基本精神和思路大致相同。

（四）改革教育教学方法，调动"教"与"学"两方面的积极性

在教学改革中，课堂教学方法的改革是难点。其困难在于：传统的灌输式的课堂教学方法，在中国高等学校沿袭多年，已成为广大教师习惯性方法；若非他们从思想认识深处发生转变，教学方法改革是难以落实的。因此，和前面所介绍的改革相比，民族院校课堂教学方法的改革相对沉闷，但有的院校也作了尝试。

中央民族大学吸取发达国家名校的经验，在 1991 年颁布《中央民族学院教学工作规范》中，规定将课堂讨论作为课堂讲授的重要补充，要求教师"明确教学要求，纳入教学计划或授课计划"，在课堂讨论时"要

---

① 西北民族大学校史编写委员会：《西北民族大学校史》第一卷，甘肃民族出版社 2007 年版，第 97～98 页。

② 参见西南民族学院院史编辑室《西南民族学院院史（1951～1991）》，四川民族出版社 1991 年版，第 120 页。

③ 青海民院院史编写组：《青海民族学院院史（1949～1999）》，青海民族出版社 1999 年版，第 73～75 页。

④ 参见广西民族学院校史编辑委员会《广西民族学院校史》，广西民族出版社 2002 年版，第 125 页。

⑤ 参见李世成主编《西藏民族学院校史》，西藏人民出版社 1998 年版，第 113 页。

支持不同意见的发表，特别要扶持那些具有创新精神的见解"，不能流于形式。为推动这项改革，该校还经常组织课堂讨论的观摩教学。① 将讨论引入课堂教学过程中，有助于打破传统的教师讲、学生完全被动接受的沉闷局面，唤醒学生的主体意识，活跃他们的思想，培养他们的独立思考及创新精神，因而不少民族院校都鼓励教师大胆尝试。如西北民族学院数学系教师在"多元统计分析"、"运筹学"两门课采用以"讨论式"为主的教学法，教师只用三分之一的课堂时间讲课，其余时间留给学生做作业、读书、讨论。② 西藏民族学院则注重在文科各专业理论教学中增加课堂讨论和辩论，有的课堂甚至让学生上台讲课。③

　　各民族院校有不少教师也出现了一些自发的教学方法改革尝试，如西北民族学外语系师资专科有关课程应用的"交际法"教学，课堂气氛较活跃，效果也比较好，受到各方面好评。有的民族院校的教师，将启发式、研究式、个案教学等方法引入教学过程，也取得一些成效。如广西民族学院中文系现代文学课，课堂上主要讲重点、难点、特点和学术界的争论点，课后引导学生自学、写读书报告，考试采用闭卷考基础知识与开卷写学年论文相结合的办法，也是很有益的尝试。④ 但总的来说，民族院校课堂教学方法改革仍基本处于分散、自发阶段，不足以撼动传统的"满堂灌"对课堂的统治性地位。

　　本阶段，各民族院校在改革教育方法方面最活跃而有成效的，还是在教育和教学过程中增加实践性环节，让学生在解决实际问题的过程中理解、检验、校正所学知识，提高分析和解决实际问题的能力。在这方面，各院校可以说是新招迭出，诸如社会实践活动、实习活动、第二课堂活动、学生社团活动、各类竞技竞赛活动等异彩纷呈。西南民族学院将加强实践性环节的要求制度化，1988 年制定《关于加强实践性教学环节的意见》，对各专业学生参加实践活动时间在总学时中的比例作了规定：汉语

　　① 参见荣仕星主编《中央民族大学五十年》，中央民族大学出版社 2001 年版，第 45 页。

　　② 西北民族大学校史编写委员会：《西北民族大学校史》第一卷，甘肃民族出版社 2007 年版，第 155 页。

　　③ 参见李世成主编《西藏民族学院校史》，西藏人民出版社 1998 年版，第 114 页。

　　④ 参见广西民族学院校史编辑委员会《广西民族学院校史》，广西民族出版社 2002 年版，第 127 页。

文、历史、化学、数学等专业，不得少于总学时的 20%；牧医、法律、民语等专业不得少于总学时的 25%。同时把学生参加计划外社会实践制度化，规定在整个学程中本科文科学生参加计划外社会实践的时间不得少于 45 天，理科不得少于 30 天，研究生、专科生不得少于 20 天。① 为加强实践性环节，1997 年前后，湖北民族学院新建 10 个本科教育实习基地和 11 个生产实习基地。② 其他民族院校基本上都建起了一批教育实习和社会实践基地。

各民族院校本阶段的教学改革亦即人才培养目标和模式的调整，是与专业结构改造与更新相呼应和配套的。其共同目的，是使学校的人才培养和少数民族和民族地区经济建设和社会发展的实际需要更加紧密地结合，从而使学校保持教育事业发展的活力和动力。

民族院校的教育教学改革也反证了一个事实：在 1950 年代初"一边倒"全盘学苏联以后，苏联模式的窄口径且"过分追求标准化"③ 的专业教育与中国传统教育文化中某些固有元素（如过分强调知识和教师的权威，对学生个性发展的漠视，因 1300 年科举教育传统而形成的根深蒂固的实用主义传统尤其是"应试"传统等）结合，导致中国高等学校人才培养出现严重弊端，教育活动中严重忽视学生的主体性，重知识轻能力、重传承而轻创造，重统一要求而轻个性发展，教育方法极其死板具有明显的"填鸭式"特征，总的来说就是人才培养模式化；似乎教育的功能，就是像工厂的流水线一样"生产"标准化人才。对这种模式化教育，毛泽东年轻时就深为反感，斥之以"用划一的机械的教授法和管理法去戕贼人性"；④ 晚年在所谓"教育革命"和"文化大革命"中更想以极端的方式改造甚至革除之。然而或许正因为做法太极端，反而不能触动其根基。在 1977 年高考恢复

---

① 参见西南民族学院院史编辑室《西南民族学院院史（1951～1991）》，四川民族出版社 1991 年版，第 122 页。

② 田万振、汤贤均主编：《湖北民族学院七十年 1938～2008》（内部资料），2008 年 9 月印刷，第 49 页。

③ ［加］许美德：《中国大学 1895～1995：一个文化冲突的世纪》，许洁英主译，教育科学出版社 2000 年版，第 24 页。

④ 毛泽东：《湖南自修大学创立宣言》，见于张腾霄《中国共产党干部教育研究资料丛书第一辑》，中国人民大学出版社 1988 年版，第 35 页。

后这种模式化的教育又逐渐在高等学校故态复萌并且逐渐趋向僵化。本阶段民族院校的教育教学改革的基本取向，应是对这种根深蒂固的模式化教育的变革尝试。

三　民族院校的招生与毕业生就业制度改革

本阶段，在国家的大力推动下，包括民族院校在内的全国高等学校的招生和毕业生就业制度改革取得重大进展。

民国时期，中国的公立和私立高校都是自主招考学生，招生计划、条件、办法均由高等学校自定，毕业生则自谋职业。新中国成立初期，随着对旧的大学体系的接收和改造的完成，在 1950 年倡导大学联合招生、1951 年实行各大行政区统一招生的基础上，1952 年实行全国统一招生。而 1951 年 10 月政务院公布《关于改革学制的规定》，则明确指出高等学校毕业生"由政府分配工作"。[①] 至此，以"统招统分"为基本特征的高等学校招生和毕业生分配制度构建完毕。

在"文化大革命"中期的 1972 年到粉碎"四人帮"后的 1976 年间，中国高校曾实行过一段"个人申请、群众推荐、领导批准，学校审查"的工农兵大学生招生制度，和以"哪来哪去"为原则的毕业生就业制度，即学生"一般回原单位、原地区工作，特殊需要的由国家统一分配"。[②] 但随着"文化大革命"的结束和 1977 年高考的恢复，"文化大革命"前"统招统分"的招生和分配制度也随之恢复。

改革开放以后，随着经济、科技体制改革的深入进行尤其是确定市场经济体制为中国的基本经济制度之后，传统的统得过死、包得过多的招生和分配制度的不适应性越来越明显，改革已势在必行。

1989 年 3 月，国务院批转国家教委关于改革高等学校毕业生分配制度的报告，认为经过几年来的宣传、试点工作，高等学校毕业生分配制度改革的条件和时机基本成熟；改革的目标是在国家就业方针、政策指导下，逐步实行毕业生自主择业，用人单位择优录用的公平竞争、"双向选

---

① 中国教育年鉴编辑部：《中国教育年鉴（1949～1981）》，中国大百科全书出版社 1984 年版，第 337、348 页。

② 同上书，第 349 页。

择"的制度；拟采取分批实施，逐步深化的办法，在 1989 年起步，争取于 1990 年全面实行，并最终向全部通过人才（劳务）市场自主择业的方向过渡。①

国家教委报告中提出的操作性安排是：对 1988 年以前入校的学生，原则上仍实行以国家计划分配为主的制度；从 1989 年开始将招生计划分为国家任务和社会调节性计划两种，国家任务计划招收的学生培养费由国家承担，社会调节性计划（主要包括联合办学、委托培养、自费三种形式）招收学生的培养费用由联合办学或委托单位承担，自费生由学生本人承担。两种计划的学生毕业时采取不同的就业方式，国家任务学生"毕业后可在国家方针、政策指导下，按照有关规定在一定范围内选择职业，用人单位择优录用"，"联合办学、委托培养的学生，毕业后，到合同规定的地区、行业或单位择优录用"，自费生"毕业后自主择业，也可以请学校帮助推荐就业"。②

根据上述安排，中国高等学校招生和毕业生分配制度改革全面启动。此后的一段时间内，高等院校每年的招生计划分为"国家任务"和"调节性"计划两种形式，二者在招生时录取标准是不同的，招收"调节性"计划学生时各地招生部门要另划一条低于"国家任务"计划的录取线；二者的学费来源、就业方式也不同，甚至毕业证书也有所不同。正如当时中国经济领域实行的"双轨制"一样，高等教育中两种计划并存的制度也是一种"双轨制"。

民族院校招生和毕业生分配制度改革进展比较顺利。1985/1986 学年初，国家民委直属民族学院全日制在校生 11180 人，其中国家任务 10161 人，调节性计划 1019 人，调节性计划招收的学生仅占总计划的 10% 左右。③ 到 1997 年本科招生并轨之前，民族院校的普通本专科在校生的计划构成已发生了很大的变化。如 1995/1996 学年初民族院校在校生两种计划比例情况见表 7 - 6。

---

① 参见《国务院批转国家教委关于改革毕业生分配制度的报告的通知》，见于何东昌主编《中华人民共和国重要教育文献 1976～1990》，海南出版社 1998 年版，第 2849～2850 页。

② 同上。

③ 根据《民族教育改革与探索》，中央民族学院出版社 1989 年版第 51 页资料计算得出。

表 7－6　　1995/1996 学年初民族院校普通本专科在校生计划构成情况

学　校	在校生人数	其中：国家任务		其中：调节性计划	
		人数	比例（％）	人数	比例（％）
中央民族大学	3512	2894	82.4	618	17.6
西北民族学院	2613	1742	66.7	871	33.3
西南民族学院	3585	2386	66.6	1199	33.4
中南民族学院	4450	2867	64.4	1583	35.6
西北第二民院	1758	1064	60.5	694	39.5
云南民族学院	2528	2485	98.3	43	1.7
广西民族学院	3602	2797	77.7	805	22.3
湖北民族学院	2211	2193	99.2	18	0.8
贵州民族学院	2663	1633	61.3	1030	38.7
广东民族学院	2464	1262	51.2	1202	48.8
青海民族学院	1480	1144	77.3	336	22.7
西藏民族学院	1539	1185	77	354	23
合　计	32405	23652	73	8753	27

注：本表资料来自于各民族学院 1995/1996 学年初高等教育基层统计报表。

表 7－6 数据表明，1995/1996 学年初，民族院校在校生中"调节性计划"招生的学生已占 27％，其中比例高者如广东民族学院已近 50％。

就像经济领域里的"双轨制"是由传统的计划体制向市场经济体制过渡的产物一样，中国高等学校招生计划中的"双轨制"也是由以"统"和"包"为特点的传统体制向以"自费上学"和"自谋职业"为特点的新体制过渡的产物。所以，一旦条件成熟，"双轨制"就要"并轨"成为"单轨制"。1996 年，中国高等学校专科招生实现"并轨"，1997 年实现本科招生并轨。"并轨"之后招生计划没有"国家任务"和"调节性"计划之分，录取、收费、毕业和就业均实行同一政策，所有的毕业生均需自谋职业。至此，招生和毕业生就业制度改革顺利完成。

招生与就业制度改革，从宏观的角度来说，是建立社会主义市场经济体制的需要；对民族院校来说，则是对办学理念、专业结构、人才培养模式、教育质量等方面的一场考验和挑战。因为主要由"看不见的手"操控的社会人力资源市场，选才的机制是竞争。竞争是公平的，但也是无情的。民族院校在招生时可以根据国家政策对少数民族考生实行优惠、优先录取，但就业竞争不会承认任何人有什么需要特殊照顾的地方。因此，在改革启动之初，民族院校中有人心存疑虑，甚至有人认为这会导致用表面、形式上的公平、平等掩盖事实上、实质上的不公平、不平等。然而，后来的实践证明民族院校经受住了改革的考验和挑战，改革的压力已转化为改革的动力。各院校努力调整办学理念，优化专业结构，改进人才培养模式，提高人才培养质量，不但在日趋激烈的社会竞争中站稳了脚跟，而且还实现了教育事业的可持续发展。

四 民族院校各层次、形式教育的发展

得益于良好的发展环境，也得益于体制改革带来的活力尤其是专业体系改造与更新带来的对社会需求的适应能力，民族院校各层次和形式教育都持续、稳定发展。

（一）普通本专科教育的发展

本阶段，普通本专科教育是民族院校教育事业的主体形式和层次。1985～1998年，11所民族院校普通本专科全日制在校生增长情况如表7-7所示。

表7-7　　1985～1998年民族院校全日制本专科在校生增长情况

单位：人

学　校	1985年在校生数	1998年在校生数	增长率（%）
中央民族大学	3255	3850	18.3
西北民族学院	1631	2873	50.5
西南民族学院	2315	4353	76.1
中南民族学院	2060	5848	183.9
西北第二民族学院	266	1784	570.7
云南民族学院	1979	3103	56.8

续表

学　校	1985 年在校生数	1998 年在校生数	增长率（%）
广西民族学院	2562	4620	80.3
贵州民族学院	1338	2655	98.4
广东民族学院	1041	2620	151.7
青海民族学院	1363	1566	14.9
西藏民族学院	559	1317	135.6
合　计	18369	34589	88.3

注：资料来源于《中国民族统计年鉴》（2007）；为增加可比性，未计入大连民族学院、湖北民族学院数据。

表 7－7 数据表明，在 1985～1998 年间，11 所民族院校普通本专科在校生总量增长了 88.3%，年均增长 5%，与本期全国普通高等学校在校生年均增长率 5.1% 基本持平；[1] 校均在校生由 1670 人增至 3144 人。在教育体制改革全面铺开尤其是招生与毕业生就业制度改革就在普通本专科教育层面进行并完成的阶段，民族院校本专科教育事业的顺利发展自有其特殊的历史与现实意义。

（二）研究生教育的发展

本阶段，民族院校的研究生教育的学位授予单位和学科不断增加，办学规模也相应扩大。

根据学位工作规范化的需要，针对前期学位工作中存在的问题，国务院学位委员会在 1983 年 3 月公布的《高等学校和科研机构授予博士和硕士学位的学科专业目录（试行草案）》的基础上，分别于 1990 年、1997 年对学科专业目录进行了调整和完善。1983 年的《试行草案》设 10 大学科门类、63 个一级学科、638 个二级学科。1990 年修订的学科、专业目录适当拓宽了专业面，删除或归并了部分专业，增加了一批新专

---

[1]　根据国家统计局国民经济综合统计司编《新中国六十年统计资料汇编》，中国统计出版社 2010 年版，第 71 页资料计算得出。

业，调整了原来一些按行业或部门划分的旧专业，共设置 11 个学科门类、72 个一级学科和 620 个二级学科。1997 年，国务院学位委员会再次调整学科专业目录尤其是大幅压缩二级学科目录，增加了管理学学科门类，一级学科由原来的 72 个增加到 88 个，二级学科由原来的 654 个调减为 382 个。

因学科、专业目录的调整、修订，民族院校设置的博士、硕士学位授予学科也有相应的调整，如原分散设置的各语族语言文学统一纳入"中国少数民族语言文学"学科，"中国民族史"并入"专门史"，等等。

1986～1998 年，国务院学位委员会先后审批和公布了第三至第七批博士、硕士学位授权单位和学科名单，其中涉及民族院校者情况如下。

1. 1986 年 7 月第三批名单

（1）博士学位授权学科

中央民族学院：中国民族史

（2）硕士学位授权学科

中央民族学院：辩证唯物主义与历史唯物主义、政治经济学、科学社会主义、中国古代文学、其他民族语言文学（朝鲜语族语言文学）、绘画艺术研究

西南民族学院：宗教学、中国古代文学、动物遗传育种学、中兽医学

中南民族学院：民族学、中国民族史、等离子体物理

云南民族学院：国民经济计划与管理、民族学、中国民族史

青海民族学院：中国民族史

2. 1990 年 10 月第四批名单

（1）博士学位授权学科（无）

（2）硕士学位授权学科

中央民族学院：中国少数民族经济

西北民族学院：民俗学（含中国民间文学）

西南民族学院：中国少数民族语言文学（藏缅语族）

中南民族学院：教育经济与管理、中国少数民族经济

3. 1993 年第五批名单

（1）博士学位授权学科（无）

（2）硕士学位授权学科

西南民族学院：民族学

4.1996年第六批名单

（1）博士学位授权学科（无）

（2）硕士学位授权学科

中央民族大学：马克思主义民族理论与政策

西北民族学院：宗教学

西南民族学院：专门史、材料物理与化学、企业管理（含财务管理、市场营销、人力资源管理）

中南民族学院：文艺学、分析化学

5.1998年6月第七批名单

（1）博士学位二级学科

中央民族大学：人类学、中国少数民族经济

（2）硕士学位一级学科

中南民族学院：生物医学工程

（3）硕士学位二级学科

中央民族大学：宗教学、人类学、中国少数民族艺术

西南民族学院：法学理论、中国现当代文学、预防兽医学

中南民族学院：法学理论、计算机应用技术

云南民族学院：宗教学、社会学

广西民族学院：民族学、中国少数民族语言文学（壮侗语族）①

根据上述名单，本阶段新增西南民族学院、中南民族学院、广西民族学院3所民族学院为硕士学位授予单位，其中西南民族学院、中南民族学院1986年被批准为硕士学位授予单位，广西民族学院1998年被批准为硕士学位授予单位。

1998年末，民族院校研究生教育学科设置情况如表7-8所示。

经过本阶段十余年的发展，民族院校博士学位授予学科由2个增至5个——全部集中在中央民族大学，硕士学位授予学科由8种12个增至29种49个。而且，1985年民族院校的12个硕士学位学科全部集中在文学（9个）、历史学（3个）两个科类，1998年的49个学科则分布在10个科类。详情参见表7-9。

---

① 上述资料根据国务院学位委员会办公室《中国学位授予单位名册》（2000年版）整理。

表 7－8　　　　**1998/1999 学年初民族院校研究生教育授权学科**

学校	博士学位学科	硕 士 学 位 学 科
中央民族大学	人类学、民族学、中国少数民族经济、中国少数民族语言文学（藏缅语族）、专门史	马克思主义哲学、宗教学、政治经济学、科学社会主义与国际共产主义运动、人类学、民族学、马克思主义民族理论与政策、中国少数民族经济、中国少数民族艺术、语言学及应用语言学、中古代文学、少数民族语言文学（藏缅语族）、美术学、考古学及博物馆学、专门史
西北民族学院		宗教学、民俗学（含中国民间文学）、少数民族语言文学（藏缅语族）
西南民族学院		宗教学、法学理论、民族学、中国古代文学、中国现当代文学、中国少数民族语言文学（藏缅语族）、专门史、材料物理与化学、动物遗传育种与繁殖、预防兽医学、企业管理（含财务管理、市场营销、人力资源管理）
中南民族学院		法学理论、民族学、中国少数民族经济、文艺学、专门史、等离子体物理、分析化学、计算机应用技术、生物医学工程、教育经济与管理
云南民族学院		宗教学、国民经济学、社会学、民族学、中国少数民族语言文学（藏缅语族）、专门史
广西民族学院		民族学、中国少数民族语言文学（壮侗语族）
青海民族学院		少数民族语言文学（藏缅语族）、专门史
合计（个）	5	49

　　注：本表根据国务院学位委员会办公室《中国学位授予单位名册》中资料整理；此时的专业口径和名称均已根据新的专业目录进行调整、合并。

表 7 - 9　　　1985 年、1998 年民族院校硕士学位授权学科发展情况

单位：个

年份	合计	哲学类	经济学类	法学类	文学类	历史学类	艺术学类	理学类	工学类	农学类	管理学类
1985 年设置数	12				9	3					
1998 年设置数	49	5	4	6	12	11	2	3	2	2	2
增加数	37	5	4	6	3	8	2	3	2	2	2

表 7 - 9 数据表明，随着授权单位和学科的增加，民族院校硕士学位学科的科类分布正趋向均衡，而且以普通本科专业的发展为依托在向经济学、理学、工学、农学、管理学领域延伸。

中央民族大学以其强劲的学术实力，引领着民族院校高层次学科建设和研究生教育的发展。该校不仅是民族院校中唯一的博士学位授权单位，而且在 1995 年 1 月历史学、少数民族语言文学两学科被国家教委批准为"国家文科基础学科人才培养和科学研究基地"；同年 2 月全国博士后管委会批准该校设立一级学科"民族学"博士后流动站。[1]

随着授权单位和学科的不断增加，民族院校研究生教育的规模也有所扩展，1998 年招生、在校生、毕业生人数分别为 241 人、701 人、166 人。有关民族院校研究生教育规模具体情况如表 7 - 10 所示。

未获硕士学位授权的民族学院，也积极创造条件，积累经验，为发展研究生教育做准备，如湖北民族学院从 1996 年开始与湖北大学联合培养中文、数学硕士研究生，1998 年又与中南民族学院联合培养民族学硕士研究生。[2]

---

[1]　参见荣仕星主编《中央民族大学五十年》，中央民族大学出版社 2001 年版，第 27～28 页。

[2]　田万振、汤贤均主编：《湖北民族学院七十年 1938～2008》，2008 年 9 月印刷，第 50、88 页。

表 7-10　　　　　1998/1999 学年初民族院校研究生教育规模

学校	招生学科（个）		招生人数			在校生数			毕业生数		
	博士学位	硕士学位	合计	博士	硕士	合计	博士	硕士	合计	博士	硕士
中央民族大学	5	15	116	20	96	305	54	251	97	16	81
西北民族学院		3	20		20	52		52	29		29
西南民族学院		11	24		24	54		54	12		12
中南民族学院		10	44		44	185		185	10		10
云南民族学院		6	29		29	95		95	16		16
广西民族学院		2									
青海民族学院		2	8		8	10		10	2		2
合　计	5	49	241	20	221	701	54	647	166	16	150

注：数据来自于各民族院校高等教育基层统计报表；1998 年 6 月批准的硕士学位授予单位广西民族学院尚未招生。

（三）成人教育的发展

本阶段尤其是在前期，由于知识、学历的社会地位不断提升尤其是干部"知识化、专业化"要求所引发的对高等教育的强势需求，民族院校的成人教育发展迅速，基本形成各种形式和层次成龙配套的体系，办学规模也达到空前水平。

本阶段民族院校成人教育发展的一个趋向性特点，就是它逐渐和普通本专科教育相分离，成为相对独立的办学体系。

上阶段和本阶段前两年，各民族院校成人教育的重心大都在各系、部等教学单位，学校往往仅在教务部门设一科级建制的科室以协调、统筹和管理。这样做的好处是有利于调动教学单位的积极性，其弊病则是资源分散，统筹不易，容易造成管理失范；而且，两种性质不同的办学形式混在一起，难免对作为主体形式的普通本专科教育及其管理造成干扰和冲击，影响其教育质量。尤其是 1983 年开始举办的干部专修科，性质上属于成人教育，入学门槛较低，但办学形式往往是全日制而且就办在校本部，如不加控制地任其发展，毫无疑问会和普通本专科教育争资源，从而两方面的教育质量都受影响。

　　鉴于上述问题，从 80 年代后期开始，各民族院校大都实行成人教育和普通本专科教育的分离，先是将成人教育管理从教务部门分离出来，另设处级建制的成人教育处，以对成人教育进行归口管理和统筹安排；后来则将成人教育处和干训、函授等教学单位合并改设为集管理和办学职能为一体的成人教育中心或成人教育学院，相对独立地办学。如 1988 年西北民族学院成立成人教育处，1994 年改设为成人教育中心，1996 年又改为成人教育学院；中南民族学院 1988 年成立成人教育处，1996 年改为成人教育学院；西南民族学院 1992 年成立成人教育处，1994 年改为成人教育学院；贵州民族学院 1991 年成立成人教育处，1996 年将成人教育处、函授部、委培部合并而成立成人教育中心；青海民族学院 1993 年撤销干训部，1995 年成立成人教育部；1998 年，西北第二民族学院成立成人教育处，云南民族学院成立成人教育学院。到本阶段末期，民族院校大都完成了成人教育体系的分立和管理模式的变更，有的院校还采取尽可能利用校外办学资源举办成人教育的方针——如中南民族学院，或另辟独立校区办成人教育——如西南民族学院，以避免其挤占本部教育教学资源而影响普通本专科教育质量。

　　1995 年 1 月，国家民委颁布了《关于改革和发展委属民族院校成人高等教育的意见》，对成人教育在民族地区改革和发展中的地位和作用，委属院校成人教育改革和发展的总体目标、指导方针、政策措施等进行了系统的阐述和部署，认为"民族成人教育对象的广泛性、形式的多样性、内容的针对性，决定了它具有普通民族高等教育不能替代的作用和优势。它将与民族普通高等教育相互补充、协调发展，共同构成中国民族高等教育'两条腿走路'的完整体系"；"今后一个时期，民族院校成人高等教育改革和发展的总体目标是：坚持社会主义的办学方向，建立适应民族地区经济社会发展需要、重点突出、结构优化、层次多样、布局合理的民族院校成人高等教育体系。形成能够主动适应民族地区社会主义市场经济的需要、分级管理、分级负责，具有自我发展、自我约束、充满生机与活力的民族成人高等教育的管理体制和办学机制"。①

　　由于社会需求大，国家政策鼓励，领导机关支持，成人教育本身又具

---

① 　参见吴仕民主编《中国民族教育》，长城出版社 2000 年版，第 750～751 页。

有运行成本低、办学形式灵活、专业设置针对性强，培养周期较短等特点，通过摸索和总结，至 90 年代末民族院校大都形成集函授、夜大、自学考试、继续教育、职业技术教育、干部短期培训等于一体的多形式、多层次、多规格的成人教育体系，办学规模迅速扩大，办学效益明显提高。如中央民族大学的成人教育已形成夜大、函授、专业证书班、大学后继续教育、自学助考班、高中起点脱产本科班、短期培训等形式和层次构成的办学体系。1991～2000 年，该校仅函授教育设置专业 20 多个，并在 10 个省、市、自治区设函授站 16 个。1985～2000 年举办非学历成人教育各种培训班 170 多个，培训 15000 人次；举办专业证书班 10 个，300 余人；大学后继续教育（含高层次的继续教育班、进修教师班）和非学历短期教育（含各种短期培训班、研讨班等）学生 1100 多人。① 西北民族学院开设的成人教育专科、专升本、高升本专业 30 个，高等教育自学考试专科专业 17 个，中专专业 4 个，成人教育规模与全日制普通本专科在校生形成 1∶1 比例，仅 1992～1999 年各类成人教育毕业生达到 6200 人。② 西南民族学院 1994 年投入巨资，将原教学实习农牧场改建为独立校区的成人教育学院，1999 年业已形成各类成人脱产班、函授、夜大学、第二专业学历教育、成人中专、成人预科、进修生等形式和层次的成人教育体系，在读学生 3088 人。仅 1995 年至 1999 年，该校成人教育学院培养各类毕业生已达 3000 余人，成人预科结业生 2000 余人。③ 中南民族学院 1999 年各种形式和层次的成人教育在校生 2700 人；1988～1998 年间，成人教育毕业生近 3000 人。④ 尚在筹建阶段的西北第二民族学院和东北民族学院，在当地政府的支持下，也适时开展成人教育。如西北第二民族学院举办过专科层次的汉语、法律专业干训班；1994 年正式建校后举办成人大专学历教育脱产班，1999 年招生专业发展到 5 个。⑤ 东北民族学院先后举办过畜禽营养、饲料加工与奶牛生产技术培训班、自治县县长培训班、成人自学考试辅导班、日语脱产班等，至 1999 年先后培养、培训各

---

① 参见吴仕民主编《中国民族教育》，长城出版社 2000 年版，第 82～89 页。
② 同上书，第 119～120 页。
③ 同上书，第 109～110 页。
④ 同上书，第 98～99 页。
⑤ 同上书，第 128～129 页。

类人才4000余人。① 各地方民族学院的成人教育发展模式和趋势也基本
如此。如青海民族学院在1995年成立成人教育学院后，将各种自学考试
辅导班、成人专科学历教育班、岗位培训班等，纳入统一管理，逐步形成
多层次、多规格、多形式、多对象的办学体系。②

　　由于思路明晰，措施得当，民族院校成人教育发展较快，1998/1999
学年初各类毕业生总计6242人（各院校具体情况见表7-11）。

表7-11　　　　1998/1999学年初民族院校成人教育毕业生人数

单位：人

学校	毕业生人数				
	合计	函授本专科	夜大本专科	成人脱产班	其他学生
中央民族大学	936	645	43	248	
西北民族学院	862	140	172	123	427
西南民族学院	1263	270	160	779	54
中南民族学院	503	417		86	
西北第二民院	77			77	
大连民族学院					
云南民族学院	542	345	108	89	
广西民族学院	557	419		138	
湖北民族学院	131	81			50
贵州民族学院	992			984	8
青海民族学院	27			27	
西藏民族学院	352			44	308
总　计	6242	2317	483	2595	847

　　注：本表资料来自于各民族院校1998/1999学年初高等教育基层统计报表；"其
他学生"包括成人第二学历教育、培训班、进修班、专业证书班、自考助学班学生。
广东民族学院已更名为广东技术师范学院，数据未列入。

---

　　① 参见吴仕民主编《中国民族教育》，长城出版社2000年版，第132～137页。
　　② 参见青海民族大学校史编写组《青海民族大学校史（一九四九～～二〇〇九）》，青海
人民出版社2009年版，第51页。

　　1998/1999 学年初，民族院校成人教育招生数 7940 人、在学人数达到 18608 人——相当于全日制在校生 42669 人的 43.4%。各院校具体情况参见表 7-12。

表 7-12　　　1998/1999 学年初民族院校成人教育招生及在学人数

单位：人

学校	招生人数					在学人数				
	合计	函授本专科	夜大本专科	成人脱产班	其他学生	合计	函授本专科	夜大本专科	成人脱产班	其他学生
中央民族大学	815	475	141	199		2285	1464	321	500	
西北民族学院	2100	179	176	519	1226	3964	624	538	876	1926
西南民族学院	1023	43	92	654	234	2267	193	217	1605	252
中南民族学院	880	479		401		2457	1366		727	364
西北第二民院	210			210		417			417	
大连民族学院	234		49	185		234		49	185	
云南民族学院	838	375	105	58	300	1735	929	298	208	300
广西民族学院	1220	1164		56		3024	2861		163	
湖北民族学院	418	237	83		98	1250	760	83	42	365
贵州民族学院	110			100	10	614			604	10
青海民族学院	42			42		60			60	
西藏民族学院	50			50		301			103	198
总计	7940	2952	646	2474	1868	18608	8197	1506	5490	3415

　　注：本表资料来自于各民族院校 1998/1999 学年初高等教育基层统计报表；"其

他学生"包括成人第二学历教育、培训班、进修班、专业证书班、自考助学班学生。广东民族学院已更名为广东技术师范学院，数据未列入。

通过蓬勃发展的成人教育，民族院校一方面为社会输送了大批专业技术人才；另一方面，也吸收了不少社会资金，缓解了各院校办学经费紧张的局面。

本阶段，随着成人教育的专业化、学历化和成人高考制度1986年在全国的实行，以及国家对成人教育管理的日益规范，伴民族学院而生——更准确地说是民族学院因其而生——并延续三十余年的干部短期培训、轮训的传统教育模式，大致在90年代渐渐融入成人教育体系；原来的常设机构干部培训部，也先后由新成立的成人教育处（部、中心）或成人教育学院所取代。到1990年代末，在各民族院校的机构建制中，已经很难找到昔日的"干训部"。

（四）留学生教育的发展

随着中国对外开放的不断深入，本阶段民族院校对外合作与交流也日趋活跃。各院校人员纷纷走出国门，与国外的高等学校和科研机构等建立合作与交流关系，开展各种形式的人员互访、学术交流、联合办学、协作研究等活动，外籍文教专家也越来越多地出现在各院校的课堂并带来新的教育理念和方法，不同肤色的留学生带着他们的文化特点一起出现在校园，师生员工的视野因此而更加开阔。

留学生教育的发展是衡量现代大学国际化程度的重要指标。本阶段，民族院校的留学生教育不断有新的突破。

作为国家重点大学和特色鲜明的民族院校，中央民族大学具有发展留学生教育的得天独厚的优势。进入90年代，该校留学生教育开始有本科、硕士生和博士生教育；[1] 1998年，招收留学生225人，规模在民族院校中居首位。

1986年，经国家教委、国家民委批准，西南民族学院也试行招收了第一批留学生；1988年以后招生人数有较大发展，1990年有英国、美国、法国、德国、加拿大、澳大利亚、芬兰、日本、哥伦比亚、菲律宾等十余

---

[1]　参见荣仕星主编《中央民族大学五十年》，中央民族大学出版社2001年版，第28页。

个国家的 35 名留学生在藏语文、汉语文、民族语言比较等专业学习。①
中南、西北民族学院获准招收第一批留学生的时间分别是 1990、1994 年。

1998 年，各民族院校留学生教育基本情况如表 7 - 13 所示。

表 7 - 13　　　　　　1998/1999 学年初民族院校留学生教育情况

单位：人

学校	毕业生数	招生数	在学人数
中央民族大学		225	225
西北民族学院	3	20	20
西南民族学院	4	9	32
中南民族学院	1	2	3
云南民族学院	27	23	23
广西民族学院			112
青海民族学院	1	12	20
合　计	36	291	435

注：本表资料由各民族院校 1998/1999 学年初高等教育基层统计报表和《中国民族高等教育对外开放的历史回顾与发展研究》（北京，民族出版社，2010，第 49 ～ 50 页）中有关资料合成，数据不一致则取大数，无在学人数者以招生人数代替。

在开展留学生教育方面，地方民族学院自有其敏感性、积极性和特色意识。云南民族学院自 1981 年开始招收学习汉语的留学生之后，于 1992 年开始先后招收日本、泰国、越南、老挝等国家的攻读民族学、宗教学、中国少数民族语言学、行政管理、汉语言文学、经济管理、专门史硕士学位研究生。② 青海民族学院自 1984 年首次接受留学生以后，先后接受美国、英国、澳大利亚、意大利、瑞士、瑞典、挪威、哥伦比亚、日本、韩国、新加坡、蒙古国、马来西亚等 20 多个国家的留学生，主要学习汉语文和藏语文，1998 年有在读留学生 20 人。③ 贵州民族学院 1985 年开始招

① 参见西南民族学院院史编辑室《西南民族学院院史（1951 ～ 1991）》，四川民族出版社 1991 年版，第 282 页。

② 《云南民族大学 55 年》，云南民族出版社 2006 年版，第 162 页。

③ 参见青海民族大学校史编写组《青海民族大学校史（一九四九 ～ 二〇〇九）》，青海人民出版社 2009 年版，第 53 页。

收留学生，学习范围主要是汉语、民族文化、少数民族语言等。[①] 广西民族学院1986年开始接受外国（日本）留学生，尤其注意利用地缘优势发展对东南亚国家的留学生教育，1998年来自东南亚和欧美国家的长、短期留学生达到112人。[②]

总的来看，民族院校的留学生教育规模并不算大，但其所显示的趋势是上升的，也表现了它们融入高等教育国际化潮流的意向和努力。

（五） 办学规模的发展

从专业体系改造和教育体制改革中获得发展动力和活力的民族院校，本阶段教育事业发展平稳而顺利。1998/1999学年初12所民族院校各类在校、在读学生总数达到58657人，校均4888人；其中全日制在校生40049人，校均3337人。各校详情如表7－14所示。

表7－14　　　　　1998/1999学年初民族院校在校生规模

单位：人

学校	合计	普通全日制在校生						成人教育在学人数
		计	博士生	硕士生	本专科生	预科生	留学生	
中央民族大学	6913	4628	54	251	3850	273	200	2285
西北民族学院	7197	3233		52	2873	302	6	3964
西南民族学院	6855	4588		54	4353	149	32	2267
中南民族学院	8598	6141		185	5848	105	3	2457
西北第二民院	2201	1784			1784			417
大连民族学院	945	711			650	61		234
云南民族学院	5229	3494		95	3103	273	23	1735
广西民族学院	8366	5342			4620	652	70	3024

---

① 贵州民族学院办公室：《贵州民族学院》，华夏文化艺术出版社2001年版，第194页。

② 参见广西民族学院校史编辑委员会《广西民族学院校史》，广西民族出版社2002年版，第215～219页。

学校	合计	普通全日制在校生						成人教育在学人数
		计	博士生	硕士生	本专科生	预科生	留学生	
湖北民族学院	5453	4203			4093	110		1250
贵州民族学院	3419	2805			2655	150		614
青海民族学院	1826	1766		10	1566	174	16	60
西藏民族学院	1655	1354			1317	37		301
总　计	58657	40049	54	647	36712	2286	350	18608

注：1. 数据来自于各民族院校《普通高等教育基层统计报表》；2. 留学生招生及在校生数参照《中国民族高等教育对外开放的历史回顾与现状》第 50 页中有关数据核定；3. "其他学生"包括专业证书班、成人第二学历、进修班、培训班的学生；4.1998年广东民族学院更名为广东技术师范学院，故数据未列入。

值得注意的是，与 1985～1998 年间全日制普通本专科办学规模 88.3% 的增长率相比，11 所民族院校 1998 年教职工人数仅比 1985 年增加 627 人，增长 6.6%；专任教师仅增加 203 人，增长 5%；中央民族大学、青海民族学院均出现超过 16% 的教职工人数负增长，有 4 所民族学院出现专任教师人数负增长，其中西南民族学院专任教师人数负增长率达到 15.6%。各校详情如表 7-15 所示。

表 7-15　　　1985～1998 年民族院校教职工、专任教师增长情况

单位：人

学校	1985 年教职工人数		1998 年教职工人数		教职工增长（%）	
	计	其中：专任教师数	计	其中：专任教师数	计	其中：专任教师增长（%）
中央民族大学	2125	804	1776	730	-16.4	-9.2
西北民族学院	941	424	984	442	4.6	4.2
西南民族学院	1127	488	1192	412	5.8	-15.6
中南民族学院	1000	419	1129	509	12.9	21.5
西北第二民族学院	181	84	418	199	130.9	136.9

续表

学校	1985 年教职工人数		1998 年教职工人数		教职工增长（％）	
	计	其中：专任教师数	计	其中：专任教师数	计	其中：专任教师增长（％）
云南民族学院	554	219	975	420	76	91.8
广西民族学院	970	435	1028	440	6	1.1
贵州民族学院	906	388	923	469	1.9	20.9
广东民族学院	411	167	510	247	24.1	47.9
青海民族学院	654	211	546	194	- 16.5	- 8.1
西藏民族学院	562	235	577	233	2.7	- 0.9
合　计	9431	4092	10058	4295	6.6	5

注：资料来源于国家民族事务委员会经济发展司、国家统计局国民经济综合统计司《中国民族统计年鉴》（2007）；为增加可比性，未计入大连民族学院 1998 年的205 人、湖北民族学院的 1079 人。

实际上，本阶段全国民族院校教职工队伍尤其是专任教师队伍很不稳定，专任教师增增减减非常频繁（参见表 7－16）。

表 7－16 中"合计"数列表明，大致从 1988 年开始 11 所民族院校专任教师人数开始呈逐年递减之势，1991 年、1992 年跌至谷底，1993 年开始缓慢回升，但直至 1998 年仍未达到 1988 年 4557 人的水平。

考察本期中国社会变迁背景，从 1980 年代末至 1990 年代初这段时间正是中共中央推动经济体制改革，为商品经济正名，经济领域实行"双轨制"，经商热、"下海"潮席卷全国，同时"留学热"也不断升温的时候。民族院校专任教师队伍的不稳定乃至不断流失，应与此密切相关。在1993 年之后，经商热逐渐降温；而且，国家开始进行工资制度改革，高等学校教职工收入逐渐增加，因而民族院校专任教师人数开始慢慢回升。

本阶段民族院校教育事业发展新动向还包括：

1992 年，中共中央、国务院发布《中国教育改革与发展纲要》，提出实施高等教育"211 工程"，即面向 21 世纪，重点建设 100 所左右的高等学校和一批重点学科。这项工作，被简称为"211 工程"。作为民族院校中唯一一所国家重点大学的中央民族大学理所当然地进入"211 工程"。

表 7 - 16　　　　　　　1985 ~ 1998 年民族院校专任教师人数变化情况

单位：人

年份	合计	中央民族大学	西北民族学院	西南民族学院	中南民族学院	西北第二民院	云南民族学院	广西民族学院	贵州民族学院	广东民族学院	青海民族学院	西藏民族学院
1985	3874	804	424	488	419	84	219	435	388	167	211	235
1986	4092	834	438	464	439	96	403	449	283	181	270	235
1987	4208	855	474	468	432	103	436	445	302	182	287	224
1988	4557	821	436	495	525	137	442	446	386	182	298	389
1989	4287	800	431	490	462	128	445	447	359	189	292	244
1990	4165	763	429	444	472	131	422	441	375	180	274	234
1991	4016	720	439	442	471	131	406	424	306	177	271	229
1992	4089	687	444	440	503	168	389	426	385	174	241	232
1993	4233	678	443	518	522	169	376	453	418	192	226	238
1994	4204	701	449	439	512	193	377	470	420	202	209	232
1995	4333	740	437	448	526	199	396	500	430	202	222	233
1996	4376	797	427	473	530	202	416	431	429	211	217	243
1997	4399	760	438	452	516	193	424	491	436	225	221	243
1998	4295	730	442	412	509	199	420	440	469	247	194	233

注：资料来源于国家民族事务委员会经济发展司、国家统计局国民经济综合统计司《中国民族统计年鉴》（2007）；为增加可比性，未计入大连民族学院、湖北民族学院数据。

1997 年 10 月，该校通过了"211 工程"的部门预审，1999 年 1 月又通过立项审核，确立了在"211 工程"中的地位。1993 年 11 月，该校更名为中央民族大学。1995 年，学校获准设立博士后流动站，在办学层次上又上了一个新台阶。通过"211 工程"建设，该校明确了发展的总目标：经过 10 余年的努力，到 2010 年，把中央民族大学建设成为以人文学科、社会学科和管理学科为主干，以民族学科为特色，以应用科技学科为先导，门类较为齐全，多学科协调发展的社会主义综合性民族大学。①

　　1993 年 2 月，云南民族学院被云南省人民政府常务会议列为该省 5 所重点大学之一，省里和学校开始启动重点大学建设工程。②

　　本阶段，民族院校教育事业的发展与改革总的来说是比较顺利的，但也并不是完全没有争议与风波。据西南民族大学原任校长陈玉屏先生撰文称，在 1990 年代国家进行宏观教育体制改革尤其是大学管理体制改革，再次出现高等教育资源重组的过程中，教育主管部门中对民族院校到底应该怎么办曾出现过不同意见，有人提出国家民委直属院校"只须办一点干训、预科就行了，专业教育应由普通高校举办"的看法，"委属院校面临何去何从"③ 的严峻问题。其实，类似看法在 1964 年第四次全国民族学院院长会议上就曾出现过，今后也不能排除其出现的可能。它以高等学校的职能分工和高等教育资源的合理配置为理由，理论上可以自圆其说，逻辑上也并无乖谬；既可以延安干部教育模式为历史根据，也可以在现实的宏观体制中找到解释依据。但此说如在以市场经济体制为基础的社会环境下付诸实践，则民族院校的发展前途堪忧。这是因为：（1）传统的干部培训方式从 1983 年三部委有关文件下达后便开始向专业和学历教育转型，1990 年代则逐渐融入成人教育体系，不可能成为支撑民族院校生存——且不说发展——的办学形式。（2）在民族院校，预科教育向来只是作为弥补少数民族和民族地区基础教育之不足而设置的辅助性的特殊形式而存在，从严格意义上说不属于高等教育范畴，如将其作为民族院校的主体办学形式，等于取消了民族院校的高等教育性质。（3）即使民族院校在国家的支持下能将干训、预科办下去，但因办学层次过低势必导致高端人才难以进入民族院校而已有高层次人才将流失殆尽，学校后程发展的希望和动力难以保持。（4）即使保留民族学科作为民族院校的特色化高层次教育，但此类专业因偏离少数民族和民族地区经济建设和社会发展的主流需要而生源不足，出路太窄，无法支持民族院校形成生存所必需的起码的规模效益，因而也无法保证民族院校在市场经济体制已经成为有中国

---

　　①　参见荣仕星主编《中央民族大学五十年》，中央民族大学出版社 2001 年版，第 134 页。

　　②　《云南民族大学 55 年》，云南民族出版社 2006 年版，第 17 页。

　　③　参见陈玉屏《民族高等教育发展历史中的一次抗争》，见于西南民族大学"校庆 60 周年专题网站——学府春秋一流金岁月"，张敏 2011 年 4 月 9 日发布。

特色的社会主义的基础性制度，高等学校之间竞争日趋激烈的社会环境中争取和开拓自己的生存和发展空间。（5）如只办干训、预科和民族学科，等于人为地阻断了民族院校人才培养与少数民族和民族地区经济建设及社会发展的主流需要之间的联系，那么民族院校的出路只有一条：国家作为"特保儿"用"铁饭碗"养起来而且一直养下去，民族学科毕业生的就业最好国家也"包"起来。其必然后果，恰如当年计划体制下实行"大锅饭"、"铁饭碗"的国营企业，民族院校独立品格、自我发展意识及竞争能力会无可挽救地逐渐萎缩、弱化，成为经不起任何环境变化考验的温室里的娇花弱草。在《中共中央关于教育体制改革的决定》已经颁布多年后，这种带有浓厚的计划体制色彩的办学思路明显落伍。（6）持此论者认识上的偏差还在于：他所看到的民族院校的特殊性，实际上仅限于专业的、教育学的或者说教育经济学意义上的，而缺乏深远的政治学考量，因为他没看到各民族学生在朝夕相处、潜移默化过程中消除民族隔阂，增强民族平等、互助和团结意识，形成和谐民族关系的深层的政治学意义，没看到民族院校在一个多民族统一国家的政治象征性意义，因而是短视、肤浅、不足取的。这场关涉民族院校前途命运的风波虽最终因国家民委和民族院校的据理力争而平息，但也足以表明即使在国家主管部门中，对民族院校在中国高等教育体系中的特殊地位和作用的了解和理解也并不是很充分的。

在本阶段的改革实践中，民族院校也并非没有出现过偏差乃至失误。如1980年代后期，在全国"文凭热"持续升温、社会需求高涨、全国高等学校出现成人教育办班创收热潮甚至是乱象时，民族院校也未能免俗。有的院校不仅教学单位纷纷举办各种学历教育班次，有的职能部门也各显神通办班创收，从而出现片面追求经济效益而办学行为失范现象。也是在1980年代后期到1990年代前期这个时段，经商热、"下海"潮席卷全国，大众媒体也推波助澜纷纷炒作如某著名大学推倒围墙盖商铺甚至副教授上街卖烧饼之类的新闻。在这种形势之下，民族院校也多为经济利益吸引而纷纷开办各种公司、企业，经商"创收"几乎成为当时的一项重点工作。后来的事实证明，这种偏离大学的性质和宗旨、违背等教育客观规律、以己之短搏人之长做法注定是要失败的。大潮过后，各院校几乎无一例外地惨遭败绩，浪费了大量资金，有的还留下不少难以收拾的烂摊子。这些偏差和失误，尽管更多地是时势所致，而且是全国高等学校的普遍性问题，但这不等于民族院校就可以不汲取教训。最大的教训就是：无论在什么时候、出现什么样的情况，大学都必须恪守自己的职责，必须遵循高等教育的客观规律来办学。

五 民族院校的科研工作

有了上阶段的良好开局，随着科研大环境的不断改善，本阶段民族院校的科研工作从改革中找动力，求发展，在取得显著成绩的同时也显示出良好的发展态势。

（一）科研工作的主要思路和措施

本阶段民族院校科研工作的基本思路和主要措施可以归纳为以下几点。

1. 改革科研管理体制，调动科研人员积极性

随着1985年《中共中央关于科技体制改革的决定》颁布和实施，和全国高等学校一样，民族院校也进入科研管理体制改革和工作机制调整阶段。

构建于1950年代的科研工作体制，正如当时的招生和毕业生就业制度一样，是与计划经济体制相适应、相配套的。由于科研项目和资源均由政府计划安排且只需要对计划、对政府负责，科研单位、科研工作与社会需要尤其是与经济建设的实际需求脱节在所难免。同时，由于受人们习称为"大锅饭"的平均主义的传统分配制度的影响，科研管理体制中激励机制不健全，研究人员有无成果，成果水平怎样，在分配制度上差别不大。随着国家经济体制改革的深入，"下海潮"、经商热、创收热、兼职热、出国热不时泛起波澜并激起人们追求财富、另寻出路的热情，科研工作在高等学校一度受到冷落。而科研的冷落使它无法为学校提高学术水平、提升学科建设层次、扩大社会影响力等提供有效的支持。面对如此形势，科研管理体制改革实际上也已到了势在必行的地步。

民族院校科研管理体制改革的基本思路，就是适应国家经济、科技体制改革的需要，将竞争机制、激励机制引入科研管理，通过有关经费分配、编制安排、成果奖励等制度的建立和健全，创设一个鼓励和促使教学科研人员积极创新，多出成果，出好成果的环境和氛围；同时，通过政策的引导和鼓励，逐步形成面向社会、面向经济建设、面向少数民族和民族地区的外向型科研体制和可持续发展的科研路子。如中央民族大学制定了关于校级优秀科研成果、青年教师科研成果、省部级以上科研奖项等奖励

办法，和各类科研基金管理办法等管理制度；① 西南民族学院在 1987 年 3 月科研改革座谈会的基础上，制定和完善了科研管理条例、科研经费管理、科研成果奖励、科技开发咨询服务管理等规章制度；② 云南民族学院 1986 年制定了科研管理办法、项目管理办法、成果奖励办法等制度，1993 年又进行了调整和完善；③ 广西民族学院从 1985 年下半年开始制定关于科研项目分级管理、科研经费管理、项目及成果奖励等制度。④ 1986 年 3 月，中南民族学院召开首届科研工作会议，讨论、通过了《中南民族学院"七五"期间科学研究发展规划》和《关于加强我院科研工作的几点意见》，明确了科研工作的应用性方向。1987 年开始改革科研管理制度，建立健全科研激励机制。1989 年又举行首届科研成果颁奖大会，以激励教职工的科研热情。⑤ 西藏民族学院 1988 年也初步建立了一套科研管理和奖惩制度。⑥ 民族院校这些举措之推出，旨在构建新的激励机制，调动教学科研人员的科研积极性，扭转科研工作的冷落局面。

2. 提高科研工作的组织化程度

中国学者尤其是人文学者的传统研究方式，是个人式的，即以一己之力，长期积累并锲而不舍、不断深入地研究某一问题。这种工作模式，当然有其长处，中国近现代众多名垂史册的学术大师、国学大师就是这么奋斗出来的。无论什么社会和时代，都需要这样的学人和治学精神，而且有的研究领域、课题也适宜用这种研究方式。但这种研究方式的局限性，就是个人势单力薄，研究视野有限，研究周期较长，很难完成综合性的重大课题并形成系列化成果。在新学科不断衍生，学科间相互交叉、渗透越来越普遍，信息迅速膨胀的当今时代，个人式研究自有其局限性。对高等学校来说，个人式的研究也难以对学科建设、办学特色的形成等提供更宽

① 参见荣仕星主编《中央民族大学五十年》，中央民族大学出版社 2001 年版，第 88 ~ 89 页。

② 参见西南民族学院院史编辑室《西南民族学院院史 (1951 ~ 1991)》，四川民族出版社 1991 年版，第 129 页。

③ 《云南民族大学 55 年》，云南民族出版社 2006 年版，第 155 ~ 156 页。

④ 参见广西民族学院校史编辑委员会《广西民族学院校史》，广西民族出版社 2002 年版，第 136 页。

⑤ 参见中南民族大学校史编纂委员会《中南民族大学校史 (1951 ~ 2011)》，湖北长江出版集团、湖北人民出版社 2011 年版，第 178 ~ 181 页。

⑥ 参见李世成主编《西藏民族学院校史》，西藏人民出版社 1998 年版，第 121 页。

厚、有力的支持。因此，最好的办法是个人式研究和团队式——或组合式研究因事制宜，因人制宜，并行不悖，各得其所。而从现实的需要来说，组织化、团队化的研究方式更需倡扬。

为了变革科研的工作模式，提高科研的效率和效益，民族院校纷纷对自己的科研资源和力量进行了力度很大的梳理和重组，成立了一大批专职或专兼职结合的科研机构。1986～1998 年，中央民族院校先后组建了宗教研究、民族理论与民族政策研究两个研究所和中国少数民族研究中心，以及民族教育、古籍、语言文学、民族史、民族法学、朝鲜学、岩画、穆斯林文化、蒙古学、彝学、维吾尔学、苗学、哈尼学、民族文物、社会发展、计算机语言学等近 30 个系（院）属研究机构，还组建了满学、民族文化交流、民俗文化、少数民族妇女、民族戏剧、元代文学、图像艺术等 9 个跨系、所研究机构；[①] 西北民族学院先后建立了"格萨尔"研究、社会人类学—民俗学、文史等 4 个处级研究所，和西北藏学、西蒙古文化、维吾尔语言文化、民族文学、伊斯兰文化、现代策划、动物生产等 8 个系、所合一的研究机构；[②] 西南民族学院建立了少数民族语言文学研究所和民族文化、民族高等教育、民族经济、精细化工、有机化工、民族兽医兽药等研究室；[③] 中南民族学院组建了南方少数民族、民族高等教育、民族经济、等离子体物理、应用化学、应用数学等研究所；[④] 广西民族学院成立了民族心理、民族建筑、铜鼓和青铜文化、自然科学技术史、世界语等科研机构；[⑤] 贵州民族学院成立民族法学、房地产法学等研究所，[⑥] 等等。通过这些科研机构的建立，各民族院校组建了一批研究团队和平台，

　　① 参见荣仕星主编《中央民族大学五十年》，中央民族大学出版社 2001 年版，第 92～95 页。

　　② 参见西北民族学院校史编写委员会《西北民族学院校史》，甘肃民族出版社 2000 年版，第 218 页。

　　③ 参见西南民族学院校史编辑部《西南民族学院校史（1951～2001）》，2001 年 2 月印刷，第 127 页。

　　④ 参见中南民族大学校史编纂委员会《中南民族大学校史（1951～2011）》，湖北长江出版集团、湖北人民出版社 2011 年版，第 181 页。

　　⑤ 参见广西民族学院校史编辑委员会《广西民族学院校史》，广西民族出版社 2002 年版，第 140 页。

　　⑥ 贵州民族学院办公室：《贵州民族学院》，华夏文化艺术出版社 2001 年版，第 135～145 页。

明确了科研的主攻方向，为提高科研工作的效率和效益打下了基础。

3. 发展特色化科研

在竞争的社会环境中，特色就是优势，就是他人无法取代的开拓生存和发展空间的看家本领。在特色化科研方面，民族院校早有传统和积累。

自建校初期开始，民族院校就在民族问题研究方面形成自己的积累、传统和优势。为使这一特色发扬光大，各民族院校本阶段成立的研究机构中，相当一部分与"民族"二字相关。在校外项目申报、成果评奖等活动中，与民族问题研究相关者也会得到更多的参与竞争的机会。事实和效果业已证明民族院校这一思路的正确。在各院校所获准立项的项目、获得表彰的成果中，与民族问题研究有关的占了很大比重。民族院校高水平、开拓性、有社会影响力的人文社会科学研究成果，尤其是那些填补了某些学术领域空白的研究成果，获得重要奖项的成果，也大都来自民族研究领域。委属民族院校如此，地方民族学院也是如此。西藏民族学院 1992 年获表彰、奖励的 56 个科研项目中，民族学、藏学方面的占 42.8%；在获得省部级和国家级奖励的成果中，藏学占主体地位。[①] 即使是在技术性研发成果方面，取得突破的也往往与"民族"有关——如西北民族学院于洪志教授牵头研发的藏文信息处理系统。

（二）科研工作的进展

本阶段，国家对科研工作越来越重视，投入也不断增加，于 1986 年设立了国家自然科学研究基金，1987 年设立国家社会科学研究基金，并逐渐扩大项目的设置面，增加基金的资助额度。特别是 1995 年《中共中央、国务院关于加速科学技术进步的决定》颁布，提出"科教兴国"发展战略，调动了各级地方政府增加投入、发展科学技术的积极性，也激发了高等学校和科研机构申报各级各类科研项目、提高科研产出的热情。得益于科研大环境的不断改善，也由于各院校改革科研管理体制、优化资源配置方式所释放的活力，本阶段民族院校开创了有史以来科研工作的最好局面。

1. 有社会影响力的研究成果不断涌现

因名家云集，实力突出，积累深厚，中央民族大学仍继续上阶段科研成果爆发式增长势头。1987～1998 年，该校教学科研人员共出版著作

---

① 参见李世成主编《西藏民族学院校史》，西藏人民出版社 1998 年版，第 193 页。

1591 部，年均近 133 部；发表论文 5261 篇，年均 438 篇；年均出版著作和发表论文数比 1978～1986 年分别增长 102% 和 52%。① 与数量增长相媲美的是学术水平及社会影响力的提升，这从多年来该校在国家民委和北京市组织的科研成果评奖结果中可见一斑（见表 7-17）。

表 7-17　　　　中央民族大学 1987～1998 年科研成果获奖情况

单位：项

年份	合计	国家民委	北京市	教育部	国家科委	备注
1987	18		18			其中一等奖 6 项
1989	16	16				其中一等奖 5 项
1991	16		16			其中特等奖 1 项，一等奖 5 项
1993	21	文 18 理 3				其中荣誉奖 1 项，一等奖 3 项
1994	27	文 1 理 5	19	1	1	其中一等奖 4 项，包括理科 1 项
1995	8	理 3		5		其中一等奖 1 项
1996	21	文 9 理 3	8		1	其中特等奖 2 项，一等奖 2 项
1998	11	理 1	2	8		其中一等奖 1 项
总计	138	59	63	14	2	共计特等奖 3 项，荣誉奖 1 项，一等奖 27 项

注：资料来源于《中央民族大学五十年》第 70 页。

其他民族学院也进入科研工作的丰收季节。西北民族学院仅在1991～1998 年间，出版著作 161 部，发表论文 1765 篇，获国家级奖 14 项、省部级奖 120 项。② 西南民族学院在 1986～1995 年间出版专著、教材等 307

---

① 根据荣仕星主编《中央民族大学五十年》，中央民族大学出版社 2001 年版，第 87、88 页的资料计算。

② 参见西北民族大学校史编写委员会《西北民族大学校史》第一卷，甘肃民族出版社 2007 年版，第 175～177 页。

部，发表论文 1083 篇，获国际尤里卡发明奖银奖 1 项、省部级奖 94 项。①
中南民族学院"七五"（1986～1990 年）期间共承担各级各类研究课题
470 项（其中科技课题 110 项），共完成科研项目 416 项，有 10 余项科技
成果通过鉴定，出版著作约 200 部，发表学术论文 2300 篇，获各级各类
奖励的科研成果共 131 项。1991～2000 年，该校共出版著作 460 余部，
发表论文 4950 余篇，开展各类科研项目 440 余项，105 项科研成果获得
省部级奖励。② 云南民族学院 1988～1998 年获省部级优秀成果奖一等奖 4
项、二等奖 20 项、三等奖 56 项；③ 广西民族学院 1985～1991 年间出版专
著、译著等 116 部，发表论文 1074 篇，获省部级社会科学成果奖一等奖
1 项、二等奖 20 项、三等奖 43 项。④ 青海民族学院 1986～1997 年（缺
1993 年资料）出版专著等 87 部，发表论文 1599 篇，获省部级以上科研
成果一、二、三等奖共计 54 项，其中一等奖 3 项、二等奖 13 项。⑤ 贵州
民族学院 1987～1997 年间获贵州省社会科学科研成果一等奖 4 项、二等
奖 4 项、三等奖 15 项。⑥ 1991～1997 年间，西藏民族学院教学科研人员
发表论文 1768 篇，出版专著等 100 余部，编写教材等 60 余部。⑦ 1997
年，湖北民族学院教学科研人员发表论文 400 余篇，出版专著 3 部；⑧ 大
连民族学院有 6 项成果获得辽宁省第五届哲学社会科学成果奖。⑨

　　人文社会科学尤其是民族问题研究是民族院校的传统强项。在这方
面，中央民族大学成果和社会影响力尤为突出。由费孝通教授等撰写的
《中华民族的多元一体格局》一书，对中华民族与中国 56 个兄弟民族的

　　① 参见西南民族学院校史编辑部《西南民族学院校史（1951～2001）》，2001 年 2 月印刷，
第 128～138 页。
　　② 参见中南民族大学校史编纂委员会《中南民族大学校史（1951～2011）》，湖北长江出版
集团、湖北人民出版社 2011 年版，第 184～186 页。
　　③ 《云南民族大学 55 年》，云南民族出版社 2006 年版，第 143～148 页。
　　④ 参见广西民族学院校史编辑委员会《广西民族学院校史》，广西民族出版社 2002 年版，
第 137～139 页。
　　⑤ 参见青海民族大学校史编写组《青海民族大学校史（一九四九～二〇〇九）》，青海人
民出版社 2009 年版，第 77～80 页。
　　⑥ 参见贵州民族学院办公室《贵州民族学院》，2004 年印刷，第 249～251 页。
　　⑦ 参见西藏民族学院办公室《西藏民族学院年鉴 1998》，第 50 页。
　　⑧ 田万振、汤贤均主编：《湖北民族学院七十年 1938～2008》（内部资料），2008 年 9 月印
刷，第 81 页。
　　⑨ 李鸿主编：《大连民族学院校史》，民族出版社 2007 年版，第 111 页。

结构全局作了自成学术体系的纲要性论证，在国际人类学界引起很大反响，在国内更受到普遍好评，认为这一理论是认识中华民族结构奥秘的钥匙和核心理论，构建了新时期中国民族理论的基础；施正一教授等主编《广义民族学》，突破传统民族学的框框，厘清了狭义民族学与广义民族学的区别，推进了民族学的研究；林耀华教授主编的《民族学通论》，为建立有中国特色的民族学体系奠定了基础；马学良教授等编撰的《彝族文化史》，则是中国第一部全面、系统介绍彝族文化的巨著；班班多杰副教授的《藏传佛教思想史纲》，第一次全面地论述了汉地佛教禅宗思想在吐蕃地区的传播以及对藏传佛教各宗派的影响；王锺翰教授主编的《中国民族史》，陈兆复的《中国史前岩画》，邱久荣主编的《中国少数民族舞蹈史》，才旺拉姆的《藏语言学概论》等都在学术上有所创新，或填补了某一领域中的空白，为有关学术界所推重。①

　　西北民族学院将自己科研工作的根，深深地扎在西北民族地区和民族文化之中，结出富有特色之果。由知名藏学家王沂暖教授领导的"格萨尔学"研究，在搜集、整理、翻译出版多部藏族长篇英雄史诗《格萨尔》的基础上，展开系统的研究，推出大批成果，并已形成"格萨尔学"的学科体系。罗万寿副教授等主编的《中国伊斯兰百科全书》，是中国第一部全面、系统介绍伊斯兰文化的大型工具书，出版后荣获首届中国辞书奖、第二届国家图书最高奖。郝苏民教授主编的《中国西北文献丛书·西北少数民族文字文献》，郭卿友教授的《中华民国时期军政职官志》，郗慧民教授的《西北花儿学》等，都有填补有关研究领域空白的学术价值。②

　　其他民族院校在人文社会科学研究方面也是佳作迭出，如西南民族学院龚荫撰教授写的《中国土司制度》、谢志礼教授等主编的《汉彝词典》，③ 中南民族学院吴永章教授的《中国南方民族文化源流史》、李鸿然

　　① 参见荣仕星主编《中央民族大学五十年》，中央民族大学出版社 2001 年版，第 70～80 页，同时参见陈理、喜饶尼玛主编《中央民族大学获奖科研成果简介》，中央民族大学出版社 2001 年版。

　　② 参见西北民族大学校史编写委员会《西北民族大学校史》第一卷，甘肃民族出版社 2007 年版，第 118～175 页。

　　③ 参见西南民族学院院史编辑室《西南民族学院院史（1951～1991）》，四川民族出版社 1991 年版，第 132 页。

教授主编的《中国当代少数民族文学史稿》,① 云南民族学院普同金、李
国文教授的专著《中国少数民族哲学史》、汪宁生教授的《云南沧源岩画
的发现和研究》,② 贵州民族学院顾朴光教授的《中国面具史》等,都是
富有原创性、开拓性的研究成果。③

　　2. 技术性成果崭露头角

　　本阶段,随着一批理工科新专业的建成和这方面人才的引入,民族院
校在技术性研发方面也开始显露头角。西北民族学院于洪志教授主持的藏
汉双语信息处理系统,制定了计算机藏文国际标准,在国内奠定了藏文文
字信息处理系统及多种文字处理系统的一个分支学科的基础,1998 年荣
获国家民委科技进步一等奖。④ 西南民族学院"40 兆赫可选择存贮容量瞬
态记录仪"1987 年获第 36 届布鲁塞尔尤里卡国际发明博览会银奖,也是
民族院校第一次获此殊荣。⑤

　　中央民族大学由传统的文科院校向新型多科综合性大学发展的努力,
在科技研究与开发方面也表现出成效,孙绳武的"迭代法解线性方程组
软件包",许寿椿等的"计算机数据库及文字处理技术在少数民族语文研
究中的应用",胡建芳等的"CGP 和 GPT 系列等离子体处理仪",朱振和
等的"超短激光脉冲的产生、特性和应用的理论研究"等多项成果均获
得省部级奖项。⑥ 西南民族学院的黄怀昭等的"安宁果下马(中国矮马)
品种资源的发掘及特性研究"1989 年获国家教委科技进步二等奖;郑重
德"分子振动分析系列软件 WVTA 和 MFNC"1988 年获四川省科技进步
二等奖;彭吉中等"四川锂辉石生产单水氢氧化锂"1990 年获四川省科
技进步三等奖。中南民族学院俞妙悦、方麟侣教授等"乙酰螺旋霉素口
腔粘膜缓释贴片"获国家民委科技进步一等奖;李步海教授"非有机溶

　　① 参见中南民族大学校史编纂委员会《中南民族大学校史 (1951~2011)》,湖北长江出版
集团湖北人民出版社 2011 年版,第 183~185 页。

　　② 《云南民族大学 55 年》,云南民族出版社 2006 年版,第 142~145 页。

　　③ 贵州民族学院办公室:《贵州民族学院》,华夏文化艺术出版社 2001 年版,第 153 页。

　　④ 参见西北民族大学校史编写委员会《西北民族大学校史》第一卷,甘肃民族出版社
2007 年版,第 176 页。

　　⑤ 参见西南民族学院院史编辑室《西南民族学院院史 (1951~1991)》,四川民族出版社
1991 年版,第 131 页。

　　⑥ 参见陈理、喜饶尼玛主编《中央民族大学获奖科研成果简介》,中央民族大学出版社
2001 年版,第 248~254 页。

剂液－固萃取体系研究”获国家民委科技进步二等奖。西北第二民族学院冒东奎等的“银川涤纶厂企业能量平衡测试”1993 年获国家民委科技进步二等奖。东北民族学院程济民副教授等编撰的《中国海洋无脊椎动物采集指南》获国家民委科技进步二等奖。[①]

3. 外向型科研已经开始构建

本阶段民族学院科研工作的另一个特点，是适应校内外科技管理体制改革的要求，科研人员开始摆脱以往过分固守书斋或实验室的研究模式，关注社会，走向社会，从自己的专长、优势和社会需求的结合点上开辟校外科研项目和经费的来源，在满足社会需求的同时获得科研可持续发展的活力和动力。1995 年 3 月，中南民族学院制定《中南民族学院“九五”计划和 2010 年发展规划》，提出了科研工作要面向社会、面向民族地区、面向经济建设；科研管理体制的改革要朝建构新的激励机制和自我发展机制的方向努力；要通过奖惩制度和竞争机制的引进，促使科研人员走向社会，走向民族地区去寻找和开辟科研项目和经费来源的科研工作思路。[②] 西北民族学院仅“八五”期间即承担国家和省级重点项目 22 项、年度正常项目 65 项。[③] 云南民族学院 1991～1998 年间承担国家社会科学基金、国家自然科学基金项目 10 项，省部级项目 23 项。[④] 西藏民族学院 1992～1998 年承担国家哲学社会科学基金项目 1 项、国家教委“九五”规划青年基金项目 2 项、国家教委人文社会科学规划项目 1 项、西藏自治区教委项目 12 项。[⑤] 西南民族学院在 1986～1990 年间，承担包括联合国粮农组织项目和国家、省、部委项目，以及企业委托项目等共计 91 个，争取预算外科研经费 545 万元，为计划内拨款的 6.2 倍；1991～1995 年间又争取国家和省部级项目 109 项、横向项目 16 项，获预算外科研经费共 538.7 万元。[⑥] 1997 年，湖

① 参见国家民委教育司《国家民委直属民族院校优秀科研成果选编》，中央民族大学出版社 1994 年版。

② 参见中南民族大学校史编纂委员会《中南民族大学校史（1951～2011）》，湖北长江出版集团、湖北人民出版社 2011 年版，第 182 页。

③ 参见西北民族大学校史编写委员会《西北民族大学校史》第一卷，甘肃民族出版社 2007 年版，第 175 页。

④ 《云南民族大学 55 年》，云南民族出版社 2006 年版，第 135～137 页。

⑤ 参见李世成主编《西藏民族学院校史》，西藏人民出版社 1998 年版，第 192 页。

⑥ 参见西南民族学院校史编辑部《西南民族学院校史（1951～2001）》，2001 年 2 月印刷，第 126～137 页。

北民族学院确定科研立项的指导方针是：（1）重视理论研究，加强应用开发研究和民族课题研究；（2）发挥山区资源、少数民族地区和学科自身的优势；（3）体现地区特色、民族特色和学科特色；（4）着眼为地方经济服务、为基础教育服务、为人才培养服务。当年，该校获省社会科学基金项目1项、省科委攻关项目1项、省教委科研项目14项。[①] 1996年，东北民族学院获得了该校第一个国家自然科学基金项目。[②] 和国内那些重点、名牌大学相比，民族院校获得的科研项目和经费也许还很单薄，但这是它们走向社会、构建外向型科研的起点。

无疑，1980年代中期以后，经过长期办学实践的民族院校都已逐渐认识到科研工作在学校发展中的重要地位和作用。继上阶段中央民族大学、西北民族学院之后，1986年中南民族学院在首届科研工作会议也提出了到20世纪末建设教育和科研两个中心的发展目标。[③] 这表明，科研工作已开始进入民族院校规划和发展的顶层设计和核心战略。

六　本阶段小结

经过前几年的思想解放运动和恢复、调整之后，从1980年代中期开始，中共中央关于经济、科技、教育体制改革先后启动；尤其是《中共中央关于教育体制改革的决定》的颁布，将包括民族院校在内的全国高等学校推上改革的前沿阵地。

改革的锋芒，首先指向与少数民族和民族地区经济建设和社会发展的实际需要不甚适应的本专科专业体系。通过改造、调整和新建，一大批经济类、管理类、工科类等实用型、应用型专业设立，民族院校的专业结构全然改观；而在专业结构更新的同时，它们的发展目标实际上业已悄然演替，新的多科综合性大学取代传统的文理科综合院校成为民族院校的发展预期；而且，在对专业体系的结构性改造过程中，民族院校还建立了对社会需求主动适应机制。

---

① 田万振、汤贤均主编：《湖北民族学院七十年1938~2008》，2008年9月印刷，第81页。

② 李鸿主编：《大连民族学院校史》，民族出版社2007年版，第105页。

③ 参见中南民族大学校史编纂委员会《中南民族大学校史（1951~2011）》，湖北长江出版集团、湖北人民出版社2011年版，第178页。

　　与专业体系的改造和更新同步，民族院校的教育教学改革也非常活跃，管理体制创新，教育内容调整，教学方法改革并举，人才培养目标发生历史性的演变，与经济建设和社会需要联系更密切的应用型、实用型人才开始取代传统的学术型人才而成为各院校人才培养的主体目标。

　　民族院校教育改革的另一重大进展，是根据国家的部署，经由"双轨制"到"并轨"，招生与毕业生分配制度实现了由以"统招统分"为特征的传统体制向以"自费上学"、"自主择业"为特征的新体制的历史性转换。

　　民族院校研究生教育健康发展。中央民族大学开了民族院校博士后教育之先河；西南民族学院、中南民族学院、广西民族学院也加入了硕士学位授予单位的行列；新的博士、硕士学位授予学科不断增加，办学规模也不断扩展。

　　民族院校的成人教育因社会需求旺盛而进入蓬勃发展时期，在逐步规范化的同时，逐渐与全日制教育分离而形成多专业、多层次、多形式的独立办学体系，成为学校教育事业的重要组成部分，并为学校自我发展能力、办学的经济和社会效益的提升作出了贡献。

　　中央民族大学、西南民族学院、西北民族学院、青海民族学院等民族学院开始招收留学生，规模虽然不大，但显示了民族院校融入高等教育国际化潮流的愿望和努力。

　　本阶段民族院校科研工作的主要进展，是随着国家科技体制改革和学校科研管理体制改革的推进以及研究工作组织化程度的提高，科研成果大量、持续涌现，特色化科研的道路越走越宽，技术性成果崭露头角，外向型科研开始构建。

　　尽管在改革实践中并非没有出现过争议、偏差甚至失误，但总的来看，从体制改革中求发展，在发展过程中深化改革，是本阶段民族院校教育事业发展、科研工作进展的突出特征。

　　1989 年，湖北的鄂西大学更名为湖北民族学院。1993 年，中央民族学院更名为中央民族大学，1999 年成为国家"211 工程"重点建设大学。1994 年，西北第二民族学院经批准正式挂牌建校。1993 年，东北民族学院开始以中央民族大学的名义招生，1997 年教育部批准定名为大连民族学院。云南省人民政府常务会议将云南民族学院列为该省 5 所重点建设的大学之一。1998 年，广东民族学院更名为广东技术师范学院而退出民族院校行列。至此，全国民族院校有 12 所。

第八章 中国高等教育扩招阶段的民族院校
（1999～2005 年前后）

不论时人和后人如何评说，从 1999 年开始的高等教育扩招在中国高等教育发展史上都是一个影响重大的事件。

中国高等教育扩招，首先是出于经济方面的原因。1997 年，始于泰国的货币危机席卷东南亚，进而演变为亚洲金融危机，包括"三小虎"、"四小龙"在内的亚洲国家出口锐减，货币贬值，经济发展停滞。中国也出现出口下降，内需不足，就业机会减少，经济增长乏力等问题。为拉动内需，缓解就业压力，保持经济持续发展，国内一些经济学家建议政府扩大高等教育招生规模，加快高等教育发展速度。

加快高等教育发展速度，提前实现高等教育的大众化，是 1999 年中国高等学校扩招的另一重要原因。

20 世纪中期，美国学者马丁·特罗（Martin Trow）提出著名的高等教育发展"三阶段"论：一个国家 18～22 岁年龄段人口中接受不同层次和形式的高等教育者的比例——简称为"高等教育毛入学率"如低于 15%，为高等教育"精英阶段"；超过 15%，便进入高等教育"大众化阶段"；超过 50% 则可称为"普及阶段"。① 这"三阶段"说法，已成为世界公认的划分各国高等教育发展程度的标准。

按上述标准，20 世纪世界上许多发达国家率先进入高等教育大众化阶段，有的还进入普及化阶段。如 1941 年美国接受高等教育者占适龄人口比率即已达到 18%，1995 年则达到 81%；西德在 1980 年时高校在校生人数占适龄人口（19～26 岁）的比率达到 15.9%，1992 年则达到

---

① 参见改革开放 30 年中国教育改革与发展课题组《教育大国的崛起 1978～2008》，教育科学出版社 2008 年版，第 188 页。

35.7%；日本高等教育毛入学率1963年开始超过15%。①

　　1999年以前，中国高等教育基本处于平稳发展状态，1997年、1998年，招生规模年均增长率约为8%。1998年全国普通本专科在校生341万人，高等教育毛入学率为9.8%，属于"精英教育"阶段。②1999年5月，中共中央、国务院召开了第三次全国教育工作会议，作出了《关于深化教育改革，全面推进素质教育的决定》，提出"通过多种形式积极发展高等教育，到2010年，中国同龄人口的高等教育毛入学率要从现在的百分之九提高到百分之十五左右"的奋斗目标。1999年前后，一些教育专家基于世界高等教育大众化、普及化的发展趋势，以及人民群众对接受高等教育的普遍而强烈的愿望，建议政府适当加快高等教育发展步伐，提前进入高等教育大众化阶段。

　　主要由于上述两方面因素的促成，1999年6月，中国政府作出了高等教育扩招的决策：在年初已经扩大了的招生规模的基础上，再增加普通高等学校全日制本专科招生计划，从1998年的108.4万人增至159.7万人，增长47.3%。此后，招生计划又连续两年分别增长38%、21%，连续三年分别增长19.5%、19.3%和17%，直到2006年才降至两位数以下的8.2%。2005年中国普通高等学校招生规模达到504.5万人，是1998年的4.65倍，净增396.1万人；7年中招生规模年均增长率为24.6%。③

　　招生规模猛增必然带来在校生的猛增。1998年秋，全国普通高等学校全日制本专科在校生为340.9万人，2005年秋达到1561.8万人，增加3.58倍，年均增长24.3%——直到2007年才降至两位数以下的8%。④7年间全国普通高等学校校均在校生人数由3335人增至7666人，其中普通本科院校校均在校生由1998年的4418人增至2005年的13514人，增长206%，年均增长17.3%。⑤

---

①　参见黄福涛主编《外国高等教育史》，上海教育出版社2003年版，第332～404页。

②　参见改革开放30年中国教育改革与发展课题组《教育大国的崛起1978～2008》，第186、191页。

③　资料来自于国家统计局国民经济综合统计司《新中国六十年统计资料汇编》，中国统计出版社2010年版，第69～75页。增长率根据资料计算得出。

④　同上。

⑤　数据来自中国教育年鉴编辑部编辑《中国教育年鉴1999》，人民教育出版社2000年版，第140页和《中国教育统计年鉴2006》，人民教育出版社2007年版，第116页。

此阶段，在普通本专科办学规模迅速扩张的同时，全国普通高等学校研究生教育的办学规模也在迅速扩张，1998～2005 年间，招生规模由72508 人增至 364831 万人，增长 403%，年均增长率为 26％；在学人数由 198885 人增至 978610 人，增长 392%，年均增长率为 25.6%。2005 年后开始减速，2005～2009 年，招生规模年均增长率降为 8.3%，在学人数年均增长率降至 9.5%。①

同期，全国成人高等教育稳步发展。1998～2005 年，全国成人高等教育招生数由 100.1 万人增至 192.8 万人，增加 92.7 万人，增长 92.6%，年均增长 9.8％；在学人数由 282.2 万人增至 435.3 万人，增加 153.1 万人，增长 54.3%，年均增长 6.4%。②

由于普通高等教育的扩招和成人高等教育的发展，中国高等教育的发展进程大大加快，高等教育毛入学率由 1998 年的 9.8% 跃升到 2005 年的21%，③跨越"精英阶段"而进入高等教育"大众化阶段"，中国成为世界高等教育大国。

一　民族院校办学规模的扩展

根据中央和地方政府的部署和要求，和全国高等学校一样，本阶段民族院校加入了扩招行列，招生和在校生规模迅速增长。

（一）普通本专科教育规模的扩展

民族院校扩招的主体部分是普通本专科教育。1998/1999 学年初，12所民族院校全日制普通本专科招生人数为 11355 人，到 2005/2006 学年初达到 37022 人，增长 226%，年均增长率为 18.4％——低于全国普通高等学校的平均水平（24.6%）；7 年间，校均普通本专科招生计划由 946 人

---

① 资料来自于国家统计局国民经济综合统计司《新中国六十年统计资料汇编》，第 72～73页；中国教育年鉴编辑部：《中国教育年鉴 2010》，人民教育出版社 2010 年版，第 23 页。增长率根据资料计算得出。

② 根据湖北省教育厅编印，1999 年 5 月印刷的《湖北教育统计年鉴（1998 年度）》第 472页、2006 年 10 月印刷的《湖北教育统计年鉴（2005 年度）》第 428 页中有关资料计算得出。

③ 参见中国教育年鉴编辑部《中国教育年鉴 2006》，人民教育出版社 2006 年版，第 115页。

增至 3085 人，翻了一番半。各民族院校普通本专科招生规模增长的具体
情况如表 8－1 所示。

表 8－1　　　　1998 年、2005 年民族院校普通本专科招生规模比较

单位：人

学校	普 通 本 专 科 招 生 数			
	1998 年	2005 年	2005 年增长率(%)	1998～2005 年均增长率（%）
中央民族大学	782	2825	261	20.1
西北民族大学	942	3541	276	20.8
西南民族大学	852	4378	414	26.3
中南民族大学	1523	4691	208	17.4
西北第二民院	655	2300	251	19.7
大连民族学院	650	2500	285	21.2
云南民族大学	1010	2001	98	10.3
广西民族学院	1532	3601	135	13
湖北民族学院	1429	2848	99	10.4
贵州民族学院	950	3097	226	18.4
青海民族学院	546	2346	330	23.2
西藏民族学院	484	2894	498	29.1
合　计	11355	37022	226	18.4

　　注：数据来源于中国民族统计年鉴编委会编，民族出版社出版《中国民族统计
年鉴》(1999)、(2006)。广东民族学院已于 1998 年更名为"广东技术师范学院"，
故数据未计入。为增加可比性，2000 年更名的内蒙古民族大学数据暂未计入。

　　表 8－1 资料表明，本阶段民族院校普通本专科招生规模发展最快的
是西藏民族学院和西南民族大学，增幅分别达到 498% 和 414%，年均增
长率分别为 29.1% 和 26.3%；增幅最小的云南民族大学和湖北民族学院
也达到 98% 和 99%，年均增长率为 10.3% 和 10.4%。

　　因招生规模的迅速扩大，在校生规模也急剧扩张。1998/1999 学年
初，不计入已更名的原广东民族学院，全国 12 所民族院校全日制普通本
专科在校生总数为 36712 人，到 2005/2006 学年初，已增至 131393 人，

增长 2.58 倍，年均增长率为 20%——高于全国本科院校平均水平
（17.3%）。各校详情如表 8 - 2 所示。

表 8 - 2　　　　1998 年、2005 年民族院校普通本专科在校生规模比较

单位：人

学校	普通本专科在校生数			
	1998 年	2005 年	2005 年增长率（%）	1998～2005 年均增长率（%）
中央民族大学	3850	10766	180	15.8
西北民族大学	2873	12756	344	23.7
西南民族大学	4353	16660	283	21.1
中南民族大学	5848	16817	188	16.3
西北第二民院	1784	7854	340	23.6
大连民族学院	650	9277	1327	46.2
云南民族大学	3103	8845	185	16.1
广西民族学院	4620	12410	169	15.2
湖北民族学院	4093	11114	172	15.3
贵州民族学院	2655	9926	274	20.7
青海民族学院	1566	6781	333	23.3
西藏民族学院	1317	8187	522	29.8
合　计	36712	131393	258	20

　　注：数据来源于中国民族统计年鉴编委会编，民族出版社出版《中国民族统计
年鉴》（1999）、（2006）。广东民族学院已于 1998 年更名为"广东技术师范学院"，
故数据未计入。为增加可比性，2000 年更名的内蒙古民族大学数据未计入。

　　表 8 - 2 数据表明，本阶段上述 12 所民族院校普通本专科在校生年均
增长率均超过 15%，大连民族学院由于新建（1997 年正式批准成立）基
数小，在校生规模增幅最大；另有 6 所院校的年均增长率超过 20%。7 年
间，校均全日制普通本专科在校生由 3059 人，增至 10949 人，低于全国
本科院校平均在校生 13514 人的水平。

(二) 研究生教育规模的扩展

依托迅速进展的学科建设，本阶段民族院校研究生教育规模也迅速扩大。1998～2005年的7年间，包括内蒙古民族大学在内，招收研究生的院校增至10所；招生计划由259人增至2456人，增长8.5倍，年均递增37.9%；在学人数由701人增至5487人，增长7.8倍，年均递增36.5%。[①]

在招收研究生的10所民族院校中，中央民族大学招生、在校生、毕业生规模均居首位；在地方民族院校中，云南民族大学的招生和在校生规模居第一位。各校的具体情况如表8-3所示。

表8-3　　　　　　　　2005/2006学年初民族院校研究生教育规模

单位：人

学校	招生数			在校生数			毕业生数		
	计	博士	硕士	计	博士	硕士	计	博士	硕士
中央民族大学	672	141	531	1697	379	1318	296	74	222
西北民族大学	188	6	182	436	11	425	67		67
西南民族大学	306	6	300	737	12	725	145		145
中南民族大学	335	6	329	835	9	826	182		182
西北第二民院	21		21	30		30	21		21
云南民族大学	457	3	454	911	6	905	134		134
广西民族学院	239		239	483		483	27		27
内蒙古民族大学	102		102	231		231	37		37
西藏民族学院	44		44	78		78			
青海民族学院	98		98	193		193	26		26
合　计	2462	162	2300	5631	417	5214	935	74	861

注：数据来自各民族院校2005/2006学年初高等教育基层统计报表；云南民族大学所招博士生为与中国人民大学联合培养计划。

---

① 根据各院校1998/1999和2005/2006学年初高等教育基层统计报表中数据计算得出。

由于大多数民族院校研究生教育起步晚，基数小，即使本阶段发展速度较快，但总的来说办学规模并不大，校均在学人数仅 560 人。

（三）成人教育规模的扩展

1998～2005 年，民族院校成人教育招生和在学人数的增长均超过全国平均水平。各院校招生和在学人数增长的具体情况如表 8 - 4 所示。

表 8 - 4　1998 年～2005 年民族院校成人教育招生、在学人数增长情况

学　校	招生人数			在学人数		
	1998 年	2005 年	2005 年增长率（%）	1998 年	2005 年	2005 年增长率（%）
中央民族大学	815	4603	464.8	2285	8087	254
西北民族大学	2100	1507	－ 28.2	2038	3169	55.5
西南民族大学	1023	1254	22.6	2015	3747	86
中南民族大学	880	1780	102.2	2093	3400	62.4
西北第二民院	210	178	－ 15.2	417	294	－ 29.5
大连民族学院	234	0	0	234	470	100.9
云南民族大学	838	4232	405	1435	11004	666.8
广西民族学院	1220	3435	181.6	3024	7995	164.4
湖北民族学院	418	2190	423.9	885	5854	561.5
贵州民族学院	110	1590	1345.5	604	5751	852.2
青海民族学院	42	699	1564.3	60	1306	2000.7
西藏民族学院	50	468	836	103	736	614.6
合　计	7940	21936	176.3	15193	51813	241

注：本表资料来自各校填报的 2005/2006 学年初高等教育基层统计报表；为增加可比性，内蒙古民族大学资料未计入。

表 8 - 4 数据表明，1998～2005 年，上述 12 所民族院校成人教育招生人数由 7940 人增至 27172 人，增长 242.2%，年均增长 19.2%，超过本期全国成人教育招生人数年均递增 9.8% 的水平。因招生规模增长较快，成人教育在学人数增长也较快。2005 年上述 12 所民族学院的成人教

育在学人数达到 51813 人，比 1998 年增长 2.4 倍，年均递增 19.2%，也大大高于本期全国成人高等教育在学人数 6.4% 的年均增长水平。

　　表 8-4 资料还表明，1998~2005 年间，民族院校中成人教育发展较快的主要是地方民族院校。此期间，委属 6 院校成人教育招生数由 5262人增至 9322 人，增幅 77.2%，年均增长率为 8.5%，低于全国平均水平；而地方民族院校招生数由 2678 人增至 12624 人，增幅 371.4%，年均增长率 24.8%，大大超过全国平均水平。如按在学人数计算，委属院校年均增长率为 11.3%，而地方民族院校年均增长率达到 27%；委属院校中除中央民族大学增速较快以外其他院校增速都较慢，西北第二民族学院在学人数甚至呈减少之势，而地方民族院校除广西民族学院外，其他地方院校在学人数的增长率均超过 241% 的平均速度，其中有 5 所院校的增长率甚至超过 500%。

　　本阶段民族院校成人教育的主体形式是函授教育。据统计，在 2005/2006 学年初招生人数中，函授教育占 66.6%，业余本专科、成人脱产班分别占 16.4% 和 17%。在在学人数中，函授占 70.1%，业余本专科和成人脱产班分别占 16.8% 和 17.1%。毕业人数中函授占 76.4%，业余本专科和成人脱产班分别占 14.8% 和 8.7%。各院校成人教育办学规模的具体情况参见表 8-5。

表 8-5　　　　　　　2005/2006 学年初民族院校成人教育办学规模

单位：人

学校	招生人数				在学人数				毕业生人数			
	计	函授本专科	业余本专科	成人脱产班	计	函授本专科	业余本专科	成人脱产班	计	函授本专科	业余本专科	成人脱产班
中央民族大学	4603	1535	1867	1201	8087	3455	2599	2033	3178	2750	428	
西北民族大学	1507	370	214	923	3169	553	507	2109	710	78	382	250
西南民族大学	1254	907		347	3747	2248		1499	1393	765	38	590
中南民族大学	1780	1634		146	3400	2942		458	1514	1410		104
西北第二民院	178	178			294	294			192	192		
大连民族学院					470			470	279		24	255

学校	招生人数				在学人数				毕业生人数			
	计	函授本专科	业余本专科	成人脱产班	计	函授本专科	业余本专科	成人脱产班	计	函授本专科	业余本专科	成人脱产班
云南民族大学	4232	3071	699	462	11004	8599	1681	724	3277	2669	608	
广西民族学院	3435	3435			7995	7907		88	3393	3393		
内蒙古民族大学	5236	5236			16321	16321			4252	4252		
湖北民族学院	2190		1680	510	5854	879	3329	1646	2266	41	1729	496
贵州民族学院	1590	1063		527	5751	4074		1677	641	565		76
青海民族学院	699	250		449	1306	476		830	250	250		
西藏民族学院	468	406		62	736	602		134	279	158		121
合　计	27172	18085	4460	4627	68134	48350	8116	11668	21624	16523	3209	1892

注：本表资料来自各校填报的 2005/2006 学年初高等教育基层统计报表；内蒙古民族大学的数据由内蒙古人民出版社 2008 年版《内蒙古民族大学五十年》和中国民族信息年鉴编委会编印的《中国民族信息年鉴创刊号·2005》第 176～177 页中资料综合而成。

表 8 - 5 数据表明，地方民族院校发展成人教育的积极性在内蒙古民族大学表现得最充分：2005 年，该校成人教育（函授）毕业 4252 人、招生 5236 人、在学 16321 人，三者均为民族院校之最；在学人数几乎与全日制本专科在校生（16438 人）相等。[①]

2005 年秋，包括内蒙古民族大学在内，民族院校成人教育招生人数校均 1663 人，在学人数校均 5241 人，远远超过 1998 年时校均招生 506 人、在学 1266 人的办学规模。

（四）民族院校总的办学规模

本阶段末期，由于 1998 年广东民族学院更名为广东技术师范学院退出民族院校行列，而 2000 年 6 月教育部批准在原内蒙古民族师范学院、

---

① 数据来自内蒙古人民出版社 2008 年版《内蒙古民族大学五十年》和中国民族信息年鉴编委会《中国民族信息年鉴创刊号·2005》2005 年版，第 176～177 页。

内蒙古蒙医学院、哲里木畜牧学院合并的基础上组建内蒙古民族大学，全国民族院校仍维持13所。再则，因先后有中南民族学院、西北民族学院、西南民族学院、云南民学院四所民族学院经教育部批准更名为民族大学，13所民族院校中有5所名为大学，8所仍名为民族学院。

因普通本专科教育、研究生教育和成人教育都高速发展，本阶段民族院校的办学总规模也迅速扩展。2005年，民族院校的毕业、结业学生已达54027人，其中全日制毕业生28875人，成人教育毕业生27527人，各类进修、培训等结业3528人。各院校的具体情况如表8-6所示。

表8-6 2005/2006学年初民族院校各类毕业、结业生情况

单位：人

学校	合计	博士	硕士	本专科	成人教育	留学生	研究生课程进修班	进修及培训班等
中央民族大学	5737	74	222	1746	3178	134	383	
西北民族大学	3051		67	2266	710	8		
西南民族大学	4265		145	2702	1393	25		
中南民族大学	4993		182	3281	1514	16		
西北第二民院	1787		21	1572	192	2		
大连民族学院	1915			1636	279			
云南民族大学	7348		134	2257	3277	87		1593
广西民族学院	7621		27	2517	3393	132		1552
内蒙古民族大学	7432		37	3143	4252			
湖北民族学院	4027			1761	2266			
贵州民族学院	2520			1875	641	4		
青海民族学院	2170		26	1889	250	5		
西藏民族学院	1161			882	279			
总 计	54027	74	861	27527	21624	413	383	3145

注：本表资料来自各校填报的2005/2006学年初高等教育基层统计报表；内蒙古民族大学的数据由内蒙古人民出版社2008年版《内蒙古民族大学五十年》和中国民族信息年鉴编委会编印的《中国民族信息年鉴创刊号·2005》第176～177页中资料综合而成。

表 8－6 数据表明，2005 年民族院校校均毕业、结业学生达到 4156 人。各院校中，毕业、结业生最多的是广西、内蒙古、云南三所地方院校，主要原因是成人教育毕业、结业生多；尤其是其他院校较少关注的进修、短期培训之类的传统办学形式，云南、广西两院校仍有相当的办学规模。再则，云南、广西两院校发展留学生教育也富有成效，毕业、结业的留学生人数仅次于中央民族大学。

2005 年，民族院校总的招生规模达到空前的 73751 人，其中全日制学生 46543 人，成人教育学生 27172 人。详情如表 8－7 所示。

表 8－7　　　　　　　　2005/2006 学年初民族院校招生规模

单位：人

学校	合计	普通全日制招生						成人教育招生
		计	博士生	硕士生	本专科生	预科生	留学生	
中央民族大学	8393	3790	141	531	2825	160	133	4603
西北民族大学	5631	4124	6	176	3541	370	31	1507
西南民族大学	6333	5079	6	300	4378	380	15	1254
中南民族大学	7089	5309	6	329	4691	269	14	1780
西北第二民院	2815	2637		21	2300	313	3	178
大连民族学院	2786	2786			2500	240	46	
云南民族大学	6803	2571	3	454	2001	44	69	4232
广西民族学院	7552	4117		239	3601	110	167	3435
内蒙古民族大学	8499	3263		102	3105	0	56	5236
湖北民族学院	5286	3096			2848	248	0	2190
贵州民族学院	5303	3713			3097	612	4	1590
青海民族学院	3600	2901		98	2346	425	32	699
西藏民族学院	3625	3157		44	3113	0	0	468
总 计	73715	46543	162	2294	40346	3171	570	27172

注：本表数据来自各民族院校 2005/2006 学年初高等教育基层统计报表；不含各民族院校所设民营机制独立学院的在校生；内蒙古民族大学数据来自内蒙古人民出版社 2008 年出版的《内蒙古民族大学五十年》第 261 页；预科生如基层报表中无数据，

则以在校生代替。

在总的招生规模方面，内蒙古民族大学、中央民族大学和广西民族学院位居民族院校前三名。而普通本专科招生规模，则以中南、西南民族大学为最大。研究生招生规模最大的是中央民族大学。而留学生招生人数最多的，是广西民族学院。

各院校办学规模的核心指标，是在校、在学人数。资料表明，2005/2006 学年初，民族院校中办学规模最大的，是全日制教育和成人教育两手抓的内蒙古民族大学。而云南民族大学成人教育规模则已超过全日制教育规模。留学生教育规模最大的，是广西民族学院。详情如表 8-8 所示。

较之于 1998 年，2005 年民族院校各类在校、在学人数由 55183 人增至 226868 人，增长 3.2 倍，年均增长 22.4%；其中全日制各类在校生由 39990 人增至 157830 人，增长 2.9 倍，年均增长 21.7%；成人高等教育在学人员由 15193 人增至 68134 人，增长 3.5 倍，年均增长 23.9%。2005/2006 学年初，全国 13 所民族院校校均各类在校、在学人数达到 17451 人，其中全日制在校生 12141 人。

本阶段，民族院校中还出现了一个新生事物，即民营机制的独立学院（也称二级学院）。如 2001 年 7 月，经贵州省人民政府批准，贵州民族学院创办的民营机制二级学院——人文科技学院并正式招生。至 2003 年，该学院已开设法学、计算机科学与技术、旅游管理、英语、广播电视新闻、新闻学、汉语言文学、美术、艺术设计、音乐、体育等 11 个本科专业。2004 年教育部发文对该校予以批准确认。[①] 2002 年，中南民族大学经批准开办民营机制、具有独立校区的二级学院——弘博学院——后更名为中南民族大学工商学院。2003 年，经省教育厅批准，湖北民族学院也举办了民营机制的独立学院——科技学院。[②]

据有关研究者考察，此类独立学院多为普通高等学校与社会力量经一定审批程序合作举办，最早出现于 20 世纪 90 年代中期，大发展则在高等学校扩招阶段，2003 年 4 月时全国约有 300 所，其中浙江、江苏等东部地区约占 70%。其合作模式有企业与高校、政府与高校、民办学校依附

---

① 参见贵州民族学院办公室《贵州民族学院》，2004 年印刷，第 27 页。

② 田万振、汤贤均主编：《湖北民族学院七十年 1938～2008》，2008 年 9 月印刷，第 390 页。

表 8 - 8　　　　2005/2006 学年初民族院校各类在校、在学学生情况

单位：人

学校	合计	全日制在校生					成人教育在学人数	研究生课程进修班	进修及培训班
		博士生	硕士生	本专科生	预科生	留学生			
中央民族大学	21875	379	1318	10766	403	201	8087	721	
西北民族大学	16754	11	425	12756	370	23	3169		
西南民族大学	21724	12	725	16660	380	200	3747		
中南民族大学	21337	9	826	16817	269	16	3400		
西北第二民院	8502		30	7854	316	8	294		
大连民族学院	10089			9277	240	102	470		
云南民族大学	20947	6	905	8845	44	73	11004	70	
广西民族学院	21348		483	12410	110	252	7995		98
内蒙古民族大学	32917		165	16371		60	16321		
湖北民族学院	17216			11114	248		5854		
贵州民族学院	16295			9926	612	6	5751		
青海民族学院	8783		193	6781	425	63	1306		15
西藏民族学院	9081		78	8187	80		736		
总计	226868	417	5148	147764	3497	1004	68134	791	113

　　注：本表数据来自各民族大学（学院）2005/2006 学年初高等教育基层统计报表；数据中不含各民族院校所办民营机制独立学院在校生情况；内蒙古民族大学数据来自中国民族信息年鉴编委会《中国民族信息年鉴创刊号·2005》，第 176～177 页。

高校合办的，也有高等学校办的"校外校"、"校中校"。申请和主办方一般为普通高等学校，办学资金则来自民营资本，学校具有独立法人地位，实行独立运营和管理，根据有关政策其各项办学指标也不纳入主办学校统计范围，但主办学校对独立学院负有领导、监管责任。独立学院招生计划由所在省（自治区）单独下达并按国家要求参加统一高考招生，学生毕业时成绩合格者可核发正式的毕业证书——本科生合格者另发学位证书。因属新生事物，办学动机各不相同，组织管理也无统一规制，有些独立学院曾出现过"乱招生"、"乱收费"等问题。2003 年 4 月，教育部印发《关于规范并加强普通高校以新的机制和模式试办独立学院管理的若干意见》（教发〔2003〕8 号）对此类学院的申办进行规范。同年 8 月又发出《关于对各地批准试办的独立学院进行检查清理和重新报批工作的通知》，着手对独立学院进行清理和整顿。2005 年 2 月教育部又针对独立学院教学检查中发现的问题尤其是招生工作中发现的问题发出《关于加强独立学院招生工作管理的通知》以规范其办学行为。同年 3 月，教育部再次印发《关于独立学院办学条件教学工作专项检查情况及有关问题的通报》，其中对某些独立学院招生、收费、办学违规行为予以点名批评。[①]此后，独立学院的办学逐步走向规范。

二　民族院校学科专业建设的进展

办学规模的迅速扩张必然需要相应的专业、学科建设作为支撑。本阶段，民族院校的专业、学科建设的进展也很迅速。

（一）普通本专科专业建设的进展

经过上阶段对专业体系的大规模改造与更新之后，民族院校已经建立起对社会需求的主动适应、自我调整机制，专业建设进入正常状态。

本阶段，为了改变以往高等学校专业过细过窄的传统弊端，也为了规范高等学校的专业设置与建设，教育部先于 1987 年对高等学校的专业种数进行大幅归并、压缩，将原有的 1343 种专业调减至 671 种；1998 年又

---

① 参见文东茅《独立学院的形成与发展》，见于杨东平主编《2005 年：中国教育发展报告》，社会科学文献出版社 2006 年版，第 182~195 页。

颁布了新的高等学校本科专业目录，再次对专业目录进行归并、压缩，将本科专业减至 504 种。[①]

　　虽然 1998 年后各民族院校根据教育部新颁布的本科专业目录对原有本科专业进行了大幅合并——如 1999 年中央民族大学将原有的 55 个本科专业合并为 33 个[②]，但在 2005/2006 学年初，全国 13 所民族院校的普通本专科招生专业仍达到 12 大类 136 种[③] 552 个（1998 年为 117 种 318个），平均每校设 40 个专业。1998～2005 年各院校招生专业设置增长情况如表 8-9 所示。

表 8-9　　　　1998 年～2005 年各民族院校普通本专科专业增长情况

单位：个

年份	合计	中央民族大学	西北民族大学	西南民族大学	中南民族大学	西北第二民院	大连民族学院	云南民族大学	广西民族学院	湖北民族学院	贵州民族学院	青海民族学院	西藏民族学院
1998 年设置专业数	309	48	39	39	33	13	7	23	27	31	22	11	16
2005 年设置专业数	508	55	47	42	46	35	30	42	55	39	41	42	34
增加数	199	7	8	3	13	22	23	19	28	8	19	31	18
增长率（%）	64.4	14.6	20.5	7.6	39.4	169.2	328.6	82.6	103.7	25.8	86.4	282	112.5

　　注：同一学校本专科重复者只按 1 个计；为增加可比性，内蒙古民族大学的 44个专业未列入；广东民族学院 1998 年已经更名为广东技术师范学院因而未列数据。

　　如果说上阶段国家民委直属院校专业改造与建设的步伐较快的话，那么，本阶段地方民族院校专业建设的步伐超过了委属院校。7 年间，云

　　① 参见教育部高等教育司《普通高等学校本科专业目录和专业介绍·前言》，高等教育出版社 1998 年版。
　　② 荣仕星主编：《中央民族大学五十年》，中央民族大学出版社 2001 年版，第 233 页。
　　③ 参见本书附录二"1985 年、1998 年、2005 年、2011 年全国民族院校普通本专科招生专业科类及种数"。

南、广西、湖北、贵州、青海、西藏6所地方民族院校本专科专业数由130个增至253个，增幅达94.6%，其中青海民族学院因原来的基数比较小，新增专业达到182%。委属院校中，大连、西北第二民族学院因原来的基数就比较小，专业建设速度也比较快。

从专业的科类结构来看，1998~2005年民族院校专业建设的重点是管理学、工学、理学和艺术学4大科类，新增专业分别为58个、42个、41个、39个，合计180个，占新增专业199个的90%。新增理科专业中，主要是应用数学、应用化学、生物学、生物化学、计算数学及其应用软件、统计学，大都在原有的数学、化学等传统长线专业的基础上发展、改造而来。由于按教育部1998年新颁专业目录进行了调整、合并，2005年民族院校的经济学、历史学、农学等科类专业较1998年有所减少（详情参看表8-10）。

表8-10 1998~2005年民族院校普通本专科招生专业科类分布变化情况

单位：个

时间	专业总数	哲学类	经济学类	法学类	教育学类	文学类	艺术学类	历史学类	理学类	工学类	农学类	医学类	管理学类
1998年	309	4	40	28	23	63	13	20	29	46	7	9	27
2005年	508	3	28	35	28	81	52	17	70	88	5	16	85
增加数	199	-1	-12	7	5	18	39	-3	41	42	-2	7	58

民族院校专业科类结构比例之消长情况还可据表8-11中的相关数列作进一步的分析。

表8-11 1998~2005年12所民族院校普通本专科招生专业科类结构比较

时间	合计	哲学类	经济学类	法学类	教育学类	文学类	历史学类	艺术学类	理学类	工学类	农学类	医学类	管理学类
1998年科类结构比例（%）	100	1.3	12.9	9.1	7.4	20.4	6.5	4.2	9.4	14.9	2.3	2.9	8.7
2005年科类结构比例（%）	100	0.6	5.5	6.9	5.5	15.9	3.3	10.2	13.8	17.3	1	3.1	16.7

续表

时间	合计	哲学类	经济学类	法学类	教育学类	文学类	历史学类	艺术学类	理学类	工学类	农学类	医学类	管理学类
科类结构比例变化情况（%）	—	−0.7	−7.4	−2.2	−1.9	−4.5	−3.2	6	4.4	2.4	−1.3	2	8

注：为增加可比性，内蒙古民族大学数据未列入。

表 8 − 11 反映出民族院校 1998 ～ 2005 年间的结构性变化是：1. 上阶段强势兴起的管理类专业本阶段仍持续增长，在科类结构中所占比例仍在攀升，而经济类专业增势减缓，比重下降；2. 上阶段受到冷落的理科类则出现反弹，所占比重上升了 5 个百分点；3. 传统的文学类专业在科类结构中所占比重在下降。这种结构性变化是民族院校对社会需求主动调适的结果。

（二）研究生教育学科建设的进展

本阶段，民族院校研究生教育的学科建设也取得空前进展。

2000 年和 2003 年，国务院学位委员会分别审批和发布第八批、第九批博士学位授予单位和学科名单。民族院校进展情况如下：

1. 博士学位授权学科建设的新进展

（1）2000 年第八批名单①

①新增博士学位授权一级学科

中央民族大学：民族学

②新增博士学位授权二级学科

中央民族大学：宗教学

（2）2003 年第九批名单②

新增博士学位授权二级学科

中央民族大学：民俗学（含中国民间文学）

西北民族大学：中国少数民族语言文学

---

① 根据国务院学位委员会办公室编印的《第八批博士和硕士学位授权学科、专业名单》（工作本）整理。

② 根据国务院学位委员会办公室编印《中国学位授予单位名册（2006 年版）》，高等教育出版社 2007 年版中资料整理。

西南民族大学：民族学

在 2000 年的第八批名单中，中央民族大学"民族学"获准成为博士学位授权一级学科。根据国家有关政策和学位委员会公布的学科专业目录，在一级学科下可以自行设置一定数量的二级学科。因而中央民族大学在"民族学"学科下增设博士学位二级学科 4 个。在 2003 年的第九批名单中，增设"民俗学"博士学位二级学科。另在"民族学"博士学位一级学科下增设二级学科 7 个。到 2005 年，该校的博士学位授权二级学科总计达到 17 个。①

在 2003 年 9 月国务院学位委员会发布的第九批博士学位授权名单中，西北、西南民族大学被批准增列为博士学位授予单位。两校分别获准设博士学位授权二级学科各 1 个。

2. 硕士学位授权学科建设新进展

在国务院学位委员会审批和公布的第八批、第九批硕士学位授予单位名单中，西北第二民族学院、西藏民族学院被列入新增单位。再加上此前已获授权的内蒙古民族大学，招收硕士研究生的民族院校增至 10 所。

在第八、第九批名单中，各民族院校增设的硕士学位授予学科情况如下：

（1）2000 年第八批名单②

①硕士学位授权一级学科

中央民族大学：民族学

②硕士学位授权二级学科

中央民族大学：中国哲学、经济法学、社会学、民俗学（含中国民间文学）、教育学原理、新闻学、基础数学、生态学

西北民族学院：马克思主义民族理论与政策、中国少数民族经济、中国少数民族艺术、专门史、计算机应用技术

西南民族学院：中国哲学、诉讼法学、马克思主义民族理论与政策、中国少数民族经济、生态学、基础兽医学、行政管理

---

① 见中国民族年鉴社《中国民族年鉴 2005》，民族出版社 2005 年版，第 156~157 页。

② 根据国务院学位委员会办公室编印的《第八批博士和硕士学位授权学科、专业名单（工作本）》整理。

　　中南民族学院：区域经济学、马克思主义民族理论与政策、中国少数民族语言文学、外国语言学及应用语言学、物理化学（含化学物理）、企业管理（含财务管理、市场营销、人力资源管理）

　　云南民族学院：区域经济学、有机化学、行政管理

　　广西民族学院：马克思主义理论与思想政治教育、亚非语言文学、行政管理、档案学

　　内蒙古民族大学：中国古代文学、有机化学、作物栽培学与耕作学、民族医学（含藏医学、蒙医学等）

　　青海民族学院：民商法学（含劳动法学、社会保障法学）、民族学、物理化学（含化学物理）

　　（2）2003 年第九批名单①

　　①硕士学位授权一级学科

　　广西民族学院：科学技术史

　　西南民族大学：管理科学与工程

　　②硕士学位授权二级学科

　　中央民族大学：区域经济学、宪法学与行政法学、比较教育学、舞蹈学、企业管理（含财务管理、市场营销、人力资源管理）、行政管理

　　西北民族大学：环境与资源保护法学、社会学、马克思主义基本原理、思想政治教育、课程与教学论、文艺学、中国少数民族语言文学、音乐学、美术学、历史文献学（含敦煌学、古文字学）、计算机软件与理论、临床兽医学

　　西南民族大学：逻辑学、金融学（含保险学）、民俗学（含民间文学）、美术学、历史文献学（含敦煌学、古文字学）、有机化学、遗传学

　　中南民族大学：西方经济学、宪法学与行政法学、社会学、教育学原理、中国古代文学、历史文献学（含敦煌学、古文字学）、生物化学与分子生物学、通信与信息系统

　　西北第二民族学院：中国少数民族史、应用数学、计算机应用与技术

　　云南民族学院：劳动经济学、经济法学、马克思主义民族理论和政

---

　　① 根据国务院学位委员会办公室编印《中国学位授予单位名册（2006 年版）》，高等教育出版社 2007 年版中资料整理。

策、中国少数民族艺术、亚非语言文学、中国近现代史、基础数学、会计学、企业管理（含财务管理、市场营销、人力资源管理）

广西民族学院：诉讼法学、语言学与应用语言学、基础数学、计算数学

内蒙古民族大学：中国少数民族史、马克思主义基本原理、思想政治教育、预防兽医学、中西医结合临床

青海民族学院：宗教学、行政管理

西藏民族学院：中国哲学（西藏宗教方向）、民族学、中国少数民族经济、中国古代文学

1998~2005 年，民族院校获得博士学位授权的学校由 1 所增至 3 所，获得硕士学位授权的学校由 6 所增至 10 所；博士学位授权二级学科由 3 个增至 19 个，硕士学位授权二级学科由 35 个增至 171 个（包括一级学科下自行设置的二级学科，如中央民族大学在"民族学"一级学科，学校自行增设民族社会学、民族地区公共行政管理、中国少数民族教育、藏学、民族政治学、民族法学等二级学科）。

本阶段各民族院校研究生教育学科建设的进展情况如表 8 - 12 所示。

表 8 - 12 1998 年、2005 年各民族院校研究生教育学科设置情况

单位：个

学位层次	时间	合计	中央民族大学	西北民族大学	西南民族大学	中南民族大学	西北第二民院	云南民族大学	广西民族学院	内蒙古民族大学	青海民族学院	西藏民族学院
博士学位授权学科	1998 年	5	5	0	0	0	0	0	0	0	0	0
	2005 年	19	17	1	1	0	0	0	0	0	0	0
硕士学位授权学科	1998 年	36	13	3	8	7	0	3	—	2	0	
	2005 年	171	38	20	27	26	3	20	13	12	8	4

注：资料来自各院校 1998/1999、2005/2006 学年初高等教育基层统计报表；均按招生的二级学科统计。

从结构分析来看，本阶段民族院校硕士学位授权学科建设的特点是：

1. 教育学、工学类实现了从无到有的突破；2. 包括民族学、民族理论与政策、社会学在内的法学类学科增势突出；3. 经济类、理学类、管理学类是民族院校学科建设的重要增长点。详情见表 8 - 13。

表 8 - 13　　　1998 年、2005 年民族院校硕士学位学科科类分布情况比较

单位：个

时间	合计	哲学类	经济学类	法学类	教育学类	文学类	历史学类	艺术学类	理学类	工学类	农学类	医学类	管理学类
1998 年专业数	35	3	4	6		9	6	1	3		1		2
2005 年专业数	171	11	14	42	5	22	20	9	20	6	6	2	14
专业增加数	136	8	10	36	5	13	14	8	17	6	5	2	12

　　　　注：本表根据各民族院校 1998/1999、2005/2006 学年初高等教育基层统计报表中资料整理；统计口径基本参照学位委员会办公室 1997 年颁布的《授予博士、硕士学位和培养研究生的学科、专业目录》，其中"民族学"、"马克思主义民族理论与政策"等归入"法学类"，但"少数民族经济"归入"经济学类"，"少数民族史"归入"历史学类"，"少数民族艺术"归入"艺术学类"。

从具体学校来看，中央民族大学首次设立基础数学、生态学两个理科硕士点，改写了该校自开展研究生教育以来理科硕士点缺失的历史；内蒙古民族大学的加入，不仅带来了 12 个硕士学位授权点，还填补了民族院校在医学类硕士学位授权学科方面的空白。

三　民族院校的教学工作

（一）民族院校的迎评促建工作

本阶段，对民族院校教学工作影响最大的，是教育主管部门组织的高等学校本科教学工作水平评估。

关于对高等学校进行评估的说法，最早见于《中共中央关于教育体制改革的决定》。在强调要扩大高等学校办学自主权的同时，《决定》提出"教育管理部门还要组织教育界、知识界和用人部门定期对高等学校的办学水平进行评估，对成绩卓著的学校给予荣誉和物质上的重点支持，

办得不好的学校要整顿以至停办。"① 1990年10月，当时的国家教委发布《普通高等学校教育评估暂行规定》，对评估的目的、任务、指导思想、基本形式等作了规定，是为中国第一部关于高等教育评估的行政法规。自1994年始，国家教委开始有计划、有组织地实施对普通高等学校的本科教学工作进行评估，至今大致相继经历了合格评估、优秀评估和随机性水平评估三种形式。合格评估主要用于新建的、本科教育历史较短的、基础比较薄弱的学校，目的是使这类学校进一步明确办学指导思想、加强教学基本建设、提高教学管理水平，达到国家规定的基本的办学水平和质量标准。优秀评估开始于1996年，主要用于100所左右本科教育历史较长、基础较好、工作水平较高的学校，主要目的是促进这类学校深化改革和办出特色。随机性水平评估开始于1999年，主要是针对介于上述两类学校之间的普通院校。2002年，教育部将合格评估、优秀评估和随机性水平评估三种方案合并为一个方案，即《普通高等学校本科教学工作水平评估方案》。

在民族院校中，2000年以前广西、贵州、大连、湖北等民族学院都接受过教育部组织的教学工作合格评估。1999年扩招以后，由于高等学校办学规模迅速扩张，办学条件的改善滞后，社会各界对高等教育的质量诟病甚多，批评尖锐。在这种情况下，教育部加大了对普通高等学校本科教学随机性水平评估的力度和频度，根据"以评促改，以评促建，以评促管，评建结合，重在建设"的原则，力图通过评估推动普通高等学校端正办学指导思想，改善办学条件，加强教学基本建设，提高教学管理水平，深化教育教学改革，提高教育质量。

对于全国高等学校来说，评估是对学校教育教学工作的一次全面、系统、深入的检查和评价，尤其是：为保证教学质量，一是必须建立一套贯穿教学全过程、延伸于教学工作各方面的严整、细致的操作性规范体系；二是必须按一定指标体系及其标准改善办学条件，达不到既定标准的就不能称其为合格。如按教育部颁布的评估标准，民族院校办学条件基本指标及其合格标准就包括生师比（18）、具有研究生学位教师占专任教师的比例（30%）、生均教学行政用房（14 ㎡/生）生均教学科研仪器设备值

---

① 《中共中央关于教育体制改革的决定》，见于郭齐家主编《中华人民共和国教育法全书》，北京广播学院出版社1995年版，第70页。

（5000 元/生）、生均图书（100 册/生）、具有高级职务教师占专任教师的比例（30%）、生均占地面积（54 ㎡/生）、生均宿舍面积（6.5 ㎡/生）、百名学生配教学用计算机台数（10 台）、百名学生配多媒体教室和语音实验室座位数（7 个）、新增教学科研仪器设备所占比例（10%）、生均年进书量（4 册）。如果想在评估中获得好成绩（"良好"或"优秀"），那么这些指标的要求更高。

为了通过教育部评估并取得好的成绩和社会声誉，各民族院校对评估工作都非常重视，普遍制订了详细的迎评促建促教工作方案，组织专家进行预评估；更重要的是建立完善的教学工作规范，并加大投入改善办学条件。

没有根据说民族院校是为了迎接评估才加大改善教学工作——尤其是改善办学条件的力度的，但评估至少等于在各院校上上下下作了一次关于教学基本要求和办学基本条件的普及性教育，让大家——特别是这几年大批引进的新教师都明白了教学工作应该遵循哪些规范、注意哪些细节，让各级管理者知道改善办学条件应该达到什么样的标准。仅从这个意义上说，评估也毫无疑问地促进了高等学校教学工作的规范化、办学条件的标准化。而这两条，应是高等学校教育教学质量的最基本的保障。

扩招期间，民族院校用于改善办学条件的投入之大史无前例。云南民族大学 2000 年后的三年中投入教学经费达 5452 万元，仅 2003 年就投入3435.6 万元更新、改造实验室、添置教学仪器设备。[1] 湖北民族学院2000 年至 2003 年投入 2861.4 万元，购置教学仪器设备，不断改善办学条件。[2] 因历史欠账严重，基础设施陈旧老化，青海民族学院在 2001 ~2003 年先后通过争取国债资金、财政贴息贷款、引进社会资金、自筹资金等渠道筹措资金 1.14 亿元用以改善办学条件，三年的固定资产投入超过前 50 年的总和。[3] "十五"期间，西北第二民族学院仅基本建设投资累计达 2.8 亿元。[4] 1998 年后，广西民族学院通过政府拨款、国债立项、自筹、银行贷款、社会捐助等途径筹措、投入经费 1 亿多元，加强教学基本

---

① 见于 2003 年《云南民族大学本科教学工作水平自评报告》。
② 见于 2003 年《湖北民族学院本科教学工作水平自评报告》。
③ 见于 2003 年《青海民族学院本科教学工作水平自评报告》。
④ 见于 2007 年《西北第二民族学院本科教学工作水平自评报告》。

建设，教学基础设施得到大大改善。① "十五" 期间，中南民族大学先后筹款6亿多元用于教室、实验室、图书馆、体育场所等教学设施方面的建设，教学条件大为改善。② 至于西北、西南民族大学在建设新校区方面的投入，那是动辄要用亿元来计算的。

本阶段，各民族院校为改善办学条件而作的投入及其进展情况如表8-14所示。

表8-14　　1998年、2005年12所民族院校6项办学条件指标数据

学校	教师人数		校园面积（万㎡）		教学行政用房（万㎡）		学生宿舍面积（万㎡）		藏书（万册）		教学仪器设备值（万元）	
	1998年	2005年	1998年	2005年	1998年	2005年	1998年	2005年	1998年	2005年	1998年	2005年
中央民族大学	730	859	33.3	38.1	7.6	20	3.4	10.6	110	147	1540	7207
西北民族大学	442	754	23.4	120.1	6.6	18.2	1.4	13.3	69	89	812.3	7705
西南民族大学	412	984	33.7	104.2	5.3	127.8	2.3	14.6	80	195	1275	11434
中南民族大学	509	957	55.5	89.3	6	21.1	4.3	13.3	83	140	1694	10630
西北第二民院	199	507	59.5	76.7	2.2	14.3	1.4	5.4	19	55	571	6400
大连民族学院	73	490	36.7	36.5	2.3	14.4	1.5	8.5	9	68	420	8781
云南民族大学	420	560	31.5	113.1	4.7	11.2	1.9	5.2	71	93	1283	5869
广西民族学院	440	616	72	81.3	5.5	15.1	3.8	9.2	120	113	1076	7264
湖北民族学院	529	692	38.8	76.4	6.7	14.7	2.8	9.3	46	75	1416	6687
贵州民族学院	469	611	43.6	67.2	5.1	11.2	2.1	10.6	40	96	2000	6502
青海民族学院	194	610	2.1	52.8	2.6	12.9	1.5	5.5	57	104	289	4694
西藏民族学院	233	354	42	42	4.9	10.3	1.2	4.5	36	50	471	2618
合　计	4650	7994	472.1	897.7	59.5	291.3	27.6	110	740	1225	12847	85791

注：表中办学条件各项数据均来自各校1998/1999和2005/2006学年初高等教育基层统计报表，中央民族大学校园面积来自《中央民族大学年鉴2005》；为增加可比性，未列入内蒙古民族大学数据。

---

① 见于2003年《广西民族学院本科教学工作水平自评报告》。
② 见于2006年《中南民族大学本科教学工作水平自评报告》。

表 8 - 14 数据表明，1985 ~ 2005 年，12 所民族院校专任教师人数增加了 71.9%、校园面积增加了 90.2%、教学行政用房增加了 389.6%、学生宿舍面积增加了 298.6%、藏书增加了 65.5%、教学仪器设备值增加了 567.8%，其中教学行政用房、教学仪器设备值超过了全日制在校生增长率的 290%，学生宿舍面积的增长与之持平。

除了增加投入，改善办学条件外，各民族院校还采取了种种措施以保证教育质量。

中央民族大学一直坚持本科教学是立校之基础，校长是学校教学质量的第一责任人，各学院（系）院长（主任）是单位教学质量第一责任人。其他民族院校如内蒙古民族大学、云南民族大学、湖北民族学院、大连民族学院，都有类似的教育质量责任人的制度。

在明确责任人的同时，更重要的还是建立和健全教育教学质量日常的评估、监控体系。所有的民族院校，都在原有的教学管理制度的基础上，强化了教育质量监控、监管职能，建立了由教学督导、领导巡查、干部听课、教师和学生评教、教学信息反馈、优秀教学奖励、教学事故处理等制度和措施整合而成的教育质量监控体系，将对教育质量的考察、评价和监控落实到教育教学工作的各个环节。

本阶段，除了前述接受了教育部教学工作合格评估的院校外，中南、西南、云南民族大学和湖北民族学院分别于 2001 年、2003 年、2004 年接受了教育部组织的教学随机性水平评估，其中西南、中南民族大学均获得"优秀"，云南民族大学和湖北民族学院均获得"良好"。在办学规模急剧扩张的过程中，民族院校取得这样的成绩难能可贵；当然，更可贵的是这成绩后面的对学生、对社会的责任。

关于本科教学工作水平评估，正如扩招一样，也存在不小争议。褒之者称其促进了高等学校教学工作的规范化和办学条件的改善，对学生有利；贬之者称其搞形式，走过场，甚至于迫使高等学校弄虚作假等。评估存在的问题当然不少，但无论评估存在多少问题，在当时高等学校办学规模急剧膨胀、办学条件不断恶化的情况下，如果不搞评估，很多高等学校改善教学工作和办学条件的积极性也许不会那么高，投入不会那么大，其结果是广大学生的正当权益得不到保证。而有些问题之产生，其主要根源并不在于评估工作本身甚至也不在高等学校，把责任全部归于评估上是不太公平的。

(二) 民族院校的教学改革

由于办学规模的急剧扩展，教学工作压力巨大，与上阶段相比本阶段民族院校教学改革相对沉闷，但也出现了一些新动向。

在各民族院校的本科教学工作水平自评报告中，出现了一些以前不多见的观念性提法。例如，中央民族大学提出"以教师为主导、学生为主体"的教育理念；西北民族大学提出"以人为本，助人成功"和"办学以教师为主体，教学以学生为主体"理念；内蒙古民族大学提出"教育以育人为本，以学生为主体"；中南民族大学和贵州民族学院提出"以学生为中心，以教师为主体"；西北第二民族学院提出"以学生为主体"和"以人为本、追求卓越"；贵州、西藏民族学院提出"以学生为本"的理念等等。① 这些教育理念的表述方式略有不同，但其主旨之一，就是强调学生在教育、教学过程中的主体性作用或中心地位。在教育史上，由以"教"为中心转向以"学"为中心，是被美国教育家杜威称为"和哥白尼把天文学的中心从地球转到太阳一样的那种革命"②。民族院校提出这些教育理念，表达了它们对世界性教育发展与改革趋势的理解和把握。

从各院校自评报告反映出的教育改革的另一新动向，是对本科人才培养目标的调整。和上阶段突出强调人才培养的应用型、实用性相比，本阶段民族院校人才培养目标调整的取向主要强调学生的"厚基础、宽口径、强能力"。如中央民族大学提出"夯实基础、拓宽口径、注重能力、引导创新"；西南民族大学强调人才培养要"加强基础、拓宽口径、提高能力"；中南民族大学将人才培养要求归纳为"基础厚、口径宽、能力强、素质高，具有创新创业精神和实践能力"；云南、青海民族大学和湖北民族学院等都是采用"厚基础、宽口径、强能力、高素质"的提法，只不过在语序上略有区别，西北第二民族学院则在此基础上增加了"重创新"；内蒙古民族大学的提法是"基础宽、素质高、有特长、适应广"；大连民院的表述方式是"坚持加强基础教育、拓宽专业面向、增强社会适应性，培养综合素质高，

---

① 上述提法均见于 2003～2007 年各院校本科教学工作水平自评报告。
② 见于《杜威教育论著选》，赵祥麟、王承绪编译，华东师范大学出版社 1981 年版，第31 页。

具有创新精神和较强实践能力的应用型人才"。① 民族院校对人才培养目标
的这种调整，也具有历史和现实的必然性。

　　民国时期，中国大学取法欧美大学，设院、系而不设专业，人才培养
的口径是比较宽泛的。20 世纪 50 年代前期，新中国在接收、改造旧大学
体系之后，按照苏联模式建立了新的高等教育体系和专业化的人才培养模
式，高等院校成为计划体制下分门别类培养专门人才机构的同时，专业也
成为高等学校人才培养的基本单元。在后来的发展过程中，出于计划体制
下"对口分配"的便利并由于"按产品或生产过程设专业"倾向的影响，
高等学校出现专业越分越细现象：1953 年初全国高等学校设置专业 215
种，到 1957 年为 323 种，1962 年增至 627 种，1980 年增至 1039 种，② 据
1998 年新颁本科专业目录《前言》称后来最多时达到 1343 种。这种狭窄
的专业设置模式，再加上过分讲求标准化、统一性的教育特点，极不利于
学生的全面发展和创造个性之形成。

　　纽曼认为，"知识不仅仅是万事万物，知识也是万事万物之间互相而
真实的联系"，各门科学的知识"相互补充，相互纠正，相互平衡"③ 而
形成一个整体。因而，要养成对世界的整体把握和全面认识，其前提是对
各学科知识的尽可能全面的占有；人们对知识的掌握越全面而深入，人的
思维就越自由。在现代社会，因知识总量实在太大，要产生亚里士多德和
培根式的"百科全书式"学者当然已经不可能了，但人在进入专门领域
和职业之前得到尽可能全面的发展以消除认知结构方面的局限和偏颇则是
十分必要的——这一点对创造性人才培养尤其重要。然而，在中国现实的
教育体系中，由于根深蒂固的实用主义传统（讲求"经世致用"，宣扬
"学而优则仕"、"书中自有黄金屋，书中自有颜如玉"等）的影响，以及
高考的强大导向，孩子的学习方向从小就被规定，心智结构向应试方向发
展。到高中阶段，又实行文理分科，过早地对知识体系进行割裂，使学生
的认知结构进一步丧失更全面训练和发展的条件与可能。好不容易上了大
学，又进入以职业为导向、学术视野狭窄且强调"标准化"的专业教育。

————————

　　① 上述提法均见于 2003～2007 年各院校本科教学工作水平自评报告。

　　② 中国教育年鉴编辑部：《中国教育年鉴（1949～1981）》，中国大百科全书出版社 1984 年
版，第 239～247 页。

　　③ ［英］约翰·亨利·纽曼：《大学的理想》，徐辉等译，浙江教育出版社 2001 年版，第
54、20 页。

如此牵引诱导、分割规制，学生知识积累和心智训练的路子越走越窄，知识结构中可资互相借鉴、印证、启发和制衡的东西太少，而个性、灵性、自由想象、独立思维等所有和创造力密切相关的品质则在这重重分隔与规制中（根据"用进废退"法则）趋向萎缩。这样的教育模式，也许能造就有一技之长的专家（因缺乏更宽厚的知识基础，这样的专家所能达到的专业深度恐怕也是有限的），但不太可能养成视野开阔，气势恢弘，思维灵动，少有知识壁垒而长于新的综合的开风气、建体系、创流派、成风格的学术大师、科学巨擘。中国教育人才培养模式之弊，莫大于此。

对于专业模式的高等教育存在的问题，教育主管部门也有所反省，因而一再修订高等学校本科专业目录，调减专业种数；同时，在一系列有关文件中要求进行教育教学改革，拓宽专业面，增加学生个性发展空间。民族院校对厚基础、宽口径培养模式的一致推崇，应是顺应这种改革趋势之举。至于具体的操作方式，各院校多在相关专业之间打通基础，或干脆分大类招生，在一、二年级统一开基础课，三、四年级再实行专门化培养。这种做法的实质，是在传统的专业教育的框架里，引入欧美大学的通识教育元素，培养视野更宽广、适应能力和创新能力更强的人才。

在民族院校教育、教学改革新举措中，推行学分制（学分和学年结合的不完全学分制）已成为一种普遍性趋势。云南民族学院在2000年制定《云南民族学院本科学分制方案》，试行学分制；[①] 中南民族学院在1998年启动重修制、辅修制以及选修课的基础上，在2001级新生中开始实行学分制；[②] 西北第二民族学院从2001级新生开始实行学分制；中央民族大学从2002年起全面推行学分制；[③] 湖北民族学院是在2002年对所有专业的教学计划进行全面修订的基础上实行学分制的，还设置了科学研究的学分；青海民族学院在实行本科辅修及双学位制和浮动学制的基础上，从2002级学生开始实行学分制；西南民族大学从2004年开始全面实行学分制；西北民族大学从2005级本科生开始实行学分制；

①　《云南民族大学55年》，云南民族出版社2006年版，第111页。

②　中南民族大学校史编纂委员会：《中南民族大学校史（1951～2011）》，湖北长江出版集团、湖北人民出版社2011年版，第260页。

③　国家民委教育科技司、教育部民族教育司：《蓬勃发展的中国民族院校》，中央民族大学出版社2006年版，第115页。

西北第二民族学院的"适应民族高校学生特点的学分制教育管理机制的研究与实践"项目还在宁夏回族自治区教学成果奖评选中获一等奖。[①]到 2005 年前后，民族院校基本上都从自己的实际出发制定并实行了这种不完全学分制。

学分制是伴随选修制而诞生的一种以学分为计算单位来计量、评价学生学业进度的教学管理制度，最早出现于美国大学。选修制、学分制的出现，应缘于在以班级授课制为教学组织基本形式因而具有求同化取向的现代学校教育方式中扩大学生学习自由和个性发展空间的需要，而学生的个性化发展乃是其创造性形成和高等教育人才培养多样化的前提。所以，为学生的学习自由和个性化发展留下应有的自由空间，是学分制的应有之义；自其诞生之后，很多欧美大学竞相沿用。据黄坤锦先生介绍，曾任哈佛大学校长 40 年的艾略特甚至主张学生到哈佛来读书只要能把 128 个学分修完就可以了，至于修什么课程则悉听尊便；至今，美国名校加州伯克利分校和布朗大学仍规定，学生只要修完 160 个学分即可毕业，科目任选。[②] 在经过数十年的狭窄、标准化的专业教育模式之后，民族院校开始推行学分制，也是对传统教育模式的一种变革尝试。

四　民族院校的科研工作

尽管办学规模的急剧扩张给各方面工作带来沉重的压力，但本阶段民族院校的科研工作仍有不少新的举措和突破。

经过数十年的办学实践后，"科研强校"已成为民族院校共同的发展战略。1999 年，刚与恩施医学专科学校合并不久的湖北民族学院就提出"教学兴校，科技强校"的办学指导思想。[③] 中南民族大学则在 2002 年提出"以提高人才培养质量为中心，教学科研并重"的办学思路，[④] 在该校历史上首次将科研提到和教学"并重"的地位。

---

① 上述提法均摘自各有关院校 2003～2007 年本科教学工作水平自评报告。

② 黄坤锦：《大学通识教育：心灵的攀登》，见于《解放日报》2009 年 10 月 18 日。

③ 田万振、汤贤均主编：《湖北民族学院七十年 1938～2008》，2008 年 9 月印刷，第 81 页。

④ 参见中南民族大学校史编纂委员会《中南民族大学校史（1951～2011）》，湖北长江出版集团、湖北人民出版社 2011 年版，第 250 页。

　　为凝练科研方向、优化资源配置，各民族院校继续通过建立、健全科研机构，来提高科研工作的组织化程度。至2005年，中央民族大学所设实体和非实体科研机构已达到55个，其中处级机构8个、系级39个、跨系所机构8个；西北民族大学常设的院所合一的科研机构为10个；西南民族大学常设科研机构近20个；中南民族大学常设科研机构25个；云南民族大学的常设科研机构达到32个；广西民族学院常设研究机构24个；内蒙古民族大学常设科研机构18个。① 这些科研机构构成民族院校科研工作的基本平台，是组建团队、争取和完成重要乃至重大研究课题的组织基础。

　　经过多年的探索、积累和发展，到本阶段各院校也大都形成自己科研的特色和优势，如中央民族大学的各民族文化、民族语言文学、民族史、民族经济等方面的综合研究，西北民族大学的西北民族研究尤其是藏学研究和藏文信息处理技术研发，西南民族大学的西南民族研究和西部大开发研究，中南民族大学的南方民族研究和女书研究，内蒙古民族大学的蒙医药、科尔沁文化研究，广西民族学院的壮学、瑶学研究和东盟研究，贵州民族学院的西南傩文化研究、贵州世居民族研究，湖北民族学院的"土家学"研究等，大都有自己的组织形式、代表性人物及成果。各院校的特色、优势交织和叠加起来，形成覆盖全国少数民族和民族地区、覆盖民族问题研究各领域的研究网络，成为全国高等学校科研体系中富有特色的组成部分。

　　本阶段民族院校科研工作的进展主要表现在三方面。

（一）外向型科研继续发展

　　本阶段民族院校科研工作的突出进展，是争取校外科研项目不断有新突破，预算外研究经费持续增长。

　　资料表明，1999~2005年，中央民族大学争取的国家、省部级和合作科研项目总计283项，其中国家社会科学基金项目35项、自然科学基金项目6项，国外资助项目2项；预算外科研经费总额为1845.6万元（不含美元8000元、欧元1.69万元）。详情如表8-15所示。

---

　　① 参见中国民族信息年鉴编委会《中国民族信息年鉴创刊号·2005》，2005年10月，第68~260页关于各民族院校基本情况的介绍。

表 8 – 15   1999 ~ 2005 年中央民族大学科研课题立项及资助经费情况

时间	科研立项数（省部级及合作项目）	资助经费（万元）	备 注
1999 年	22	113.3	国家社会科学基金 4 项、国家自然科学基金 1 项
2000 年	26	115.7	国家社会科学基金 5 项
2001 年	44	233	国家社会科学基金 5 项
2002 年	59	262.8	国家社会科学基金 5 项
2003 年	40	165.9	国家社会科学基金 4 项、国家自然科学基金 1 项；经费中另有美元 8000 元、欧元 1.69 万元
2004 年	36	138.9	项目中国家社会科学基金 5 项
2005 年	56	816	国家社会科学基金 7 项、国家自然科学基金 4 项

注：资料来自 1999 ~ 2005 年中央民族大学出版社出版的《中央民族大学年鉴》。

值得关注的是 2005 年，该校预算外科研经费出现爆发式增长，由上年的 138.9 万元猛增至 816 万元，增长 4.9 倍；其中 100 万元以上项目 2 个，20 万元以上项目 17 个，国家社会科学基金和国家自然科学基金项目也分别达到历年最高的 7 项和 4 项。[①]

外来科研项目和经费增长趋势在西北、西南、中南民族大学均有所表现（参见表 8 – 16、表 8 – 17 和表 8 – 18）。

表 8 – 16   2000 ~ 2005 年西北民族大学科研课题立项及资助经费情况

时间	立项数（项）			项目经费（万元）
	计	其中：		
		国家级	省部级	
2000 年	14	1	13	34
2001 年	9	0	9	43
2002 年	36	2	22	56

① 　以上资料均来自中央民族大学出版社 1999 ~ 2005 年每年出版的《中央民族大学年鉴》。

续表

时间	立项数 (项)			项目经费 (万元)
	计	其中:		
		国家级	省部级	
2003 年	66	5	16	198
2004 年	59	3	15	55
2005 年	80	10	27	203

注：资料来自于西北民族大学建校 60 周年校庆展览；经费中不包括自筹部分。

表 8－17　　　2001~2005 年西南民族大学科研课题立项及经费情况

时间	科研项目 (项)					科研经费 (万元)
	合计	其中:				
		国家级	省 (部) 级	国际合作	横向项目	
2001 年	78	3	21	2	17	514.78
2002 年	105	2	25		7	562.09
2003 年	230	4	32		7	531.42
2004 年	175	6	35		28	455.71
2005 年	209	6	60	1	35	971.96

注：数据来自于《西南民族大学校史 (2001~2011)》第 75 页；经费应包括自筹部分。

表 8－18　　　2001~2005 年中南民族大学科研项目和资助经费情况

时间	科研立项数 (项)		资助经费 (万元)
	计	其中省部级以上项目	
2001 年	24	21	8.5
2002 年	23	20	13.5
2003 年	27	23	46.5
2004 年	25	13	48.5
2005 年	49	14	137.2

注：数据来自于 2011 年中南民族大学 60 周年校庆展览；经费中不包括自筹部分。

和中央民族大学一样，上述三院校项目和经费均呈稳步增长之势；尤其是 2005 年立项项目和获资助经费的增幅明显加大。

经过近 10 年的筹建，1997 年方获得教育部批准建制、以工科和应用学科为主的大连民族学院，进入 21 世纪后在申报高层次国家基金项目方面屡有突破。2000～2005 年，该校获国家社会科学基金项目 5 项、国家自然科学基金项目 13 项；尤其是 2004 年"实现了高水平科研立项的历史性突破"，获国家自然科学基金项目 6 项；2005 年又达到 5 项，① 在民族院校中有后来居上之势。

在委属院校科研项目和经费持续增长的同时，地方民族院校也不断刷新自己的历史记录。

2001～2005 年，云南民族大学共获得国家级项目 16 项、省部级项目 25 项；其中 2004 年首次获得国家自然科学基金和省科技攻关项目，并创造了学校有史以来年度争取预算外科研经费 237 万元的新记录。②

2001～2005 年，湖北民族学院共承担国家自然科学基金和社会科学基金项目 7 项、国家及有关部委项目 11 项，完成技术开发项目 50 多项，鉴定成果 40 多项，获国家专利 23 项；其中 2002 年获国家自然科学基金资助项目、2003 年获国家社会科学基金资助项目和全国教育科学"十五"规划重点课题，均为建校历史上首次。③

青海民族学院 1999～2005 年获国家社会科学基金项目 16 项，教育部项目 15 项、国家民委项目 1 项、其他部委项目 2 项、省社会科学基金项目 23 项、省科技厅项目 3 项，预算外科研经费 420 余万元。其中，1999 年获教育部资助的 2 个项目、2002 年获国家社会科学基金资助 4 个项目，2005 年获得 1 个省科技攻关项目和 6 项国家社会科学基金项目，在该校

①　参见李鸿主编《大连民族学院校史》，民族出版社 2007 年版，第 105～108 页。

②　《云南民族大学 55 年》，云南民族出版社 2006 年版，第 134 页。

③　根据 2008 年田万振、汤贤均主编的《湖北民族学院七十年（1938～2008）》第 84～86 页有关资料整理。

历史上均有突破性意义。[①]

广西民族学院在2000～2004年，承担国家级项目22项、省部级项目85项；其中2004年获国家级项目4项、省部级项目30项，厅局级项目20项，获得预算外科研经费96.56万元。[②] 贵州民族学院2000～2003年获国家社会科学规划办项目5项、教育部项目5项、省长基金项目5项、司法部项目1项、省社科办规划项目23项、省教育厅项目29项，获得预算外科研经费104万余元。[③] 内蒙古民族大学2000～2004年，获国家级项目17项、省部级项目92项。[④]

自20世纪50年代创建以来，民族院校一直属教学型院校。学科专业结构偏文，理工科专业建设起步晚、基础较差，科研经费来源渠道较少，是它们的普遍状态。因而，上述项目和经费的争取，其意义主要在于显示了民族院校外向型科研体制的建构和成长。

(二) 研究成果持续涌现

以特色化和应用性研究为方向，以团队为基础，以各级各类项目为支撑，民族院校本阶段科学研究进展迅速，成果甚丰。

1999～2005年，中央民族大学出版专著、教材等1046部，年均149部；发表论文4962篇，年均709篇（详情参见表8-19）。[⑤] 自1990年开始，该校每年出版学术专著、教材等均在100部以上，1999～2005年更达到年均近150部的水平，[⑥] 远远超过其他民族院校。对于2005年专任教师仍不到900人的该校来说，保持这种旺盛而持久的学术创新水平实属难能可贵。

---

①　参见青海民族大学校史编写组《青海民族大学校史（一九四九～二○○九）》，青海人民出版社2009年版，第327～342页。

②　参见中国民族信息年鉴编委会《中国民族信息年鉴创刊号·2005》，2005年版，第201、205页。

③　参见贵州民族学院办公室《贵州民族学院》，2004年7月印刷，第246～251页。

④　参见中国民族信息年鉴编委会《中国民族信息年鉴创刊号·2005》，2005年10月，第177页。

⑤　以上资料及表8-20资料均来自中央民族大学出版社1999～2005年每年出版的《中央民族大学年鉴》。

⑥　根据《中央民族大学五十年》和1999～2005年《中央民族大学年鉴》中有关资料计算得出。

表 8 - 19　　　1999～2005 年中央民族大学出版著作、发表论文情况

时 间	出版专著、教材等（部）	发表论文（篇）	
		计	其中：核心期刊
1999 年	156	548	
2000 年	158	505	
2001 年	146	641	
2002 年	171	699	
2003 年	153	836	451
2004 年	151	894	534
2005 年	111	839	524
合 计	1046	4962	—

　　注：资料来自中央民族大学出版社出版的《中央民族大学年鉴》（1999～2005）；其中 1999～2002 年核心期刊发表论文情况未作专门统计。

　　2000～2005 年，西北民族大学出版专著 295 部，发表论文 3800 余篇。详情见表 8 - 20。

表 8 - 20　　　2000～2005 年西北民族大学出版著作、发表论文情况

时间	发表论文（篇）				出版学术著作（部）		
	计	其中：三大检索	CSSCI(核)	CSCD(核)	计	其中：A 类	B 类
2000 年	259		16	1	46		9
2001 年	647		32	2	40		5
2002 年	632	2	24	9	57		13
2003 年	737	3	29	10	62	1	13
2004 年	680	2	31	12	39		20
2005 年	853	7	44	13	51	2	16
合计	3808	14	176	47	295	3	76

　　注：资料来自于西北民族大学建校 60 周年校庆展览。

2001～2005 年，西南民族大学科研成果情况参见表 8－21。

表 8－21　　　　　　2001～2005 年西南民族大学科研成果情况

时间	出版著作教材等（部）	省部级奖项（项）	发表论文（篇）	SCI 收录（篇）	被新华文摘、中国社科文摘、人大复印资料转摘（篇）
2001 年	53	14	601	7	8
2002 年	58	8	640	15	10
2003 年	81	15	793	14	18
2004 年	74	6	691	13	12
2005 年	43	12	980	19	14
合计	309	55	3705	68	62

注：资料来自西南民族大学校史编辑部《西南民族大学校史（1951～2011）》，2011 年 5 月印刷，第 78 页。

同期，中南民族大学出版学术专著等 147 部，发表论文 4286 篇；[1] 内蒙古民族大学出版论著 40 部，发表论文 2610 篇；[2] 大连民族学院发表论文 1499 篇。[3] 2001～2005 年，湖北民族学院出版专著、译著等 132 部，发表论文 2700 多篇；[4] 青海民族学院出版教材、专著等 35 部，发表论文 1035 篇。[5] 2000～2004 年，广西民族学院出版专著等 200 部，发表论文 3343 篇。[6]

（三）科研奖项出现重要突破
本阶段，民族院校获得的科研成果奖项也越来越多，并出现重大突破。

---

[1]　资料来自于该校 60 周年校庆展览。

[2]　参见中国民族信息年鉴编委会《中国民族信息年鉴创刊号·2005》，2005 年 10 月，第 177 页。

[3]　同上书，第 159 页。

[4]　根据田万振、汤贤均主编《湖北民族学院七十年（1938～2008）》第 84～86 页有关资料整理。

[5]　参见中国民族信息年鉴编委会《中国民族信息年鉴创刊号·2005》，2005 年 10 月，第 251 页。

[6]　同上书，第 200～205 页。

在民族院校中，中央民族大学在获奖方面屡创佳绩：1999 年获国家民委哲学社会科学成果奖 19 项，占总奖项的 31%。同年，该校又在强手如林、竞争激烈的国家社会科学基金项目成果评奖活动中获奖 4 项，其中一等奖 1 项、二等奖 1 项、三等奖 2 项。而且，在 2000 年北京市第六届哲学社会科学优秀成果评奖中，该校《中国藏族寺庙教育》、《中国民族立法理论与实践》等成果又获奖 6 项，其中一等奖 2 项、二等奖 2 项。①同年 9 月全国第二届教育科学优秀成果颁奖会，哈经雄主编的《中国少数民族高等教育学》、孙若穷等主编的《中国少数民族教育学概论》分别获一、二等奖。在 2004 年北京市第八届哲学社会科学优秀成果评奖活动中，该校的成绩是 2 个一等奖、4 个二等奖（详情参见表 8 - 22）。②

表 8 - 22　　　　　1999～2005 年中央民族大学科研成果获奖情况

时　间	省部级奖项（项）	备　注
1999 年	26	奖项中一等奖 6 项、二等奖 10 项
2000 年	8	奖项中一等奖 2 项、二等奖 5 项
2001 年		
2002 年	13	奖项中一等奖 2 项、二等奖 7 项
2003 年	8	奖项中一等奖 1 项、二等奖 1 项
2004 年	6	奖项中一等奖 2 项、二等奖 4 项
2005 年	3	

注：资料来自 1999～2005 年中央民族大学出版社每年出版的《中央民族大学年鉴 1999》。

2000～2005 年，西北民族大学获国家级奖励 3 项，省部级奖励 97 项。尤其可喜的是：该校于洪志教授主持的"藏文信息技术课题组"，经过 18 年努力，制定了藏文编码国际标准和藏文编码、字型、键盘布局三项国家标准，开发了"藏汉双语信息处理系统"，研制了世界上第一个

①　参见陈理、喜饶尼玛主编《中央民族大学获奖科研成果简介》，中央民族大学出版社 2001 年版，第 234～240 页。
②　参见中国民族信息年鉴编委会《中国民族信息年鉴创刊号·2005》，2005 年 10 月，第 67 页。

藏文视窗平台、字处理软件，建立了世界上第一个藏文网站，1999年"藏汉双语信息处理系统"荣获国家科技进步二等奖，"藏文视窗平台、字处理软件和藏文网站"获2001年国家科技进步二等奖，① 改写了民族院校创建数十年来与高级别国家科技奖项无缘的历史。该校科研成果获奖的具体情况见表8－23。

表8－23　　　　2000～2005年西北民族大学科研成果获奖情况

时　间	获奖数（项）			
	计	国家级奖	省部级奖	厅局级奖
2000年	24	0	12	12
2001年	49	1	33	15
2002年	46	0	21	25
2003年	50	0	27	23
2004年	83	0	47	36
2005年	66	0	25	41

注：资料来自于西北民族大学建校60周年校庆展览。

2001～2005年，中南民族大学有44项成果获得省、部级奖励；② 大连民族学院有114项成果获省部级、市级奖励。③

青海民族学院在1999～2005年间获省部级及其以上科研成果一等奖4项、二等奖13项、三等奖34项。④

广西民族学院仅在2000～2003年，获各级各类教学科研成果奖166项，其中省部级以上奖励50项；⑤ 2004年又获自治区各种科研奖励30多项。⑥

---

① 参见中国民族信息年鉴编委会《中国民族信息年鉴创刊号·2005》，2005年10月，第102页。

② 见于中南民族大学科研处《中南民族大学科研撷英—2001—2010成果、项目、奖励汇编》2011年印刷，303—305页。

③ 参见中国民族信息年鉴编委会《中国民族信息年鉴创刊号·2005》，2005年10月，第159页。

④ 参见青海民族大学校史编写组《青海民族大学校史（一九四九～二〇〇九)》，青海人民出版社2009年版，第327～342页。

⑤ 见于2003年《广西民族学院本科教学工作水平评估自评报告》。

⑥ 参见中国民族年鉴社《中国民族年鉴2005》，民族出版社2005年版，第161页。

在 2000 年、2002 年贵州省社会科学研究优秀成果评奖活动中，贵州民族学院有 22 项成果获奖，其中一等奖 4 项、二等奖 5 项、三等奖 12 项；① 获一等奖的成果中，吴大华教授的专著《民族法学通论》，徐晓光教授的专著《藏族法制史》，都是具有学术原创性意义的成果。

2001～2005 年间，湖北民族学院共获省部级科研成果奖 10 项，其中二等奖 1 项、三等奖 9 项；② 内蒙古民族大学获省部级成果奖 10 项、市级成果奖 13 项。③

本阶段虽然只有 7 年时间且处于办学规模迅速扩张的压力之下，但无论是从科研项目、经费、成果的多寡而论，还是就成果的社会评价、社会影响力来说，民族院校科研工作都是富有成效的；尤其是西北民族大学两次获得国家科技进步二等奖，雄辩地证明了只要坚持特色化科研之路，即使在起步较晚的科技领域，民族院校仍可以在竞争的社会环境获取自己的一席之地。而且，尽管争取的预算外科研项目和经费还比较少，但发展趋势是向上的。它证明，民族院校在 1980 年代后期体制改革中开始构建的面向社会、面向经济建设、面向中国少数民族和民族地区的外向型科研体制，正在顺利成长。

五　民族院校的对外交流与合作

在新中国成立后很长一段时间内，由于世界上两大政治阵营的冲突和互相封锁，中国高等教育的国际化进程缓慢。虽然曾有过"全盘学苏"，以及后来对少数国家尤其是社会主义国家的开放与交流，但总的来说关起门来办学的程度比较大。新时期来临之后，随着改革、开放政策的全面、深入实施，中国高等教育的国际化进程也相应提速并向越来越广阔和纵深的方向发展。经过 30 年风风雨雨的民族院校，逐渐融入高等教育国际化的潮流，开展跨国界、跨民族、跨文化的多边交流与合作，在培育具有国际视野的新人的同时，也从中获取教育事业发展所需

---

① 参见贵州民族学院办公室《贵州民族学院》，2004 年 7 月印刷，第 246～251 页。

② 根据田万振、汤贤均主编《湖北民族学院七十年（1938～2008）》第 84～86 页有关资料整理。

③ 参见中国民族信息年鉴编委会《中国民族信息年鉴创刊号·2005》，2005 年 10 月，第 174 页。

的信息、资源和活力。

如果说上阶段民族院校的对外交流与合作还基本处于起步阶段的话，那么，本阶段民族院校国际合作与交流无论是形式之多样，还是内容之深广，乃至频度之繁，均趋向高潮。仅国家民委直属6院校，1999～2005年间接待的外事团组即达627批4958人次；同时，组团出访达到210批1192人次。[①] 青海民族学院2000～2005年组织了4批人员出国访问和交流。[②]2000年委属6院校聘请的外国文教专家为74人，2005年增至230人。[③]

本阶段民族院校开展对外合作与交流最突出的标志，就是来校就读的外国留学生人数有较大幅度的增长。如国家民委直属院校所招收的留学生，就从1998年的245人，增至2005年的870人，增长2.6倍。西北第二民族学院和大连民族学院，也分别于1999年、2000年开始招留学生（详情见表8-24）。

表8-24　　1999～2005年国家民委所属民族院校留学生招生情况

单位：人

时间	合计	中央民族大学	西北民族大学	西南民族大学	中南民族大学	西北第二民族学院	大连民族学院
1999年	231	223	6			2	
2000年	512	398	42	61	7	3	1
2001年	505	295	51	118	19	4	18
2002年	815	499	32	176	33	7	68
2003年	602	213	30	220	30	9	100
2004年	733	269	58	246	35	5	120
2005年	870	347	32	301	36	9	145

注：摘引自《中国民族高等教育对外开放的历史回顾与发展研究》，民族出版社2010年版，第49～50页。

---

① 参见《中国民族高等教育对外开放的历史回顾与发展研究》，民族出版社2010年版，第39～40页。

② 参见青海民族大学校史编写组《青海民族大学校史（一九四九～二〇〇九）》，青海人民出版社2009年版，第196页。

③ 参见《中国民族高等教育对外开放的历史回顾与发展研究》，民族出版社2010年版，第42页。

因办学特色浓郁且地处首都，中央民族大学在留学生教育方面一直走在民族院校前列。资料表明，2005 年，中央民族大学在读留学生来自韩国、美国、英国、日本、泰国、法国、蒙古国、哈萨克斯坦、马来西亚、俄罗斯、土耳其、澳大利亚、加拿大、新加坡、巴基斯坦、瑞士、意大利、吉尔吉斯斯坦、挪威等 18 个国家。[①] 该校为他们开设民族学、旅游管理、中国少数民族经济学、中国少数民族语言文学等 6 个本科专业，中国少数民族史、少数民族经济、少数民族艺术、民族学、中国哲学、民俗学等 10 余个研究生教育专业，基本形成"以高层次学历生为主，短期进修生为辅"的发展格局。[②] 同年，西北民族大学有来自美国、日本、法国、斯洛文尼亚、马来西亚、蒙古国、韩国 7 个国家的留学生 32 人；西南民族大学有来自美国、日本、加拿大、澳大利亚、新西兰、南非、巴西、丹麦、德国、荷兰、瑞典、西班牙、菲律宾、尼泊尔、以色列等 22 个国家的留学生 301 人；大连民族学院有来自日本、韩国、蒙古国、朝鲜、俄罗斯、英国、德国、马来西亚等 11 个国家的留学生 145 人；中南民族大学有来自美国、日本、法、韩等国家的留学生 36 人；西北第二民族学院留学生 9 人，来自美国、韩国、利比亚。[③] 1981～2005 年，云南民族学院（大学）接受来自美、英、法、德、日、泰、缅等数十个国家和地区的数千名留学生。[④] 2001 年，广西民族学院已和世界各地 20 所高校和 6 个教育机构达成合作培养和输送留学生的协议或意向，在校留学生达到 142人。[⑤] 青海民族学院 2001 年正式设立外国留学生汉语言文学、藏语言文学本科专业。[⑥] 这么多国家的留学生汇聚于斯，成为民族院校融入高等教育国际化潮流的鲜明表征；而他们所带来的多元文化及其在校园内产生的综合

---

① 参见《中国民族高等教育对外开放的历史回顾与发展研究》，民族出版社 2010 年版，第51～52 页。

② 参见中国民族信息年鉴编委会《中国民族信息年鉴创刊号·2005》，2005 年 10 月，第70 页。

③ 参见《中国民族高等教育对外开放的历史回顾与发展研究》，民族出版社 2010 年版，第51～52 页。

④ 《云南民族大学 55 年》，云南民族出版社 2006 年版，第 161～162 页。

⑤ 参见广西民族学院校史编辑委员会《广西民族学院校史》，广西民族出版社 2002 年版，第219 页。

⑥ 参见青海民族大学校史编写组《青海民族大学校史（一九四九～二〇〇九）》，青海人民出版社 2009 年版，第 192 页。

效应，其意义应超出教育本身。

　　本阶段民族院校对外合作与交流活跃的另一标志，就是出国留学、进修、讲学的教师和出国留学的学生也日趋增多。如仅云南民族学院1990～2005年前后，应邀出国参加各类学术会议的人员达数百人次。[①] 国家民委直属6院校2003～2005年间出国教师和学生的人数增长3.1倍，达到459人。[②]

　　与国外高等学校建立相对稳定的校际合作与交流关系，是上阶段民族院校就已开展的一项工作，本阶段更其活跃。资料表明，中央民族大学已与美、韩、法、加、挪威、俄、德、日、瑞士、意、瑞典、波兰等数十个国家的43所大学建立了包括在校生交换培养、教师互访、课程共享、教师培训、优秀生资助、贫困生资助、合作研究等方面的合作与交流关系；西北民族大学、西南民族大学、大连民族学院均与多个国家的10所以上的大学建立了类似的合作与交流关系。[③] 仅在1999～2005年间，中南民族大学就与10个国家和地区的19所大学建立了合作交流关系。至2005年前后，云南民族大学已与10多个国家和地区的43所大学和科研机构建立了合作与交流关系；[④] 广西民族学院已与11个国家和地区的48所高校和研究机构建立了合作与交流关系[⑤]；贵州民族学院已与美、英、日等国家和地区的10余所大学建立合作与交流关系。[⑥] 青海民族学院与日本南山大学、德国德累斯顿大学、法国欧亚高等管理学院建立校际合作与交流关系。[⑦]

　　在地方民族院校中，广西民族学院的国际合作办学富有特色和成效。1994年以来，利用广西毗邻东南亚的区位、地缘优势，依托东南亚语种本科专业建设，该校与越南、老挝、泰国、柬埔寨有关高校建立了合作办

---

　　① 《云南民族大学55年》，云南民族出版社2006年版，第172页。

　　② 《中国民族高等教育对外开放的历史回顾与发展研究》，民族出版社2010年版，第57～58页。

　　③ 同上书，第63～67页。

　　④ 《云南民族大学55年》，云南民族出版社2006年版，第159页。

　　⑤ 参见中国民族信息年鉴编委会《中国民族信息年鉴创刊号·2005》，2005年10月，第206页。

　　⑥ 参见贵州民族学院办公室《贵州民族学院》（2004）第200页。

　　⑦ 参见青海民族大学校史编写组《青海民族大学校史（一九四九～二〇〇九)》，青海人民出版社2009年版，第195页。

学关系，建立外语非通用语种 "3 + 1" 人才培养模式（3 年在国内学习、1 年到语言对象国学习），仅 "十五" 期间接收了来自 10 多个国家的学生 1700 多人次，派出留学生 1346 人。这些专业已成为该校生源最好、就业率最高、竞争力最强、最受社会欢迎的热门专业。该校也获准成为国家本科外语非通用语种人才培养基地。[①] 云南民族大学也有类似的培养模式和经验。

随着民族院校国际知名度和影响力的扩大，本阶段在各院校召开的国际性学术会议也较多。2004～2005 年，在国家民委直属民族院校召开的国际性学术会议达到 9 次以上。[②] 1998～2005 年，云南民族学院举办、承办的包括经国务院批准申办的 "国际人类学与民族学联合会第十六届大会" 在内的国际学术研讨会至少达到 7 次。[③]

在 2005 年 12 月教育部和国家民委召开的第五次民族院校工作会议上，国家民委副主任吴仕民在会上指出："要树立在经济全球化的国际背景下办大学的意识，敏锐地看到世界政治、经济、科技等发展趋势对民族院校的影响，打开渠道，增加国际交流。办开放的大学，在对外开放中办大学。"[④] "办开放的大学，在对外开放中办大学"，这句话可以作为本阶段民族院校教育事业发展的重要特征之一。

六 民族院校的发展目标

由于办学规模、学科建设、科学研究等方面的进展明显，民族院校的社会影响力也逐渐扩大，发展环境不断改善。

2002 年 6 月 21 日，国家民委、教育部和北京市政府签署《关于重点共建中央民族大学的协议》，推动中央民族大学进入国家高水平研究型大学建设的行列。中央民族大学继进入 "211 工程" 建设行列后，2004 年

---

① 国家民委教育科技司、教育部民族教育司：《蓬勃发展的中国民族院校》，中央民族大学出版社 2006 年版，第 164 页。

② 参见《中国民族高等教育对外开放的历史回顾与发展研究》，民族出版社 2010 年版，第 63～67 页。

③ 《云南民族大学 55 年》，云南民族出版社 2006 年版，第 169～170 页。

④ 国家民委教育科技司、教育部民族教育司：《蓬勃发展的中国民族院校》，中央民族大学出版社 2006 年版，第 52 页。

又进入"985 工程",成为民族院校中唯一进入国家"211 工程"和"985 工程"的重点大学。

2002 年 12 月,国家民委和中科院签订共建委属院校的协议。2004～2006 年,国家民委先后与武汉市、兰州市、成都市、宁夏回族自治区、辽宁省和大连市签订合作共建中南、西北、西南民族大学和西北第二民族学院、大连民族学院的协议。2004 年 3 月,国家民委又与广西自治区、云南省政府签订共建广西民族学院、云南民族大学协议。根据协议,国家民委和有关省、市、自治区,将在民族院校制定长远战略发展规划、人才培养、学科建设、校园建设、科研项目申报等方面提供指导和帮助,实行优惠政策。[①]

经过多年建设、争取并经全国高校设置评议委员会评议,2002 年中南民族学院更名为中南民族大学;2003 年西北、西南、云南民族学院也更名为民族大学。

受到各方面进展的鼓舞,民族院校对自己的未来充满信心,纷纷提出和规划自己的发展目标。

在 2002 年 7 月下旬教育部、国家民委召开的第五次全国民族教育工作会议上,中央民族大学作了题为《深化改革 开拓创新 为建设世界一流民族大学而努力奋斗》的大会发言,提出分"三步走",用几十年时间建设"世界一流民族大学"的发展战略和奋斗目标。[②] 2005 年,该校又在民族院校中率先提出建设"高水平研究型大学"的发展目标。[③]

2000 年,西南民族学院制定《教育事业"十五"计划和 2010 年发展规划纲要》,提出"十五"期间的奋斗目标是:努力把学院"建设成规模适当,结构合理,适应性强,多学科综合发展,高质量、高效益、高知名度的民族高等学校"。[④]

中南民族学院在《中南民族学院教育事业"十五"(2001～2015 年)

---

① 参见中国民族年鉴社《中国民族年鉴 2005》,民族出版社 2005 年版,第 158 页。

② 参见教育部民族教育司、国家民委教育科技司《走向辉煌的中国民族教育》,民族出版社 2003 年版,第 311～312 页。

③ 参见国家民委教育科技司、教育部民族教育司《蓬勃发展的中国民族院校》,中央民族大学出版社 2006 年版,第 85 页。

④ 参见教育部民族教育司、国家民委教育科技司《走向辉煌的中国民族教育》,民族出版社 2005 年版,第 323 页。

计划及 2015 年远景展望》中提出：到 2005 年，力争建成办学规模较大，办学条件优良，在国内有一定竞争力和影响力的综合性民族大学。2002 年更名为大学后，校党委提出"以提高人才培养质量为中心，教学科研并重"的办学方针，努力由教学型大学向教学研究型大学发展；2003 年，提出"建设一流民族大学"的奋斗目标。①

云南民族学院 2000 年制定"十五"发展规划，提出：到"十五"末期，为建成名副其实的省重点大学和一流的民族院校奠定坚实的基础；再经过十年的努力，建成高水平、高效益、高知名度的综合性教学型民族大学。2005 年学校提出的发展目标是国内一流、国际知名的高水平教学研究型综合性民族大学。②

西北第二民族学院 2005 年确定了自己的类型定位：有地方和民族研究特色的教学型民族大学。用 3～5 个五年计划跻身于民族院校的先进行列。③

贵州民族学院 2001 年制定《贵州民族学院"十五"建设计划和 2010 年发展规划》，确定学校的总体发展目标是：到 2005 年，建成具有万名以上学生、学科结构合理、专业特色突出、质量和效益均有明显提高的省属重点大学；围绕建设"一流的教师队伍、一流的教学质量、一流的学风、一流的管理、一流的环境"，扎实工作，争取到 2010 年左右，把贵州民族学院建成国内一流的民族大学。④

青海民族学院的目标定位，是以全面提高教育教学质量为主题，以培养各民族合格人才为根本任务，坚持规模、结构、质量、效益相统一的科学发展观，坚持地域特色和民族特色；到 2010 年，将学院建成整体发展水平进入民族院校先进行列，省内一流，重点优势学科居国内外领先水平并具有一定影响的省属多科性民族大学。类型定位：以教学为主、民族文化研究见长的教学研究型民族院校。⑤ 发展目标：2020 年前，建成"省内

---

① 参见中国民族信息年鉴编委会《中国民族信息年鉴创刊号·2005》，2005 年 10 月，第 87 页。

② 《云南民族大学 55 年》，云南民族出版社 2006 年版，第 308 页。

③ 参见中国民族信息年鉴编委会《中国民族信息年鉴创刊号·2005》，2005 年 10 月，第 157 页。

④ 参见教育部民族教育司、国家民委教育科技司《走向辉煌的中国民族教育》，民族出版社 2003 年版，第 350 页。

⑤ 见于 2003 年《青海民族学院本科教学工作水平自评报告》。

一流、位居民族院校前列、优势学科具有一定国际影响"的高水平教学研究型大学。①

2001年5月，广西民族学院制定《广西民族学院"十五"计划和2015年长远规划》，确定"十五"期间要办成能适应社会主义市场经济发展需要、在全区有较高水平并在全国和东南亚有较大影响的具有民族特色和办学优势的综合性大学，在全国同类院校中处于先进行列。2003年的发展目标定位是：经过改革与发展，使学校教育教学质量、科研水平和社会服务能力显著提高，办学规模、结构、质量和效益协调发展，特色与优势更明显，综合实力、竞争能力进一步加强；使学校由教学型向教学研究型发展。②

湖北民族学院21世纪头十年的发展目标是：坚持正确的办学指导思想和为民族地区经济和社会发展培养合格人才的办学宗旨，以学科建设为龙头，以科技创新为动力，以质量效益为核心，进一步深化教育教学改革，进一步提高教学质量和科研水平，增强综合办学实力，形成综合办学优势，把我院建设成为适应社会主义现代化建设需要，具有民族特色，多学科协调发展的民族院校和湖北民族地区及五陵山区人才培养、科学研究、科技开发和医疗服务的重要基地。③ 在2003年的本科教学水平评估报告中，则表述为：立足湖北，面向西部民族地区，服务基层，把学校建设成为在国内地方同类院校中先进的综合性民族大学。④

内蒙古民族大学"十一五"规划确定的发展目标是：把学校建设成为民族文化教育、科技传承创新的基地和具有鲜明民族特色、地区特点的综合性大学。⑤

2001年，大连民族学院召开第一次党代会，确定"十五"期间以学科建设为龙头，稳定规模、提高质量、凝练特色，走内涵为主的发展

---

① 参见中国民族信息年鉴编委会《中国民族信息年鉴创刊号·2005》，2005年版，第248～259页。

② 见于2003年《广西民族学院本科教学工作水平自评报告》。

③ 教育部民教司、国家民委教科司：《走向辉煌的中国民族教育》，民族出版社2003年版，第359页。

④ 见于2003年《湖北民族学院本科教学工作水平自评报告》。

⑤ 特木尔、王顶柱主编：《内蒙古民族大学五十年》，内蒙古人民出版社2008年版，第152页。

道路，建设一所办学理念先进、学科特色鲜明、育人环境一流的高质量、高效益的民族高等学校。在此基础上，再经过 5 年的努力，到 2010 年，把大连民族学院建设成具有鲜明特色的高水平的现代化民族大学。①

西藏民族学院的目标定位是，到 2010 年，建成一所以本科教育为主，积极发展研究生教育，文理并重，规模适度，质量优良，特色鲜明的多科性、教学型民族大学，成为培养具有较高水平的应用型人才的民族教育基地，成为面向西藏，服务西藏，让人民满意的民族高等学校。②

上述介绍表明，到 2005 年前后，民族院校中中央民族大学的发展目标定位于一流的少数民族研究型大学，西南、中南、云南、贵州等民族院校定位于国内一流的民族大学，西北、西南、中南、云南、广西、贵州、青海等民族院校拟由教学型大学向教学研究型民族大学发展，几乎所有的民族院校都将多科综合性大学作为自己的发展方向。

七 本阶段小结

本阶段，中国高等教育发生的最重要事件是高等学校扩招。由于政策的鼓励，民族院校普通本专科、研究生、成人教育办学规模迅速扩张。同时，学科专业建设也进展迅速，本专科专业数几乎翻番，西北、西南民族大学获得博士学位授予权，西藏民族学院、西北第二民族学院获得硕士学位授予权。

在规模扩张的同时，民族院校对教育质量高度关注。在教育部组织的本科教学水平评估工作的推动下，各院校一方面建立和完善教学工作的规范体系；另一方面投入巨额资金（包括贷款）改善办学条件，努力为教育教学质量提供有效保障。

本阶段，民族院校的教育教学改革在深化，人才培养目标向"宽口径、厚基础、强能力"方向调整，通识教育元素被引入传统的专业教育

---

① 参见教育部民族教育司、国家民委教育科技司《走向辉煌的中国民族教育》，民族出版社 2003 年版，第 341 页。

② 见 2006 年《西藏民族学院本科教学工作水平自评报告》。

模式中,学分制进入民族院校的教学管理体制。

中央民族大学继 1999 年进入"211 工程"之后,2004 年又被批准列入"985 工程"二期建设大学。经过多年建设和全国高校设置评议委员会评议,2002 年中南民族学院更名为中南民族大学;2003 年西北、西南、云南民族学院更名为民族大学。

本阶段民族院校科学研究工作的突出特点,是外向型科研逐渐成长,有社会影响力的研究成果不断涌现,尤其是在获得国家级奖项方面实现了突破。同时,科研在各院校的地位日益提升,并带来学校发展目标的调整。

本阶段,民族院校与国外、境外高等学校、科研机构的人员互访、学术交流、合作办学、协作研究等活动日益频繁和深入,表明它们在越来越大的广度和深度上融入高等教育国际化的世界性潮流。

1998 年广东民族学院更名为广东技术师范学院,2000 年原内蒙古民族师范学院、内蒙古蒙医学院、哲里木畜牧学院合并组建为内蒙古民族大学,使民族院校仍维持为 13 所。

受到宽松的环境和各方面进展鼓舞的民族院校,纷纷提出并调整自己的发展目标,向一流民族大学奋斗,向教学研究型大学转型,向多科综合性民族大学发展,成为民族院校的发展预期。

第九章 进入内涵式发展时期的民族院校（2005 年 ~ ）

跨入 21 世纪之后，中国经济仍持续高速增长。2003 年，中国人均国民生产总值首次突破 1000 美元大关，达到 1090 美元。① 中国经济的崛起，已经成为全世界公认的一个事实。

但经济发展，只能为一个大国的崛起提供物质的基础。若无文化的发展相支持，经济发展将失去其精神内核和方向；若无社会的和谐（包括民族关系的和谐）作保障，经济发展的成果也许会为社会震荡所颠覆；若不能实现人与自然的和谐，人们赖以生存的自然资源枯竭、自然环境恶化，经济发展就失去其意义。因而，真正的大国崛起，是一项物质与精神、经济与社会、经济与文化、人与自然等综合协调发展的系统工程。

据有关专家研究，在世界上许多国家的发展史上，人均 GDP 1000 美元似乎是个"坎儿"，过了这个坎儿将进入一个特殊时期：一方面，经济社会结构将发生深刻变化，具备加快发展的潜在条件；另一方面，又容易出现经济失调、社会失序、心理失衡、道德失范。这时，如因应方针、策略、措施得当，就能实现经济的快速发展和社会的平稳进步，走上工业化、现代化的坦途；否则，社会矛盾可能恶化，社会分裂可能加剧，导致经济和社会停滞不前，甚至出现社会动荡。② 就在这个"坎儿"到来的前后，中共中央新一届领导班子提出科学发展观问题。

2002 年 11 月 15 日，中国共产党十六届一中全会召开，确定了以胡锦涛为中央委员会总书记的新一届中央委员会。2003 年 7 月，胡锦涛总书记在一次讲话中首次提出科学发展观问题。此后，在多个不同的场合包括重要会议上，他对科学发展观作了多次阐述。在 2007 年 10 月召开的中国

---

① 参见《科学发展观学习纲要》，新华出版社 2008 年版，第 15 页。
② 同上。

共产党第十七次全国代表大会上，他在名为《高举中国特色的社会主义伟大旗帜，为夺取全面建设小康社会新胜利而奋斗》的报告中对科学发展观作了简要的阐释："科学发展观，第一要义是发展，核心是以人为本，基本要求是全面协调可持续，根本方法是统筹兼顾。"[1] 经本次大会通过，科学发展观正式写入党章，成为中国共产党的指导思想之一和中国的国家发展战略。

在经过党的十一届三中全会以后二十余年的改革开放，经济持续高速增长之后，科学发展观的提出，具有极其重要的理论和实践意义。它有利于以理性的眼光审视二十余年的发展过程，总结经验，发现问题，纠正偏差，调整、转变发展战略，在努力实现人与自然的和谐、人与人——社会的和谐的同时，实现经济和社会的可持续发展。

刚刚经历连续数年扩招的中国高等学校，同样面临贯彻、落实科学发展观，转移工作重心，转换发展方式问题。

一 内涵式发展问题的提出

2005 年之后，中国政府对高等学校招生规模进行控制。2005～2009 年间，中国普通高等学校全日制普通本专科招生规模年均增长率由扩招阶段的 24.6% 降为 6%，在校生规模年均增长率由 24.3% 降为 8.3%；研究生招生规模年均增长率由 26% 降至 8.3%，在学人数年均增长率由 25.6% 降为 9.5%。[2] 这些数据清晰地表明，中国高等教育扩招已告一段落，教育事业进入正常发展时期。和全国高等学校一样，民族院校教育事业发展也恢复常规模式。统计资料表明，2005～2010 年，民族院校全日制在校生年均增长率为 6.5%（参见表 9-15）。

同时，社会舆论对高等学校扩招中暴露的诸种问题尤其是办学条件恶化、教育质量滑坡问题的批评，引起教育主管部门越来越多的关注。2005 年 1 月 7 日，教育部颁布《关于进一步加强高等学校本科教学工作的若干

---

① 中共中央文献研究室：《科学发展观重要论述摘编》，中央文献出版社、党建读物出版社 2009 年版，第 6 页。

② 上述数据均根据中国统计出版社《新中国六十年统计资料汇编》2010 年版，第 69～75 页有关数据和中华人民共和国国家统计局编，中国统计出版社出版的《中国统计年鉴 2010》中有关数据计算得出。

意见》，强调"人才培养是学校的根本任务，质量是学校的生命线，教学是学校的中心工作"；高等学校"必须坚持科学发展观，实现高等教育工作重心的转移，在规模持续发展的同时，把提高质量放在更加突出的位置，培养数以千万计德智体美全面发展的高素质专门人才和一大批拔尖创新人才。"《意见》要求高等学校切实加大教学经费投入，强化教学管理，深化教学改革，加强教师队伍建设，加强实践教学，健全教学质量监控与保障体系，营造人才培养的良好氛围，提高教育质量；"要根据国家和地区、行业经济建设与社会发展的需要和自身特点，科学定位，办出特色，办出水平。"2007 年 1 月 22 日，教育部、财政部印发《关于实施高等学校本科教学质量与教学改革工程的意见》（教高〔2007〕1 号）。2 月 17日，教育部再次印发《关于进一步深化本科教学改革全面提高教学质量的若干意见》（教高〔2007〕2 号）。这两个文件在 2005 年《意见》的基础上对高等学校深化教学改革和提高教学质量工作作了更具体、细致的安排和部署，要求"按照'分类指导、鼓励特色、重在改革'的原则，加强内涵建设，提升我国高等教育的质量和整体实力"——明确地将高等教育的"内涵建设"问题提上议事日程。

　　2005 年 12 月，国家民委、教育部联合召开全国民族院校工作会议（这是自 1979 年 8 月两部委联合召开全国民族学院院长会议 26 年来召开的第一次全国民族院校工作会议）。在总结改革开放以来民族院校发展与改革的成绩与经验的基础上，会议重点探讨了扩招后民族院校发展与改革的方向、方针和思路。会议通过的核心文件《国家民委、教育部关于进一步办好民族院校的意见》，要求民族院校审时度势，"多渠道加大投入，不断改善办学条件，着力提高办学质量，突出特色，发挥优势，使民族院校的办学水平和综合实力进一步提高"[1]。

　　教育部部长周济参加了这次会议并发表讲话。关于民族院校今后的工作，他突出强调了三个问题：一是定位问题，即根据民族地区的经济发展状况和社会需要以及当今世界的发展潮流对自己的学科重点、办学特色、办学个性明确定位，办出有民族特色的教育。这是民族院校教育工作中最核心的问题和出路所在。二是教育质量问题。他认为民族院校教育质量是

---

　　① 国家民委教育科技司、教育部民族教育司：《蓬勃发展的中国民族院校》，中央民族大学出版社 2006 年版，第 2 页。

一个十分突出和迫切需要解决的问题，其原因从根本上讲还是质量意识淡薄，重视教学不够；今后的首要的任务是要增强质量意识，牢固确立质量是学校的生命线的基本认识，坚决实现教育工作重心的转移，把提高教育质量放在更加突出的位置上，全力以赴实施"高等学校教学质量与教学改革工程"。三是学科建设问题。他认为民族院校学科门类基本齐全，但内涵粗浅，缺乏特色；要整合资源，优化结构，在学科专业内涵上下工夫，加强特色、品牌专业建设，不断优化学科专业结构。①

国家民族事务委员会主任李德洙用学校定位、办学规模、办学层次、办学类型、办学条件的"五大跨越"总结了改革开放以来民族院校取得的历史性进展，以"六个新突破"概括了对民族院校今后工作的基本要求：第一，抓认识上要有新突破；第二，抓特色上要有新突破；第三，抓结合上要有新突破；第四，抓创新上要有新突破；第五，抓队伍上要有新突破；第六，在抓宣传上要有新突破。② 以"六个新突破"为题，他对民族院校的地位与作用、办学特色及其重要性、民族高等教育的普遍性与特殊性的结合、改革与创新、三支队伍建设等重要问题作了阐述，内容多涉及民族院校内涵发展方面。

国家民委教育科技司司长俸兰向大会提交了《国家民委所属高等院校"十五"工作回顾和"十一五"发展展望》，其中提出"十一五"期间委属院校要"把提高教育质量、提升综合实力和突出办学特色作为工作重点"。③

值得注意的还有国家民委主管教育工作的副主任吴仕民在大会总结时突出强调的两个问题。一是办学理念问题。他要求民族院校一要有办大学的理念，要强化竞争意识，不能安于低水平办学；二要有办民族院校的理念，强化特色意识；三要有在改革开放的当代中国办大学的理念，强化改革意识；四要有在经济全球化的国际背景下、对外开放中办大学的理念，强化国际意识，世界眼光。二是关于学校定位问题。民族院校应该有一定的规模，但规模不是越大越好，要从实际出发，量力而行；学校的各项工

---

① 国家民委教育科技司、教育部民族教育司：《蓬勃发展的中国民族院校》，中央民族大学出版社 2006 年版，第 21 ~ 27 页。

② 同上书，第 29 ~ 44 页。

③ 同上书，第 68 页。

作要追求高水平，但不能片面追求办学定位的高水平。一些院校提出要办高水平、一流的大学，愿望很好，也应当有雄心壮志，但不能不想到高水平和一流需要许多条件。所以最重要的是根据自己的办学经验、办学条件、所处的地域，找到适合自己的办学规模、办学定位，而不是盲目求大、求高、求全。[①] 他强调的这两个问题基本属于内涵发展范畴，尤其是对民族院校定位问题的发言颇具针对性和现实意义。

综上所述，就发展环境而论，无论是客观形势也好，还是领导机关的要求也好，都要求民族院校实现工作重心、发展模式的调整与转换，由上阶段重在办学规模的扩张，转向提高教育质量，优化内部结构，加强学科与队伍建设，合理定位并办出自己的特色和水平。这种调整与转换，可称之为由外延式发展，转向内涵式发展。

工作重心的转换和发展模式的调整，不仅是客观形势的要求，也是民族院校自身发展的需要。

正如上一章所指出的，在扩招期间，在办学规模迅速扩张的压力和本科教学工作水平评估的推动下，民族院校改善办学条件的投入总计在数十亿元以上，很多学校甚至不惜贷巨款建新校区和添置教学仪器设备、图书等。单纯从数据来看，有的办学条件指标已达到甚至超过教育部颁布的合格标准，但有的指标明显恶化。

教育部本科教学工作水平评估是以折合在校生数为基准来考察高等学校的办学条件的。按规定的折算办法，1998 年、2005 年全国 12 所民族院校折合在校生情况如表 9-1 所示。

表 9-1　　　　　1998 年、2005 年民族院校折合在校生比较

单位：人

学校	折合在校生数		2005 年增加数	2005 年增长率（％）
	1998 年	2005 年		
中央民族大学	5950	17666	11716	196.9
西北民族大学	4370	16171	11801	270

---

① 国家民委教育科技司、教育部民族教育司：《蓬勃发展的中国民族院校》，中央民族大学出版社 2006 年版，第 44～56 页。

续表

学校	折合在校生数		2005 年增加数	2005 年增长率（%）
	1998 年	2005 年		
西南民族大学	6368	20476	14108	221.5
中南民族大学	7104	19143	12039	169.5
西北第二民院	2201	8268	6067	275.6
大连民族学院	911	10293	9382	1029.9
云南民族大学	3978	12566	8588	215.9
广西民族学院	5931	14880	8949	150.9
湖北民族学院	4346	14094	9748	224.3
贵州民族学院	3409	12640	9231	270.8
青海民族学院	1821	8563	6742	370.2
西藏民族学院	1432	8578	7146	499
合　计	47821	163338	115517	241.6

注：折合在校生数 = 普通本、专科（高职）生数 + 硕士生数 × 1.5 + 博士生数 × 2 + 留学生数 × 3 + 预科生数 + 进修生数 + 成人脱产班学生数 + 夜大（业余）学生数 × 0.3 + 函授生数 × 0.1，但本表未计入自考助学班、培训班、专业证书班等形式的成人教育学生；表中在校生及办学条件各项数据均来自各校 1998/1999 和 2005/2006 学年初高等教育基层统计报表；为增强可比性，未列入 2000 年更名的内蒙古民族大学数据。

按折合在校生数再对 1998 年、2005 年民族院校办学条件 5 项指标进行比较，情况见表 9 - 2。

如各院校高等教育基层统计报表中办学条件各项数据均可采信，那么在 1998 ～ 2005 年的 7 年中，民族院校有的办学条件指标如生均教学行政用房面积、生均学生宿舍面积和生均教学仪器设备值整体来说得到明显改善且超过部颁合格标准，尤其是教学仪器设备总值增加 5.7 倍，大大高于折合在校生增长倍数（2.4），生均教学仪器设备值接近翻番；而生均校园面积、藏书除有限的几所学校外整体情况趋于恶化，其中生均校园面积虽减少了近一半但仍达到教育部评估的合格标准（生均 54 ㎡），而生均藏书则离合格标准（生均 100 册）尚有距离。这是因为，前几项指标的改善，是只要有钱就可以在短时间内办到的，而后两项指标的改善却没那

表 9 - 2　　　　　　　　1998 年、2005 年民族院校办学条件比较

学校	生均校园面积（m²）		生均教学行政用房（m²）		生均学生宿舍（m²）		生均藏书（册）		生均教学仪器设备值(元)	
	1998年	2005年	1998年	2005年	1998年	2005年	1998年	2005年	1998年	2005年
中央民族大学	56	21.6	12.8	11.3	5.6	6	185	83	2588	4079
西北民族大学	53.5	74.2	15.2	11.2	3.1	8.2	158	55	1859	4764
西南民族大学	52.9	50.9	8.4	62.4	3.6	7.1	126	95	2002	5584
中南民族大学	78.2	46.6	8.4	11	6.1	7	117	73	2384	5553
西北第二民院	270.1	92.7	9.9	17.3	6.2	6.5	86	66	2594	7740
大连民族学院	402.7	35.4	24.9	14	16.1	8.3	99	66	4610	8531
云南民族大学	79.3	90	11.7	8.9	4.9	4.2	177	74	3225	4671
广西民族学院	121.4	54.6	9.2	10	6.4	6.2	202	76	1814	4882
湖北民族学院	89.3	54.2	15.5	10.4	6.4	6.6	107	53	3258	4744
贵州民族学院	127.8	53.2	15	8.9	6.1	8.4	117	76	5867	5144
青海民族学院	11.3	61.7	14	15.1	8.4	6.4	313	121	1587	5482
西藏民族学院	293.4	49	34.3	12	8.1	5.2	251	58	3289	3052
合 计	98.7	55	12.4	17.8	5.7	6.7	155	75	2686	5252

　　注：办学条件数据均根据各院校 1998/1999、2005/2006 学年初高等教育基层统计报表数据计算得出。

么简单。开辟新校园的投资甚巨筹款不易不说，征地、规划等手续是很复杂、很不好办的。藏书不达标则因每年全国出版的图书种类和学校的宜购范围都是有限的，除非不讲使用效益地扩大采购范围或增加复本，否则不可能也不应该短时间内猛增库藏。

　　在所有的办学条件中，最重要的、关键性的指标当然是师资。1998年、2005 年，各民族院校的专任教师数量及其结构情况见表 9 - 3。

表 9－3　　　　1998 年、2005 年民族院校师资队伍各项指标比较

学校	专任教师人数（人）		生师比		高职务教师比重（%）		36 岁以下青年教师比重（%）		具有研究生学历教师比重（%）	
	1998年	2005年	1998年	2005年	1998年	2005年	1998年	2005年	1998年	2005年
中央民族大学	730	859	8.2	20.6	41.1	47	34.2	29.1	38.4	58.4
西北民族大学	442	754	9.9	21.4	22.9	36.5	56.3	47.9	11.3	40.6
西南民族大学	412	984	15.5	20.8	38.3	39.9	42.2	47.6	23.3	49.1
中南民族大学	509	957	14	20	39.3	50.8	53.8	44.8	22.6	56.8
西北第二民院	199	507	11.1	16.3	21.1	39.8	73.4	54.6	7.5	28.4
大连民族学院	73	490	12.5	21	43.8	48.4	50.1	45.5	39.7	66.5
云南民族大学	420	560	9.5	22.4	43.1	38.4	43.6	45	24.5	44.3
广西民族学院	440	616	13.5	24.2	37.2	47.1	56.1	39	18.6	49.5
湖北民族学院	529	692	8.2	20.4	26.5	39	66.2	51.6	10.6	27.6
贵州民族学院	469	611	7.3	20.7	23.2	42.8	51.4	41.6	12.2	20.1
青海民族学院	194	610	9.4	14	13.9	39.6	64.9	41.5	5.2	7.2
西藏民族学院	233	354	6.1	24.2	18.9	30.2	50.2	50.6	5.2	14.7
合 计	4650	7994	10.3	20.4	32.2	42.3	51.5	44.3	19.5	40.9

　　注：表中各项数据均来自各校 1998/1999 和 2005/2006 学年初高等教育基层统计报表；高职务教师指具有正高、副高职业技术职务的教师；计算生师比时未考虑外聘教师因素，因此和各校本科教学水平评估报告中的数据有出入；1998 年民族院校专任教师中有博士学历者共 68 人（其中中央民族大学 50 人）、硕士学历 755 人；2005 年有博士学历者 688 人、硕士学历者 2580 人。

　　数据表明，本阶段民族院校师资队伍结构大致是趋向改善的，如专业技术职务结构中的高级职务教师比重、学历结构中的研究生学历教师的比重都有所增加且超过了 30% 的部颁合格标准；而年龄结构中 36 岁以下青年教师的比重下降了 7.2 个百分点，说明结构趋向合理。但作为这些指标的基础和前提、表达专任教师与学生之间数量关系的核心指标"生师比"，则几乎加大了一倍；即使加上外聘教师数（此类数据普遍难以采信）能达到教育部评估的合格标准（18：1），也不能否认情况恶化的客观事实。生师比越大，就意味着一个教师承担的教学任务越重，他备课的时间和所能给予学生的有针对性的辅导、帮助以及师生间的互动就越少。一个教师带 10 个学生和带 20 个学生、上小（班）课和上大课的教育教学效果绝对不会是一样的。2009 年，世界名校普林斯顿大学的生师比是 6。以社会科学教学和研究见长、产生过 10 多位诺贝尔奖得主的英国名校伦敦政治经济学院 2010 年约有来自 140 个国家的在校生 9000 名，教师和研究人员则超过 3000 人。① 英国牛津大学之所以成为历数百年而不衰的常青藤大学、"政治家的摇篮"，与其富有特色的"导师制"是密不可分的，而"导师制"的必然要求就是比较低的生师比。

在 1998～2005 年，上述 12 所民族院校的在校学生增加了 3.1 倍——按折合方法计算也增加了 2.4 倍，而专任教师则只增加了 72%。因此，"生师比"恶化的根本原因，还是师资队伍建设的速度滞后于在校生规模的扩张。

实际上，本阶段各民族院校教师增量并不小。表 9-3 中资料表明，1998～2005 年，12 所民族院校教师增量为 3344 人，平均每年增加 478 人，每年校均增加 40 人。对任何一所民族院校来说，每年 40 人的师资增量绝不算小。师资队伍建设是一项必须放眼长远，精心打造，既讲数量，更讲质量和结构，且培育和成长均需时日的长效、质量工程，短时间内增量太大，质量难以保证，结构不易优化。

无疑，经过连续数年的扩招，和全国高校一样，民族院校有的办学条件的负荷——如专任教师的负荷已达极限，有些院校因无法容纳急剧增加的在校生而不得不搞所谓"银校合作"贷巨款另辟新校区（这在当时几乎成为席卷中国大批高等学校的风潮），有的院校不但有本金到期难以偿还的可能，一年利息即达数千万元之巨，严重制约了后程可持续发展能力。而且，相较于委属院校，地方民族院校的办学经费更其困窘。扩招之前，因管理体制、拨款渠道不同（委属院校拨款来自中央财政，而地方院校来自地方财政），委属院校和地方院校的生均拨款标准相差甚大，后者几乎只有前者的一半甚至一半都不到。扩招之后，中央财政对部委院校的拨款政策是招多少，就按人数和标准拨多少；地方院校则不一定，很多

---

① 杨学义、李茂林：《全球视野下的大学办学理念剖析》，见于《国家教育行政学院学报》2011 年第 2 期。

省区（如湖北省）的拨款政策是仍按扩招前标准和在校生基数核拨经费，扩招的增量部分地方政府不管或者管得很少，学校只能靠向学生收取学费来作为运行费用，这当然不足以弥补培养成本的缺口——这是很多高校向扩招学生收取学费以外费用的基本原因。而且，民族院校中的地方院校全部地处中国西部地区，生源也多来自本省区和西部。因经济不发达或欠发达，学校定的学费标准也较低；再加上贫困生比例大，学费难以足额收取，如此种种，造成地方民族院校办学经费极大困难，有的院校连维持日常的运转都有困难。所以，扩招的所谓规模效益，就地方民族院校来说，是要大打折扣的。

　　和全国高等学校一样，扩招后暴露的另一个问题，是民族院校基于专业结构趋同而发展目标和模式趋同化的倾向加剧。自 1980 年代末开始，由于党和国家工作重心转移、招生与毕业生就业制度改革等多方面原因，全国高等学校包括民族院校大都对本专科专业体系进行了规模空前的改造与更新，以使人才培养贴近经济建设和社会需求。这本属顺时应势之举，是符合潘懋元先生所说的 “教育与社会关系的客观规律”[①] 的。但由于社会需求的强劲牵引和有关部门对毕业生就业率的过分强调，以及学生对专业的功利性选择和高等学校自身规模扩张的需要等原因，在这个过程中高等学校也出现了什么专业热门就办什么专业的倾向——如先后出现 “财经热”、“英语热”、“计算机热”、“美术热”、“法学热” 等。到扩招阶段，由于要消化突然而且大幅增加的招生计划，各院校更加快了新专业建设的步伐。据统计，1998～2005 年，全国 13 所民族院校普通本专科招生专业由 319 个增加到约 552 个，7 年间增设专业数比上阶段 13 年（216个）还要多。即便如此，平均每专业招生人数还是翻了一番，由 36 人增至 73 人。[②] 受就业形势严峻和学生择专业倾向的制约，新专业建设基本指向那些就业率高的所谓热门专业。统计分析表明，2005 年民族院校设置率最高的专业是法学、汉语言文学、英语专业（13 所学校均设置），其次是计算机科学与技术、信息与计算科学（12 所），其后为艺术设计、旅

---

　　① 潘懋元：《高等教育主动适应经济与社会发展的理论思考》，见于《高等教育论文集》，厦门大学出版社 1989 年版，第 178 页。

　　② 所引数据均来自对 13 所院校《1998/1999 学年初/高等教育基层统计报表》和《2005/2006 学年初高等教育基层统计报表》中资料的统计和分析。

游管理、数学与应用数学（11 所），历史学、新闻学、电子信息工程、会计学、工商管理（10 所），国际经济与贸易、市场营销、行政管理、社会学、中国少数民族语言文学（9 所），设置率在 5 次以上（含 5 次）的专业共计 44 种，同时还有近 60 种专业设置率只有 1～2 次。统计分析还表明，由于社会需求有限、就业困难，在招生与毕业生就业制度改革之后，各民族院校作为传统特色的民族类专业大都提升到研究生教育层次招生，在普通本专科招生专业结构中所占比重越来越小：在 2005 年的 136 种 552 个普通本专科招生专业中仅占 7 种（中国少数民族语言文学、朝鲜语、民族学、藏医学、蒙医学、蒙医护理、中国少数民族文化）31 个，① 因而有的民族院校仅从本专科招生专业设置上已经看不出是民族院校。这一情况表明，在以社会需求为导向的专业建设和发展过程中，作为民族院校办学传统特色重要载体的民族类专业，已很难支撑民族院校特色化办学这一重任。

　　在中国高等学校，由于专业是人才培养的基本单元、学校结构中的基础性元素，所以它的趋同化必然带来学校内在结构、发展目标和模式的趋同——其道理正如盖房子时基本构件的相同会带来房屋结构的雷同。多科综合性大学之所以几乎成为包括民族院校在内的全国高等学校的共同发展目标，既是高等学校主观选择的结果，在很大程度上也是客观的社会环境、形势和条件使然。许美德女士曾指出："中国大学一直在寻求自己的特色，却发现被淹没在外界变迁的洪流中，这些变化在很大程度上是不能由自己控制的。"② 这段话正是包括民族院校在内的中国大学发展境况的真实写照。

　　正如生物多样性是良好的生态环境形成的必要条件一样，特色化、多样化、差异化的大学是形成高等教育良好的发展环境的前提和基础。而趋同化却是对特色化、多样化和差异化的反动，其最大弊端，一方面是拉大了大学人才培养和丰富的社会需求之间的反差；另一方面则是由于大学的个性消融、特色稀释，大学体系中赖以相互交流、补充、借鉴的基础和机

---

① 所作分析均依据 13 所院校《2005/2006 学年初高等教育基层报表》中普通本专科招生专业设置情况。

② ［加］许美德：《中国大学 1895～1995：一个文化冲突的世纪》，许洁英主译，教育科学出版社 2000 年版，第 157 页。

制瓦解，从长远看极不利于大学的成长。50 年前，美国作家蕾切尔·卡逊在其名作《寂静的春天》中描绘了一幅由于人类无节制地使用杀虫剂等化工产品而导致生物多样性被破坏的可怕图景。同理，高等学校的同质化也将是大学的生态灾难。正因如此，在国家和有关部门下达的有关文件中，从包括周济部长、李德洙主任和吴仕民副主任的讲话里，才会看到对民族院校定位问题、特色化办学问题的一再强调。

显然，在扩招中，和全国高等学校一样，民族院校有收获，也有代价。这代价既有显性的，但更多的恐怕是隐性的。那些硬要宣传扩招后中国高等教育质量得到了提高之类说法，不是谎言，就是神话。因此，2005年后对工作重心和发展模式进行调整，将以提高教育质量、办出学校特色为基本要求的内涵式发展问题提上重要议事日程，不仅是客观形势和领导机关的要求，也是民族院校自身健康、可持续发展的需要。

如果说民族院校尚未意识到内涵式发展的重要性，这也是不公平的。就在 2005 年两部委联合召开的第五次全国民族院校工作会议上，有 13 所民族院校作了大会发言或提交了交流材料，其题目分列如下：

中央民族大学：《实施"两大战略"培育优势学科 把中央民族大学建设成高水平研究型大学》、《以学分制为引导 全面提高教育质量——中央民族大学本科人才培养模式的探索》

云南民族大学：《改革创新谋发展 突出特色显优势》、《以科学发展观为指导 努力建设现代民族大学》

广西民族大学：《在学科建设中提升办学特色》、《突出特色 发挥优势 加快高水平民族大学建设步伐》

西北民族大学：《努力开创学校建设改革发展的新局面》

西南民族大学：《铸造品牌 乘势而上 建设人民满意的现代化民族大学》

中南民族大学：《树立科学发展观 增强核心竞争力》

西北第二民族学院：《以提高教学质量为中心 打造核心竞争力 不断促进办学质量和水平的提高》

大连民族学院：《坚持教育创新 努力建设具有鲜明特色和较高水平的新型民族大学》

湖北民族学院：《抓住机遇 促进发展 增强实力 提升质量》

贵州民族学院：《发挥民族优势 打造特色品牌 努力实现办学整体

水平新跨越》

青海民族学院：《以创建青海民族大学为目标　积极推进青海民族高等教育事业快速健康发展》

西藏民族学院：《面向西藏　突出特色　进一步加强和改进民族院校大学生思想政治教育工作》

内蒙古民族大学：《深化改革　凝练特色　不断提升民族院校的办学水平》①

据统计，上述 16 份大会发言和交流材料标题中，出现得最多的关键性词语是"特色"，共 7 次；其次是"水平"，共 6 次；再次是"质量"，共 4 次；再往下依次是"改革"（3 次）、"核心竞争力"（2 次）、"品牌"（2 次）、"学科"（2 次）。与扩招阶段的 2002 年第五次全国民族教育工作会议上 6 所院校洋溢着"跨越式发展"气息的发言相比，本次大会民族院校关注的焦点已经明显转换。如果说，出现得较多的这些词语就是民族院校关注最多的问题的话，那么，民族院校向内涵式发展的调整和转换实际上已经启动。

二　民族院校内涵式发展的基本思路

这里所说的内涵式发展，即与办学规模扩张尤其是在校学生数量增加相对而言，以提高教育质量为中心，包括内在结构优化、办学特色培育等构成的综合发展方式。

无疑，高等学校必须有一定办学规模，否则教育质量、结构、特色等无从依托和体现，规模效益也难以形成，可持续发展难以实现；同样，办学规模必须以教育质量等为前提和基础，否则规模就变成了数字泡沫，教育就会变质。因此，内涵式发展和外延式发展之间的关系，正如唯物辩证法中的质与量，是对立统一的辩证式关系。在一定的时空条件下可能存在以哪一种发展方式为主甚至二者互相转换的问题，但不存在要这个不要那个的问题。

在扩招期间，民族院校的发展模式当然主要是外延式的，而且是超常

---

① 见于国家民委教育科技司、教育部民族教育司《蓬勃发展的中国民族院校》，中央民族大学出版社 2006 年版。

规的外延扩展，不排除其中有降低教育质量的可能。2005 年后，招生规模增速减缓，将工作重心由外延扩展转向内涵建设，转向教育质量、办学水平的提高，特色的发展，结构的优化等，是势所必然，理所应当的。

由于内涵式发展更多地涉及教育的"质"的变化、积淀、提升，较之于外延的扩展，其难度不可同日而语。如果说一所学校的办学规模只要物质、师资条件充裕就可以在很短的时间内以超常规、爆发式的方式扩展的话，那么教育质量、办学水平的提升，特色的培育等，则是个多元互动、厚积而薄发的复杂的系统工程，必须从多方面入手，于细节处抓，作长远计。

关于以后尤其是"十一五"阶段民族院校的发展思路，在两部委召开的全国民族院校工作会议上，国家民委教科司在《国家民委所属高等院校"十五"工作回顾和"十一五"发展展望》是这样表述的：以科学发展观统领民族院校教育事业全局，牢固树立以人为本的教育理念，以加快发展为主题，以改革创新为动力，以提高质量为主线，把培养具有创新精神、实践能力和适应社会需要的各民族高素质人才作为根本任务，全面提高委属院校的教育质量、综合实力与竞争能力，突出办学特色，促进各民族院校准确定位、加快发展。要以加强学科建设为龙头，以建设高水平师资队伍为关键，以科学民主、依法治校和构建功能完备、和谐文明的校园环境为保障，立足民族地区，面向全国，服务地方，进一步实施质量立校、特色兴校和人才强校战略，坚持统筹兼顾，注重内涵发展，扩大办学规模，提高办学层次，整合教育资源，致力科技创新，促进办学规模、结构、质量和效益的全面协调可持续发展。①

在 2006 年、2007 年有关民族院校的本科教学工作水平自评报告中，可以看到各院校结合自己的实际提出的办学或发展（办学）思路。如：

中央民族大学的发展思路：坚持科学发展观，突出提高人才培养质量和科研创新能力两大主题，大力实施质量立校、学术兴校、人才强校三大战略，走质量第一、内涵为主、可持续发展的办学之路；坚持以学科建设为龙头，围绕民族类优势学科和专业建设，优化办学结构和资源配置，有选择地培育特色、发挥优势、追求卓越；坚持始终把人才培养作为学校的

---

① 国家民委教育科技司、教育部民族教育司：《蓬勃发展的中国民族院校》，中央民族大学出版社 2006 年版，第 68 页。

根本任务，牢固确立教学科研在学校各项工作中的中心地位，积极推进科研创新与人才培养有机结合，培养基础知识扎实、实践能力和创新精神强的高素质人才；坚持以社会主义核心价值体系为主导，弘扬"美美与共、知行合一"的大学文化与治学精神，促进学生素质全面提高；坚持依法治校、科学管理、教授治学，以制度创新促进教育创新和学术创新；坚持以人为本，突出学生的主体地位和教师的主导作用，调动一切积极因素，同心同德为学校发展而奋斗。[①]

西北民族大学的办学思路是：坚持以学科建设为龙头，以教学为中心，以科研为支撑，以师资队伍建设为重点，以深化教育教学改革为动力，以党的建设和思想政治工作为保证，以人为本，助人成功，内涵发展，提高质量，全面提升学校的办学实力和办学水平[②]。

西南民族大学的发展战略可归结为"一体两翼"，即以深化教学改革，推进科学研究，提高育人质量为"一体"，统筹学科发展与专业建设，统筹质量立校、人才兴校、科研强校、特色铸校，统筹办学规模、结构、质量、效益协调发展，统筹学校发展与社会需求；以建设青藏高原生态保护与畜牧业高科技研发示范基地、民族文化创新实践研发基地为"两翼"，发挥学校的特色与优势，夯实和提高学校核心竞争力和创新能力，更好地为民族地区和少数民族服务，推动学校持续、健康、和谐发展。[③]

中南民族大学的办学思路是：坚持以人为本的科学发展观，把发展作为第一要务，以本科教育为主，将人才培养作为学校的根本任务，突出教学工作在日常工作的中心地位，正确处理教学与科研、管理、后勤等工作之间的关系，按照"以提高人才培养质量为中心，教学科研并重"的办学思路，积极探索民族高等院校的发展之路。实施"稳定规模、调整结构、提高质量、增强效益"的发展战略，努力实现"规模、结构、质量、效益"之间的协调发展。[④]

内蒙古民族大学的办学指导思想是："以邓小平理论和'三个代表'重要思想为指导，全面贯彻党的教育方针和民族政策；落实科学发展观，坚持以

①　参见 2007 年《中央民族大学本科教学工作水平自评报告》。

②　参见 2007 年《西北民族大学本科教学工作水平自评报告》。

③　参见西南民族大学校史编辑部《西南民族大学校史（1951～2011）》（内部资料），2011年 5 月印刷，第 11 页。

④　参见 2006 年《中南民族大学本科教学工作水平自评报告》。

人为本，以德育人，依法治校；转变教育思想，深化教学改革，提高教育教学质量，优化人才培养模式，注重内涵发展；正确处理改革、发展、稳定的关系，倡导和培育人文精神，努力构建和谐校园，办人民满意的教育。"该校的办学思路，即以学科建设为龙头，以师资队伍建设为重点，注重发展师范教育，突出办好民族专业，拓宽应用学科，提高人才培养质量。①

贵州民族学院办学指导思想是：坚持以邓小平理论和"三个代表"重要思想为指导，深入贯彻落实科学发展观，贯彻党的教育方针和民族政策，以进一步提高教学质量、强化办学特色为中心，不断深化教育改革，推进教育创新，促进规模、结构、质量、效益协调发展，切实提高教育质量和办学效益。②

西藏民族学院的办学思路：贯彻落实科学发展观，坚持内涵发展，以学科建设为龙头，以提高教学质量为核心，进一步完善办学条件，加强师资队伍建设，建设高水平的教学型民族院校，为西藏培养"靠得住、用得上、下得去、留得住"的合格建设者和可靠接班人。③

综合领导机关的意见和各院校的指导思想、工作思路，民族院校内涵式发展的整体思路可以归纳为：以科学发展观统领学校各项工作，以人才培养为中心任务，以学科建设为龙头，以师资队伍建设为关键，以改革创新为动力，实施质量立校、人才强校、特色兴校、科研兴校战略，实现规模、质量、结构、效益的协调、可持续发展。

对于 2005 年校均在校生已经超过 1.7 万人，其中全日制在校生超过 1.2 万人的民族院校来说，实现规模、质量、结构、效益的协调、可持续发展，主要就是要将工作重心转向内涵式发展；所谓科学发展，其实质也是内涵式发展。

三　民族院校提高教育质量的主要措施

在内涵式发展的诸要素中，教育质量无疑是首要、核心指标，也是社

---

① 参见特木尔、王顶柱主编《内蒙古民族大学五十年》，内蒙古人民出版社 2008 年版，第 150 页。

② 参见 2007 年《贵州民族学院本科教学工作水平自评报告》。

③ 参见 2006 年《西藏民族学院本科教学工作水平自评报告》。

会和教育主管部门关注的焦点。2005 年后，民族院校将保障和提高教育质量作为中心工作，着力极大，投入甚多。

民族院校抓教育质量，主要从两个方面着手。

（一）继续改善办学条件

1. 改善办学的物质条件

办现代大学要大师，也要大楼，必要的物质条件是教育质量的基础性保障。和上阶段一样，本阶段民族院校在改善办学条件方面投入巨大，进展也较明显。仅以委属 6 院校情况来看，较之于 2005 年，2010 年校园总面积增幅为 37.1%，教学行政用房总面积增幅为 40.6%，学生宿舍总面积增幅为 65.8%，教学科研仪器设备值的增幅为 101.9%（详情参见表9 – 4）。这几项指标中，校园面积和教学行政用房的增幅大致接近于委属院校全日制在校生（包括在校博士、硕士、普通本专科、预科、留学生）42.3% 的增幅，[①] 而教学仪器设备值和学生宿舍总面积增幅则明显大于全日制在校生的增长率；尤其是教学仪器设备值在 5 年间校均增加 8855.5万元，年均增加 10626 万元，每年校均增加 1771.1 万元，这种投入不可谓不大。其中西北民族大学仅在 2007～2010 年用于实验室建设的经费即达 5000 万元。[②] 对于在榆中新校区建设中已经贷有巨款的该校来说，这样的投入是要下大决心的。

地方民族院校改善办学条件的力度也不小。如云南民族大学"2011年，校园占地和使用权土地达到 2，356 亩，校舍面积 645，099 平方米，完成投资 143400 万元。与之前相比，校园占地、校舍面积和资金投入分别增加 7.8 倍、4.54 倍和 23.37 倍"；"从 2007 年起每年安排 2000 万元的资金购置教学设备"；到 2011 年校园数字化建设已完成投资 2090 万元。[③] 2005～2011 年，广西民族大学校园面积、建筑面积、教学科研仪器设备值分别增长 62.6%、55.3% 和 42.3%；[④] 贵州民族学院校园面积和校

---

① 根据委属 6 院校 2005/2006 和 2010/2011 学年初高等教育基层统计报表数据计算得出。

② 西北民族大学校史编写委员会：《西北民族大学校史》第二卷，甘肃民族出版社 2010 年版，第 23 页。

③ 《云南民族大学 60 年》，云南民族出版社 2011 年版，第 198～204 页。

④ 根据 2011 年广西民族大学校园网中"学校概况"中提供的数据和该校 2005 年高等教育基层统计报表数据计算得出。

表 9－4　　　　　2005 年、2010 年委属 6 院校 4 项办学条件指标比较

指标	时间及增长率	合计	中央民族大学	西北民族大学	西南民族大学	中南民族大学	北方民族大学	大连民族学院
教学仪器设备值（万元）	2005 年	52157	7202	7705	11434	10630	6400	8781
	2010 年	105290	16860	18406	26449	15476	10471	17628
	增长(%)	101.9	133.9	138.8	131.3	45.6	63.6	100.8
校园面积（m²）	2005 年	4648893	381580	1200673	1042407	892773	766671	364789
	2010 年	6409757	380830	1936259	1702381	964048	766671	689568
	增长(%)	37.1	－0.2	58.8	63.3	8	0	89
教学行政用房（m²）	2005 年	1042485	189236	181840	176759	211127	142680	140843
	2010 年	1465280	201217	293097	331766	278612	147042	213546
	增长(%)	40.6	6.3	61.2	87.7	32	3	51.6
学生宿舍面积（m²）	2005 年	658125	106150	133327	146226	133393	53757	85272
	2010 年	1090922	122980	192133	252014	286086	109355	128354
	增长(%)	65.8	15.9	44.1	72.3	114.5	103.4	50.5

　　注：本表数据来自 2005/2006 和 2010/2011 学年初各院校高等教育基层统计报表；中央民族大学校园面积来自《中央民族大学年鉴 2005》、《中央民族大学年鉴 2009》。

舍面积分别增长 31.4% 和 91.5%。[①]

　　民族院校改善办学条件的经费来源，或来自银行贷款，如内蒙古民族大学 2006 年新增 2600 万元仪器设备中含日行贷款 2 510 万元；[②] 或申请财政部专项，如西南民族大学 2006～2010 年争取财政部专项投入实验室建设经费 4000 余万元；[③] 或自筹，如西南民族大学 2006～2010 年自筹近 1000 万元用于实验室建设；[④] 也有来自于校区置换等方面的筹资，如云南民族大学

---

　　① 根据 2011 年 5 月 17 日《贵州民族学院报》中提供的数据和 2005 年高等教育基层统计报表数据计算得出。

　　② 参见 2006 年《内蒙古民族大学本科教学工作水平自评报告》。

　　③ 参见西南民族大学校史编辑部《西南民族大学校史（1951～2011）》（内部资料），2011 年5 月印刷，第 47 页。

　　④ 同上。

将老校区中教学科研区土地资产处置后用于雨花新校区建设。① 据了解，在各种来源中，实行"银校合作"亦即学校向银行贷款部分比重较大，有的院校前款未还清又贷后款，经济包袱沉重，而且早晚面临如何偿还本金问题。当然，这个问题在所有参与扩招的高等学校尤其是开辟了新校区的高等学校都不同程度存在，而且问题最严重的还不是民族院校。

2. 加强师资队伍建设

师资队伍与教育质量的关系最直接也最密切，因而其建设在各院校均具有举足轻重的地位。扩招之后，全国高等学校基本上都缺师资，人才争夺激烈。在此严峻的形势下，各民族院校实施"人才强校"战略，抓师资队伍建设不遗余力。有关统计资料表明，2010/2011 学年初，全国 15 所民族院校教职工总数达到 19087 人，其中专任教师 12280 人。如不计入 2009 年更名的四川民族学院和呼和浩特民族学院的数据，则另 13 所民族院校 2005～2010 年教职工和专任教师变化情况如表 9 - 5 所示。

表 9 - 5　　2005 年、2010 年 13 所民族院校教职工及专任教师数比较

单位：人

学校	教职工数				其中：专任教师数			
	2005 年	2010 年	增加数	增长率（%）	2005 年	2010 年	增加数	增长率（%）
中央民族大学	1638	1897	259	15.8	859	1036	177	20.1
西北民族大学	1183	1579	396	33.5	754	942	188	24.9
西南民族大学	1497	1795	298	19.8	984	1307	323	32.8
中南民族大学	1545	1891	346	22.4	957	1201	244	25.5
北方民族大学	851	974	123	14.5	507	696	189	37.3
大连民族学院	713	1288	575	80.6	490	808	318	64.9
云南民族大学	947	1152	205	21.6	560	872	312	55.7
广西民族大学	1158	1200	42	3.6	616	849	233	37.8
内蒙古民族大学	1678	1769	91	5.4	839	1048	209	24.9

---

① 《云南民族大学 60 年》，云南民族出版社 2011 年版，第 201 页。

学校	教职工数				其中：专任教师数			
	2005 年	2010 年	增加数	增长率（%）	2005 年	2010 年	增加数	增长率（%）
湖北民族学院	1281	1433	152	11.9	692	812	120	17.3
贵州民族学院	1049	1136	87	8.3	611	719	108	17.7
青海民族大学	1045	1165	120	11.5	610	707	97	15.9
西藏民族学院	627	823	196	31.3	354	592	238	67.2
合计	15212	18102	2890	19	8833	11589	2756	31.2

　　注：本表数据来自 2005/2006 和 2010/2011 学年初各院校高等教育基层统计报表；内蒙古民族大学数据来自《中国信息年鉴（2005）》，其中教职工数为本部教职工数；另：2010 年四川民族学院教职工 496 人、专任教师 369 人；呼和浩特民族学院教职工 489 人、专任教师 322 人。

　　数据表明，5 年间上述 13 所民族院校专任教师增长 31%，高于教职工增长比例；校均增加 239 人，年均增加 288 人，每年每校平均增加 42人——略多于上阶段的 40 人。尽管专任教师总的增长率仍低于全日制在校生 37% 的增长率（参见表 9 - 15），但正如前面所指出的，师资队伍建设是一项必须从长计议的战略性质量工程，每年校均 42 人的增量并不少。

　　自扩招开始后，为优化师资队伍结构，在人才引进工作中，高学历、高职级者成为高等学校争夺的对象，各院校竞相推出诸如安家费、科研启动费等优惠政策以期招揽。以建设高水平研究型大学为目标，中央民族大学 2005 年制定《中央民族大学师资队伍建设"十一五"发展规划》，着眼于吸收和造就具有国际水平和创新能力的学术带头人，形成优秀的创新团队；着重引进两院院士、在国内具有重要影响的杰出学者、有一定知名度的博士生导师和年轻教授。[①]"十一五"期间，中南民族大学从海内外共引进教师 303 人，其中具有博士学位者 186 人、硕士学位者 106 人，具有高级专业技术职务者 82 人，首席教授 2 人、学术带头人 1 人；专任教师中具有研究生学历者比例从 59.8% 提高到 80.77%，博士学历者比例从

---

　　① 参见中国民族信息年鉴编委会《中国民族信息年鉴创刊号·2005》，2005 年 10 月，第 63～67、79 页。

10.4% 提高到 34.69%。① 同期，云南民族大学引进硕士 191 人、博士 92 人（含在读 6 人）、教授 11 人、副教授 18 人。② 2007~2009 年，西北民族大学从国内外著名高校、科研院所引进高层次人才 38 人。③ 西南民族大学仅 2007 年即引进各类人员 64 人，其中硕士以上学历者占 85%。④ 2011 年，该校专任教师中具有博士学位者已有 243 人，超过 20%。⑤ 西北第二民族学院仅 2006 年即引进人才 56 人，其中博士 2 人、硕士 53 人，具有正高职称者 4 人、副高职称者 11 人。⑥ 2007 年，西藏民族学院引进硕士研究生 36 人、博士研究生 1 人，具有副高专业技术职务者 1 人。⑦ 内蒙古民族大学 2004~2006 年补充教师 190 人，其中具有硕士、博士学位者 106 人。⑧

　　一方面大力引进外面的人才，另一方面已有教师队伍的培养、提高也没放松。民族院校纷纷制定优惠政策，创造各种条件鼓励现有教师读学位、进修以提高学术水平。2007~2009 年，西北民族大学在职攻读博、硕士学位教师 277 人（次），有 423 名教师到国内知名大学进修、做访问学者或开展科学研究，有 39 名教师到国（境）外进修或留学深造。⑨ 2006~2010 年，云南民族大学在职教师取得硕士学位者 29 人、取得博士学位者 41 人。⑩ 内蒙古民族大学 2005 年时仅有 1 名博士，2009 年时已培养和引进博士达到 50 人。⑪

　　为了提高师资队伍水平，民族院校投入很大。2007~2009 年，西

①　参见中南民族大学校史编纂委员会《中南民族大学校史（1951~2011）》，湖北长江出版集团、湖北人民出版社 2011 年版，第 281 页。

②　《云南民族大学 60 年》，云南民族出版社 2011 年版，第 172 页。

③　参见 2007 年《西北民族大学本科教学工作水平自评报告》。

④　中国民族年鉴社：《中国民族年鉴 2008》，民族出版社 2008 年版，第 186 页。

⑤　西南民族大学校史编辑部：《西南民族大学校史（1951~2011）》（内部资料），2011 年 5 月印刷，第 128 页。

⑥　参见 2007 年《西北第二民族学院本科教学工作水平自评报告》。

⑦　见西藏民族学院办公室《西藏民族学院年鉴 2008》，第 76、90~91 页。

⑧　见 2006 年《内蒙古民族大学本科教学工作水平自评报告》。

⑨　见 2007 年《西北民族大学本专教学工作水平自评报告》。

⑩　《云南民族大学 60 年》，云南民族出版社 2011 年版，第 171 页。

⑪　特木尔、王顶柱主编：《内蒙古民族大学五十年》，内蒙古人民出版社 2008 年版，第 250 页。

北民族大学投入师资队伍建设经费达 1530. 34 万元。[①] 2005～2007 年，西北第二民族学院仅引进人才即投入 1200 多万元。[②] 内蒙古民族大学 2004～2006 年用于师资培养、支付引进人才安家费和科研启动费的资金累计达 706 万元。[③] 在"十一五"期间已投入不少的中南民族大学，从 2010 年开始设立 3000 万元人才引进专项资金，以加强人才引进和师资培训工作。[④]

（二）实施教学质量与教学改革工程

2005 年两部委全国民族院校工作会议召开之后，民族院校纷纷采取各种措施落实会议精神，提高教育质量。2006 年 8 月，西北民族大学专门召开以"深化教学改革，提高教育质量"为主题的教学工作会议，通过《西北民族大学"教学质量工程"实施纲要》，对今后的教学改革和提高教育质量工作作了部署。[⑤] 西南民族大学 2006 年提出并开始实施"311"本科教学质量工程，具体内容包括教学管理体制和教学运行机制改革、人才培养与教学内容及方式改革、教学质量评价体系改革在内的"三项改革"，和包括建立两级教学管理责任制、完善学分制、强化示范性专业及品牌专业建设、制定创新人才综合培养计划、开拓与国外高水平大学合作办学新模式、加强精品课程建设等在内的"11 项计划"，目的在于建立保障和提高教学质量的长效机制。[⑥] 大连民族学院建立校党委书记、校长是学校教育教学质量的第一责任人，教务处是质量管理的直接责任部门，各二级学院的院长是各学院的第一责任人，系主任是本专业的第一责任人，各职能部门负责人是本部门服务教学的第一责任人的责任制。[⑦]

2007 年教育部 1 号、2 号两个文件印发之后，民族院校根据教育部的

---

① 见 2007 年《西北民族大学本科教学工作水平自评报告》。

② 见 2007 年《西北第二民族学院本科教学工作水平自评报告》

③ 见 2006 年《内蒙古民族大学本科教学工作水平自评报告》。

④ 中南民族大学校史编纂委员会：《中南民族大学校史（1951～2011）》，湖北长江出版集团湖北人民出版社 2011 年版，第 281 页。

⑤ 西北民族大学校史编写委员会：《西北民族大学校史》第二卷，甘肃民族出版社 2010 年版，第 15 页。

⑥ 西南民族大学校史编辑部：《西南民族大学校史（1951～2011）》（内部资料），2011 年 5 月印刷，第 37 页。

⑦ 见 2006 年《大连民族学院本科教学工作水平评估自评报告》。

要求系统地组织实施教育质量和教学改革工程。如中南民族大学于 2007
年 12 月印发《中南民族大学本科教学质量与教学改革工程实施办法》，
"决定加大对专业建设、课程建设、教学团队建设和教学名师评选等方面
的投入，确保'质量工程'取得实效。"① 云南民族大学 2007 年召开全校
教学工作会议，通过教学质量工程指导性文件《云南民族大学本科教育
质量和教学工作改革工程实施方案》，提出实施本科教学质量和教学改革
工程的指导思想、建设目标、建设内容和建设路径。还制定了关于重点建
设专业管理、精品课程管理、精品课程评估、重点课程建设、教学质量标
准、教学奖励等一系列配套文件。②

在这项工程的实施过程中，民族院校特别注意加强与教学质量直接相
关的教学基本建设。如由于直接关系到课堂教学效果，各院校课程建设尤
其是精品课程建设的力度大大超过以往。2011 年中央民族大学已有国家
级精品课程 1 门，市级精品课程 12 门。③ 西北民族大学实施"教学质量
工程"就是以加强课程建设为切入点的，到 2010 年已建成校级精品课程
134 门，省级精品课程 21 门——其中 16 门是 2006 年以后建设的。④ 西南
民族大学 2003 年开始以科研立项的形式抓课程建设，2006 年出台《西南
民族大学精品课程建设及管理办法（试行）》，到 2011 年 4 月，学校立项
建设校级精品（重点）课程 130 门、四川省精品课程 25 门。⑤ 到 2010
年，中南民族大学已拥有 1 门国家级精品课程，19 门省级精品课程，34
门校级精品课程，50 门院级精品课程。⑥ 2006～2010 年，云南民族大学
建设国家级精品课程 1 门、省级精品课程 15 门、校级精品课程 23 门、校
级重点课程 26 门，省级双语教学示范课程 1 门、校级双语教学示范课程
9 门。⑦ 2008 年，湖北民族学院已有省级精品课程 7 门、省级优质课程 4

① 中南民族大学校史编纂委员会：《中南民族大学校史（1951～2011）》，湖北长江出版集
团湖北人民出版社 2011 年版，第 262 页。

② 《云南民族大学 60 年》，云南民族出版社 2011 年版，第 163～165 页。

③ 资料来自于该校建校六十周年画册《中央民族大学》，中央民族大学出版社 2011 年版。

④ 资料来自西北民族大学 60 周年校庆展览"学科建设与人才培养"专题。

⑤ 西南民族大学校史编辑部：《西南民族大学校史（1951～2011）》（内部资料），第 42
页。

⑥ 中南民族大学校史编纂委员会：《中南民族大学校史（1951～2011）》，湖北长江出版集
团湖北人民出版社 2011 年版，第 263～264 页。

⑦ 《云南民族大学 60 年》，云南民族出版社 2011 年版，第 165 页。

门、校级精品课程 14 门、校级优质课程 26 门。① 青海民族大学到 2009年已有 2 门国家级精品课程、31 门省级精品和重点课程、13 门校级精品课程。② 北方民族大学 2011 年有 28 门自治区精品课程。③ 2008 年，内蒙古民族大学有校级精品课程 18 门、优秀课程 71 门、自治区精品课程 4 门。④ 贵州民族学院 2011 年已有省级精品课程 9 门。⑤ 以这些精品课程为核心，各院校逐步构建有自己特色的优质课程体系，为提高教育质量打基础。

与课程建设同步，民族院校的教学团队建设、教学名师评选、教学示范中心建设、实习基地建设等基本建设也不断推进。如到 2011 年前后，西北民族大学已建设国家级教学团队 1 个，省级教学团队 2 个；⑥ 西南民族大学建成彝语言文学、金融学、动物科学等省级教学团队；⑦ 中南民族大学已有 3 个省级教学团队，12 个校级教学团队；⑧ 云南民族大学建设省级教学团队 3 个、校级团队 10 个；⑨ 贵州民族学院有 3 个省级教学团队。⑩ 同时，一批教学名师在各院校诞生。2011 年，中央民族大学已有国家级教学名师 2 人，北京市教学名师 10 人。⑪ 2007~2011 年，西南民族大学已经评选四届教学名师，产生校级教学名师 23 名，省级名师 2 人。⑫

---

① 田万振、汤贤均主编：《湖北民族学院七十年 1938~2008》（内部资料），2008 年 9 月印刷，第 69 页。

② 青海民族大学校史编写组：《青海民族大学校史（一九四九~二〇〇九)》，青海人民出版社 2009 年版，第 174 页。

③ 见张京泽 2011 年 12 月 21 日在该校中层干部会议上的讲话文稿：《全面落实"十二五"规划 努力实现跨越式发展》。

④ 特木尔、王顶柱主编：《内蒙古民族大学五十年》，内蒙古人民出版社 2008 年版，第 171 页。

⑤ 见《贵州民族学院报》2011 年 5 月 17 日。

⑥ 资料来自于西北民族大学 60 周年校庆展览"学科建设与人才培养"专题。

⑦ 西南民族大学校史编辑部：《西南民族大学校史（1951~2011)》（内部资料），2011 年 5 月印刷，第 40、53 页。

⑧ 中南民族大学校史编纂委员会：《中南民族大学校史（1951~2011)》，湖北长江出版集团、湖北人民出版社 2011 年版，第 264 页。

⑨ 《云南民族大学 60 年》，云南民族出版社 2011 年版，第 163 页。

⑩ 见《贵州民族学院报》2011 年 5 月 17 日。

⑪ 资料来自于 2011 年 11 月 26 日中央民族大学校园网。

⑫ 西南民族大学校史编辑部：《西南民族大学校史（1951~2011)》（内部资料），第 52页。

中南民族大学已经有 2 名湖北省教学名师，13 名校级教学名师。[①] 云南民族大学有省级教学名师 7 人，校级教学名师 7 人。[②]

据不完全统计，2011 年民族院校已建有省部级教学示范中心至少 34 个，其中西北民族大学 2 个、西南民族大学 2 个、中南民族大学 8 个、北方民族大学 6 个、广西民族大学 5 个、湖北民族学院 5 个、贵州民族学院和青海民族大学各 3 个。[③] 2008 年，湖北民族学院已有省级基础课实验教学示范中心 3 个、校级实验教学示范中心 6 个、大学生创新基地 4 个、校内外实践教学基地 165 个、师范教学实习基地 48 个；[④] 内蒙古民族大学设省部级重点实验室和实验示范中心 5 个。[⑤] 2011 年云南民族大学业已建设省级人才培养模式创新实验区 2 个、校级 6 个，省部级重点实验室 3 个，省实验教学示范中心 4 个，校级 6 个。[⑥]

为加强民族院校基础建设，2006 年国家民委与教育部决定依托民族院校建立 7 个重点实验室。经两部委专家组评审，从 13 所民族院校中确定大连民族学院"生物技术与资源利用实验室"、中南民族大学的"催化材料科学实验室"、中央民族大学的"中国少数民族传统医学研究中心"、西南民族大学的"动物遗传育种学实验室"、西北民族大学的"中国民族语言文字信息技术研究室"、内蒙古民族大学的"蒙医药研发工程重点实验室"、云南民族大学的"民族药资源化学重点实验室"为首批共建重点实验室。[⑦] 这 7 个实验室大都归属于各院校特色和优势学科，现在又列为两部委的建设重点，更有助于它们发展自己的特色并提高人才培养质量。

从管理工作的角度来说，这几年民族院校抓教育质量的重点是健全教育质量监控体系，建立教育质量的合理、长效保障机制。在教学评估的推动下，在上阶段工作的基础上，各院校基本建立了贯穿教学工作各环节、覆盖教学工作方方面面的质量监控制度及实施的组织体系，开始对教学工

①　中南民族大学校史编纂委员会：《中南民族大学校史（1951～2011）》，湖北长江出版集团、湖北人民出版社 2011 年版，第 266 页。

②　《云南民族大学 60 年》，云南民族出版社 2011 年版，第 166 页。

③　资料来自于 2011 年 11 月 26 日各院校校园网"学校概况"。

④　田万振、汤贤均主编：《湖北民族学院七十年 1938～2008》（内部资料），2008 年 9 月印刷，第 69～70 页。

⑤　特木尔、王顶柱主编：《内蒙古民族大学五十年》，内蒙古人民出版社 2008 年版，第 259 页。

⑥　《云南民族大学 60 年》，云南民族出版社 2011 年版，第 163～169 页。

⑦　中国民族年鉴社：《中国民族年鉴 2007》，民族出版社 2007 年版，第 158 页。

作和教学质量实施全过程、全方位、多层面的监控与评估。为了加强此项工作，中央、西北、中南民族大学和大连、湖北民族学院还成立了专门机构（中央民族大学称为"本科教学质量管理中心"，西北、中南民族大学等院校称为"教学质量监控评估中心"或"教育质量评估中心"）。2006～2008 年，中南民族大学还组织了校内专家对各教学单位的本科教学工作进行了两次自评，促进了教学工作的规范化。[1] 2004～2006 年，大连民族学院对全校 5210 门次的理论课、实验课、体育课和艺术类课程的教学质量进行了评估，其中 151 门次课程的教学质量被评为 A 级，15 门次课程给予警告，[2] 在校内引起很大的反响。

此期间，国家民委教科司也加强了对所属院校教育质量的监控和评估。如 2006 年 9 月，他们组织了对委属院校的英语、计算机科学与技术、旅游管理专业的建设和教学情况的评估，通过查阅自评报告和支撑材料，调阅毕业论文、考试试卷，随机听课，召开教师、学生及教学管理人员座谈会，考察教学设施等措施，对包括专业规划、师资队伍、教学条件与利用、教学基本建设与管理、教学效果、实践教学等进行评估，旨在促进教育质量的提高。评估结果，中央、中南、西南民族大学的英语、旅游管理专业和大连民族学院的计算机科学与技术专业分别被评为优秀。[3]

民族院校坚持不懈抓教育质量应该是有成效的。2005 年之后，先后有中央、中南、西北民族大学、西北第二民族学院、大连民族学院和贵州民族学院等院校在教育部本科教学工作随机性水平评估中获得"优秀"等次，内蒙古民族大学获"良好"等次[4]，总的成绩明显好于上阶段。

这几年，民族院校的教学研究也比较活跃。2008 年，经各院校积极申报，国家民委组织专家评审，下达本科教学改革与质量建设研究项目 56 项，其中中央民族大学 9 项、中南民族大学 7 项、西南民族大学 6 项、西北民族大学 6 项、北方民族大学 5 项，大连民族学院 7 项、湖北民族学院 5 项、广西民族大学 5 项、贵州民族学院 3 项、云南民族大学 4 项。[5]

---

① 中南民族大学校史编纂委员会：《中南民族大学校史（1951～2011）》，湖北长江出版集团、湖北人民出版社 2011 年版，第 268 页。

② 见 2006 年《大连民族学院本科教学工作水平自评报告》。

③ 中国民族年鉴社：《中国民族年鉴 2007》，民族出版社 2007 年版，第 157 页。

④ 中国民族年鉴社：《中国民族年鉴 2009》，民族出版社 2009 年版，第 237 页。

⑤ 中国民族年鉴社：《中国民族年鉴 2009》，民族出版社 2009 年版，第 238 页。

同时，各院校也通过其他渠道开展立项研究。如 2005～2009 年，西南民族大学有 34 个教改项目获四川省批准立项;[①] 2006 年中南民族大学评出42 项校级教学研究项目;[②] 2007 年西北第二民族学院 4 个教学研究项目获自治区批准立项;[③] 2006～2010 年云南民族大学 3 个教学改革研究项目通过云南省立项，另有 34 个校级立项项目。[④] 这些教改研究项目，有的已经结题，有的还获得各级教改研究成果奖——如西北民族大学 2007～2009 年就有 11 项成果获甘肃省教育厅奖励,[⑤] 2010 年西南民族大学有 11 项成果获四川省第六届教育教学成果奖（其中一等奖 3 项）,[⑥] 应有助于促进各院校的教学改革。

在上阶段将创新型人才培养提上重要议事日程之后，近几年民族院校这方面的新动向之一，就是有的院校将培养学生创新精神、创新能力、实践能力的要求进一步制度化。如 2007 年以后，西南、中南民族大学先后出台管理办法将学生的创新实践活动成绩纳入学分制管理体系，中南民族大学将取得 5 个创新实践学分作为所有本科生毕业的必要条件,[⑦] 西南民族大学还规定在创新活动中获奖的优秀毕业生在申请免试攻读硕士学位研究生时可享受加分政策。[⑧]

总的来说，作为内涵式发展的核心工程，2005 年以后教育质量在民族院校受到的关注是前所未有的，成效也日渐显现。继中央民族大学之后，2006 年西南民族大学获得优秀本科应届毕业生免试推荐攻读硕士学位研究生资格，2008 年中南、西北民族大学也获准为具有硕士研究生免试推荐权高校，这应是民族院校的本科教育质量越来越多地得到权威部门

---

①　西南民族大学校史编辑部:《西南民族大学校史（1951～2011）》（内部资料），2011 年 5 月印刷，第 51 页。

②　中国民族年鉴社:《中国民族年鉴 2007》，民族出版社 2007 年版，第 158 页。

③　中国民族年鉴社:《中国民族年鉴 2008》，民族出版社 2008 年版，第 187 页。

④　《云南民族大学 60 年》，云南民族出版社 2011 年版，第 169 页。

⑤　资料来自于西北民族大学 60 周年校庆展览"学科建设与人才培养"专题。

⑥　西南民族大学校史编辑部:《西南民族大学校史（1951～2011）》（内部资料），2011 年 5 月印刷，第 52 页。

⑦　中南民族大学校史编纂委员会:《中南民族大学校史（1951～2011）》，湖北长江出版集团、湖北人民出版社 2011 年版，第 292 页。

⑧　西南民族大学校史编辑部:《西南民族大学校史（1951～2011）》（内部资料），2011 年 5 月印刷，第 51 页。

和专家们认可的一种标志。

四　民族院校学科与专业建设的新进展

在民族院校的发展战略中，学科专业建设一直被视为龙头工程，自 20 世纪 80 年代以来就引领着各院校教育事业的发展与改革。2005 年以后，作为内涵式发展的基础性平台，学科专业建设受到更大的关注。

（一）普通本科专业建设的进展

2009 年，教育部批准康定民族师范高等专科学校改建为四川民族学院并升格为全日制本科院校，内蒙古民族高等专科学校更名为呼和浩特民族学院并升格为全日制本科院校，全国民族院校因而增加到 15 所。2006 年 2 月，教育部批准广西民族学院更名为广西民族大学；2008 年 5 月，教育部批准西北第二民族学院更名为北方民族大学；2009 年，教育部批准青海民族学院更名为青海民族大学。至此，15 所民族院校有 9 所已更名为民族大学，6 所仍称民族学院。

2011 年 11 月，全国 15 所民族院校共设院、部、系等教学单位约 273 个，普通本专科招生专业 794 个①，其中本科专业 721 个、专科专业 73 个，校均本专科招生专业 53 个（2005 年 13 所民族院校校均招生专业 40 个）。民族院校本专科招生专业总的来说已涵盖教育部本科专业目录中的所有科类。各院校详情参见表 9 - 6。

表 9 - 6　　2011 年民族院校教学单位及普通本科招生专业设置情况

学校	设置教学单位数（个）	普通本科招生专业数（个）	专业涵盖学科门类（个）
中央民族大学	23	55	11
西北民族大学	25	55	11
西南民族大学	23	66	11
中南民族大学	21	62	10

①　专科专业主要集中在四川和呼和浩特民族学院（51 个），其他院校招生专业基本为本科层次。

续表

学校	设置教学单位数 （个）	普通本科招生专业数 （个）	专业涵盖学科门类 （个）
北方民族大学	17	50	8
大连民族学院	17	42	7
云南民族大学	21	63	10
广西民族大学	20	62	9
内蒙民族大学	18	62	11
湖北民族学院	15	51	10
贵州民族学院	19	50	10
青海民族大学	15	53	9
西藏民族学院	12	44	11
四川民族学院	12	40	8
呼和浩特民院	15	39	6

注：本资料为 2011 年 11 月 26 日时点资料，来自于各院校校园网"学校概况"或"学校简介"，招生专业来自于 2011 年各院校招生简章；招生专业数一般要小于各院校"学校概况"中介绍的设置专业数。

若不计入 2009 年更名的四川民族学院和呼和浩特民族学院，较之于 2005 年的本专科专业数，全国 13 所民族院校所设本专科专业增加 163 个，增幅 29.5%（小于全日制在校生 37% 的增幅）；校均新增本科专业近 13 个。13 所民族院校中，新增本科专业最多的是西南、云南和内蒙古民族大学，分别为 24 个、21 个、18 个；值得注意的是中央民族大学招生专业数仍维持在 55 个而无增加。各院校专业数量变化的具体情况参见表 9 – 7。

表 9 – 7　2005 年、2011 年 13 所民族院校普通本专科招生专业设置情况

单位：个

时间	中央民族大学	西北民族大学	西南民族大学	中南民族大学	北方民族大学	大连民族学院	云南民族大学	广西民族大学	内蒙古民族大学	湖北民族学院	贵州民族学院	青海民族大学	西藏民族学院
2005 年	55	47	42	46	35	30	42	55	44	39	41	42	34
2011 年	55	55	66	62	50	42	63	62	62	51	50	53	44

时间	中央民族大学	西北民族大学	西南民族大学	中南民族大学	北方民族大学	大连民族学院	云南民族大学	广西民族大学	内蒙古民族大学	湖北民族学院	贵州民族学院	青海民族大学	西藏民族学院
增加数	0	8	24	16	15	12	21	7	18	12	9	11	10

注：2005 年专业数据来自各院校 2005 年高等教育基层统计报表；2011 年数据来自各院校校园网上公布的招生简章或分专业招生计划计划；为增加可比性，未计入四川、呼和浩特民族学院。

如果按专业的学科门类分析，则 2005 年以来 13 所民族院校新增专业最多的是工学类，达到 46 个，增幅 50.5%；其次是文学类，新增专业 35 个，增幅 40.2%；再次是管理学类，新增专业 24 个，增幅 27.3%（详情参见表 9-8）。需要指出的是，新增文学类专业多为广播电视新闻学、编辑出版学和非通用外语类——如云南、广西民族大学增设的东南亚诸国语言等类别。这表明，近几年民族院校专业建设的思路和方向和前两个阶段基本一致，即加强应用型、实用型专业建设。

表 9-8　2005 年、2011 年全国 13 所民族院校普通本专科招生专业科类分布变化情况

单位：个

时间	专业数	哲学类	经济学类	法学类	教育学类	文学类	历史学类	艺术类	理学类	工学类	农学类	医学类	管理学类
2005 年	552	3	28	36	33	87	18	55	77	91	14	22	88
2011 年	715	4	38	45	39	122	22	60	93	137	14	29	112
增加数	163	1	10	9	6	35	4	5	16	46	0	7	24

新增专业带来了专业科类结构的变化，本期经济学、教育学、文学、医学尤其是工学类专业的比重在加大，而历史学、管理学、农学特别是艺术、理学类比重在下降。各科类结构比的具体消长情况参见表 9-9。

与前面表 8-11 尤其是表 7-4 相关数列相比，表 9-9 "结构比例变化" 数列中数值的离散度明显变小。这表明，近几年 13 所民族院校专业结构虽有调整，但其幅度已大大小于前两个阶段尤其是

1985～1998 年的教育体制改革阶段。这意味着：民族院校始于 20 世纪 80 年代后期的普通本专科专业结构调整的高潮基本结束，今后的发展趋向平稳和均衡。尤其是中央民族大学 2005～2011 年间的本科招生专业数持平，这在民族院校中绝无仅有，其意义有待进一步分析。

表 9-9　2005 年、2011 年全国 13 所民族院校普通本科招生专业科类结构比较

	总计	哲学类	经济学类	法学类	教育学类	文学类	历史学	艺术类	理学类	工学类	农学类	医学类	管理类
2005 年结构比例（%）	100	0.5	5.1	6.5	6	15.8	3.3	10	13.9	16.5	2.5	4	15.9
2011 年结构比例（%）	100	0.6	5.3	6.3	5.5	17.1	3.1	8.4	13	19.2	2	4.1	15.7
结构比例变化情况（%）	—	0.1	0.2	-0.2	-0.5	1.3	-0.2	-1.6	-0.9	2.7	-0.5	0.1	-0.2

注：未计入四川民族学院和呼和浩特民族学院。

（二）研究生教育学科建设的进展

2005～2011 年，民族院校在研究生教育学科建设方面取得的进展可以用突飞猛进来形容。

此期间，国务院学位委员会先后批准、公布两批博士、硕士学位授予单位和学科名单。2006 年，国务院学位委员会批准、公布第十批博士、硕士学位授予单位和学科名单，中南民族大学被增列为博士学位授予单位，湖北民族学院、贵州民族学院被增列为硕士学位授予单位；民族院校获批准的博士学位一级学科 1 个、二级学科 8 个，硕士学位一级学科 10 个、二级学科 142 个——仅此一项即几乎相当于民族院校新时期开展研究生教育 26 年来前九次批准的专业数之和（二级学科专业 165 个）。各学科层次及各院校详情如下：

（1）博士一级学科（1 个）

中央民族大学：中国语言文学

（2）博士二级学科（8个）

中央民族大学：文艺学、汉语言文字学、中国现当代文学、比较文学与世界文学、中国古典文献学、中国古代文学

中南民族大学：民族学

西南民族大学：中国少数民族经济

（3）硕士一级学科（10个）

中央民族大学：中国语言文学、社会学、历史学

中南民族大学：民族学、化学

广西民族学院：民族学、马克思主义理论

云南民族大学：社会学

西北民族大学：民族学

青海民族学院：民族学

（4）硕士二级学科（142个）

中央民族大学：伦理学，人口资源与环境经济学，法律史、民商法学（含劳动法学、社会保障法学）、马克思主义基本原理、思想政治教育、人口学、文艺学、汉语言文字学、中国现当代文学、比较文学与世界文学、音乐学、中国古代史、史学理论及史学史、历史地理学、中国近现代史、世界史、概率论与数理统计、植物学、环境科学、民族医学（含藏医学、蒙医学等）、技术经济及管理

西北民族大学：伦理学、宪法学与行政法学、人类学、马克思主义中国化研究、民族传统体育学、语言学及应用语言学、比较文学与世界文学、应用数学、动物营养与饲料科学、预防兽医学

西南民族大学：伦理学、政治经济学、区域经济学、马克思主义基本原理、思想政治教育、文艺学、汉语言文字学、中国古典文献学、比较文学与世界文学、外国语言学及应用语言学、考古学及博物馆学、临床兽医学、教育经济与管理

中南民族大学：中国哲学、宗教学、经济法学、民俗学（含中国民间文学）、马克思主义基本原理、思想政治教育、汉语言文字学、传播学、设计艺术学、中国古代史、应用数学、药物化学、旅游管理、行政管理

西北第二民族学院：思想政治教育、语言学及应用语言学、中国古代文学、专门史、计算数学、生态学、电路与系统

云南民族大学：伦理学、金融学（含保险学）、民商法学（含劳动法学、社会保障法学）、政治学理论、国际政治、中国少数民族经济、中国少数民族史、马克思主义基本原理、思想政治教育、教育学原理、民族传统体育学、文艺学、语言学及应用语言学、中国古典文献学、中国古代文学、中国现当代文学、考古学及博物馆学、历史文献学（含敦煌学、古文字学）、分析化学、信号与信息处理、旅游管理

广西民族学院：伦理学、美学、刑法学、政治学理论、中共党史（含党的学说与党的建设）、社会学、体育教育训练学、民族传统体育学、文艺学、汉语言文字学、中国古代文学、中国现当代文学、比较文学与世界文学、外国语言学及应用语言学、专门史、应用数学、生物化学与分子生物学、计算机应用技术、应用化学、社会保障、图书馆学

内蒙古民族大学：马克思主义中国化研究、体育教育训练学、应用数学、动物营养与饲料科学、草业科学、中西医结合基础

湖北民族学院：民族学、文艺学、基础数学、应用化学、野生动植物保护与利用、中医基础理论

贵州民族学院：刑法学、经济法学、社会学、民族学、中国少数民族语言文学（壮侗语族、苗瑶语族）、概率论与数理统计

青海民族学院：逻辑学、法学理论、经济法学、中外政治制度、人类学、马克思主义民族理论与政策、中国少数民族艺术、马克思主义基本原理、思想政治教育、文艺学、语言学及应用语言学、历史文献学（含敦煌学、古文字学）、药物分析学、企业管理（含财务管理、市场营销、人力资源管理）

西藏民族学院：文艺学、专门史①

至 2006 年，除大连民族学院外，全国另 12 所民族院校均具备正规研究生教育层次，其中博士学位授予单位 4 个，博士学位授权一级学科 2 个、二级学科 27 个；硕士学位授权一级学科 15 个、二级学科 307 个。此后的 2008 年 5 月，中央民族大学在"民族学"一级学科自主设置的"中国少数民族传统医学"、"民族生态学"博士学位二级学科获教育部批准，

---

① 本资料根据国务院学位委员会办公室编，高等教育出版社 2007 年版《中国学位授予单位名册》整理。

改写了该校理学、医学类博士学位学科缺失的历史。①

2011 年 3 月，国务院学位委员会发布第十一批增列的博士和硕士学位授权一级学科名单，涉及各民族院校的情况如下：

（1）博士学位授权一级学科（4 个）

中央民族大学：社会学、历史学

中南民族大学：民族学

西南民族大学：民族学

（2）硕士学位授权一级学科（100 个）

中央民族大学：法学、政治学、马克思主义理论、教育学、新闻传播学、艺术学、数学、生物学、计算机科学与技术、环境科学与工程、工商管理、公共管理

西北民族大学：社会学、马克思主义理论、教育学、中国语言文学、历史学、计算机科学与技术、畜牧学、兽医学、管理科学与工程

西南民族大学：哲学、应用经济学、法学、中国语言文学、外国语言文学、艺术学、历史学、化学、材料科学与工程、畜牧学、兽医学、工商管理、公共管理

中南民族大学：理论经济学、法学、教育学、中国语言文学、外国语言文学、数学、生物学、信息与通信工程、计算机科学与技术、中药学、工商管理、公共管理

北方民族大学：民族学、中国语言文学、数学、材料科学与工程、计算机科学与技术

云南民族大学：应用经济学、法学、民族学、教育学、中国语言文学、外国语言文学、化学、信息与通信工程、工商管理、公共管理

广西民族大学：政治学、中国语言文学、外国语言文学、历史学、数学、计算机科学与技术、化学工程与技术、图书馆、情报与档案管理

内蒙古民族大学：民族学、中国语言文学、历史学、物理学、化学、作物学、兽医学、临床医学、中西医结合

湖北民族学院：民族学、数学、化学工程与技术、林学、中医学

贵州民族学院：法学、社会学、民族学、中国语言文学、数学

青海民族大学：法学、政治学、中国语言文学、数学、化学、药学、

---

① 中国民族年鉴社：《中国民族统年鉴 2009》，民族出版社 2009 年版，第 240 页。

工商管理、公共管理

西藏民族学院：民族学、中国语言文学、基础医学①

在颁布第十一批增列的博士和硕士学位授权一级学科名单的同时，国务院学位委员会和教育部还下发通知，公布了《学位授予和人才培养学科目录（2011 年）》，对博士、硕士学科审批和管理制度进行重大改革：从 2011 年开始学位委员会只审批申报的博士、硕士学位的学科门类和授权一级学科，而已获一级学科授权的单位可按照公布的专业目录自主设置和调整二级学科②。这样一来，凡获批准的博士、硕士学位一级学科，其二级学科的设置数将成倍数增加。如西南、中南民族大学的博士学位授权一级学科"民族学"，根据专业目录均可自主设置 5 个二级学科，目录外的学科经一定的程序还另可适当增设。因此，本批次民族院校新增的 4 个博士学位授权一级学科，相当于数十个博士学位二级学科；新增的 100 个硕士学位授权一级学科，则相当于数百个硕士学位二级学科。无论是博士学位层次，还是硕士学位层次，民族院校新增二级学科数都可能超过以往 10 批次之总和，这不能不说是一次高层次学科建设的丰收。

2005 年以后，民族院校研究生教育出现的另一个重要新动向，就是专业硕士学位教育逐渐兴起。

根据 2010 年国务院学位委员会第二十七次会议审议通过的《硕士、博士专业学位研究生教育发展总体方案》的表述，"专业学位（professional degree），是随着现代科技与社会的快速发展，针对社会特定职业领域的需要，培养具有较强的专业能力和职业素养、能够创造性地从事实际工作的高层次应用型专门人才而设置的一种学位类型"③。因此，专业硕士学位教育之所以区别于传统的以培养学术型人才为目标的普通硕士学位研究生教育，主要在于：（1）它定位于满足社会特定职业领域对高层次应用型、实务型人才的需要；（2）它的教育方式偏重于培养受教育者的业务能力、职业素养，以及在实际工作中的创新能力。如果说传统的学术

---

① 上述资料根据国务院学位委员会 2011 年 3 月 3 日《关于下达 2010 年审核增列的博士和硕士学位授权一级学科名单的通知》之附件《2010 年审核增列的博士和硕士学位授权一级学科名单》整理。

② 参见《中国教育报》2011 年 7 月 18 日。

③ 资料来源于中国学位与研究生教育信息网，2011 年 11 月 26 日。

型学位教育更适宜于培养从事教学和研究性工作尤其是理论研究性人才的话，那么专业学位教育则更适宜于培养工程师、医师、教师、律师等职业性人才。正因如此，专业硕士教育在启动后的很长时间内主要限于招收在职人员攻读学位，直到 2009 年才对应届本科毕业生放开限制。

中国（大陆）专业学位教育起步于 20 世纪 90 年代。1990 年，国务院学位委员会第 9 次会议审议通过了《关于设置和试办工商管理硕士学位的几点意见》，中国设立第一个专业硕士学位——工商管理硕士（MBA），开始启动专业硕士学位教育。1996 年 4 月，国务院学位委员会第 14 次会议审议通过《专业学位设置审批暂行办法》，作为开展专业学位研究生教育的基本规范和依据；同时还批准设置和试办教育专业硕士学位。1992～2009 年，国务院学位委员会先后审批了 19 种专业硕士学位。2010 年国务院学位委员会又一次性审批了 19 种专业硕士学位，2011 年又增加审计硕士，使中国专业硕士学位类别增加到 39 种，计有：工商管理硕士（1990 年——审批时间，下同）、建筑学硕士（1992 年）、法律硕士（1995 年）、教育硕士（1996 年）、工程硕士（1997 年）、临床医学硕士（1998 年）、农业推广硕士、兽医硕士、公共管理硕士（1999 年）、口腔医学硕士（2000 年）、公共卫生硕士（2001 年）、军事硕士（2002 年）、会计硕士（2004 年）、体育硕士、艺术硕士、风景园林硕士（2005 年）、汉语国际教育硕士、翻译硕士（2007 年）、社会工作硕士（2008 年）、金融硕士（2010 年，此后均为 2010 年审批）、应用统计硕士、税务硕士、国际商务硕士、保险硕士、资产评估硕士、警务硕士、应用心理学硕士、新闻与传播硕士、出版硕士、文物与博物馆硕士、城市规划硕士、林业硕士、护理硕士、药学硕士、中药学硕士、旅游管理硕士、图书情报硕士、工程管理硕士、审计硕士（2011 年）。①

2010 年中国专业学位研究生教育发生重要转折。当年 7 月，《国家中长期教育改革和发展规划纲要（2010～2020 年）》在关于高等教育发展任务部分中提出要"加快发展专业学位研究生教育"的任务。同年 10 月，国务院学位委员会第二十七次会议上审议通过《硕士、博士专业学位研究生教育发展总体方案》。该《方案》对中国硕士、博士专业学位教育未来十年的发展作出战略规划，提出到 2015 年，实现硕士研究生教育从以

---

① 资料来源于中国学位与研究生教育信息网，2011 年 12 月 1 日。

培养学术型人才为主向以培养应用型人才为主的战略性转变。① 因此，专业学位研究生教育在中国是一项方兴未艾、前景广阔的应用型人才培养模式。

中国民族院校的专业硕士学位教育基本上起步于 2005 年以后。稍早时的 2004 年，经国务院学位委员会批准，西南民族大学首获农业推广硕士学位授予权。② 2005 年中央民族大学首获公共管理专业硕士学位授予权。③ 2007 年，中南民族大学首获法律专业硕士学位授予权，④ 青海民族学院首获公共管理、工商管理和法律专业硕士学位授予权。⑤ 2008 年，内蒙古民族大学首获农业推广专业硕士学位授予权。⑥ 2009 年，西北民族大学首获法律、艺术硕士专业学位授予权，⑦ 云南民族大学首获法律和工商管理硕士学位授予权。⑧ 从 2005 年到 2009 年，各院校大约争取到了 20 余个专业硕士学位授权点。

民族院校争取专业硕士学位授权点的突破性进展是在 2010 年。这一年，国务院学位委员会一次性通过民族院校 24 个授权点，相当于以往 6 年获得授权点的总和。其详情如下：

中央民族大学：社会工作、教育、文物与博物馆

西南民族大学：金融、保险、工程、公共管理

中南民族大学：社会工作、教育、翻译、工程、农业推广、工商管理、公共管理

---

① 见《国家出台专业学位教育发展总体方案，推动研究生教育战略性转变》，来源于中国学位与研究生教育信息网，2010 年 10 月 22 日。

② 西南民族大学校史编辑部：《西南民族大学校史（1951～2011）》（内部资料），2011 年 5 月印刷，第 100 页。

③ 见于 2011 年 12 月 4 日中央民族大学校园网《2010 级公共管理硕士（MPA）专业学位招生简章》。

④ 中南民族大学校史编纂委员会：《中南民族大学校史（1951～2011）》，湖北长江出版集团湖北人民出版社 2011 年版，第 328 页。

⑤ 青海民族大学校史编写组：《青海民族大学校史（一九四九～二〇〇九）》，青海人民出版社 2009 年版，第 180 页。

⑥ 特木尔、王顶柱主编：《内蒙古民族大学五十年》，内蒙古人民出版社 2008 年版，第 154 页。

⑦ 西北民族大学校史编写委员会：《西北民族大学校史》第二卷，甘肃民族出版社 2010 年版，第 65 页。

⑧ 《云南民族大学 60 年》，云南民族出版社 2011 年版，第 348 页。

广西民族大学：翻译、公共管理

云南民族大学：资产评估、社会工作、汉语国际教育、翻译、公共管理、会计

西北民族大学：社会工作、工程

北方民族大学：工程

到 2011 年年末，民族院校获准招生的专业硕士学位授权点共约 48 个，详情如表 9 - 10 所示。

表 9 - 10　　　　2011 年民族院校专业硕士学位授权点分布情况

单位：个

类别	合计	中央民族大学	西北民族大学	西南民族大学	中南民族大学	北方民族大学	云南民族大学	广西民族大学	内蒙古民族大学	贵州民族学院	青海民族大学
金融	3			1			1			1	
保险	1		1								
资产评估	1						1				
法律	6	1	1	1	1			1			1
社会工作	4	1	1				1				
教育	2	1			1						
国际汉语教育	3	1					1	1			
翻译	3				1		1	1			
文物与博物馆	1	1									
艺术	3	1	1	1							
工程	4		1	1	1	1					
农业推广	3			1	1				1		
兽医	1			1							
临床医学	1								1		
工商管理	5	1		1	1		1				1

续表

类别	合计	中央民族大学	西北民族大学	西南民族大学	中南民族大学	北方民族大学	云南民族大学	广西民族大学	内蒙古民族大学	贵州民族学院	青海民族大学
公共管理	6	1		1	1		1	1			1
会计	1						1				
总计	48	8	4	9	8	1	8	4	2	1	3

注：资料来自于有关民族院校校史及学位与研究生教育信息网。

表 9 - 10 中类别情况表明，在国务院学位委员会批准的 39 种专业硕士学位中，民族院校已经占有 17 种。

和学术型硕士学位研究生教育的学科设置规模相比，民族院校的专业硕士学位授予点还较少。但无论是从国家的政策导向来说，还是就少数民族和民族地区对人才的应用性、实用型的需求特点而论，专业硕士学位教育在民族院校都是很有发展前景的。

由于"十一五"期间的大发展，到 2011 年，民族院校已设有博士一级学科 6 个、二级学科 45 个；普通硕士学位一级学科 123 个、二级学科约 646 个；专业硕士学位授权点 48 个。各院校详情如表 9 - 11 所示。

表 9 - 11　　　　2011 年民族院校研究生教育学科设置简况

单位：个

学校	博士一级学科	博士二级学科	硕士一级学科	硕士二级学科	专业硕士学位授予点
中央民族大学	4	34	19	132	8
西北民族大学		1	10	31	4
西南民族大学	1	5	17	100	9
中南民族大学	1	5	19	72	8

续表

学校	博士一级学科	博士二级学科	硕士一级学科	硕士二级学科	专业硕士学位授予点
北方民族大学			6	28	1
云南民族大学			12	90	8
广西民族大学			12	42	4
内蒙民族大学			9	19	2
湖北民族学院			5	20	
贵州民族学院			5	37	1
青海民族大学			9	62	3
西藏民族学院			3	13	
合　计	6	45	126	646	48

注：博士、硕士学位一级学科数据来自于国务院学位委员会第 1～11 批学位授权学科审批名单并参考各院校"学校概况"中情况而定，二级学科数据来自于各院校研究生招生简章等资料；专业硕士授权点来自于"学位与研究生教育信息网"和各院校校史、校园网等，如 1 个硕士专业学位授予点下设多个方向只按一个计。

和 2005 年相比，2011 年民族院校博士学位一级学科由 2 个增至 6 个，二级学科由 17 个增至 45 个；硕士学位一级学科由 4 个增至 123 个，二级学科则由 171 个增至约 646 个——增加 2.8 倍；专业硕士学位授予点由 2 个增至 48 个。

2005 年以来民族院校研究生教育的新进展还包括：

2007 年 3 月，中央民族大学申报的历史学科博士后流动站获人事部批准。[①] 2009 年，人事部批准西北民族大学设立"中国语言文学"博士

---

① 中国民族年鉴社：《中国民族年鉴 2008》，民族出版社 2008 年版，第 184 页。

后流动站,① 西南民族大学设立"民族学"博士后流动站。②

2008 年,经教育部批准,云南民族大学被列为新增博士学位授予单位的立项建设单位。③ 2009 年,广西民族大学成为广西 2008~2015 年新增博士学位授予单位的立项建设单位。④

2007 年青海民族学院中国少数民族语言文学、藏学等特色学科获准开始与中央民族大学、南开大学等联合培养博士研究生。⑤

(三) 特色、重点学科专业建设的进展

特色兴校是民族院校内涵式发展的基本战略之一。民族院校的特色化办学有多方面的内容,但毫无疑问必须以特色、重点学科、专业为基础和依托,因而特色、重点学科专业建设在"特色兴校"战略中又具有核心地位。民族院校发展史也表明,即使在 20 世纪 80~90 年代对本专科专业体系的大规模改造与更新过程中,民族院校也十分注意对特色学科专业的保护和建设;各院校办学层次的提升尤其是博士、硕士学位授予权的获得,则往往首先在特色学科方面实现突破。

在工作实践中,民族院校的特色、重点、品牌学科建设往往是结合在一起的。如 2011 年中央民族大学有国家级特色专业 9 个(民族学、中国少数民族语言文学、宗教学、历史学、舞蹈学、艺术设计、音乐学、生态学、行政管理),国家级重点学科 3 个(民族学、中国少数民族语言文学、中国少数民族经济(培育)),省部级重点学科 13 个(民族学、中国少数民族语言文学、专门史、马克思主义民族理论与政策、中国少数民族艺术、中国少数民族经济、宗教学、生态学、语言学及应用语言学等),⑥基本上既是重点学科,也是特色学科。2006~2009 年,西北民族大学确定中国少数民族经济、马克思主义民族理论与政策、计算机应用技术、中

---

① 西北民族大学校史编写委员会:《西北民族大学校史》第一卷,甘肃民族出版社 2010 年版,第 65~66 页。

② 西南民族大学校史编辑部:《西南民族大学校史(1951~2011)》(内部资料),2011 年 5 月印刷,第 100、60 页。

③ 《云南民族大学 60 年》,云南民族出版社 2011 年版,第 158 页。

④ 见于 2011 年 11 约 26 日广西民族大学校园网"学校概况"。

⑤ 青海民族大学校史编写组:《青海民族大学校史(一九四九~二〇〇九)》,青海人民出版社 2009 年版,第 180 页。

⑥ 资料来自于该校建校六十周年画册《中央民族大学》,中央民族大学出版社 2011 年版。

国少数民族语言文学、格萨尔学、民俗学、宗教学 7 个省部级重点学科，① 其中 4 个是民族学科，而民俗学、宗教学也与民族学科密不可分，即使是计算机应用技术也是以民族文字（藏文）信息处理技术见长。2011 年，西南民族大学有中国少数民族语言文学、动物科学、法学、汉语言文学、旅游管理、金融学 6 个国家级特色专业，10 个省部级特色（品牌）专业，还有 5 个省级本科人才培养基地，另立项建设 11 个校级示范性专业，② 其中有不少是民族类学科专业。2010 年，中南民族大学已有民族学、化学、汉语言文学、生物技术等国家级特色专业建设点，另有省级优势学科 1 个、特色学科 2 个、品牌专业 7 个，校级品牌专业 12 个；③ 云南民族大学已建设非通用语种、中国少数民族语言文学、民族学、社会学等国家级特色专业 8 个，另有省级特色专业 5 个、省级重点专业 8 个。④ 2008 年，内蒙古民族大学有世界史、民族医学（蒙医学）、中药学（蒙药学）、中国少数民族语言文学、作物栽培学与耕作学、预防兽医学等省部级重点学科 8 个，蒙医学、蒙古语言文学、历史学等自治区品牌专业 5 个。⑤ 至 2011 年，贵州民族学院已有 4 个国家级特色专业建设点，6 个省级重点学科。⑥ 各院校的品牌、重点、特色学科专业中，真正有竞争力者往往是民族类或与民族类相关者。

据不完全统计，2011 年民族院校拥有国家级特色、重点学科专业建设点至少 47 个，其中中央民族大 2 个、西北民族大学 4 个、西南民族大学 6 个、中南民族大学 5 个、大连民族学院 6 个、云南民族大学 8 个、广西民族大学 5 个、湖北民族学院 3 个、青海民族大学和贵州民族学院各 4 个；而省部级特色、重点学科至少在 120 个以上，其中中央民族大学 9 个、西北民族大学 7 个、西南民族大学 21 个、中南民族大学 16 个、北方

---

① 西北民族大学校史编写委员会：《西北民族大学校史》第二卷，甘肃民族出版社 2010 年版，第 49～50 页。

② 西南民族大学校史编辑部：《西南民族大学校史（1951～2011）》（内部资料），2011 年 5 月印刷，第 40 页。

③ 中南民族大学校史编纂委员会：《中南民族大学校史（1951～2011）》，湖北长江出版集团、湖北人民出版社 2011 年版，第 264～265 页。

④ 《云南民族大学 60 年》，云南民族出版社 2011 年版，第 164～165 页。

⑤ 特木尔、王顶柱主编：《内蒙古民族大学五十年》，内蒙古人民出版社 2008 年版，第 258 页。

⑥ 《贵州民族学院报》2011 年 5 月 17 日。

民族大学至少 6 个，大连民族学院 5 个、云南民族大学 29 个、广西民族
大学 5 个、青海民族大学 8 个、湖北民族学院和贵州民族学院各 9 个。①
这些重点、特色、品牌学科专业的建设和发展，有助于民族院校在将自己
学科专业体系做大的同时也做厚实，作出结构性特点，发展自己的办学个
性和优势，提升学校的核心竞争力。从长远看，它们标示着民族院校特色
化发展的基本方向。

五　民族院校办学规模的发展

　　2005 年以后，包括民族院校在内的全国高等学校办学规模扩展减缓。
资料表明，2010/2011 学年初，全国 15 所民族院校全日制招生规模为
70244 人，其中博士生 273 人、硕士生 5105 人、普通本专科 57769 人、预
科生 5347 人、留学生 1750 人。各院校详情如表 9 - 12 所示。

表 9 - 12　　　　　2010/2011 学年初民族院校全日制教育招生规模

单位：人

学校	全日制招生数					
	合计	博士生	硕士生	普通本专科生	预科生	留学生
中央民族大学	5538	217	1048	2812	772	689
西北民族大学	6329	18	427	5500	375	9
西南民族大学	7458	23	776	6184	475	0
中南民族大学	6784	15	735	5605	402	27
北方民族大学	4560	0	104	4100	355	1
大连民族学院	4183	0	0	3801	340	42
云南民族大学	6120	0	729	4867	235	289
广西民族大学	5346	0	418	4228	148	552
内蒙民族大学	5812	0	251	5116	402	43
湖北民族学院	4407	0	62	3632	713	0
贵州民族学院	3859	0	125	3485	242	7

①　资料来自各院校校园网"学校概况"，2011 年 11 月 26 日下载。

续表

学校	全日制招生数					
	合计	博士生	硕士生	普通本专科生	预科生	留学生
青海民族大学	3164	0	301	2240	532	91
西藏民族学院	2110	0	129	1981	0	0
四川民族学院	2760	0	0	2404	356	0
呼和浩特民院	1814	0	0	1814	0	0
总　计	70244	273	5105	57769	5347	1750

注：本表数据来自于民族院校 2010/2011 学年初高等教育基层统计报表。

若不计入 2009 年更名的四川、呼和浩特民族学院数据，则 13 所民族院校 2010/2011 学年初包括博士、硕士、普通本专科、预科和留学生在内的全日制招生规模较 2005/2006 学年初增加了 23701 人，增长 50.9%，年均增长率为 8.6%。详情参看表 9-13。

表 9-13　　2005 年、2010 年 13 所民族院校全日制招生规模比较

单位：人

时间	合计	博士生	硕士生	普通本专科生	预科生	留学生
2005 年	46543	162	2294	40346	3171	570
2010 年	70244	273	5105	57769	5347	1750
增加数	23701	111	2811	17423	2176	1180
增长率（%）	50.9	68.5	122.5	43.2	68.6	207
年均增长率（%）	8.6	11	17.3	7.4	11	25.2

注：为增强可比性，未计入四川、呼和浩特民族学院数据。

表 9-13 中数据表明，2005～2010 年，13 所民族院校全日制普通本专科招生规模增长率为 43.2%，年均增长率为 7.4%——略高于全国平均水平的 6%；研究生（包括博士生和硕士生）招生规模增长率为 17%——也高于全国平均水平的 8.3%。

2010/2011 学年初，全国 15 所民族院校包括博士、硕士、普通本专科、预科和留学生在内的全日制在校生规模已达到 228968 人（详情见表 9-14），校均全日制在校生为 15265 人，比 2005/2006 学年初增长

25.7%。

表 9 - 14 2010/2011 学年初民族院校全日制在校生规模

单位：人

学校	全日制在校生数					
	合 计	博士生	硕士生	普通本专科生	预科生	留学生
中央民族大学	16418	671	2927	11236	772	812
西北民族大学	21379	50	1107	19833	375	14
西南民族大学	24373	64	1980	21850	475	4
中南民族大学	23258	36	2087	20697	402	36
北方民族大学	14708	0	282	14070	355	1
大连民族学院	14265	0	0	13883	340	42
云南民族大学	17810	0	2041	15194	235	340
广西民族大学	17148	0	1213	15237	148	550
内蒙民族大学	20990	0	596	19686	402	306
湖北民族学院	14359	0	148	13498	713	0
贵州民族学院	12189	0	326	11613	242	8
青海民族大学	10032	0	728	8587	532	185
西藏民族学院	9369	0	295	9074	0	0
四川民族学院	7290	0	0	6934	356	0
呼和浩特民院	5380	0	0	5365	0	15
总 计	228968	821	13730	206757	5347	2313

注：本表数据来自民族院校 2010/2011 学年初高等教育基层统计报表；预科在校生因缺乏数据而暂以当年招生数计。

如不计入四川民族学院和呼和浩特民族学院，则"十一五"期末 13 所民族院校校均全日制在校生达到 16638 人，年均增长率为 6.5%（参见表 9 - 15）。其中：普通本专科在校生年均增长率为 5.6%，低于同期全国普通高校 8.3% 的平均水平；在学研究生年均增长率为 21.2%，高于全国普通高校 9.5% 的平均水平。

表 9 - 15　　　2005 年、2010 年 13 所民族院校全日制在校生规模比较

单位：人

学年	全日制在校生数					
	合　计	博士生	硕士生	普通本专科生	预科生	留学生
2005/2006	157830	417	5148	147764	3497	1004
2010/2011	216298	821	13730	194458	4991	2298
增加人数	58468	404	8022	46694	1494	1294
增长率（%）	37	96.9	155.8	31.6	42.7	128.9
年均增长率（%）	6.5	14.5	21.7	5.6	7.3	18

注：为增强可比性，未计入四川民族学院和呼和浩特民族学院数据。

"十一五"期间 13 所民族院校研究生招生和在学人数年均增长率虽高于全国普通高校平均水平，但民族院校研究生教育总规模并不大（校均在学人数 1000 余人），此期间新增学科较多，所以发展速度稍快于全国平均水平也是正常的。而 6.5% 的全日制在校生年均增长率，对民族院校——尤其是不少开辟了新校区而极大地扩充了办学容量的院校来说也不算高。

"十一五"期间民族院校办学方面的新动向还有：

2004 年，教育部、国家发改委、国家民委、财政部、人事部印发《关于大力培养少数民族高层次骨干人才的意见》，为贯彻落实中共中央、国务院关于实施西部大开发战略的有关精神和《国务院关于深化改革加快发展民族教育的决定》（国发〔2002〕14 号），缓解少数民族地区尤其是西部民族地区博士、硕士毕业的高层次骨干人才严重匮乏局面，决定采取特殊措施大力培养少数民族高层次骨干人才。从 2005 年开始选择部分中央部委所属院校试点招生 2500 人（其中博士生 500 人，硕士生 2000 人），至 2007 年达到年招生 5000 人的规模（其中博士生 1000 人）。委属院校中中央、西南、中南、西北民族大学先后参加了这项人才培养计划。

2005 年以后，西南民族大学先后与 30 余所高等学校建立预科代培关系，2007 年在读预科学生由上年的 666 人增至 1677 人，2009 年被教育部

批准为"全国高校民族预科教育基地"①。

　　近几年国内高等学校对外交流与合作的一个新动向，就是随着中国综合国力的不断增强和世界性的"汉语热"的逐渐升温，国内大学纷纷与海外大学合作举办孔子学院，以进行汉语推广和中国文化的宣传与传播。这一动向在民族院校中也出现了响应者：2007 年 5 月，云南民族大学与斯里兰卡凯拉尼亚大学合作开办孔子学院。至 2011 年 11 月，有教学班 8 个共 140 人，5 年间共培训当地学生 500 余人次。② 2008 年 4 月，经国家汉语国际推广领导小组办公室、孔子学院总部批准，中南民族大学与美国威斯康辛大学普拉特维尔校区联合举办孔子学院。③ 本阶段，广西民族大学也与泰国玛哈沙拉坎大学和老挝国立大学合作建立了孔子学院。

六　民族院校的科研工作

　　从某种意义上说，民族院校数十年发展里程也是科研工作在学校各项工作中的地位不断提升，同时它对学校的发展也发挥越来越重要作用的过程。随着内涵式发展时期的到来，"科研（技）强校"顺理成章地成为各院校发展的基本战略之一。"十一五"期间，民族院校用自己的行动和成绩对此作了很好的诠释。

　　为实现建设"高水平研究型大学"的发展目标，中央民族大学围绕"民族"二字，不断优化科研资源配置，组建高水平创新团队，形成由学科带头人、学术骨干、优秀青年学者组成的十多人、数十人的跨学科、跨院系、跨学校、跨地区，甚至跨国界的学术创新团队，④ 建设科技创新平台 4 个（中国少数民族传统医学研究科技创新平台、民族地区生态环境保护与治理研究科技创新平台、民族地区能源资源开发利用研

　　① 西南民族大学校史编辑部：《西南民族大学校史（1951～2011）》（内部资料），2011 年 5 月印刷，第 117～119、60 页。

　　② 《云南民族大学 60 年》，云南民族出版社 2011 年版，第 290 页。

　　③ 中南民族大学校史编纂委员会：《中南民族大学校史（1951～2011）》，湖北长江出版集团、湖北人民出版社 2011 年版，第 346 页。

　　④ 国家民委教育科技司、教育部民族教育司：《蓬勃发展的中国民族院校》，中央民族大学出版社 2006 年版，第 85～89 页。

究科技创新平台、信息技术在民族地区发展中的应用研究科技创新平台）。①

湖北民族学院 2007 年制定《湖北民族学院科研创新团队管理办法》，对科研力量进行梳理和整合，在此基础上组建了 8 个科研创新团队。② 2009 年 6 月，中南民族大学再次对全校的科研力量和资源进行了力度空前的重组和整合。经校学术委员会评审和公示，该校组建以学科方向为基础，以二、三级教授为核心，优秀青年教师为骨干的创新型重点科研机构 11 个、学术团队 28 个，并建立了配套的资金投入和管理、考评制度。③ 民族院校之所以对科研资源和力量不断进行调整和重组，目的在于适应国内外科技发展形势和趋势，不断优化资源配置方式，提升科研工作的效率和效益。

据不完全统计，2011 年，中央民族大学设 9 个实体研究机构和 42 个非实体研究机构，已有 2 个国家文科基础学科人才培养和科学研究基地（历史学、中国少数民族语言文学）、3 个国家"985 工程"哲学社会科学创新基地（中国当代民族问题战略研究哲学社会科学创新基地、中国少数民族语言文化教育与边疆史地研究哲学社会科学创新基地、中国民族地区社会经济与公共管理研究哲学社会科学创新基地）；④ 西北民族大学有 4 个独立建制的研究机构、11 个院所合一的研究机构和实验中心，其中西北少数民族文学研究中心、西北少数民族宗教研究中心、西北民族文献研究基地为省部级人文社会科学重点研究基地；西南民族大学各层次的研究机构已达 60 余个；中南民族大学设有少数民族经济、女书、土家族、应用化学、等离子体、生物医学工程等 48 个研究所（中心）；云南民族大学有 1 个省属研究机构——云南省民族研究所，另有东南亚南亚研究、民族法学研究、对外汉语教学研究、民族药资源开发研究等 20 个研究中心（所）；广西民族大学有壮学、瑶学、中

① 资料来自于该校建校六十周年画册《中央民族大学》，中央民族大学出版社 2011 年版。

② 田万振、汤贤均主编：《湖北民族学院七十年 1938～2008》（内部资料），2008 年 9 月印刷，第 93 页。

③ 中南民族大学校史编纂委员会：《中南民族大学校史（1951～2011）》，湖北长江出版集团湖北人民出版社 2011 年版，第 301～302 页。

④ 资料来自于 2011 年 11 月 26 日中央民族大学校园网。

国—东盟研究等自治区级人文社会科学重点研究基地及重点建设研究基地 5 个；内蒙古民族大学有世界史研究所、科尔沁文化研究所、凝聚态物理研究所、计算物理研究所、蒙医药研究所、动物科技研究所、农业研究所、蒙医临床药理研究所、机器人研究所等 9 个科研机构；青海民族大学拥有民族研究所、青海省法学研究所、青海省旅游文化研究所、青海省格萨尔史诗研究所、青海省应用数学研究所、青海省青藏高原生态环境研究所、青海省语言与民俗研究所、青海省非物质文化遗产保护中心等 8 个省级科研机构和藏学研究中心等 15 个校级科研机构。[①] 这些科研机构，以各学科专业或研究团队为依托，以社会需求为导向，以民族问题研究和应用性研究为特色，构成民族院校科研工作的骨干、网络体系。

"十一五"期间，民族院校科研工作的突出进展，是校外科研项目和预算外经费持续、大幅增长，显示了向外向型科研转型的空前成效。

资料表明，2006 年委属民族院校国家自然科学基金立项为 19 项，资助金额为 377 万元，2007 年为 26 项 553 万元，2008 年为 34 项 750 万元；国家社会科学基金立项，2006 年 32 项，2007 年 44 项 394.5 万元，2008 年 47 项 455.4 万元，[②] 二者均呈稳步增长趋势。

2005 年以后，中央民族大学科研立项和预算外经费持续增长，从 2007 年开始突破 1000 万元大关，2008 年达到创纪录的 2779 万元（详情参看表 9 - 16）。

表 9 - 16　　　　2006～2009 年中央民族大学科研立项及经费情况

时　间	立项数（项）			项目经费（万元）
	合计	其中		
		纵向项目	横向项目	
2006 年	70	48	22	718.5

①　上述资料来自各院校校园网"学校概况"或"科研机构"介绍，2011 年 11 月 26 日下载。

②　资料来自中国民族年鉴社《中国民族年鉴 2008》，民族出版社 2008 年版，第 183～184 页；《中国民族年鉴 2009》，民族出版社 2009 年版，第 239～242 页。

时　间	立项数（项）			项目经费（万元）
	合计	其中		
		纵向项目	横向项目	
2007 年	139	71	68	1311.1
2008 年	144	102	42	2779.1
2009 年	127	79	48	1476.5

注：资料来自中央民族大学出版社出版的《中央民族大学年鉴（2006）》、《中央民族大学年鉴（2007）》、《中央民族大学年鉴（2008）》、《中央民族大学年鉴（2009）》。

西北民族大学预算外科研经费突破 1000 万元大关的时间是 2010 年（详情参看表 9－17）。

表 9－17　　　2006～2010 年西北民族大学科研立项及经费情况

时　间	立项数（项）			项目经费（万元）
	合计	其中		
		国家级	省部级	
2006 年	84	13	20	412
2007 年	101	9	29	410
2008 年	103	10	34	477
2009 年	175	12	37	862
2010 年	61	15	13	1104

注：资料来自西北民族大学建校 60 周年校庆展览；2010 年数据截止时间为 7 月 25 日。

中南民族大学在 2007 年预算外科研经费突破 1000 万元大关之后，就一直保持增长之势，2010 年则达到创纪录的立项 366 项，到账经费 2584.8 万元（详情参看表 9－18）。

表 9 - 18   2006～2010 年中南民族大学科研立项及经费情况

时 间	立项数（项）		项目经费（万元）
	合 计	其中省部级以上项目	
2006 年	99	25	288.1
2007 年	141	60	1113.1
2008 年	134	64	1269.8
2009 年	256	87	1676.5
2010 年	366	91	2584.8

注：资料来自于《中南民族大学校史（1951～2011）》和中南民族大学 60 周年校庆展览；项目和经费中不包括本校自筹部分。

西南民族大学在 2007 年突破科研经费 1000 万元大关，此后仍持续走高（详情参看表 9 - 19）。

表 9 - 19   2006～2010 年西南民族大学科研立项及经费情况

时 间	立项数（项）			项目经费（万元）
	合 计	其中		
		国家级	省部级	
2006 年	227	9	73	902.3
2007 年	225	14	47	1219.5
2008 年	266	16	57	1593.7
2009 年	257	12	67	2076.4
2010 年	375	30	85	3213.9

注：资料来自《西南民族大学校史（2001～2011）》第 76、78 页；科研立项数中包括本校项目，因而经费中应包括学校自筹部分。

2006～2011 年，大连民族学院主持国家自然科学基金、社会科学基金、科技支撑计划项目 67 项，主持省部级科研课题 478 项，累计科研经费 7000 余万元，[①] 平均每年近 1200 万元。作为建校历史最短、以工科和

① 此为大连民族学院校园网"学校概况" 2011 年 11 月 26 日时点资料。

应用学科为发展方向的民族院校，该校显示了在科研方面不能低估的发展潜力。

更值得关注的是：偏居于黄河河套平原的北方民族大学“十一五”期间科研工作进展神速。2005 年，该校获得的纵向横向科研项目 14 项、经费 30 余万元；2007 年首次获得国家社会科学基金重点项目和国家科技支撑计划项目，预算外科研经费突破 200 万元；2010 年预算外科研经费突破 500 万元；2011 年获得包括国家社会科学基金项目、自然科学基金项目各 10 项在内的纵横向科研项目共 98 项，预算外科研经费一举突破千万元大关达到 1215.2 万元，比上年增加 1.15 倍，① 呈爆发式增长势头。

在地方民族院校中，云南民族大学科研工作进展也比较快。该校 2005 年在省内高校中首创科研流动站制度，使获得高级别科研项目的教师能在一定时间内进站专职搞科研。2006 年该校获国家社会科学基金立项 9 项、2007 年 12 项、2008 年 13 项、2009 年 10 项、2010 年 11 项，连续 5 年居云南省高校第二位；2010 年科研经费突破 1000 万元大关。②

尽管地处大西北贫瘠之地，青海民族大学在角逐社会科学研究高层次项目方面也显示出自己的实力。该校 2006 年获国家社会科学基金项目 12 项，2007 年获国家社会科学基金 16 项，2008 年获国家社会科学基金项目 12 项，2009 年获社会科学基金 14 项。2006～2009 年，该校预算外科研经费达到 960 余万元，③ 创造了建校以来历史最佳成绩。

2006～2008 年间，湖北民族学院获得国家自然科学基金项目 2 项（另有合作自然科学基金项目 2 项）、社会科学基金项目 5 项、科技部项目 1 项、教育部项目 3 项、国家民委项目 13 项、省社会科学基金 2 项、省自然科学基金项目 5 项、其他部委项目 3 项。④ 无论是从项目层次来说，还是就项目

---

① 资料来自西北第二民族学院（北方民族大学）2005、2008、2011 年度工作总结，以及中国民族年鉴社《中国民族年鉴 2008》，民族出版社 2008 年版，第 187 页。

② 《云南民族大学 60 年》，云南民族出版社 2011 年版，第 174、176 页。

③ 参见青海民族大学校史编写组《青海民族大学校史（一九四九～二〇〇九）》，青海人民出版社 2009 年版，第 214～215、327～342 页。

④ 根据田万振、汤贤均主编《湖北民族学院七十年（1938～2008）》（内部资料），2008 年 9 月印刷，第 84～86 页有关资料整理。

数量而论，该校三年所获得的成绩比上阶段 7 年的整体水平还高。

2005～2011 年，广西民族大学承担国家级课题 73 项，省部级课题235 项，国际合作科研课题 4 项。[①] 2006～2010 年，贵州民族学院主持或参与的省部级科研项目近 300 项，其中国家自然科学基金项目 19 项、社会科学基金项目 38 项。[②] 西藏民族学院 2007 年获省部级科研立项 23 项，其中包括该校首次获得的国家自然科学基金资助项目和第一个经费超百万元项目——科技部子项目。[③]

大批校外科研项目尤其是国家自然科学基金、国家社会科学基金、省部委重大科技项目的获得，表明民族院校"科研兴校"的道路越走越宽广，外向型科研在迅速成长。

由于缺乏系统的资料，很难对"十一五"期间民族院校取得的科研成果作更细致的分析。仅从表 9 - 20 中所列五院校发表论文、出版著作数据看，这几年民族院校的研究成果在以往的基础上继长增高，发展势头良好。尤其是作为民族院校中学术重镇的中央民族大学，四年间出版学术著作 1253 部，平均每个专任教师 1.2 部（该校 2010 年专任教师 1036 人），显示出旺盛而稳定的学术创造力。中南民族大学调整科研政策，从 2008年开始学校不再登记非核心期刊刊发的论文，表明该校激励科研人员争取高层次成果的决心。

表 9 - 20　　　　　"十一五"期间部分民族院校科研成果情况

学校	发表论文（篇）	出版学术著作（部）	备注
中央民族大学	4788	1253	2010 年数据暂缺
西北民族大学	3421	250	2010 年数据暂缺
西南民族大学	5653	289	
中南民族大学	4709	209	从 2008 年开始只统计核心期刊论文数据
贵州民族学院	3300	258	

注：中央民族大学资料来自《中央民族大学年鉴（2006）》、《中央民族大学年鉴

① 此为广西民族大学校园网"学校概况"2011 年 11 月 26 日时点资料。
② 《贵州民族学院报》2011 年 5 月 17 日。
③ 西藏民族学院办公室编印：《西藏民族学院年鉴 2008》，第 76 页。

（2007）》、《中央民族大学年鉴（2008）》、《中央民族大学年鉴（2009）》；西北民族
大学资料来自于该校建校 60 周年校庆展览；西南民族大学资料来自于《西南民族大
学校史（2001～2011）》第 76、78 页；中南民族大学资料来自于该校 60 周年校庆展
览；贵州民族学院资料来自 2011 年 5 月 17 日《贵州民族学院报》。

　　上述情况表明，随着"科教兴国"战略的全面、深入实施和国家、
社会对科技工作投入的大幅增长，高等学校科研工作的大环境不断改善；
而进入内涵式发展时期的民族院校，则在前些年改革所开辟的外向型科研
的道路上迅速前进，并显示出强劲的后程发展潜力。

七　本章小结

　　进入 21 世纪以后，以胡锦涛为首的新一届中共中央领导班子，审时
度势，提出了学习和贯彻科学发展观，以人为本，转变经济增长方式，全
面建设小康型和谐社会的国家发展战略。

　　2005 年后，中国高等学校的扩招尘埃落定，高等教育进入正常发展
状态。客观形势和国家方针、政策都要求高等学校将工作中心转向提高教
育质量、优化结构、办出特色等方面。顺应这一社会变化的要求，民族院
校的工作重心也向内涵式发展方面转移。

　　民族院校内涵式发展的基本思路，大致可以归纳为：以科学发展观统
领学校各项工作，以提高教育质量为中心，以学科建设为龙头，以师资队
伍建设为关键，以改革创新为动力，实施质量立校、特色兴校、人才强
校、科研（学术）兴校战略，实现规模、质量、结构、效益的协调、可
持续发展。

　　作为内涵式发展的首要举措，民族院校确立"质量立校"的办学方
针，纷纷加大改善办学条件特别是加强师资队伍建设的力度，实施教学质
量工程尤其是抓好教学基本建设、健全教育质量监控和评估体系，深化教
育教学改革，提高教育质量。

　　作为内涵式发展的龙头和基础性工程，民族院校的学科建设在 2005
年后取得前所未有的进展。2011 年，民族院校普通本专科招生专业已达
794 个，科类结构已趋向均衡和稳定。招收博士研究生的院校达到 4 所、
招收硕士生的院校达到 12 所、招收专业学位硕士的院校 10 所，设博士学
位一级学科 6 个、二级学科 45 个，硕士学位一级学科 123 个、二级学科

646 个，专业硕士学位授权点 48 个。在这些学科、专业中，各院校形成了自己的特色、重点、品牌，支持并引领着特色化办学的方向。

"十一五"期间，民族院校办学规模——主要是全日制在校生规模增幅 37%，年均增长率约为 6.5%，全日制在校生达到 22.9 万人，校均 1.5 万人，进入正常发展状态。

2005 年以后，各民族院校的科研工作不断出项突破性进展，尤其是校外科研项目和预算外科研经费增势强劲，中央、西北、西南、中南、云南、北方民族大学和大连民族学院预算外科研经费先后突破 1000 万元大关并继续走高，其他院校在争取外来项目和资助经费方面也不断刷新自己的历史记录，用事实证明了"科研强校"发展战略实施之成效。

第十章　新中国民族院校历史的回顾和面临的改革

2010年10月，西北民族大学举行了隆重的建校60周年庆典。2011年，中央、西南、贵州、云南、中南5所民族院校举行了建校60周年庆典。2012年，还将有广西民族大学举行建校60周年庆典。这意味着，新中国最早兴建的一批民族学院均已届或将届"花甲之年"。

60年来，中国社会沧桑巨变，旧貌换新颜。60岁的新中国民族院校也走过初生，走过风雨，走进改革开放，走向成熟和壮大。在这继往开来的节点上，对民族院校的发展轨迹、历史功绩和办学经验作一番回顾和分析，是件有意义的事。

一　民族院校发展的历史脉络

1950~1955年，新中国先后建立了中央、西北、西南、中南、云南、广西、贵州7所民族学院（包括称名为中央民族学院××分院者）。1956年，"青海省民族公学"更名为"青海民族学院"。1958年，广东民族学院在广州建校。1965年，地处陕西咸阳的"西藏公学"更名为西藏民族学院。1984年，经教育部批准国家民委立项筹建西北第二民族学院和东北民族学院，当年西北第二民族学院开始招生办学，1994年获准正式建校；1993年东北民族学院开始以中央民族大学的名义招生办学，1997年获准正式建校并定名为大连民族学院。1989年，鄂西大学更名为湖北民族学院。1998年广东民族学院更名为广东技术师范学院。2000年，内蒙古自治区在内蒙古民族师范学院、内蒙古蒙医学院、哲里木畜牧学院合并基础上组建内蒙古民族大学。2009年，教育部批准康定民族师范高等专科学校改建为四川民族学院，内蒙古民族高等专科学校更名为呼和浩特民族学院。至2011年，全国民族院校共15所。

1993 年，中央民族学院更名为中央民族大学。2000 年内蒙古民族大学组建。2002 年，中南民族学院更名为中南民族大学。2003 年，西北、西南、云南民族学院分别更名为西北、西南、云南民族大学。2006 年，广西民族学院更名为广西民族大学。2008 年，西北第二民族学院更名为北方民族大学。2009 年，青海民族学院更名为青海民族大学。至 2011 年，全国 15 所民族院校中有民族大学 9 所，民族学院 6 所。

英国学者阿什比说：大学"象动物和植物一样地向前进化。任何类型的大学都是遗传和环境的产物。"① 这里所说的"遗传"，应主要指大学作为办学传统的内在的发展基础、经验、条件、模式和逻辑，尤其是在发展过程中形成的相对恒定的办学理念、办学特色、文化风格；而环境当然主要指社会环境，包括宏观经济、政治、教育体制，也包括对大学产生各种影响的文化因素、社会思潮等。今天的民族院校，也是 60 年来"遗传"和"环境"互动的产物。

民族院校的"遗传"因素中，首推以"抗大"为代表、包括延安民族学院在内的延安干部学校的办学理念和模式。初创时期的新中国民族学院，几乎就是延安民族学院的复制。在 1950～1960 年代，延安干部教育模式对民族学院的影响处处可见。据称，作为新中国民族学院创建依据的《培养少数民族干部试行方案》和《筹办中央民族学院试行方案》，就是由曾担任过延安民族学院副院长的刘春起草的，这时他已被任命为中央民族学院副院长兼党组书记，主持中央民族学院的筹建工作。这时他已被任命为中央民族学院的首任院长，就是曾担任延安民族学院教育处处长的乌兰夫。② 西南民族学院和西藏民族学院的前身西藏公学都曾以抗大校训"团结、紧张、严肃、活泼"作为自己的校训。③ 在 1950 年代后期到 1960 年代前期民族学院正规化转型时遭遇的最大的障碍，就是领导机关对"民族学院是革命的抗大式的政治学校"的办学理念的固守。进入 1990

---

① ［英］阿什比：《科技发达时代的大学教育》，滕大春、滕大生译，人民教育出版社 1983 年版，第 7 页。

② 参见荣仕星主编《中央民族大学五十年》，中央民族大学出版社 2001 年版，第 170～171 页。

③ 参见西南民族学院院史编辑室《西南民族学院院史（1951～1991）》，四川民族出版社 1991 年版，第 15 页；李世成主编《西藏民族学院校史》，西藏人民出版社 1998 年版，第 47～48 页。

年代后，作为"抗大"的标志性办学模式的干部短期培训虽已逐渐融入成人教育体系，但"抗大"式的办学宗旨、理念等则已沉淀到民族院校的精神内核并仍然发生着影响，如民族院校的具有浓厚的政治功利色彩的办学宗旨，无疑就打着"抗大"模式的深深烙印。

　　和"抗大"模式的影响同样重要甚至可以说更重要的，是苏联大学模式（不排除这在一定程度上是经过我们的文化选择与同化之后的"苏联模式"）对民族院校的影响。二者的不同之处在于："抗大"模式主要来自本土基因，而苏联模式则是在 1950 年代"全盘学苏"过程中植入、在后来漫长的办学过程中逐渐融入民族院校办学传统的——借用有关研究者的话来说是"外发再生型"。[①] 苏联模式的影响首先表现为 1950 年代中期民族学院的正规化转型是以当时的苏联模式的文理科综合院校为发展目标的，"文化大革命"结束后的 1980 年代它也基本上仍是民族院校的发展预期。直到现在，作为发展目标它虽已被新的多科综合性大学所取代，但在其基础上发展起来的以职业为导向的窄口径的专业教育模式并无根本性的改变——尽管受到越来越多的质疑、批判并有被"通识教育"改造甚至取代之势。

　　需要指出的是，和民国时期以欧美大学为样板办起来的国内很多老牌大学完全不同，在民族院校的办学传统中基本上没有欧美大学的"遗传基因"。即使教师中有少数人——如中央民族大学有一些知名专家曾有过欧美留学的经历，但在 1950～1970 年代那种政治环境和管理体制中他们对民族院校的办学理念和模式产生不了什么影响。欧美大学对民族院校产生影响应该是在 1980 年代中期民族院校开始进行教育体制改革，将发展目标调整为新的多科综合性大学，并在教学管理体制中引入学分制、选修制和通识教育等欧美高等教育元素之后。而且，迄今为止，欧美大学对民族院校的这种后发式影响还基本上只是停留在形式和表层，远未进入其深层办学理念和运行内在机制。民族院校的这一特点对其发展与改革已经而且还将产生什么影响，是个至今鲜有人深研的问题。

　　由于中国宏观政治、经济和教育体制的特点，也由于民族院校自身服务宗旨等方面的特殊性，环境因素对新中国民族院校的影响似乎更具决定

---

① 陈·巴特尔：《历史与比较中的我国民族高等教育研究》，见《高等理科教育》2006 年第 3 期。

性。从建校到 1970 年代末，环境因素中对民族院校发展起决定性影响的是政治性因素。民族学院本身就是因政治功利目的而创建的，建校初期也确实是"革命的抗大式的政治学校"。自 1956 年以后，由于"左"倾思潮日益泛滥，政治成为一切工作的"统帅"，阶级斗争学说逐渐高涨，政治掩没了学术和教育，阶级观取代了民族观，民族学院更在政治形势、政治运动中随波逐流，直到"文化大革命"中几乎遭遇没顶之灾，完全没有自主办学的条件和能力。2001 年，西南民族大学在总结自己 50 年不无坎坷的办学里程所得到的启示时，第一条就是"民族学院的发展与民族工作受重视程度及民族工作状况息息相关"。① 杨胜才博士则将"党和政府的高度重视是民族高等教育得以发展的基本前提和重要保障"作为民族院校办学经验的第一条②。这真切地说明了作为外在环境因素的国家政治气候、发展条件对民族院校的重要甚至决定性影响。

　　大致从 1980 年代开始，尤其是在 1980 年代中期中共中央陆续作出关于经济、科技、教育体制改革的决定之后，经济建设及其所产生的社会需求对民族院校发展与改革的影响逐渐加大。这一时期民族院校所发生的所有重大调整与改革，如专业结构改造与更新、人才培养模式调整、招生与毕业生分配制度改革、科研体制改革、内部管理体制改革等等，大都直接或间接地与整个国家工作中心向经济建设转移相关，与改革开放政策的全面、深入实施相关，有的干脆就是经济体制改革对高等学校的改革要求——如招生和毕业生就业制度改革，有的则是民族院校对这一社会巨变所作的适应性改革与调整——如人才培养模式的调整，而且这种改革与调整也是民族院校在不断变化的社会环境中争取和扩大自己的生存和发展空间的必要条件。相比之下，这一时期政治因素对民族院校的影响是逐渐衰减的。

　　60 年来中国社会环境的历史性变迁，以及在这变迁中"抗大"模式、苏联大学模式，以及后发的欧美（主要是美国）大学模式影响力的互动和消长，演绎出民族院校富有特色的教育事业发展历史脉络。

（一）人才培养主体目标的调整与演变

人才培养主体目标指的是作为民族院校主体办学形式和层次的人才培

---

① 西南民族学院校史编辑部：《西南民族学院校史（1951~2001）》，2001 年 2 月印刷，第 247 页。

② 杨胜才：《中国民族高等教育 50 年回顾与展望》，见《高等教育研究》2001 年第 9 期。

养目标。在数十年办学里程中，主体培养目标的调整与演变一直贯穿并主导着民族院校教育事业发展过程。

新中国成立之初，根据两个《试行方案》的部署和要求，民族学院人才培养的主体目标是宽口径的"政治干部"。整个1950年代前期，这一规定性任务一直为民族学院所恪守。民族学院的这种以政治干部为主体的人才培养目标，产生于当时特殊的政治形势和社会需要，也来自于它对"抗大"——延安民族学院办学模式的传承。

1950年代中期，大部分民族学院开始向正规高等学校转型，人才培养的主体目标开始向苏联模式的文理科专业人才方向调整。后来，在领导机关的干预下大多数民族学院回归以政治干部为主体的培养目标。

1970年代初期，"文革"中被撤销的民族学院纷纷复校并招收"工农兵大学生"。这时的民族学院，招生的专业虽然和传统的文理科专业类似——也称政治、中文、历史、数学、物理、化学、英语等系和专业，但人才培养目标则大不同于课堂结构严整，讲究体系化、程式化、标准化的苏联模式，而出现了忽视文化知识尤其是书本知识和理论知识，忽视教师的作用和课堂教学的权威，而将实践环节、实践经验极端化，将教育内容泛政治化的倾向。对这种人才培养目标，可以借用当时的说法以"工农兵大学生"称之。

1977年高考恢复是一个标志性事件，因为恢复的不仅仅是高考选才方式，还有文革前的教育模式和培养目标。在1985年以前，民族学院的人才培养主体目标实际上在向早年正规化转型时所确定的文理科人才回归——正如当时流行的口号"将被颠倒了的历史再颠倒过来"一样。

然而，时代毕竟是已经而且还要发生大变化了。党和国家的工作中心向经济建设转移，中共中央关于经济、科技、教育体制改革等一系列重大决策先后出台，中国进入改革开放的新时期。为适应这一社会巨变，民族学院纷纷改造、更新传统的专业结构，使人才培养的主体目标由学术性人才转向更符合少数民族和民族地区实际需要的实用型、应用型人才方向。到1990年代中期，民族院校基本完成了人才培养主体目标的这种结构性调整。但在这次调整中，借鉴于苏联模式的窄口径的专业教育并未受到改革的太大的触及。

鉴于在苏联模式基础上发展起来的传统窄口径专业教育的模式化弊端严重，大致在1990年代中后期开始，与教育主管部门对高等学校普通本科专业口径的大幅度调整、合并同步，民族院校将人才培养主体目标的再次调整提上重要议事日程。调整的基本思路，是在传统的专业教育框架内引入欧美大学通识教育元素，培养"厚基础、宽口径"人才；同时，引入欧美大学选修制、学分制等教学管理制度，拓宽学生的学习自由和个性发展空间。从发展的趋势看，这一调整仍在继续，众多世界名校所普遍推重的通识教育有可能最终取代传统的专业教育。

（二）办学模式和发展目标的历史性演替

数十年来民族院校人才培养主体目标的调整与演变，带动了学校办学模式和发展目标的演替。

1950 年代初期建校的一批民族学院，无疑都是"革命的抗大式的政治学校"。虽然中央、西北民族学院开办少量学制不甚规范的本专科专业，但这并非本阶段民族学院主体办学形式，不足以改变全国民族学院整体办学性质。

1950 年代中期，大多数民族学院开始正规化转型，其发展目标就是苏联模式的文理科综合高等院校。后来，因领导机关的干预，有的民族学院这种转型半途而废并退回到最初的政治干校模式，但这种发展目标肯定留存于民族学院的集体记忆中。

1966 年"文化大革命"爆发后，民族学院经历了初期的动乱、中期的沉浮之后，在 1970 年代初先后恢复招生。在这一特殊的社会状态中恢复招生的民族学院均进入高等学校序列，恢复和新建的基本上还是文理科专业，但办学和培养模式上却出现了被"左"倾思潮极端化了的延安干部教育模式。这种特殊的办学模式直到"文化大革命"结束、高考恢复时才终结。

1977 年，高考招生制度恢复。和全国高等学校一样，这时的民族学院否定了"文化大革命"中的"左"倾极端化办学模式，向"文革"前的发展目标回归。于是，集体记忆中的文理科综合高等院校再次成为民族学院的发展目标。

民族院校发展目标的又一次大调整发生在 1980 年代中共中央关于经济、科技和教育体制改革的决定颁布之后。为适应社会环境的巨变，民族院校对专业体系和人才培养模式等进行了大规模的应用性调整和更新。在这个过程中，传统的文理科综合院校的发展目标实际上已被扬弃，而新的文、理、工、法、艺术、财经、管理等多科综合性大学成为民族院校新的发展目标。

在扬弃作为发展目标的文理科综合大学模式之后，1990 年代后期，随着宽口径、厚基础的人才培养模式的提出，和主辅修制、选修制、学分制等制度的引入，以及教学研究型、研究型大学（中央民族大学）之成为民族院校的发展预期，表明在苏联模式的影响逐渐衰微的同时，欧美大学模式尤其是美国大学模式对民族院校发展目标的影响在不断加强。

（三）办学形式和层次结构的发展历程

民族院校数十年的发展里程，是办学形式和层次越来越丰富，结构越来越复杂的演进过程。

建校初期，民族学院的办学结构是以非学历教育的干部短期培训为主，辅之以预科教育和小部分本专科教育。1960 年前后，经过前几年正规化转型的民族学院中曾一度出现了以本专科教育为主，以干部短期培训和预科教育为辅的办学结构。但如前所述，这种局面很快因领导机关的干预而改变。这期间的 1960 年代初，中南民族学院还发展了一种新的办学形式：函授教育。1965 年中央民族学院接受了首批学习汉语的（越南）留学生。

"文化大革命"中期，民族学院复校并开始招收工农兵大学生，有的民族学院还兼有干部培训任务，或部分恢复预科教育——如 1973 年西南民族学院办有西藏学生医预班。

1977 年高考招生制度恢复，全国民族学院全部进入正规本科院校行列，形成以本专科教育为主，干训和预科教育为辅的办学结构。进入 1980 年代后，以函授、夜大为主要办学形式的成人教育在民族院校蓬勃发展；到 1980 年代后期和 1990 年代，成人教育逐渐和全日制普通本专科教育相分离而发展为多形式、多层次、多规格办学的独立体系。1983 年，根据国家民委、教育部、财政部《关于民族学院干部轮训转向正规培训的意见》的精神，传承于"抗大"模式并已在新中国民族学院延续数十年的干部短期培训开始向学历教育、专业教育转型，并最终融入成人教育办学体系之中。

从 1980 年代初开始，随着教育部先后发文对预科教育的性质、学制、生源、教育内容等方面的逐步规范，以往民族学院预科层次和职能过于分

化的情况得以改变，趋向于成为校内外本科教育的预备教育。1981 年，
云南民族学院开始招收留学生，掀开了民族院校新时期留学生教育的第一
页。到 1990 年代末，民族院校与国外、境外高等学校合作办学已经实现
多样化。

1956 年，中央民族学院开始招收研究生。1978 年，西北、云南民族
学院也开始招收硕士研究生。1984 年，中央民族学院获准招收攻读博士
学位研究生。至此，博士、硕士、学士三种层次和学位的教育，民族院校
均已具备。1995 年，中央民族大学获准设立一级学科民族学博士后流动
站。进入新世纪之后，根据国家发展高层次应用型、实务型、职业型人才
培养的要求，民族院校获准设立了一批专业硕士学位授予点。到 2010 年，
招收博士学位研究生的民族院校已有 4 所、招收学术型硕士学位研究生的
民族院校 12 所，招收专业硕士学位研究生的院校 10 所。至此，以普通本
专科教育为主体，辅之以研究生教育、成人教育、预科教育、留学生教
育，成为全国大多数民族院校办学的标准结构。

（四）科研工作的发展轨迹

民族院校数十年来科研工作的发展轨迹，可归纳为：在坚持以民族问
题研究为主要方向和基本特色的前提下，由附属于教学而逐渐取得独立地
位，由倾向于封闭而走向开放，由个人式研究趋向以组织化为主，由以人
文社会科学为主趋向人文社会科学、自然科学、技术研发全面发展，在学
校各项工作中的地位不断提升并最终进入各院校发展与改革的顶层设计和
核心战略。

建校初期，根据两个《试行方案》的安排和要求，各民族学院大都
建立了民族问题研究机构，组建了专兼职结合的研究队伍，深入开展民族
调查，在搜集了大量原始资料和民族文物的同时，在国内少数民族识别，
民族语言文字创制与改革，有中国特色的马克思主义民族理论的建设和民
族政策的制定等方面取得初步进展，为特色化科研打下了基础，并形成为
民族工作服务，为教学工作服务的科研宗旨。

大致从 1956 年开始，由于"左"倾思潮日益泛滥，将学术问题政治
化、将民族问题阶级化的倾向日渐严重，科研环境不断恶化，科研人员独
立人格和自由探讨精神萎缩，再加上所谓"教育革命"的干扰和三年自
然灾害的影响，民族学院的科研工作进入低谷。

　　"文化大革命"期间，全国民族学院先是陷入混乱，后来则遭遇撤销风波。因整个社会阶级斗争、路线斗争学说弥漫，知识和知识分子的地位沉沦，科研环境极度恶化，科研工作基本停滞，科研成果乏善可陈。

　　"文化大革命"结束后，科研工作进入恢复、调整阶段。随着对"左"倾思潮的历史性清算和思想解放运动的进行，知识分子身心得到很大解放，科研大环境日益改善，民族学院科研工作也开始复苏并迅速发展。以管理机构和一批研究机构的形成独立建制为标志，科研逐渐与教学分离而取得独立地位，有的民族学院率先提出向教学、科研两个中心的发展预期。科研人员长期被压抑的创造力开始释放，研究成果成批涌现，很多特色化成果填补了有关研究领域的空白，作为科研工作传统弱项的应用技术研发也开始显露头角。

　　1985年以后，民族院校科研工作在改革、开放中发展。中共中央关于经济、科技、教育体制改革的决定，将包括民族学院在内的高等学校推上了科研体制改革的前沿。通过有关政策、制度的调整、更新和完善，民族院校逐步建立与经济建设和社会发展相适应，与社会主义市场经济体制相适应的外向型科研体制。同时，各院校不断优化资源配置，组建越来越多的科研机构和团队，科研的组织化程度不断提高。在此基础上，科研工作进入持续、稳定发展状态，科研成果持续、大批涌现，特色化成果不断填补有关领域的空白，引起学术界的关注；向来被视为民族院校科研工作弱项的科技研发经过多年的积累也出现新突破，西北民族学院两项国家科技进步二等奖的获得改写了民族院校重大科技奖项缺失的历史。随着国家和地方政府对科研工作的日益重视和科研投入的持续增长，以及资源配置方式的改革，各院校科研人员争取的外来项目和经费越来越多，多所民族院校在2000年后预算外科研经费先后突破千万元大关，外向型科研的建构取得长足的进展。

　　经过长期的办学实践，民族院校都已充分认识到科研工作在造就学术大师、提升教学质量、支持高层次学科建设、增强社会服务能力和扩大社会影响力等方面的重要作用，纷纷将其纳入学校规划和发展的顶层设计和核心战略。到2000年以后，将科研作为学校的另一个工作中心，向教学研究型大学发展，已经成为全国大多数民族院校的奋斗目标。中央民族大学则将自己的发展目标确定为高水平研究型大学。

二　民族院校的历史功绩

据 2010 年中国政府发布的教育事业发展统计公报数据，2010 年中国共有普通高等学校 2358 所（港、澳、台大学未计入），其中本科院校 1112 所。[①] 在 1000 余所本科院校中，民族院校仅 15 所，占 1.3%。在中国高等教育体系中，民族院校的数量的确很少。但正如在一个多民族统一的国家不能用少数民族人口在全国总人口中的比例来衡量其在整个国家发展中地位和作用一样，也不能简单地用民族院校在中国高等教育中数量多少、比例大小来衡量其特殊地位与作用。可以说，只要中国仍然是一个多民族统一的国家就会存在民族问题，只要民族问题存在民族院校的特殊的地位和作用就不可取代。至于这特殊地位和作用究竟在哪里，本书第三章曾引用过国家民委原副主任陈虹女士所做的系统阐述，此不赘言。

关于新中国民族院校创建以来的历史功绩，有关研究者也作过归纳。如赵世怀、欧以克先生总结为 6 条：（1）为少数民族和民族地区培养了大批干部和各类专业技术人才；（2）取得了丰硕的科研成果，为解决国内民族问题，发展民族地区科技文化事业作出了重大贡献；（3）形成了自己的办学特色；（4）形成了多学科、多层次、多形式的办学格局；（5）建立了民族成分众多的师资队伍；（6）办学条件不断改善。[②] 杨胜才博士则归纳为 5 条：（1）为少数民族和民族地区培养了大批党政干部和专业技术人才，促进民族地区的全面发展；（2）独特而丰硕的科研成果，为解决国内民族问题、为促进民族地区科技文化事业的发展做出重大贡献；（3）在民族高等教育的发展进程中发挥了骨干作用，在推动民族教育整体发展中发挥了龙头作用；（4）在弘扬民族文化、增进与世界各民族交流中做出独特贡献；（5）探索了一条独具特色的办学之路，增强了加快发展的综合实力。[③]

综合各方意见并参考各院校有关校史资料，60 年来新中国民族院校的历史功绩大致可从三方面进行介绍。

---

① 教育部：《2010 年全国教育事业发展统计公报》，见《中国教育报》2011 年 7 月 6 日。
② 赵世怀、欧以克等：《中国民族学院论》，民族出版社 2001 年版，第 7~8 页。
③ 杨胜才：《中国民族院校特色研究》，民族出版社 2007 年版，第 78~87 页。

（一）培养了百万各民族人才，有力地推进了中国少数民族和民族地区的经济建设和社会发展，支持了新中国民族团结进步事业

综合各民族院校校史、校庆资料和校园网上提供的数据，至 2011 年，全国 15 所民族院校培养的各民族干部和专业技术人才约 107 万人（各院校详情见表 10-1）。

表 10-1　　　　　　民族院校毕业、结业学生情况简表

单位：万人

学　校	人数	学　校	人数
中央民族大学	10	西北民族大学	12
西南民族大学	13	中南民族大学	8.8
北方民族大学	2.4	大连民族学院	2
云南民族大学	9.1	广西民族大学	10
湖北民族学院	10	贵州民族学院	6
青海民族大学	7	西藏民族学院	4
内蒙古民族大学	8	四川民族学院	2
呼和浩特民族学院	3	107.3	合计

注：中南、云南、西南民族大学和贵州民族学院数据来自各民族院校校史、校庆资料，其他民族院校数据来自 2011 年 11 月各院校校园网"学校概况"或"学校简介"。

如加上 1998 年以前广东民族学院的毕业、结业学生，全国民族院校毕业、结业生总计应接近 110 万人。其中，中央、西北、西南、中南、云南、广西、贵州、青海、西藏、广东 10 所 1950 年代建校的民族院校，毕业、结业学生应在 80 万人左右。如本书第三、第四章所统计的，这 80 万人中有 7 万~8 万人为"文化大革命"之前培养的，而"文化大革命"中招收的"工农兵大学生"应不会超过 3 万人，那么有近 70 万人是 1977 年高考恢复后招收并培养、以普通本专科为主体的专业技术人才及党政干部。

迄今为止，尚无任何部门就民族院校所培养人才的分布和发展情况提供过权威而系统的信息。但仅从领导机关和有的民族院校公布的一些零星数据中，可以对民族院校毕业生在中国少数民族和民族地区经济建设和社

会发展进程，在党和国家的民族工作中所发挥的作用略见一斑。

据统计，2005 年时仅占全国普通高校数 1.3% 的 13 所民族院校，培养的少数民族干部则占当时全国民族干部总数 290 万人的 20% 左右。①

在 2000 年建校 50 周年前夕，中央民族大学曾做过毕业生发展情况的统计调查，其结果为：在当时该校 6 万余名各类毕业、结业生中，有全国人民代表大会副委员长 1 人；中共中央委员、候补委员 10 余人；省、自治区级领导干部 70 余人，司局级干部 400 余人，县处级干部 10000 余人；中国人民解放军将军 1 人、师级领导多人；正副教授及其他系列高级专业技术职务者 10000 余人。此外，在该校学习过的各国留学生有 3000 余人。②

西南民族学院的一次调查表明：1995 年四川省凉山彝族自治州 17 个县市中，有 13 个县市党、政一、二把手，是该校的毕业生；在中国恢复军衔制后任命的首批 5 名藏族将军中，有 3 名为该校毕业生；四川省作协约 60 名少数民族会员中，不少于 15 名是该校毕业生。③ 新中国的第一个藏族博士、羌族博士，都是该校毕业生。④

云南民族大学统计，至 2006 年，该校的 5.56 万名毕业生中，约 85% 回到民族地区工作；毕业生中先后担任副厅级及其以上职务者 140 余人，任县处级干部 1000 余人，乡镇级干部 3000 余人，任高级专业技术职务者 640 余人。云南省 25 个世居少数民族的大学毕业生有四分之一是该校培养的，许多少数民族的第一代大学生就从该校产生。云南的 8 个自治州、29 个自治县的各级主要领导干部多数毕业于该校。⑤

据广西民族学院 2005 年统计，当时广西民族地区县（处）以下基层干部中，该校毕业生占近三分之一；毕业生中在职副厅以上领导干部近百人，解放军将领 15 人；在自治区该届政府组成部门中，有 7 个厅局的主要领导毕业于该校。⑥

---

① 见国家民委教育科技司、教育部民族教育司《蓬勃发展的中国民族院校》，中央民族大学出版社 2006 年版，第 81 页。

② 参见荣仕星主编《中央民族大学五十年》，中央民族大学出版社 2001 年版，第 60~61 页。

③ 苏克明主编：《民族院校在民族地区经济与社会发展中的地位和作用》（内部资料），1995 年印刷。

④ 资料来自于该校校园网"学校简介"，2011 年 11 月 26 日。

⑤ 《云南民族大学 55 年》，云南民族出版社 2006 年版，第 339~340、302 页。

⑥ 国家民委教育科技司、教育部民族教育司：《蓬勃发展的中国民族院校》，中央民族大学出版社 2006 年版，第 165 页。

据贵州民族学院不完全统计，建校至 2007 年，该校的毕业生中，有教授、博士等高层次人才近百人，担任省部级领导职务的有 6 人，担任地厅级领导职务的有 200 多人，担任县处级领导职务的有 700 多人，担任乡镇级领导职务的数以千人计，仅贵州省黔东南苗族侗族自治州 600 名县处级以上领导干部中，有近百名是该校校友。①

被誉为"西藏干部摇篮"的西藏民族学院 2006 年统计，毕业生中藏族和其他少数民族占 70％ 以上。他们遍布雪域高原，奉献在各行各业的不同岗位上。他们中的不少人曾担任或正在担任各级领导干部，如，时任全国妇联副主席巴桑，自治区党委副书记、纪委书记布穷，自治区党委常委、政府副主席、宣传部长吴英杰，自治区党委常委、藏族女作家德吉措姆，自治区人民政府副主席白玛赤林、洛桑江村，自治区人大副主任洛桑顿珠，云南省委副书记旦增，天津市委常委、宣传部长肖怀远等 24 位在职副省级以上领导就是其中的代表。学校毕业生中还有众多成就卓著的专业人才，著名歌唱家才旦卓玛、西藏第一个医学女博士才旦，新华社人事局局长、高级记者刘伟，藏学专家周炜、旦增伦珠，献身民族教育事业的优秀教师李淑君等就是其中的代表。据该校统计，他们的毕业生占西藏当时干部和专业技术人员总量的三分之一以上。②

青海民族学院 2003 年统计，毕业生中有 12 名省级干部；在当时全省 800 多名厅级干部中，该校毕业生占 12.3％；全省处级以上领导干部中该校毕业生占 18.8％，其中，果洛藏族自治州占 31.7％，黄南藏族自治州占 33.6％，海西蒙古族藏族自治州占 45％，玉树藏族自治州占 51.7％。③

在评价高等学校的人才培养成绩时，人们都习惯于采用定量分析的方法，用统计数据、统计分析说明问题。这当然是应该的，而且本书上面也采用了这种办法。但对政治功利色彩很浓的民族院校来说，其人才培养方面的成绩尤其是社会影响力，只作定量分析尤其是教育经济学意义上的定量分析是不够的，还应该作政治学意义上的定性分析，而且这正是民族院校在中国高等教育体系中社会职能的特殊性之所在。不懂得这一点，就可能犯错误。在民族院校的发展史上，曾多次发生过轻率地撤销一所或多所民族学院，以至于

---

① 见 2007 年《贵州民族学院本科教学工作水平自评报告》。
② 见 2006 年《西藏民族学院本科教学工作水平自评报告》。
③ 见 2003 年《青海民族学院本科教学工作水平自评报告》。

后来又不得不恢复的事件。究其原因，就在于当时的决策者只见树木不见森林，只看到民族院校办学的教育经济学意义，只算经济账不算政治账——或者像"文化大革命"中那样算错了政治账，忽略了民族院校在一个多民族统一国家的政治意义（包括其实际的政治意义和象征性的政治意义）。

在 1950 年代中国少数民族和民族地区暴风骤雨般的政治改革、政权建设过程中，民族学院培养的数万名各民族政治干部和专业技术人才，有力地支持和推动了少数民族和民族地区的这一历史性进程，为在少数民族和民族地区迅速建立社会主义的新型民族关系、生产关系及其上层建筑作出了重要贡献。虽然历史不允许假设，但如果没有这批各民族人才尤其是政治干部在这项事业中发挥的特殊而重要的作用，那将出现什么样的情况是难以想象的。新时期以来，民族院校更以近百万名专业技术人才的输送为改革和开放等一系列重大决策在少数民族和民族地区的实施，为那里的经济建设和社会发展作出了自己的贡献。至于民族院校和她所培养的人才在增进民族团结、维护国家统一、传承和弘扬各民族传统文化等方面发挥的实际作用和影响，谁也无法准确估量。而这，恰巧是民族院校社会效益、社会影响力和历史功绩中的非常重要、不可忽视的部分。也许，在这里只能像毛泽东那样诉诸艺术想象，将民族院校培养的人才比作种子，将广袤的中国国土喻为土地：在 60 年间，民族院校培养的 100 余万名各民族政治干部和专业技术人才，像种子一样遍布 960 万平方公里的国土特别是广大民族地区。这种子到处生根、开花、结果，他们所能产生、衍生、催生的直接和间接的社会政治效应和影响，尤其是在巩固和发展平等、团结、互助、和谐的新型的民族关系方面所产生的作用和影响，如何估量？

（二）在有中国特色的马克思主义民族理论和民族政策的形成和发展中发挥了重要的作用

民族理论和民族政策研究，是新中国民族学院与生俱来的基本任务之一。建校初期各民族学院设立的研究室，实际上也是民族理论和政策研究室。在数十年的办学实践尤其是科学研究实践中，民族理论和民族民族政策研究一直是民族院校重点研究方向和标志性的科研特色。目前，各民族院校普遍设有相关研究机构和研究队伍，并不断推出富有特色的研究成果。对外它是为党和国家民族工作服务的重要阵地和形式，对内为各院校特色化的人才培养、学科专业建设提供了强劲的支持。中央民族大学的一次统计表明，在全国和各少数民族地区从事民族学科和民族理论政策研究的人员中，该校的毕业生占60%。① 这表明民族院校在这方面的作用和影响早已渗透、辐射全国各地。

有中国特色的马克思主义民族理论，是马克思主义民族理论和中国民族问题的实际相结合的产物。自1950年代开始，民族院校的专家、学者们就开始在广泛、深入的民族调查和收集、整理大量第一手资料的基础上尝试用马克思主义民族理论来分析中国民族问题，推出了不少有中国特色的研究成果。新时期以来，随着学术研究环境的不断改善，民族院校在有中国特色的民族理论研究方面人才辈出，成果丰硕，出版、发表的著作论文，基本覆盖民族理论研究的各个领域，形成特色鲜明的体系，并不断向其他相关学科辐射。其中代表作如《中华民族多元一体格局》、《中国民族史》、《民族学通论》、《广义民族学》、《南方民族发展史》、《中南民族关系史》等等，都填补了有关研究领域的空白并产生很好的社会影响。尤其是费孝通先生主编的《中华民族多元一体格局》，客观而全面地论述了中国疆域内各民族在长期的历史进程中碰撞和融合，最终凝结为多元而一体的中华民族的辩证过程，奠定了新时期有中国特色的马克思主义民族理论的基础；无论是从学术的角度来看，还是就政治的角度来说，都是影响深远的扛鼎之作。

除了理论性、学术性研究之外，民族院校的专家、学者们还走出书斋，针对中国民族工作的实际问题和实践需要开展包括民族政策研究在内的应用性研究。其最重要的标志性成绩，是参与和组织广泛、深入的民族调查，为国家最终确定55个少数民族、奠定多元统一的中华民族大家庭奠定了基础。正是由于有民族识别作为前提，民族自治区域的划分和有中国特色的民族区域自治制度的建立，以及各项民族政策的建立和推行才有了科学的依据和实施的条件。同样，在为十多个少数民族创制和改革语言文字工作中，民族院校的有关专家发挥了重要作用。此外，数十年来，民族院校众多的研究人员，或直接参与中央和地方各项民族政策的制定，或为有关部门关于民族问题方面的决策提供参考，为少数民族和民族地区的经济建设和社会发展建言献策等，其作用不可低估。如1950年代前期云南民族学院马曜教授提出的"直接过渡"的政策建议，就为云南省所采

---

① 吴仕民主编：《中国民族教育》，长城出版社2000年版，第76页。

纳，其价值早已为景颇、傈僳、独龙、怒族、佤族等8个少数民族顺利过渡到社会主义阶段的实践所证明。新时期以来，中央民族大学的专家关于加快西部地区发展、缩小东西部地区差距的建议，关于人口较少民族发展问题、西藏历史地位问题、"东突"与恐怖主义问题、边疆跨境民族与边疆稳定问题、宗教与国家安全问题、少数民族地区生物物种资源保护与利用问题等方面的研究成果，成为国家在新形势下确定发展战略、制定民族政策的重要依据；戴庆厦、杨圣敏、牟钟鉴等多名教授被聘为国家有关部委的咨询专家，有的专家还应邀为中央政治局领导集体学习讲课。该校的薛达元教授还担任了联合国《生物多样性公约》的中国首席科学家。[1] 这些事实雄辩地证明，在中国这样幅员辽阔、人口众多的多民族统一的国家，需要民族院校这样的民族政策研究基地。

（三）在传承和弘扬各少数民族传统文化方面取得了丰硕的成绩

研究、介绍、宣传、弘扬各民族文化，是民族学院创建之初两个《试行方案》的规定任务。经过60年的积累和发展，已经成为民族院校科学研究的主流方向和基本特色，不仅组织体系完备，而且成果系列化，也培养造就了大批相关专业人才。

据统计，各民族院校目前所设实体性和非实体性科研机构大约有206个，其中所谓"民"字号（即民族研究或与民族研究相关的）者约93个；在"民"字号的研究机构中，又有约60个是以研究民族文化为主旨的，[2] 内容涵盖藏学、蒙学、维吾尔学、彝学、苗学、壮学、瑶学、布依学、侗学、土家学、格萨尔学、傩文化、水书文化等等，几乎各少数民族语言、文学、艺术、民俗、传统医学、传统体育等无所不包。这些研究机构因各院校面向地区的不同而有大致分工，经过长期的积累和研析，有的已经成为研究和弘扬民族文化的基地。如中央民族大学的民族学、民族史、民族语言文学、民族经济、民族艺术等方面的研究，西北民族大学的藏文字信息处理、藏学研究、格萨尔研究，西南民族大学的藏学研究、彝语言研究，中南民族大学的南方少数民族研究，云南民族大学的云南民族

---

① 见2007年《中央民族大学本科教学工作水平自评报告》。

② 资料来源于各院校校园网上的"学校概况"以及中国民族信息年鉴编委会《中国民族信息年鉴创刊号·2005》，2005年10月。

文化研究（已出版云南各民族文化史 17 部[①]），广西民族大学的壮族文化研究，贵州民族学院的苗学研究，等等，都已形成特色团队并推出系列化成果。其代表作如《藏族文学史》、《中国少数民族乐器志》、《傣族文化》、《彝族文化史》、《蒙古古典文学研究》、《藏传佛教思想史纲》、《中国古代少数民族美术》、《中国少数民族文学史》、《满族文化与宗教研究》、《哈萨克民间文学概论》、《中国少数民族文字报刊史纲》、《中国少数民族舞蹈史》、《中国藏族寺庙教育》、《维吾尔古代文献研究》、《肌肤上的文化符号——黎族和傣族传统文身研究》、《格萨尔王传》、《〈格萨尔〉学史稿》、《西北花儿学》、《中国伊斯兰百科全书》、《甘青特有民族文化形态研究》、《蒙古族祝颂词的多层文化内涵》、《中国土司制度》、《世界屋脊的面具文化——我国藏区寺庙神舞及藏戏面具研究》、《西南少数民族民间工艺文化资源保护研究》、《苗族语言与文化》、《中国面具史》、《中国水书》、《中国少数民族哲学史》、《云南沧源岩画的发现和研究》、《西陲古地与羌藏文化》、《青海黄南藏戏》、《土族文化艺术》等，均对各民族文化的某领域或某方面进行了开拓性、总结性研究——有的还属于抢救式的发掘和研究，不仅普遍具有相当高的学术价值，更大大充实了中华民族多元文化宝库，为传承、弘扬和创新各民族文化创造了条件。

民族院校传承和弘扬各民族传统文化的另一重要途径是建设有关学科尤其是研究生教育学科，培养大批各民族文化的高层次研究者和传人。目前，各民族院校开设了大量包括民族语言文学、民族史、民族艺术、民族医药等民族文化方面的学科专业——包括博士、硕士和本专科学科专业，每年都有大批各民族青年学子从这些学科专业毕业，走上民族文化宣传、教育、研究、建设的第一线，成为各民族文化承前启后、继往开来的传承和传播者，为弘扬各民族传统文化，为多元而又统一的中华文明的传承和发展发挥积极的作用。因此，民族院校既是各民族文化传承和研究基地，也是这方面人才的培养基地。

三 民族院校的历史经验

数十年筚路蓝缕，风雨兼程，数十年栽桃树李，培养英才，民族院校

---

① 《云南民族大学 60 年》，云南民族出版社 2011 年版，第 265 页。

在办学实践中积累了丰厚而宝贵的经验。

中央民族大学曾将自己50余年的办学思想归纳为四个坚持：（1）必须坚持为党的民族工作服务，为少数民族和民族地区服务的办学宗旨，确立适合时代发展要求的培养目标和学校定位；（2）必须坚持党的领导和有特色的思想政治工作，加强普遍的人生观、价值观教育和重点的爱国主义、民族团结教育，保持和发挥政治优势；（3）必须坚持教育规律和民族工作规律相结合、党的教育方针与民族政策相结合，发挥自身的优势和特色，促进学校的健康发展；（4）必须坚持"三个面向"大方针，改革创新，扩大开放，使学校融入当代教育、经济、科技发展的大循环之中。①

2001年西南民族学院50周年校庆时总结出的历史启示是：（1）民族学院的发展与民族工作受重视程度及民族工作状况息息相关；（2）民族学院的发展与民族地区经济建设、社会进步状况和民族学院自身的适应能力紧密相关；（3）正确的办学方针的确定和是否及时确定，直接关系民族学院的兴衰成败；（4）必须善于抓住机遇发展自己；（5）必须确定教学工作在学校的中心地位和教学改革在学校各项改革中的核心地位；（6）注意突出办学的民族特点和地方特点，逐步形成各院校鲜明的办学特色；（7）必须坚定不移地依靠知识分子，充分发挥教师的主力军作用，加强师资队伍建设，这是办好学校的关键；（8）必须坚持把德育放在首位，坚持针对少数民族学生的思想实际和心理特点开展思想政治工作，把教育引导与严格管理紧密结合；（9）必须坚持不懈地推进学校内部改革，不断扩大对国外的学术交流；（10）必须坚持党对高校的领导，加强党的建设，这是办好学校的根本保证。②

云南民族大学将自己55年的办学经验表述为"一个宗旨、三个面向、三个结合"：坚持为民族地区经济社会发展服务，促进各民族平等、团结、繁荣、进步的办学宗旨；坚持面向云南民族地区，面向云南各少数民族，面向各民族学生；坚持与党在边疆民族地区的中心工作相结合，与民族地区经济社会发展实际需要相结合，与少数民族人才成长规律的实际

---

① 教育部民族教育司、国家民委教育科技司：《走向辉煌的中国民族教育》，民族出版社2003年版，第314页。

② 西南民族学院校史编辑部：《西南民族学院校史（1951～2001）》，2001年2月印刷，第247～261页。

相结合。①

1991 年广西民族学院将办学经验总结为：（1）坚持面向广西少数民族和少数民族地区办学，是学校必须始终遵循的办学宗旨；（2）坚持社会主义办学方向，全面贯彻党的教育方针，才能把学生培养成为又红又专的社会主义建设人才；（3）从少数民族学生的实际出发，坚持以教学为中心，积极进行教学和管理改革，是全面提高教育质量的根本措施；（4）从严治校，加强校风建设，不断改善办学条件，优化育人环境，是办好学院的重要保证；（5）加强教职工队伍建设，是培养德才兼备的社会主义建设者和接班人的关键；（6）坚持党对学校工作的领导，是办好学院的根本保证。②

内蒙古民族大学总结了 8 条办学经验：（1）必须明确办学指导思想，坚持改革创新，科学制定发展规划；（2）必须坚持以学科建设为龙头，提高办学质量和水平；（3）必须坚持人才是第一资源的思想，实施人才强校工程；（4）必须坚持走特色办学之路，发挥民族教育优势；（5）必须坚持以人为本，全心全意依靠广大教职工办学；（6）必须继承和发扬团结进取、艰苦奋斗的优良传统；（7）必须坚持"地校"合作，开拓办学新思路；（8）必须坚持全面加强党的建设，增强凝聚力。③

大连民族学院总结的经验是：（1）坚持为少数民族和民族地区服务的办学宗旨，坚持高等教育的一般规律和民族高等教育特殊规律的统一；（2）抢抓机遇，增强发展活力；（3）发挥优势，推进改革创新；（4）凝练特色，发展优质教育；（5）艰苦奋斗，传承民院精神。④

在民族高等教育研究领域，有关研究人员也在探讨和总结民族院校的办学经验，如杨胜才博士总结为：（1）党和政府的高度重视是民族高等教育得以发展的基本前提和重要保障；（2）坚持为党和国家的民族工作服务，为少数民族和民族地区的社会经济发展服务，是民族高等教育发展的根本动力；（3）发挥优势、突出特色是民族高等教育发展的关键。⑤

---

① 《云南民族大学 55 年》，云南民族出版社 2006 年版，第 303 页。

② 广西民族学院院史编辑委员会：《广西民族学院院史》，广西人民出版社 1991 年版，第 179～187 页。

③ 特木尔、王顶柱主编：《内蒙古民族大学五十年》，内蒙古人民出版社 2008 年版，第 195～196 页。

④ 李鸿主编：《大连民族学院校史》，民族出版社 2007 年版，第 217～246 页。

⑤ 杨胜才：《中国民族高等教育 50 年回顾与展望》，《高等教育研究》2001 年第 9 期。

综合各院校和研究者的意见并考察民族院校数十年来发展与改革的实践情况，民族院校的办学经验可从 8 个方面进行归纳。

（一）坚持为少数民族和民族地区的经济建设和社会发展服务，为党和国家的民族工作服务的办学宗旨

中国是个多民族统一的国家，民族院校是这一基本国情和国家制度式安排的产物。为少数民族和民族地区的经济建设和社会发展服务，为民族工作服务，既是国家对民族院校的根本要求，也是民族院校生存和发展的依据和需要。民族学院因此而生，也因此而长。离开了这一办学宗旨，民族院校就失去了存在和发展的前提。

由于领导、管理体制的不同，民族院校有委属院校和地方院校之分，其面向的主要地区也有所不同——如中央民族大学面向全国，其他委属院校传统上主要面向各大区，地方民族院校则主要面向本省、自治区的少数民族和民族地区。但这只是布局和分工的差别，并不影响所有民族院校办学宗旨的一致性。

在中国高等教育体系中，民族院校的这种办学宗旨也意味着其社会职能的特有定位；其他高等学校可以不这样定位，但民族院校必须这样定位；有的高等学校也兼有这样的社会职能，但对民族院校来说这是主要职责和任务；其他高等学校也可能通过间接的方式为少数民族、民族地区和民族工作服务，但民族院校是直接为此服务的。民族院校在中国高等教育体系中的特殊、不可取代的地位和作用，就来自这一职能定位。

民族院校的这种职能定位，还从根本上决定了它在培养对象、培养目标、办学模式、内在结构、教育内容、科学研究等一系列办学特色的形成。正如任何生物在生态系统中都有自己赖以生存和繁衍的"生态位"一样，民族院校的这种职能定位也决定了它们在中国高等教育体系中，在竞争的社会环境里赖以生存和发展的特有空间。

坚持这一办学宗旨，是已被民族院校数十年办学实践所证明的成功经验。无论是在 1950 年代中国少数民族和民族地区急风骤雨般的政治改革、政权建设过程中，还是在新时期以来改革开放的历史性巨变里，民族院校始终将自己的人才培养和少数民族和民族地区的需要相结合，和国家民族工作的需要相结合，以百万名专业技术人才和政治干部的输送，有效地保

证了党和国家各项重大方针、政策、措施在少数民族和民族地区的顺利实施，为少数民族和民族地区的经济建设和社会发展，为增进国内各民族团结、维护国家统一作出了不可估量的贡献。同时，民族院校也在为这一宏伟事业服务的实践中发展成为各民族人才培养、民族理论和政策研究、传承和弘扬各民族文化的基地，成为各民族青年学子衷心向往的地方，教育事业的发展因此而有了永不衰竭的动力和活力。没有对这一服务宗旨的坚守，就不会有今天的民族院校。

（二）坚持高等教育的普遍规律和民族院校的特殊性相结合的办学方针

民族院校首先是高等院校，其次才是民族院校。因而，民族院校和普通高等学校相同之处在于，都要遵循高等教育的一般规律来办学；不同之处在于，民族院校是以为少数民族、民族地区、民族工作服务为办学宗旨的。办学宗旨的特殊性又带来培养对象、办学形式、教育内容与方法、科研方向等方面的特殊性。

所有的规律都是客观的，"不为尧存，不为桀亡"，不会因为解释和实践者的不同而发生变易。因而包括民族院校在内的所有高等学校都必须尊重、遵循高等教育的普遍规律，按其运行法则来办学。这是民族院校之为高等学校的基本前提，否则就不能成其为高等学校。

但民族院校既冠以"民族"二字，就已表达了其与生俱来的特殊性。只讲普遍性，不讲特殊性，就等于取消了特殊性。只讲遵循高等教育的一般规律，不讲民族院校的特殊性，就等于取消了民族院校。因此，民族院校的办学之道，就是首先要遵循高等教育的一般规律来办学，同时也要考虑自己的特殊性，将二者科学地结合起来。

从某种意义上说，民族院校数十年的办学过程，就是在不断变化的社会环境中努力探索和践行这"两结合"办学方针的历史。初创时期，只有少数民族学院开办比重很小的普通本专科教育，因而可以看作是民族院校"两结合"的尝试阶段。1950年代中期大多数民族学院开始向正规高等学校转型。这"正规"二字，既带有办学层次提高的意义，也含有办学行为和模式规范化的意思。而所谓"规范化"，就是要遵循主管部门制定、大学都必须遵循的规则和要求，遵循高等教育的普遍规律来办学。此后，"左"倾思潮主导的"教育革命"狂飙突起，其基本特征就是无视高等教育的普遍规律而瞎折腾，把学校弄得不像学校。在"文化大革命"中，"左"倾思潮演绎到极致，政治淹没了教育，阶级观取代了民族观，既不尊重高等教育的基本规律，更无视民族工作、民族学院的特殊性，导致大部分民族学院被撤销。1977 年高考恢复后，全国民族学院全部实现了向正规本科院校的转型。随着改革、开放的逐渐深入和办学环境不断改善，民族院校对"两结合"办学方针的探索和实践也在改革、开放中走向成熟。大致来说，在办学、教育和管理工作的一般性要求和标准方面——如教育的基本方针、学科专业的设置标准和培养目标、课程的基本结构、教学组织形式及其管理体制、教育质量评价方式、办学条件的建设标准等，民族院校主要是按照教育部门的政策、规定，借鉴其他普通高等学校的经验来办，而在服务宗旨、主要培养对象、特色学科建设、思想政治教育内容安排、科学研究的重点方向等，则尽量表现乃至于彰显自己的特殊性。正是由于既坚持遵循高等教育的普遍规律，又考虑自己的特殊性，民族院校才能在改革开放后竞争激烈的社会环境中保持教育、科研等事业持续、稳定发展的动力和活力，并在中国高等教育体系中确立自己特殊的、不可取代的地位。

从现在的形势来看，社会环境中像"左"倾思潮那样以极端的方式影响民族院校发展的因素已经不太可能出现了，但另一种影响民族院校践行"两结合"办学方针的认识倾向也许还有市场，那就是只看到民族教育、民族院校的特殊性，而忽视民族院校还必须遵循高等教育的一般规律来办学。本书第七章所引西南民族大学原校长陈玉屏先生指出的 1990 年代教育主管部门中出现"民委院校只须办一点干训、预科就行了，专业教育应由普通高校举办"的看法即为一例。这种看法之所以不合时宜，关键在于在中国经济、科技、教育——尤其是高等教育体制转型的时代大背景下，固执于"计划体制思维"，人为地阻断民族院校与少数民族、民族地区经济建设和社会发展的主流需之间的联系——这种联系正是民族院校赖以生存和发展的命脉所在，从而违背了高等教育应该适应经济和社会发展需要这一客观规律；如付诸实践，在 1990 年代后期进行招生和毕业生分配制度改革之后，如国家不采取特殊保护措施，势必陷民族院校于没顶之灾。历史的教训和历史的经验同样弥足珍贵，这一场风波值得今后所有关注民族院校者引以为戒。

(三) 坚持"教育质量是学校的生命线"的办学指导思想

这里说的质量，主要指教育质量，即民族院校培养人才的质量，以普通本科为主的各种类型和层次学生德、智、体诸方面的综合素养。

在日常生活中，人们往往将质量和数量并提。在高等教育研究领域，教育质量和办学规模（主要指在校生规模）是人们考察高等学校办学效益时经常取用的两个维度。

正如产品质量是工厂的技术条件、人员素质、工艺流程、管理水平等方面和环节的质量与水平的集中、最终体现一样，人才培养质量也是一所大学教育和管理各方面、各环节的质量和水平的集中、最终体现。在人民群众心目中，所谓好大学，其主要的衡量标尺就是教育质量，而不在其规模之大。任何一所高等学校，主要是要以人才培养质量来证明自己的办学水平、存在价值的。世界上办学规模不大而以教育质量、办学水平跻身一流大学的例子俯拾皆是（如著名的法国巴黎高等师范学校每年招生约200人，在校生维持在800人左右；① 名声卓著的麻省理工学院在校生在1万人左右；② 钱学森先生赞赏不已的美国加州理工学院2010年在校生仅2175人，2009年10月普林斯顿大学在校生7494人③），而不讲质量以办学规模取胜的一流大学至今尚未出现过。所以，教育质量是任何一所大学所有工作的永恒主题，其重要性无论怎样强调都不过分。

在相当长的时期内，中国高等学校实行的是计划体制下的"统招统分"的招生与毕业生分配制度，高等教育质量问题因社会竞争和检验机制缺失而在很大程度上被遮蔽、掩盖。1990年代，传统的招生和毕业生分配制度被革除，以"自费上学"、"自主就业"为特征的新体制开始运行，高等学校的毕业生必须通过人力资源市场就业。这种就业体制，在将毕业生交予社会竞争机制评价和选择的同时，也将教育质量作为一个关系到高等学校生存和命运的重大问题无可回避地置于高等学校面前。而在

---

① 见弗朗索瓦·杜费、皮埃尔·杜福尔《巴黎高师史》，程小牧、孙建平译，中国人民大学出版社2008年版，第14页。

② 何学良、李疏松等：《美国名牌大学介绍》，中国科技大学出版社2003年版，第10页。

③ 杨学义、李茂林：《全球视野下的大学办学理念剖析》，见《国家教育行政学院学报》2011年第2期。

1999 年扩招以后，因毕业生就业形势日趋严峻，教育质量更为社会和高等学校所日益关注。

在中国高等教育体系中，民族院校因面向地区、对象的局限，以及录取政策方面的优惠，生源的文化知识起点水平与同类院校尤其是重点大学存在较大差距，这是一个客观事实。长期以来，教育质量一直是民族院校关注的焦点，"低进高出"成为它们坚持不懈的努力方向。"学生可以降分录取，但工作不可以降格以求"，① 吴仕民先生这句话表达的既是领导机关的要求，也是民族院校共同的愿望。

在相当长的一段时间内，由于"左"倾思潮的影响，和全国高等学校一样，民族院校的教育质量失去保障，令师生员工痛心而又无奈。在 1977 年恢复高考以后，民族院校采取种种措施，迅速恢复了教学工作的中心地位，规范教育教学工作，理直气壮地抓教育质量。1985 年后，各民族院校更新教育观念，调整人才培养模式和目标，针对少数民族学生的实际和特点构建新的教育教学体系，以改革求质量，以规范管理保质量，因而经受了招生和毕业生就业制度改革的考验。1999 年扩招以后，各民族院校强化了教育质量意识和责任人制度，加强教育质量监控，很多院校不惜贷巨款以改善办学条件、保证教育质量，因而在日益加剧的社会竞争中保持了教育事业发展的活力和动力。在 2005 年 12 月国家民委、教育部召开的全国民族院校工作会议上，"水平"、"质量"成为大会发言和交流材料标题中出现频率仅次于"特色"的词语——"特色"其实也是教育质量和水平的一种特殊表达方式，表明了民族院校对教育质量的空前关注。2006～2007 年有关民族院校的本科教学工作水平自评报告则表明，进入内涵式发展时期的民族院校，已将"质量立校"作为共同的办学指导思想。②

（四）坚持"人才强校"发展战略

自 1990 年代以来尤其是扩招之后，一场看不到硝烟却异常激烈的战

① 国家民委教育科技司、教育部民族教育司：《蓬勃发展的中国民族院校》，中央民族大学出版社 2006 年版，第 51 页。
② 见 2007 年《中央民族大学本科教学工作水平自评报告》和 2006 年《大连民族学院本科教学工作水平自评报告》。

争在中国高等学校之间展开：各院校纷纷亮出安家费、科研启动费、职称评审、工作条件、家属安排等方面的优惠政策，竞相招揽高端人才。这场可能永远也不会平息的战争，可称之为人才争夺战。

无论是在世界还是在中国的高等教育体系中，大学之间的水平差异是一种无法否认的客观事实。这差异出现的原因和背景是多方面的，但其归结点无非是人才的差异——主要是师资队伍水平的差异。高水平的大学，必有高水平的师资队伍为支撑。世界一流大学之所以成为世界一流，就因为它们有世界一流的学术大师。由于有差异，所以有竞争。所谓高等学校的核心竞争力，实际上就是其高端人才的竞争力。

高等学校之间人才竞争之所以愈演愈烈，更重要的还在于它不仅关系到高等学校的现实水平，更关系到它的未来、它的可持续发展能力。新中国高等教育史上最典型、成功的例证就是地处武汉市的华中科技大学。在中国知识分子遭受歧视最甚、人们弃之如敝屣的"文化大革命"后期，富有远见卓识的朱九思先生，不失时机地网罗了一批人才，为学校积累了强大的后程发展潜力，因而在"文化大革命"结束后该校迅速崛起成为中国名校，也为人才强校的发展战略作了生动、现实的诠释。

在传统的计划体制下，教育资源主要靠政府来分配和安排，中国高等学校之间的资源——包括人才等方面的竞争存在但不激烈。1980 年代中期以后，经济、科技、科技体制体制改革不断深入，对外开放的程度越来越大，资源配置的方式发生重大变化，国际国内环境中竞争无处不在，中国高等学校之间的激烈角逐势在难免，人才强校逐渐成了高等学校共同的发展战略。

在民族院校的发展史上，曾有过极好的人才工作机遇。1950 年代前期，在院系调整以及后来的工作调动中一大批知名专家、学者来到民族院校尤其是中央民族学院，不仅极大地提高了民族院校的学术水平，更重要的是他们所奠定的学理基础，营造的学术风气，培育的学术传统，留下的学术风范薪火相传，泽被一代又一代学人学子，至今仍对学校的发展产生着重要的影响。不能不承认的一个事实是：民族院校今天办学水平的差异，在很大程度上可以追溯到数十年前它们在人才方面的不同积累。要办一所高水平的大学，最重要的资源就是人力资源，最重要的积累就是人才的积累，体制改革的根本任务就是创造一个人才脱颖而出、人人都能充分发展并发挥自己的优长，人人都能成才的体制环境。对扩招以后师资发展空间较大的民族院校来说，加大人才引进力度，精心培育现有教师，深化体制改革以为人才的成长、成才并充分发挥其聪明才智创造适宜的环境，既是多年办学实践得出的宝贵经验，也是一项关涉长远的极其重要的发展战略。

（五）坚持"科研兴校"的发展战略

在世界高等教育发展史上，大学自中世纪诞生之日起教学就是第一职能，红衣主教纽曼甚至主张大学"以传播和推广知识而非增扩知识为目的"，[①] 不主张大学开展科学研究。19 世纪初，德国人洪堡提出教学与研究统一的办学理念，科研职能开始正式进入大学。到 19 世纪后期，一般以 1876 年美国约翰·霍普金斯大学创建为标志，欧美国家开始出现以产出高水平研究成果和培养高层次精英人才为主要目标的研究型大学。显然，在高等教育发展史上，大学的科研职能是从无到有并不断加强的。

如果说教学的功能偏重于传授、传承既有知识的话，那么科研的功能就在于探索真理，创新知识。既有传承，又有创新，人类才能进步——正如遗传和变异构成生物物种进化和发展的内在动力机制一样。

由于目的在于追求真理、创新知识，科研是一切发现、发明、创造之母，是学术大师诞生的必由之路。大师之大，首先是因为其占有了大量知识，更重要的则是因为其发现、创造、刷新了重大知识。世界科学史，是一部知识传承史，更是一部知识创新史；那些大师和他们的创造性成果，就是构成科学史长链的链条。

在世界高等学校体系中，一所大学的学术地位之高低，其核心竞争力之强弱，在很大的程度上是由它所拥有的最高水平的教师尤其是学术大师决定的。没有大师的大学，不能说是一流大学。而没有科研的大学，则不会有大师。世界各国那些名声显赫的一流名校，往往是大师云集，高层次研究成果密集的大学。没有世界一流的研究成果，就没有世界一流大学。

仿佛是对世界高等教育发展史的一种浓缩，中国民族院校数十年的办

① ［英］约翰·亨利·纽曼：《大学的理想》，徐辉等译，浙江教育出版社 2001 年版，第29 页。

学历史，也是一部科研工作从附属于教学，然后与教学相分离而获得独立地位，最终成为与教学相并列的一个中心并进入学校发展的顶层设计和核心发展战略的历史。与此同时，民族院校的历史，也是科研工作对教育事业的发展提供越来越强劲而宽厚的支持的历史。正是科研对学校发展这种发动机式的支持作用，民族院校的师资队伍中才不断涌现知名学者，学科建设才不断向高层次突破，教育质量也不断提升，社会声誉才日益扩大，生存和发展的空间才不断拓展。

到 2005 年前后，中央民族大学已将自己的发展目标定位于高水平研究型大学，西北、西南、中南、云南、广西、贵州、青海等民族院校则将教学研究型大学作为自己的发展预期。这意味着：这些民族院校在未来的发展进程中，科研成果的水平和贡献率还要不断提高，科研工作从发展思路、队伍建设、组织形式到管理模式、激励机制等，都需要在调整与改革中予以优化和提升。

（六）坚持特色化发展战略

特色是一个相对概念，即与同类事物相较方可言特色。高等学校的办学特色，即各高等学校区别于其他高校的办学理念、传统、模式、结构、风格以及科学研究等方面的特有属性，是一所高校"个性"之所在。由于人无我有或人有我优，办学特色往往是一所高校的办学元素之特有处或结构、水平之厚重处，核心竞争力之所由出；在竞争的环境中，可以补人之缺，扬己之长而获得和开拓自己的生存和发展空间——正如生物物种凭自己的特性和优势在生态系统中获取"生态位"。在高等教育体系或结构中，特色在很大程度上决定着一所高校的不可取代性。

特色需要积累，特色越是浓郁、厚重，越是要经过时间的沉淀和检验，甚至是多少代人智慧和汗水的结晶。但有的大学历史虽短也有特色，这就要靠出新，以新为优，以新见长，以新取胜。

特色也是一个发展的概念。随着社会的发展、变化，文化和科学技术的进步，大学的特色也会生长、发展、变化，甚至出现新旧演替，否则，特色就会走向僵化和衰微。

关于民族院校的特色，有关部门和研究者作过很多归纳。2005 年 12 月的全国民族院校工作会议上，时任国家民委主任的李德洙先生从 7 各方面总结了民族学院的办学特色：一是在办学宗旨上，坚持为少数民族和民族地区服务；二是在教育对象上，主要招收少数民族和民族地区的学生；三是在招生录取上，对少数民族考生适当降分或同等条件下优先录取；四是在办学层次上，既有本科和研究生教育，也有干部培训和民族预科教育；五是在学科建设上，既有一般大学所拥有的学科，还设有民族类学科以及与之相应的专业与课程；六是在教学方法上，针对少数民族学生的文化水平和心理特点，针对民族地区的实际情况，坚持因地制宜，因材施教；七是在思想政治工作上，重视四项基本教育，即进行党和国家的民族理论、民族政策、民族法律法规和民族基本知识教育。[①]

赵世怀、欧以克先生等在《中国民族学院论》中关于民族学院办学的基本特点的表述是：（1）在办学宗旨方面，民族学院主要为少数民族和民族地区服务；（2）在教育对象方面，民族学院主要招收和培养我国55个少数民族的学生，少数民族学生一般占在校生总数的70%以上；（3）在培养目标方面，民族学院围绕民族地区实际，在不同历史阶段各有所侧重，经历了以培养普通行政干部为主，迫切需要的专业技术人员为辅，到培养行政干部和技术人才并重的战略性转变；（4）在办学层次方面，民族学院主要有干部培训、民族预科、大学专科、大学本科和研究生教育等层次；（5）在学科专业和课程体系方面，民族学院兴办了一批包括民族学、民族史、民族语言文学、民族艺术、民族理论与民族政策、民族经济等专业在内的民族学科，并设置了与此相应的课程；（6）在教育方法方面，民族学院能根据民族地区的需要，针对少数民族学生的思想特点和文化水平，灵活地采取适合于少数民族学生的教育方法来培养人才。[②]

杨胜才博士在其专著《中国民族院校特色研究》中将民族院校的特色分为根本特色和一般特色。其中根本特色为：（1）办学宗旨的特定性；（2）培养对象的专门性；（3）民族团结的象征性；（4）民族文化的凝聚性。一般特色为：（1）专业设置的双维性——既适合时代要求又适应民族发展需要；（2）层次结构的多样性——适应民族地区对各类人才需求的多层次性；（3）教职工队伍构成的多民族性——适应民族教育和民族

① 国家民委教育科技司、教育部民族教育司：《蓬勃发展的中国民族院校》，中央民族大学出版社 2006 年版，第 38 页。

② 赵世怀、欧以克等：《中国民族学院论》，民族出版社 2001 年版，第 76~80 页。

政策的需要；（4）教育管理方法上的独到性——适应少数民族学生的特点。[①]综合上述意见，就目前的情况来说，民族院校的办学特色可归纳为：（1）为少数民族和民族地区服务，为党和国家的民族工作服务的办学宗旨；（2）以少数民族学生为主体的培养对象；（3）设置有"少数民族预科"这样的传统办学形式；（4）设有一般普通高等学校少有的"民族学科"；（5）在教育内容上开设了一批民族理论、民族政策和民族文化等方面的课程；（6）总结出了包括"双语（民族语言和汉语）教学"在内的适于少数民族学生的教育教学方法；（7）以民族问题研究为科研的主要方向。其中，第一条涉及民族院校在中国高等教育体系中的职能定性与定位，因而是带根本性的特色，其他各项均为其所衍生、派生。

正如前面所指出的，由于上述特色的存在和发展，民族院校在中国高等教育体系中形成了自己特殊的、不可取代的地位，在中国的经济建设和社会发展全局中开辟了自己特有的生存和发展空间；取消了或不能实现这些特色尤其是最重要的办学宗旨，就取消了民族院校。

在民族院校的发展过程中，办学特色往往引领了各院校办学水平尤其是学科建设水平的提升。历史资料表明，民族院校高层次学科的建设，基本上是在特色领域取得突破的，如中央、西北、西南、中南民族大学获批准的第一个博士学位授权学科——包括一级学科，均属于民族学科；1981年国务院批准的第一批硕士学位授权学科中，中央民族大学9个学科中有7个是民族学科；在历批次审批的授权学科名单中，西北、云南、广西、青海民族大学的第一批硕士学位授权学科全属于民族学科，西南、内蒙古、湖北、贵州等民族院校获得的首批硕士学位授权学科中都有民族学科。同时，很多民族院校重点、特色学科中也少不了民族学科，如2011年中央民族大学有2个国家级重点学科，全部是民族学科，9个省部级重点学科有5个是民族学科，2个国家文科基础学科人才培养和科学研究基地至少有1个属民族学科；2009年，西北民族大学7个省部级重点学科中有4个是民族学科，而另外3个如民俗学、宗教学也与民族学科密不可分，即使是计算机应用技术也是以民族文字（藏文）信息处理技术见长；其他民族院校如西南民族大学6个国家级特色专业至少有1个（中国少数

①　杨胜才：《中国民族院校特色研究》，民族出版社2007年版，第144～153页。

民族语言文学）属于民族学科，中南民族大学 5 个国家级特色专业建设点至少有 1 个（民族学）属民族学科，2008 年内蒙古民族大学 8 个省部级重点学科中至少 3 个（蒙医学、蒙药学、中国少数民族语言文学）属民族学科，5 个自治区品牌专业至少 2 个（蒙医学、蒙古语言文学）属民族学科。虽然有的民族院校的特色、重点学科中民族学科较少，但和普通院校相比往往还是民族学科更占优势。

在民族院校科研发展史上，民族问题研究不仅是各院校科研工作的传统特色，更是赖以参与竞争、获得社会承认、扩大社会影响力的制胜法宝。在 2005 年民族院校所设的 206 个科研机构中，有近一半（93 个）为主要研究民族问题者。迄今为止，民族院校所取得的具有较大社会影响、代表各民族院校科学研究的最高水平的研究成果，大部分都集中在民族问题研究领域——如费孝通先生的名作《中华民族的多元一体格局》；科技成果获得的国家最高奖项——西北民族大学的藏文信息技术两次获国家科技进步二等奖，也与民族问题研究密切相关。

除了上述基本特色之外，各民族院校还根据自己的条件、优势合理定位，发展自己的特色。如广西民族大学利用沿海沿边的地缘、区位优势，抓住中国—东盟自由贸易区建立、大湄公河次区域经济合作启动等机遇，发展东南亚语言学特色学科，与东南亚诸国合作办学实行"3＋1"培养模式，取得极大成功，2001 年被教育部批准为国家外语非通用语种本科人才培养基地；同时，在东南亚语言学科基础上推进学科交叉与渗透，构建与东南亚研究相关东盟学学科群，形成独有的教学、科研平台。① 云南民族大学也利用云南省与 17 个东南亚、南亚次大陆国家接壤或毗邻的地缘和区位优势，或联合办学，或开办孔子学院（在斯里兰卡），或举办国际教育中心（在老挝、缅甸、泰国），已形成了有自己特色的国际教育体系。②

在总结特色化办学经验时，不可回避的一个问题就是本书第九章指出的民族院校办学结构和发展目标趋同问题。就目前情况来看，由于民族院校（包括新加入的四川民族学院和呼和浩特民族学院）校均全日制招生

---

① 国家民委教育科技司、教育部民族教育司：《蓬勃发展的中国民族院校》，中央民族大学出版社 2006 年版，第 102～109 页。

② 《云南民族大学 60 年》，云南民族出版社 2011 年版，第 290～293 页。

规模已超过 4680 人、在校生规模已超过 1.5 万人、校均设置普通本科招生专业已经超过 53 个，要消化每年仍可能增加的招生计划并保证毕业生顺利就业，专业的重复设置几乎不可避免（据统计，2011 年民族院校共设本专科专业 179 种 794 个，平均每种设 4.4 次，有很多专业的重复设置在 10 次以上，而作为传统特色的民族类专业仅 7 种 31 个[①]），同质化趋势难以扭转。因而解决问题的现实方法不是空谈什么扭转同质化趋势，而是必须赋予特色化办学以新的内涵，探讨新的思路。最切合实际的思路就是各院校根据自己的条件和发展方向，在学科专业结构中选择适宜者坚持不懈地把它做厚做优做强，形成新的结构性特色。

（七）坚持"在改革中求发展"的办学原则

改革，就是对旧观念、旧制度、旧事物的改进与革新。改革不是对原有事物的质的否定，而是在不改变其质的规定性前提下的扬弃与革新。教育改革，就是对旧的教育思想、观念、模式、结构、体制、方法等的扬弃、变革与更新。它是任何一所学校在不断变化和发展的社会环境中与时俱进，保持自己的适应能力和办学活力、发展动力的必然途径。

在 1950 年代建校初期，民族学院的办学模式基本传承于延安干部学校。1950 年代中期，民族学院开始向苏联模式的文理科综合高等院校转型，这是办学模式和发展目标的转换，不是改革。1958 年，所谓"教育革命"兴起，由于"左"倾思潮的影响，对原有的教育理念、模式甚至教材采取全盘否定的态度。而在"文化大革命"中，以"两个估计"的出笼为标志，这种极端化做法更达到登峰造极的地步。这些极端化做法，可谓把教育的"命"都"革"了，当然不能称之为改革。

民族院校改革的真正历史，应该是从 1980 年代中期开始书写的。由于中共中央关于经济、科技尤其是教育体制改革决定的颁布，和全国高等学校一样，民族院校被推上改革的前沿。专业体系的改造与更新、人才培养模式的调整、招生与就业制度改革、教学管理体制改革等，使民族院校从办学理念、发展目标，到内在结构、人才培养模式、管理体制和运行机制等，都发生历史性的演变。而正是在这与时俱进的演变中，民族院校使自己的办学更贴近少数民族和民族地区的经济建设和社

[①]　参见本书附录二之四"2011 年全国民族院校本专科招生专业科类及种数"。

会发展，更贴近国家民族工作的需要，并从满足这需要的过程中获得教育事业发展所必须的资源和动力，发展能力大大增强，发展空间大大拓展。民族院校之所以能达到今天的办学规模和层次，改革是其前提和基础。设若在举国经济、科技、教育体制改革迅速推进，高等学校教育体制改革不断深入的形势下，民族院校仍故步自封，沿袭当年偏离少数民族和民族地区经济建设和社会发展实际需要的办学模式，要达到如今的办学规模和水平是难以想象的。

如果说教育体制改革保证了民族院校教育事业的持续、稳定发展的话，那么，不断深入的科研管理体制改革，则已经和正在改变民族院校科研工作的发展方式和运行机制。一种适应于新的宏观经济体制和社会环境，并主要从社会环境中汲取科研资源和动力的外向型科研体制的逐步构建，就是这改革的目的和成果。这种新体制，一方面有利于民族院校的科研工作更贴近少数民族和民族地区经济建设和社会发展的需要，贴近民族工作的需要，从而为国家的民族团结、共同进步大业发挥更大的作用；另一方面，则有利于民族院校在竞争的环境中增强竞争能力和可持续发展能力。2000 年以后很多民族院校科研工作取得突破性进展的事实，已经证明了这一改革的必要性和重要性。

显然，在 1980 年代中期之后，在改革中求发展，以改革来保证、促进发展，是全国民族院校共同的办学经验。民族院校新时期的历史，是一部在改革中求发展的历史——正如 1978 年十一届三中全会以后的中国历史是一部在改革中求发展的历史一样。

（八）坚持"在对外开放中办大学"的原则

在 2005 年两部委召开的民族院校工作会议上，国家民委副主任吴仕民先生曾强调民族院校"要树立在经济全球化的国际背景下办大学的意识"，"办开放的大学，在对外开放中办大学"。他的这句话表述了现代大学的一个基本特征：开放。

欧洲那些诞生于中世纪的大学，本来就起源于对各国教师和学生开放的"学者行会"、"师生共同体"。而现代大学的开放，则基于现代社会尤其是现代生产方式、经济生活的越来越高的国际化程度。对这种发动于经济领域，影响波及人类社会方方面面的国际化趋势，哲人马克思早在 100 多年前就有过英明的预见。到今天，当科学技术尤其是互联网将人类社会日益浓缩为一个互相依存的"地球村"时，恐怕不会有人再怀疑"开放"已经是现代人无法拒绝也不能离开的生活方式了。

正如任何生命体都需要通过自身的开放与环境进行物质、能量等方面的交流、交换以保障自己的生存和成长一样，现代大学也必须在国际化的环境中通过人员、信息、文化、技术等方面的沟通、交流、交换、互动以获得实现乃至于加速自己成长所必须的资源和动力。当今世界的一流大学，没有一所不是开放的、国际化程度很高的学校——这话也许还可以反过来说：当今世界的一流大学，恐怕没有哪一所不是通过国际化的开放吸收了大量外来优质资源（包括人力、信息、技术、文化、资金、物质等）才成为世界一流大学的。

如果说新中国的发展史是一部由封闭半封闭走向开放的历史的话，那么民族院校的成长史也是一部由封闭走向开放的历史。由于宏观体制的制约和影响，和全国高等学校一样，民族学院在相当长的时期内、在很大程度上是关起门来按政府的计划办学，按领导机关的意志办学。新时期以来，随着国家改革开放政策的全面、深入实施，民族院校开始打开校门，走向社会，走向经济建设主战场，走向民族地区，走向国际社会，并根据反馈信息来调整与改革自己的专业结构、培养模式、科研体制、发展目标等所有不适应的方面，由此获得了教育事业发展必须的资源和动力，保证了自己的成长；否则，恐怕早就遭遇生存危机了。

如果说民族院校通过开放已经在竞争的国内环境中极大地提升了自己的适应能力和竞争力，加快了自己的成长的话，那么，在吴仕民先生所说的"在经济全球化的国际背景下办大学"方面则总的来看还只能说是刚刚起步，处于学习阶段。虽然接受了不少留学生，对外学术交流与合作办学的形式也越来越多样化，也借鉴了国外大学的某些制度和做法，但在很多方面——如学习国外大学先进的办学理念、教育方式、管理模式等方面则有时得其形式而不得其神髓，有的则停留在观念甚至口号阶段——如"以学生为本"办学理念和"以学生为主体"的教育理念。这其中当然有文化隔阂方面的原因，而且实际上是中国（大陆）高等学校普遍存在的问题。但不解决这个问题，就难以培养具有国际竞争力的人才。

假如我们承认经济全球化的潮流不可阻挡，承认中国融入国际化潮流的趋势不可逆转，承认中国高等学校迟早必须融入高等教育国际化的进程并期望在竞争激烈的国际环境中获取宝贵的发展资源、提升自己的竞争力，那么"在对外开放中办大学"是民族院校在未来需要大力发扬的宝贵经验。或许，在融入国际化进程中无法避免经受阵痛，遭遇坎坷，付出代价，但这是未来的成长所必须付出的——正如中国加入世界贸易组织之前人们多有质疑，加入后很长一段时间国人不能适应且难免失误，但终于从中汲取了教训，积累了经验，锻炼了队伍，走向了成熟，并迅速成长为世界第二大经济体一样。

四　民族院校面临的历史性任务——深化教育体制改革

走过 60 年风雨里程的新中国民族院校，取得的成绩是巨大的，积累的经验也弥足珍贵。然而，和全国高等学校一样，民族院校面临的任务也非常艰巨，改革的难关还在前头。

进入新世纪以来，以胡锦涛总书记为首的新一届党中央，着力于贯彻和落实科学发展观，对中国的经济增长方式、社会发展方针等进行重大调整。而新的国家发展战略尤其是新的经济增长方式的实现，需要相应的国家创新体系的支持。2005 年 10 月，胡锦涛总书记在中国共产党十六届五中全会上，提出了建设创新型国家的重大战略思想。2006 年 1 月，他又在全国科学技术大会上指出，要坚持走中国特色自主创新道路，用 15 年左右的时间把中国建设成为创新型国家。2007 年 10 月，中国共产党第十七次代表大会提出"优先发展教育，建设人力资源强国"的发展目标。

为了深入贯彻、落实科学发展观，实施科教兴国、人才强国战略，2006 年 2 月国务院颁布《国家中长期科学和技术发展规划纲要（2006～2020）》，2010 年又颁布《国家中长期人才发展规划纲要（2010—2020 年）》和《国家中长期教育改革和发展规划纲要（2010—2020 年）》。这三个规划纲要对 2020 年以前中国的科技工作、人才工作和教育发展与改革的指导方针、战略目标、主要任务、重要政策等事项进行了规划、部署和安排，旨在加快建设科技强国、人力资源强国和教育强国的步伐。

建设科技、人力资源和教育强国，必然需要高等教育更强有力的支持。2010 年，中国高等教育在校生总规模达到 3105 万人，位居世界第一，毫无疑问中国已经是高等教育大国。但中国绝不能说是高等教育强国。比如说：至 2010 年中国的 1112 所普通本科院校中尚无一所世界公认的一流大学，134.3 万名专任教师①中尚无一人获得诺贝尔奖，甚至于新中国成立以来所培养的大学毕业生中尚无一人获得诺贝尔奖。和世界众多一流名校尤其是有的名校一个实验室就可能产生若干诺贝尔奖获得者的情况（英国剑桥大学卡文迪许实验室已产生了 20 余位诺贝尔奖得主）相比，中国大学的学术成就、学术水平差距甚大。

中国高等教育不仅不强，实际上已经存在严重问题；或者说，由于存在严重的问题，已经严重影响了"做强"。

2005 年，著名物理学家钱学森教授曾对前往看望他的温家宝总理发出这样的感慨："中国还没有一所大学能够按照培养科学技术发明创造人才的模式去办学，都是些人云亦云、一般化的，没有自己独特的创新的东西，受封建思想的影响，一直是这个样子。"② 这就是在国内外引起极大反响的"钱学森之问"。

治学行事素以严谨著称的钱学森教授，是以全称否定判断的句式提出问题的，从逻辑上说批评对象包括全中国（大陆）的所有高等学校，亦即整个高等教育。如果说个别、少数大学出问题还可以用偶然性来解释的话，那么所有的大学、整个高等教育都出问题那就不是偶然的，必须追寻其深层原因。

钱老坦诚而尖锐的批评所引发的追问，直指关于中国大学——高等教育理论和实践的一系列重大、基本问题。如钱老所批评的中国"没有一所大学能够按照培养科学技术发明创造人才的模式去办学"，是不是说我们多年来在很大程度上就没有按高等教育的普遍规律来办大学？否则，为什么新中国成立 60 多年而不能产生哪怕一所世界一流大学？经过 1950 年代前期行政化改造和苏联模式的生硬嫁接，后来被"左"倾思潮所扭曲，1980 年代中期之后则为强劲的社会需求、经济利益所牵引，被传统的"官本位"文化所侵蚀的中国大学，是不是已经在偏离学术本位的方向上走得太远（正如纪伯伦诗句中说的：我们已经走得太远，以至于忘记为什么出发）？大学到底是什么？什么是现代大学制度？国家和社会到底应该为大学的成长提供什么样的条件？创造什么样的体制和环境？

---

① 所引 2010 年数据均来自教育部《2010 年全国教育事业发展统计公报》，见 2011 年 7 月 6 日《中国教育报》。

② 见《人民日报》2009 年 11 月 5 日。

可以追问的问题还很多，但所有问题归根到底是两个：一个叫"大学是什么？"另一个叫"大学该怎么办？"这两个问题是关于大学的最普通却又是最深刻、最本质的问题；其中第一个问题又是解答第二个问题的前提。不论自觉与否，这两个问题是世界上任何大学和大学的举办者、管理者都必须面对、无法绕开的。世界上很多大学之所以产生水平和模式差异，在很大程度上源于对这两个问题的不同理解、回答及其实践。只有正确回答这两个问题，大学的改革和发展才可能有正确的方向和思路。以中国历史文化之悠久、灿烂，现有经济实力之雄厚和中国学人之智慧，如果有了正确的方向和思路且锲而不舍践行之，中国出现世界一流大学的时间当不会太久。

"教育既有培养创造精神的力量，也有压抑创造精神的力量。"①拥有大学在校生规模世界第一的中国，却"没有一所大学能够按照培养科学技术发明创造人才的模式去办学"，这还意味着纳税人和学生家长投入中国大学的巨额经费，并没有产生应有的效益。面对千千万万名对大学怀有深深敬意和期望、节衣缩食供孩子上学的普通老百姓，这一事实令人痛心。同时，这也提醒我们：如果不解决存在的问题，使高等教育走上健康发展的道路，那么本已短缺的高等教育资源还会有相当部分被消耗在不应该消耗的地方。在《国家中长期教育改革和发展规划纲要（2010—2020年）》承诺今后要"加大教育投入"之际，解决这个高等教育的投资效益问题已十分紧迫。中国高等学校及主管部门，的确已经到了对"钱学森之问"进行认真、深刻反省与检讨，并以改革的实际行动和成绩来证明这反省与检讨的认真与深刻的时候了，否则，建设创新型国家，由科技、教育和人力资源大国向强国的转型就难以实现。

应该说，2010年颁布的《国家中长期教育改革和发展规划纲要（2010—2020年）》，对"钱学森之问"业已作出了一些回答。该《规划纲要》指出："教育要发展，关键靠改革"。怎么改革？从宏观层面来说，是"推进政校分开、管办分离。适应中国国情和时代要求，建设依法办学、自主管理、民主监督、社会参与的现代学校制度，构建政府、学校、社会之间新型关系。"《规划纲要》的这种表述，和1985年《中共中央关

① 联合国教科文组织国际教育发展委员会编著：《学会生存——教育世界的今天和明天》，教育科学出版社1996年版，第188页。

于教育体制改革的决定》中"在政府与学校的关系上，要按照政事分开的原则，通过立法，明确高等学校的权利和义务，使高等学校真正成为面向社会自主办学的法人实体"、1993 年颁布的《中国教育改革与发展纲要》中"逐步建立政府宏观管理、学校面向社会自主办学的体制"、1998年颁布的《中华人民共和国高等教育法》第二十一条"高等学校应当面向社会，依法自主办学，实行民主管理"的提法相比并无多少新意，关键在于落实。

和《中共中央关于教育体制改革的决定》、《中国教育改革与发展纲要》、《中共中央国务院关于深化教育改革全面推进素质教育的决定》、《面向二十一世纪教育振兴行动计划》等同类文件相比，《国家中长期教育改革和发展规划纲要（2010—2020 年)》在学校本身的改革尤其是人才培养模式改革方面着墨甚多，阐述亦细。《规划纲要》指出："深化教育体制改革，关键是更新教育观念，核心是改革人才培养体制，目的是提高人才培养水平。"大致思路是以体制机制改革为重点，"创新人才培养体制、办学体制、教育管理体制，改革质量评价和考试招生制度，改革教学内容、方法、手段，建设现代学校制度。"

关于人才培养模式改革，《规划纲要》有一些较新的提法，如树立多样化人才观和人人成才观念；教育工作要注重学思结合、知行统一；"要以学生为主体，以教师为主导，充分发挥学生的主动性，把促进学生健康成长作为学校一切工作的出发点和落脚点"；"坚持能力为重。优化知识结构，丰富社会实践，强化能力培养。着力提高学生的学习能力、实践能力、创新能力，教育学生学会知识技能，学会动手动脑，学会生存生活，学会做人做事，促进学生主动适应社会，开创美好未来"等。

对学生个性化发展的关注，是《规划纲要》的一个创新点。如"尊重个人选择，鼓励个性发展，不拘一格培养人才"；"关注学生不同特点和个性差异，发展每一个学生的优势潜能"；"激发学生的好奇心，培养学生的兴趣爱好，营造独立思考、自由探索、勇于创新的良好环境"；特别是"关心每个学生，促进每个学生主动地、生动活泼地发展，尊重教育规律和学生身心发展规律，为每个学生提供适合的教育"的提法，表达了对教育个性化的世界性潮流的呼应。

《规划纲要》对中国教育今后十年的发展与改革作了全面、系统的规划、部署和安排，为包括民族院校在内的全国高等学校今后发展与改革指明了方向，明确了任务和思路，在一些重要问题上还提供了理论依据。

根据国家关于教育体制改革的基本精神和要求，借鉴国内外有关大学建设的理论和经验，联系民族院校的实际，今后民族院校面临的主要任务是深化教育体制改革，建设现代大学制度。具体任务包括：

1. 清源正本，更新办学理念。

第一，要树立"学术立校"办学理念，让大学回归学术本位，作为学术机构而区别于党政机关、企业等其他社会组织，解决"大学究竟是什么"这个本质和核心问题。

或许有人会认为"学术立校"与民族院校的政治功利性办学宗旨不符。这样理解未免过于肤浅、短视和庸俗，因为"学术立校"并不排除大学为社会服务包括为国家政治服务，而只是强调大学作为学术机构、要用学术的方式为社会和政治服务——正如工厂用自己的产品、商店用自己的服务为社会服务一样。对这一点，很多被称为"政治家的摇篮"的世界一流名校如哈佛大学、耶鲁大学、英国牛津大学等，已经用它们的实践和成就作出了很好的诠释。有关资料表明，经哈佛大学培养的美国总统就有 8 位，美国最大的 500 家工商企业的最高负责人中至少有 1/5 以上是哈佛毕业生；此外该校还产生了多达 40 位的诺贝尔奖获得者、30 位普利策奖获得者。[①] 耶鲁大学出来的美国总统有 5 位；它的法学院是全美办得最好的，已产生 10 位美国最高法院大法官；同时还产生近 20 位诺贝尔奖获得者。[②] 牛津大学在 800 多年的历史中曾培养了 5 位英国国王、26 位英国首相、多位外国政府首脑、86 位大主教、18 位红衣主教，同时还培养了57 位诺贝尔奖获得者以及一大批著名科学家。[③] 如果承认这些大学在为他们的国家和社会服务方面做得是出色的，就应当承认，和中国有的高校习惯于以标语、口号虚张声势相比，这些世界名校在发挥其政治功利性功能方面更符合大学之道（这也是这些大学之所以在成为"政治家的摇篮"的同时也成为"诺贝尔奖获得者的摇篮"的根本原因）。从这个意义上说，布鲁贝克所谓建立在"政治论"哲学基础之上的大学，要想真正、

---

① 参见何学良、李疏松等《美国名牌大学介绍》，中国科技大学出版社 2003 年版，第 19～20 页；同时参见网络资源"百科名片"中"哈佛大学"词条中有关资料。

② 同上书，第 47 页；同时参见网络资源"百科名片"中"耶鲁大学"词条中有关资料。

③ 见李家福《大学差异化发展研究》，中国人民大学出版社 2011 年版，第 63 页。

正确地发挥其社会服务功能，其立校根基仍应是"认识论"。因为，如果离开了对知识的尊重和对真理的追求——这应是作为学术活动的"认识论"的本质目的，大学就有可能而被"政治论"所左右、扭曲而丧失自己的本质属性，甚至成为邪恶政治的附庸和帮凶，从而误导社会、贻害人类。基于这种认识，从结构的合理性来说，在任何国家的大学体系中，坚守"象牙塔"的大学都不可或缺；任何一所大学，都需要纽曼式的知识"象牙塔"的坚守者，陈景润式的纯知识的追求者，和康德式的超越尘俗、仰望星空的人。对有着1300年科举教育传统，功利主义、实用主义思想已深入骨髓的中国教育来说，尤其是对在20世纪50年代就被计划体制"行政化"为分门别类"生产"人才的部门且这种局面至今尚无根本性改变的中国大学来说，强调这一点有着深远而现实的意义。

第二，树立"以学生为本"的办学理念，解决"大学究竟为谁服务"问题。其意义在于明确无"学"则无"校"，大学是以学生为依存并为学生服务的——这也是大学之所以区别于科研院所之类学术机构之处，为正确处理学校内部诸如规模与质量、教学与科研、教与学、管理工作与教学工作、教师干部与学生等重要关系，构建《规划纲要》所要求的"把促进学生健康成长作为学校一切工作的出发点和落脚点"的教育和管理模式——包括资源配置方式提供立论基础。从理论上说，"以学生为本"要求无论是什么样的大学——教学型或教学研究型或研究型大学，都必须将为学生的健康成长和顺利成才服务作为首要、中心任务——其不同处仅在于培养的目标、层次和方式，而教育质量则是所有工作目标中的首要、核心目标，否则，就背离了"学校"的原初性质和本源价值。

第三，树立"以教师为主体"的办学理念，回答"主要要靠谁来办大学"问题，明确教师在作为学术机构的大学的权力结构——尤其是《中华人民共和国高等教育法》所指出的"民主管理"中的主体性权威和地位，凸显他们在学校重大事务——尤其是学术方面的重大事务的知情权、发言权、参与权和决策权。

2.依照《中华人民共和国高等教育法》的规定，从上述办学理念出发，制定大学章程，明确大学的性质和办学宗旨、基本任务等重大事项，合理设计学校内部各权力系统——主要是党委系统、行政系统和学术系统之间的边界、运作规范及其间的关系，凸显学术权力的独立、核心地位，为建立现代大学制度并实现依法治校奠定内在的法理基础。

3. 根据大学章程的规定，对学校内部的权力、资源等进行梳理和重组，明确各部门、单位、岗位的职责、权利和义务，确立学校合理的内部结构、管理体制和运行机制。从组织形态方面说，大学的组织及权力结构应该是更能体现学术立校、以教师为主体、以学生为本等现代大学精神，能充分体现分权制衡（既包括对学术权力的制衡，也包括对行政权力等非学术权力的制衡）、民主管理原则的扁平型结构，而不是被有的学者描述为"党管政，政管学，机关管学院，院长管教师，辅导员、班主任管学生"① 的金字塔型结构。在这项工作中，许多世界名校所实行、蔡元培先生也曾在当年的北京大学所沿用过的"教授会"制度十分值得学习和借鉴。

在论及大学的管理结构时，有一个问题是很值得探讨的，即到底应该由什么人来管理大学。之所以专门提出这个问题，是因为长期以来中国大学在这方面一直存在认识偏差和实践误区。1950 年代，曾出现过"外行能不能领导内行"之争，"文化大革命"中更是出现"工农兵上、管、改大学"的极端化现象。"文化大革命"之后，流行的是"教授治校"，将大批本为学术骨干的教授选拔到各级非学术领导岗位似乎已经成为大学领导和管理干部配置的标准模式。近几年，由于中国大学中行政权力侵蚀、挤压学术权力的现象日趋严重，则出现带有反拨倾向的"去行政化"思潮。"去行政化"如果指将侵入学术领域的行政权力清除出去，那是应当的；如果意在质疑大学权力结构中行政权力存在的合理性，那就在寻找真理的道路上走过了头。无论是"教授治校"，还是后一种意义上的"去行政化"，从思维方式上看都存在将管理活动和学术活动同质化倾向，隐含着能做好学问就是管理内行，是教授就能管好大学的逻辑推断。其实，无论从追求的目标来看还是就运作方式而论，管理活动和学术活动都是性质全然不同的两种社会实践活动。管理工作的主要目标是追求效益（包括经济效益和社会效益，或因社会组织性质、目标的不同而在二者之中有所偏重）最大化，而学术活动的主要目标是创新知识、追求真理；管理活动需要敛个性，通权变，尊重权威（服从上级），遵从程序，旨在实现组织功能的整合，具有基于组织目标的明显的"求同"倾向，而学术活动则张扬个性（因为"创造性与个性有着密切的联系，只有充分发挥个性，

---

① 徐显明：《大学理念论纲》，见《中国社会科学》2010 年第 6 期。

才能培养创造能力"①），标榜独立人格和学术自由（爱因斯坦称"在一切脑力劳动领域里"都需要"不受限制地交换一切结果和意见"的外在的自由和"思想上不受权威和社会偏见束缚"的内心的自由②），倡导质疑传统、挑战权威，旨在基于"求真"目标下的"标新立异"。因性质和特点的不同，它们对从事者的个人素养方面的要求也是不一样的；长于此道者不一定宜于彼道，宜于彼道者也不一定长于此道。二者兼通者必定有，但少量特例信息当然不宜作为普适性原则。人类自有史以来，管理之所以能由经验升华为一门专门学问，又成长为一门独立学科，再向有关领域延伸和发展而成为一个体系庞杂的学科门类，这本身已证明它具有别的学科门类不可取代的特殊规律和规范。而从实践效果看，"教授治校"往往因教授们学非所用、用非所长而陷于尴尬之境，既不利于大学管理水平的提升，也造成了教授本人的学术业务的荒疏和停滞，从而不利于大学学术的发展。因此，中国大学要实现管理的现代化、科学化，首先，应参照很多世界一流大学的经验，根据任人唯贤的原则，通过科学、严格的程序和方法，将真正懂得高等教育发展与改革的规律和特点、具有大学管理丰富经验和突出能力的管理专家选拔到大学的领导岗位上来，实行"专家治校"；其次，要深化大学管理体制改革，通过制定大学章程、建立合理体制尤其是权力制衡机制等办法，让行政体系回归自己的服务本位，真正成为教学科研活动中的服务者而不是主宰者。这样，专家治校，教授治学，二者各擅其长，各展其才，各得其所，又相辅相成，相得益彰，这才是优化大学管理结构的最佳选择。当然，正如前面"以教师为主体"理念中所表述的，教授治学并不等于教授不能参与大学的管理尤其是重大事项的决策，"教授会"就是一种能让教授参与学校重大决策的制度。

4. 借鉴国内外先进经验，按照"以学生为本"的办学理念和"以学生为主体"的教育理念，制定教育、教学改革方案，有计划、有组织地推进教育教学改革，实现由以"教"为中心的教育向以"学"为中心的教育、以知识为中心的教育向以学生的发展为中心的教育的转变。

---

① 见于日本临时教育审议会 1985 年 6 月提交内阁的《关于教育改革的第一次咨询报告》，载于教育发展与政策研究中心编《发达国家教育改革的动向和趋势》，人民教育出版社 1988 年版，第 122 页。

② 爱因斯坦：《自由和科学》，见于《爱因斯坦文集（第三卷）》，许良英等编译，商务印书馆 2009 年版，第 213 页。

5. 按照面向每一个学生，人人都能成才的教育理念，改革传统的过分强调标准化、统一性的教育教学体制，关注学生个性差异，"将教育建立在有助于发展学生和成人个性的原则和方法的基础之上"，[①] 推行个性化教育和创造教育，为每个学生提供适合的教育，发掘并发展每一个学生的优势潜能，鼓励每个学生按自己最合适的方式成才。

6. 有计划、分步骤地扬弃传统的专业教育模式，逐步推行通识教育，加强多元文化教育，为各民族学生的健康发展，为视野开阔、适应能力强、有专长而且有文化的各民族一代新人的成长开辟更大空间，创造更好的条件。

7. 按照《规划纲要》的要求，改革传统的、沉闷的灌输式的教学方法，倡行启发式、探究式、讨论式、参与式教学等多样化的教学方法，鼓励师生之间的双边互动，调动学生的主动性、积极性、创造性，改善课堂教学效果。在这方面，中国传统书院和以"抗大"为代表的延安干部教育方式，以及欧美大学都有好经验可以借鉴。

8. 加强教育教学与生产劳动、社会实践的结合，以帮助学生优化知识结构，丰富社会经验，增强学习能力、实践能力和创新能力，学会做人做事，学会生存生活。

上述 8 项改革整合起来是大学体制改革的一项系统工程。其中，学术立校、以学生为本、以教师为主体三大办学理念是这项工程的理念——精神内核，而其他任务则是这核心理念在相关工作领域中所衍生、延伸、细化的具体形式或实施思路。有的提法如"以学生为本"、"以教师为主体"的办学理念，和"以学生为主体"的教育理念，此前有的民族院校已经提出。但这些提法如果不能以"学术立校"理念来统摄则失却其灵魂，如没有衍生、延伸和细化的形式和思路则难以付诸实践。

上述改革，涉及办学和教育的理念及其实践方式的重大变革和转换，其艰难程度前所未有，也许需要不止一代人的努力坚持和践行方见实效。但如果改革既是国家经济建设和社会发展的要求，又是少数民族和民族地区人民群众的期望，还是民族院校自身发展的需要的话，那就势在必行。

从 19 世纪末创办洋务学堂到今天，中国高等教育的现代化进程已历

---

① 《第 44 届国际教育大会宣言》，见于赵中建编《教育的使命》，教育科学出版社 1996 年版，第 189 页。

时一个半世纪。这150年，也是一部东西方文化在中国这片古老土地上冲突与融合的历史。这冲突与融合，催生了中国近现代高等教育，也不断改变着中国高等教育的发展轨迹。在这150年中，中国人一直在探索并实践西方大学制度和本土文化结合的最佳方式，从洋务学堂，到"壬寅学制（1902年）"、"癸卯学制（1903年）"、"壬子·癸丑学制（1912～1913年）"、"壬戌学制（1922年）"，"欧美大学模式"、"抗大"模式、1950年代苏联模式、"文化大革命"中的工农兵"上、管、改"大学，以及20世纪90年代以来对欧美大学的借鉴等，便是这探索和实践的真实轨迹和历史记录。

在中国人探索和建设现代大学的历程中，有三所大学的实践和成绩一直为人们所津津乐道：一所是20世纪初叶（1916～1927年）蔡元培先生主持的北京大学，另两所是抗战时期梅贻琦先生所主持的西南联大和中国共产党创办的抗日军政大学。

蔡元培先生主持的北京大学，于北洋军阀治下风雨如磐、动荡不宁之中国，树"思想自由，兼容并包"办学理念，"囊括大典，网罗众家"，① 开一代风气，引时代潮流，数年间便成为当时中国社会的思想文化中心，"五四"新文化运动的发源地，在中国高等教育史竖起了一座丰碑。同时，蔡先生所留下的道德文章，人格风范，也足以让后人千秋景仰。

梅贻琦先生主持的西南联合大学，组建于民族危亡的抗战时期，集北大、清华、南开三校之优长，以"刚毅艰卓"为校训，"内树学术自由之规模，外来民主堡垒之称号，违千夫之诺诺，作一士之谔谔"，② 在不到9年的时间内，培养了包括两位诺贝尔奖获得者——杨振宁、李政道，三位国家最高科技奖获得者——黄昆、刘东生、叶笃正，6位"两弹一星"功勋奖章获得者——郭永怀、陈芳允、屠守锷、朱光亚、邓稼先、王希季，近百位中国科学院和中国工程院院士在内的大批蜚声海内外的杰出人才，③ 创造了在物质条件极其艰苦的情况下"弦歌不辍"办一流大学的奇

---

① 蔡元培：《〈北京大学月刊〉发刊词》，见于《蔡子民先生言行录》，广西师范大学出版社2005年版，第116页。

② 西南联大《除夕副刊》主编：《联大八年》，新星出版社2010年版，第4页。

③ 见网络资源"百科名片"中"国立西南联合大学"词条。

迹。梅先生关于大学的精彩论述，至今仍为后人所竞相乐道。

同样在民族危亡、艰苦卓绝的抗战时期，中国共产党人在延安创办的抗日军政大学，"以团结、紧张、严肃、活泼"为校风，践行知行合一，学以致用的教育理念，创造了一种富有生机和特色的干部教育模式，通过大批军事、政治人才的输出，推动中国抗战和革命胜利的进程，也在中国高等教育史上留下厚重而鲜明的一页。

这三所大学，均诞生于时局动荡之秋，都是东西方文化结合的优秀典范。其不同之处在于：如果说前两者更借重于欧美大学的经验和模式的话，那么后者则包含更多的本土基因。就对中国社会发展进程的影响方式而言，蔡元培先生的北大，重在开启思想闸门，引领社会风尚，推进文化革新；梅贻琦先生的西南联大则在弘扬科学精神，推进中国科技发展方面成绩更显著；而"抗大"则以政治、军事人才为培养目标，着力于推进中国政治进程。在有力地推进中国社会发展的同时，这三所大学也分别从不同的方面、以不同的方式丰富了中国大学的内涵，成为中国高等教育发展史上的里程碑。对于在中国这片古老的土地上怎么样办大学、办什么样的大学、怎样办好大学，它们以不同的方式作出了自己的解答，其间的经验和启示弥足珍贵。

这三所大学给后人的重要启示之一是：办一所好大学，其精神内核之重要，要超过物质条件；如果有足够的生长空间，即使生逢乱世，好大学也能够顽强、迅速成长并结出硕果。基于这两点，这些年来政府组织的旨在建设世界一流大学的这工程那计划，如仅仅着眼于物质层面的建设而忽略创造适宜大学成长的体制和环境，大学自身又不能树立现代大学理念并构建现代大学制度，那恐怕就会演变为一场虎头蛇尾、"一厢情愿"式的闹剧。而且，对包括民族院校在内的中国大学及其主管者来说，要办一流大学——无论是世界一流还是国内一流，不妨先从认真总结、学习和借鉴上面三所本土大学的经验开始。

西班牙知名学者奥尔特加·加塞特在其名作《大学的使命》中说："一个伟大的国家，一定有伟大的学校；同样，没有伟大的学校，也就成不了伟大的国家。"① 中国是一个广土众民、有着 5000 年文化积淀的伟大

---

① ［西班牙］奥尔特加·加塞特：《大学的使命》，徐小洲等译，浙江教育出版社 2001 年版，第 47～48 页。

国家，中国曾经有过伟大的大学，中国还将产生伟大的大学，中国 55 个少数民族更期盼能代表他们绚丽的多元文化和无限创造力的伟大的民族大学的诞生。

2011 年 6 月，英国《泰晤士报》公布最新"2011 亚洲大学排行榜"，排前 5 位的大学分别是香港科技大学、香港大学、新加坡国立大学、东京大学、香港中文大学。其中排名第一位的香港科技大学建校仅 20 年。[①]对这个排名，人们或许各有看法，但香港科技大学成长之神速，应为学界所公认。香港科技大学的成功，再次证明中国人民有足够的智慧和勤奋，不仅可以用 30 年的改革开放和艰苦奋斗创造了一个世界经济奇迹，也完全可以用很短的时间建一所甚至一批好大学。

已经在 60 年风雨里程中积累了丰富的经验，在 30 年改革开放中经受了洗礼、考验和锻炼的中国民族院校，前有先行者的深深足迹，后有追赶者的匆匆脚步，已经到了放下因袭的包袱——包括思想观念和体制上的包袱，轻装前进的时候了。

---

① 见《北京晚报》2011 年 6 月 19 日。

附录一：全国民族院校校训[①]

中央民族大学：知行合一　美美与共

西北民族大学：勤学　敬业　团结　创新

西南民族大学：和合偕习　自信自强

中南民族大学：笃信　好学　自然　宽和

北方民族大学：团结进取　砥砺成才

大连民族学院：团结　自强　求是　进步

云南民族大学：格致明德　弘道至善

广西民族大学：厚德博学　和而不同

内蒙古民族大学：博学明理　崇德至善

湖北民族学院：博学博爱　立人达人

贵州民族学院：庄敬自强　奋发蹈历

青海民族大学：进德修业　自强不息

西藏民族学院：爱国　兴藏　笃学　敬业

四川民族学院：重道　精业　团结　奋进

呼和浩特民族学院：团结　勤奋　严谨　创新

---

① 资料来自于各院校校史及校园网。

附录二:1985 年、1998 年、2005 年、2011 年全国民族院校普通本专科招生专业科类及种数

一 1985 年全国民族院校普通本专科招生专业科类及种数

哲学类:哲学（1 种）

经济学类:政治经济学、民族贸易（2 种）

法学类:法律、政治、中共党史（3 种）

教育学类:政治教育、思想教育、体育（3 种）

文学类:汉语言文学、中国少数民族语言文学、朝鲜文、维吾尔文、哈萨克文、藏语文、蒙语文、壮语文、彝语文、傣语、景颇语、傈僳语、佤语、拉祜语、越南语、老挝语、泰语、新闻、英语（20 种）

艺术学类:音乐、理论作曲、声乐、器乐、舞蹈、民族民间舞蹈、美术、国画、油画（9 种）

历史学类:历史学、中国史、民族学、民族理论与政策、民族文物博物馆（5 种）

理学类:数学、物理、化学、经济数学（4 种）

农学类:畜牧、兽医（2 种）

医学类:医学、医疗（2 种）

管理学类:经济管理、计划统计、财务会计、档案（4 种）

共计 11 大类 55 种（124 个）普通本专科专业。

二 1998 年全国民族院校普通本专科招生专业科类及种数

哲学类:马克思主义基础、哲学、宗教学（3 种）

经济学类:国民经济管理、劳动经济、贸易经济、工业经济、旅游经济、国际贸易、保险、税务、财政学、理财学、货币银行学、国际金融

（12 种）

法学类：政治学、行政管理学、外交学、法学、经济法、国际经济法、社会学（7 种）

教育学类：数学教育、物理学教育、化学教育、英语教育、音乐教育、美术教育、体育教育、舞蹈教育、思想政治教育、少数民族语言文学教育（10 种）

文学类：汉语言文学、藏语言文学、蒙古语言文学、维吾尔语言文学、哈萨克语言文学、朝鲜语言文学、语言学、英语、日语、俄语、法语、阿拉伯语、缅甸语、泰语、越南语、老挝语、新闻学、编辑学、广告学（19 种）

艺术学类：音乐学、作曲与作曲技术理论、演唱、表演、中国乐器演奏、管弦（打击）乐器演奏、美术学、中国画、油画、装潢艺术设计、装饰艺术设计、工艺美术学（12 种）

历史学类：历史学、民族学、博物馆学（3 种）

理学类：数学、应用数学、物理学、化学、应用化学、生物学、生物化学、计算数学及其应用软件、统计学、信息科学（10 种）

工学类：电子工程、电气技术、电力工程、计算机及应用、计算机软件、电力系统及其自动化、应用电子技术、通信工程、生物医学工程、精细化工、生物化工、化工工艺、电机制造与运行、办公自动化设备运用、农产品贮运与加工、食品科学与工程、工业分析、食品检验、营养与食品卫生，动物营养与饲料加工（20 种）

农学类：畜牧兽医、林学、园艺、蔬菜、经济林（5 种）

医学类：临床医学、预防医学、中医学、中药学、护理学、麻醉学、妇幼卫生（7 种）

管理学类：会计学、审计学、教育管理、工商管理、企业管理、市场营销、经济信息管理、档案学、图书信息（9 种）

共计 12 大类 117 种（318 个）普通本专科专业。

三　2005 年全国民族院校本专科招生专业科类及种数

哲学类：哲学、宗教学（2 种）

经济学类：经济学、国际经济与贸易、财政学、金融学、保险（5

种）

法学类：法学、社会学、社会工作、政治学与行政学、公安学、公共政策学、中国革命史与中国共产党党史（7 种）

教育学类：教育学、教育技术学、艺术教育、体育教育、社会体育、文秘教育、学前教育、服装设计与工艺教育、职业技术教育、思想政治教育（10 种）

文学类：汉语言文学、对外汉语、中国少数民族语言文学、英语、俄语、日语、法语、印尼语、朝鲜语、阿拉伯语、柬埔寨语、老挝语、缅甸语、泰语、越南语、新闻学、广播电视新闻学、编辑出版学、广告学（19 种）

艺术学类：音乐学、作曲与作曲技术理论、音乐表演、美术学、绘画、艺术设计、舞蹈学、舞蹈编导、表演、动画、播音与主持艺术、广播电视编导（12 种）

历史学类：历史学、博物馆学、民族学（3 种）

理学类：数学与应用数学、信息与计算科学、物理学、应用物理学、化学、应用化学、材料化学、生物科学、生物技术、光信息科学与技术、光电子技术科学、电子信息科学与技术、环境科学、生态学、环境生态类新专业、统计学、应用心理学（17 种）

工学类：自动化、电子信息工程、通信工程、计算机科学与技术、软件工程、网络工程、城市规划、建筑学、材料科学与工程、工业设计、机械设计制造及其自动化、过程装备与控制工程、测控技术与仪器、化学工程与工艺、制药工程、电气工程与自动化、土木工程、环境工程、环境与安全、制药工程、生物工程、生物医学工程、食品科学与工程（23 种）

农学类：动物科学、动物医学、水产养殖、农业资源与环境、园林、园艺、林学、农学、草业科学、畜牧兽医（10 种）

医学类：临床医学、口腔医学、护理学、制药工程、预防医学、中药学、中药学、藏医学、药学、药物制剂、蒙医学、蒙医护理、医学检验（13 种）

管理学类：信息管理与信息系统、工商管理、市场营销、电子商务、会计学、人力资源管理、旅游管理、行政管理、财务管理、公共事业管理、工程管理、国防教育与管理、劳动与社会保障、档案学、资源环境与城乡规划管理（15 种）

共计 12 大类 136 种（552 个）普通本专科专业。

四　2011 年全国民族院校本专科招生专业科类及种数

哲学类：哲学、宗教学（2 种）

经济学类：国际经济与贸易、经济学、财政学、保险、金融学、金融工程（6 种）

法学类：法学、政治学与行政学、国防教育与管理、侦查学、公共政策学、社会学、社会工作、公安学、中国革命史与中国共产党党史（15 种）

教育学类：学前教育、运动训练、社会体育、教育学、教育技术学、体育教育、思想政治教育、民族传统体育（8 种）

文学类：朝鲜语言文学、蒙古语言文学、维吾尔语言文学、哈萨克语言文学、少数民族语言文学、汉语言文学、藏语言文学、汉语言（维汉翻译）、中国少数民族语言文学（彝、藏语言文学，彝汉双语行政管理、藏学）、中国少数民族语言文化、对外汉语、新闻学、编辑出版学、广播电视新闻学、数字媒体技术、传播学、广告学、英语、俄语、日语、阿拉伯语、法语、朝鲜语、缅甸语、柬埔寨语、泰语、老挝语、越南语、印度尼西亚语、印地语、马来语（31 种）

历史学类：历史学、博物馆学、民族学（3 种）

艺术学类：音乐表演、作曲与作曲技术理论、音乐学、音乐表演、舞蹈学、影视表演、美术学、艺术设计、绘画、动画、数字媒体艺术、广播电视编导、播音与主持艺术（13 种）

理学类：数学与应用数学、信息与计算科学、统计学、物理学、应用物理学、化学、应用化学、材料化学、光信息科学与技术、光电子技术科学、电子信息科学与技术、环境科学、生态学、生物科学、生物技术、心理学、应用心理学、统计学（18 种）

工学类：计算机科学与技术、软件工程、网络工程、自动化、电子信息工程、光电子材料与器件、建筑学、城市规划、景观建筑设计、工业设计、工业工程、电气信息类、电气工程及其自动化、通信工程、信息工程、土木工程、高分子材料与工程、材料科学与工程、材料成型及控制工程、过程装备与控制工程、机械设计制造及其自动化、农业机械化及其自动化、材料成型与控制工程、测控技术与仪器、机械电子工程、环境工程、化学工程与工艺、生物医学工程、医疗器械工程、制药工程、化工与制药、生物工程、食品科学与工程、水文与水资源工程、资源科学与工程、资源环境与城乡规划管理、食品质量与安全、交通运输、交通工程（39 种）

农学类：动物医学、动物科学、农学、草业科学（城市绿地与运动场草坪植物保护）、园林、园艺技术、园艺、林学、农业资源与环境、水产养殖学（10 种）

医学类：临床医学、预防医学、口腔医学、护理学、药学、种药物制剂、医学影像学、医学、药学、中医学、中药学、蒙医学、蒙药学、药物制剂、医学检验（15 种）

管理学类：信息管理与信息系统、市场营销、电子商务、会计学、会计电算化、工程管理、财务管理、旅游管理、工商管理、行政管理、公共事业管理、人力资源管理、卫生管理、文化产业管理、物流管理、土地资源管理、资源环境与城乡规划管理、劳动与社会保障、档案学（19 种）

共计 12 大类 179 种（794 个）普通本专科专业。

附录三：2011 年全国各民族院校普通本专科招生专业设置①

中央民族大学：哲学、宗教学、国际经济与贸易、经济学、财政学、金融学、法学、政治学与行政学、社会学、社会工作、教育学、体育教育、朝鲜语言文学、蒙古语言文学、维吾尔语言文学、哈萨克语言文学、少数民族语言文学、汉语言文学、藏语言文学、对外汉语、新闻学、广告学、英语、俄语、日语、历史学、博物馆学、民族学、音乐表演、作曲与作曲技术理论、音乐学、舞蹈学、美术学、艺术设计、绘画、信息与计算科学、统计学、应用物理学、化学、光信息科学与技术、环境科学、生态学、生物科学、生物技术、计算机科学与技术、自动化、电子信息工程、通信工程、制药工程、市场营销、会计学、财务管理、旅游管理、行政管理、公共事业管理（本科 55 个）

西北民族大学：经济学、国际经济与贸易、金融学、保险、社会学、法学、社会工作、教育技术学、体育教育、汉语言文学、对外汉语、汉语言（维汉翻译）、中国少数民族语言文学（藏、蒙古、维吾尔语言文学）、新闻学、广告学、广播电视新闻学、广播电视编导、英语、俄语、阿拉伯语、绘画（油画、国画）、艺术设计、数字媒体艺术、历史学、民族学、博物馆学、数学与应用数学、应用心理学、信息与计算科学、生物技术、计算机科学与技术、软件工程、电子信息工程、电气工程及其自动化、自动化、通信工程、土木工程、高分子材料与工程、环境工程、化学工程与工艺、制药工程、食品科学与工程、生物工程、动物医学、动物科学、临床医学、口腔医学、护理学、旅游管理、会计学、财务管理、公共事业管理、工商管理（本科 54 个），另有教育学专科专业

---

① 资料来自于各院校 2005 年普通本专科招生简章及校园网；本专科重复者只按 1 个计。

西南民族大学：经济学、国际经济与贸易、金融学、保险、财政学、法学、社会工作、社会体育、英语、日语、法语、朝鲜语、汉语言文学、对外汉语、新闻学、广播电视新闻学、中国少数民族语言文学（彝、藏语言文学，彝汉双语行政管理、藏学）、历史学、民族学、博物馆学、音乐学、音乐表演、舞蹈、影视表演、绘画、动画、艺术设计、数学与应用数学、信息与计算科学、应用物理学、化学、应用化学、生物技术、环境科学、应用心理学、化学工程与工艺、建筑学、城市规划、景观建筑设计、电气工程及其自动化、电子信息工程、通信工程、自动化、计算机科学与技术、网络工程、食品科学与工程、食品质量与安全、制药工程、软件工程、动物科学、动物医学、药物制剂、中药学、药学、会计学、工商管理、市场营销、信息管理与信息系统、财务管理、人力资源管理、公共事业管理、行政管理、旅游管理、文化产业管理（本科 66 个）

中南民族大学：经济学、国际经济与贸易、金融学、保险、金融工程、法学、政治学与行政学、社会工作、社会学、教育学、思想政治教育、社会体育、汉语言文学、对外汉语、新闻学、广播电视新闻学、广告学、英语、日语、民族学、历史学、美术学、艺术设计、动画、信息与计算科学、数学与应用数学、统计学、应用心理学、应用化学、材料化学、生物学、环境科学、生物技术、光信息科学与技术、计算机科学与技术、软件工程、网络工程、自动化、电子信息工程、通信工程、生物医学工程、医疗器械工程、化学工程与工艺、高分子材料与工程、环境工程、水文与水资源工程、生物工程、食品质量与安全、资源科学与工程、药学、药物制剂、工商管理、会计学、旅游管理、市场营销、人力资源管理、财务管理、信息管理与信息系统、电子商务、行政管理、公共事业管理、劳动与社会保障（本科 62 个）

北方民族大学：经济学、国际经济与贸易、金融学、法学、汉语言文学、英语、日语、新闻学、广告学、传播学、音乐学、音乐表演、舞蹈学、作曲与作曲技术理论、艺术设计、绘画、动画、历史学、数学与应用数学、信息与计算科学、生物科学、生物技术、统计学、高分子材料与工程、材料科学与工程、材料成型及控制工程、过程装备与控制工程、测控技术与仪器、电气工程及其自动化、自动化、通信工程、计算机科学与技术、电子信息工程、信息工程、软件工程、网络工程、化学工程与工艺、制药工程、生物工程、食品科学与工程、信息管理与信息系统、工商管理、会计学、财务管理、人力资源管理、旅游管理、电子商务、公共事业管理、行政管理、物流管理（本科 50 个）

大连民族学院：经济学、国际经济与贸易、法学、汉语言文学、新闻学、英语、日语、朝鲜语、艺术设计、动画、数学与应用数学、信息与计算科学、应用化学、生物技术（植物）、光电子技术科学、环境工程、环境科学、计算机科学与技术、网络工程、软件工程、电子信息工程、通信工程、光电子材料与器件、工业设计、机械设计制造及其自动化、自动化、工业工程、测控技术与仪器、生物工程、食品科学与工程、食品质量与安全、化学工程与工艺、制药工程、土木工程、建筑学、工程管理、会计学、财务管理、市场营销、旅游管理、工商管理、行政管理（本科 42 个）

云南民族大学：哲学、国防教育与管理、经济学、国际经济与贸易、法学、政治学、国际政治与行政学、社会学、社会工作、教育技术学、社会体育、体育教育、汉语言文学、对外汉语、广播电视新闻学、新闻传播学类、广告学、英语、日语、缅甸语、柬埔寨语、泰语、老挝语、越南语、印度尼西亚语、印地语、马来语、中国少数民族语言文学、编辑出版学、音乐学、音乐表演、美术学、艺术设计、舞蹈学、民族学、历史学、统计学、数学与应用数学、信息与计算科学、物理学、应用物理、化学、应用化学、生物技术、环境科学、应用心理学、计算机科学与技术、网络工程、自动化、电气工程及其自动化、电子信息工程、通信工程、化工与制药、会计学、工商管理、财务管理、人力资源管理、行政管理、市场营销、旅游管理、公共事业管理（本科 61 个），另有软件工程、教育学专科专业。

广西民族大学：国际经济与贸易、法学、政治学与行政学、国防教育与管理、侦查学、公共政策学、社会学、社会工作、中国革命史与中国共产党党史、体育教育、汉语言文学、对外汉语、中国少数民族语言文学、编辑出版学、音乐表演、播音与主持艺术、英语、法语、泰语、印度尼西亚语、缅甸语、越南语、柬埔寨语、老挝语、马来语、中国语言文学类、外国语言文学类、历史学、民族学、数学与应用数学、信息与计算科学、物理学、化学类、生物技术、应用心理学、自动化、通信工程、计算机科学与技术、软件工程、网络工程、环境工程、化学工程与工艺、电子信息工程、电气信息类、制药工程、信息管理与信息系统、工商管理、市场营销、电子商务、行政管理、人力资源管理、公共事业管理、档案学、旅游管理、物流管理、公共管理类、会计学（本科 59 个），另有经济学、环境与安全、公安学专科专业

内蒙古民族大学：经济学、国际经济与贸易、法学、教育学、学前教育、心理学、运动训练、体育教育、社会体育、运功训练、思想政治教育、汉语言文学、中国少数民族语言文学（蒙语）、对外汉语、新闻学、新闻传播学、编辑出版学、英、日语、俄语、音乐学（声乐）、音乐表演、美术学、艺术设计、历史学、数学与应用数学、信息与计算科学、物理学、应用物理、化学、应用化学、材料化学、生物技术、生物科学、电子信息科学类（电子）计算机科学与技术、电气信息类、电子信息工程、机械设计制造及其自动化、农业机械化及其自动化、材料成型与控制工程、食品科学与工程、动物科学、农学、草业科学（城市绿地与运动场草坪植物保护）、动物医学、园林、园艺技术、农业资源与环境、水产养殖学、临床医学、医学影像学、医学、蒙医学、蒙药学、药物制剂、医学检验、护理学、行政管理、旅游管理、市场营销、会计电算化（本科 62 个）

湖北民族学院：国际经济与贸易、法学、政治学与行政学、社会学、社会工作、体育教育、社会体育、思想政治教育、汉语言文学、广播电视新闻学、广播电视编导、编辑出版学、英语、日语、音乐学、舞蹈学、美术学、艺术设计、数字媒体技术、数学与应用数学、物理学、信息与计算科学、生物科学、应用化学、化学、环境科学、生物工程、机械电子工程、计算机科学与技术、电气工程及其自动化、电子信息科学与技术、化学工程与工艺、化工与制药、食品科学与工程、城市规划、园艺、园林、林学、临床医学、中医学、护理学、医学影像学、中药学、财务管理、会

计学、市场营销、资源环境与城乡规划管理、公共事业管理、旅游管理（本科49个），另有电气信息、教育学专科专业

贵州民族学院：经济学、金融学、法学、社会学、社会工作、体育教育、社会体育、汉语言文学、中国少数民族语言文学、英语、日语、新闻学、广告学、音乐学、音乐表演、美术学、艺术设计、舞蹈学、动画、广播电视编导、数字媒体艺术、民族学、历史学、数学与应用数学、应用物理学、应用化学、电子信息科学与技术、光信息科学与技术、环境科学、统计学、测控技术与仪器、计算机科学与技术、建筑学、土木工程、药学、信息管理与信息系统、市场营销、会计学、人力资源管理、旅游管理、行政管理、劳动与社会保障、文化产业管理、工程管理（本科45个），另有电气信息、工商管理、外国语言文学、公共管理、法学类专科专业

青海民族大学：经济学、国际经济与贸易、法学、社会工作、政治学与行政学、思想政治教育、学前教育、教育技术学、体育教育、民族传统体育、汉语言文学、中国少数民族语言文学（藏、蒙语言文学）、英语、日语、阿拉伯语、广播电视新闻学、广告学、音乐学、艺术设计、数学与应用数学、信息与计算科学、物理学、应用化学、生物科学、电子信息科学与技术、材料化学、应用心理学、统计学、通信工程、计算机科学与技术、网络工程、土木工程、交通运输、交通工程、生物工程、药学、药物制剂、信息管理与信息系统、工商管理、市场营销、会计学、财务管理、人力资源管理、旅游管理、电子商务、行政管理、公共事业管理、土地资源管理（本科49个），另有保险、中国少数民族语言文化、表演、电子信息工程专科专业

西藏民族学院：哲学、国际经济与贸易、金融学、财政学、法学、社会工作、教育学、学前教育、体育教育（师范）、教育技术学、思想政治教育（师范）、汉语言文学、新闻学、广播电视新闻学、广告学、英语、日语、历史学（师范）、民族学、播音与主持艺术、统计学、应用心理学、计算机科学与技术、网络工程、电子信息科学与技术、通信工程、工业工程、临床医学、护理学、信息管理与信息系统、财务管理、会计学、公共

事业管理、行政管理、人力资源管理、工商管理、旅游管理、卫生管理、文化产业管理（本科 39 个），另有法学类、社会体育、艺术设计、预防医学、电子商务专科专业

　　四川民族学院：法学、学前教育、体育教育、思想政治教育、中国少数民族语言文学（藏汉翻译，藏语言文学），汉语言文学、英语、音乐学、美术学、数学与应用数学、计算机科学与技术、动物医学、园艺、旅游管理、行政管理、财务管理，本科专业共计 16 个；另有专科专业：法律事务、社会工作、语文教育、数学教育、物理教育、英语教育、初等教育、体育教育、音乐教育（音乐舞蹈方向，）音乐教育、美术教育、学前教育、思想政治教育、中国少数民族语言文化（藏汉翻译，加试藏文）、艺术设计（广告设计）、信息传播与策划（网络报刊方向）、计算机应用技术、导游、旅游管理、畜牧兽医、园艺技术、会计、人力资源管理、经济信息管理，共 24 个

　　呼和浩特民族学院：学前教育、体育教育、中国少数民族语言文学、新闻学、日语、美术学、艺术设计、音乐学、播音与主持艺术、数学与应用数学、计算机科学与技术、行政管理，本科专业共计 12 个；另有专科专业司法助理、法律事务、法律文秘、现代教育技术、艺术教育、语文教育（汉语言文学方向）、英语教育、思想政治教育、文秘、应用英语（英、汉、蒙翻译方向）、应用俄语（俄、汉、蒙翻译方向）、美术教育、广告设计与制作、新闻采编与制作、摄影摄像技术、影视表演、主持与播音、装饰艺术设计（民族装饰设计方向）、表演艺术、艺术设计（民族工艺设计方向）、环境监测与治理技术、工商企业管理、市场营销、会计、财务管理、图书档案管理、旅游管理，共 27 个

附录四：1981～2010年民族院校历次（批）博士、硕士学位授权学科审批名单

1. 1981年11月国务院批准第一批
硕士学位授权学科

中央民族学院：民族学、语言学、藏缅语族语言文学、侗傣语族语言文学、苗瑶语族语言文学、蒙古语族语言文学、突厥语族语言文学、考古学、中国民族史

西北民族学院：藏缅语族语言文学

青海民族学院：藏缅语族语言文学

注：藏缅、侗傣、苗瑶、蒙古、突厥语族语言文学等后并为"中国少数民族语言文学"。

2. 1984年1月国务院批准第二批
（1）博士学位授权学科

中央民族学院：民族学、藏缅语族语言文学

（2）硕士学位授权学科

云南民族学院：藏缅语族语言文学（拉祜语）、侗傣语族语言文学（傣语）

3. 1986年7月国务院学位委员会批准第三批
（1）博士学位授权学科

中央民族学院：中国民族史（后改为"专门史"）

（2）硕士学位授权学科

中央民族学院：辩证唯物主义与历史唯物主义、政治经济学、科学社会主义、中国古代文学、其他民族语言文学（朝鲜语族语言文学）、绘画艺术研究

西南民族学院：宗教学、中国古代文学、动物遗传育种学、中兽医学

中南民族学院：民族学、中国民族史（后改为"专门史"）、等离子体物理

云南民族学院：国民经济计划与管理（后改为国民经济学）、民族学、中国民族史（后改为"专门史"）

青海民族学院：中国民族史（后改为"专门史"）

注：为保持本来面貌，第一、二、三批名单均根据根据国务院学位委员会办公室编，高等教育出版社 1987 年 6 月版《全国授予博士和硕士学位的高等学校及科研机构名册》整理。

4. 1990 年 10 月国务院学位委员会批准第四批

硕士学位授权学科

中央民族学院：中国少数民族经济

西北民族学院：民俗学（含中国民间文学）

西南民族学院：中国少数民族语言文学（藏缅语族）

中南民族学院：中国少数民族经济、教育经济与管理

5. 1993 年国务院学位委员会批准第五批

硕士学位授权学科

西南民族学院：民族学

6. 1996 年国务院学位委员会批准第六批

硕士学位授权学科

中央民族大学：马克思主义民族理论与政策

西北民族学院：宗教学

西南民族学院：专门史、材料物理与化学、企业管理（含财务管理、市场营销、人力资源管理）

中南民族学院：文艺学、分析化学

7. 1998 年 6 月国务院学位委员会批准第七批

（1）博士学位二级学科

中央民族大学：人类学、中国少数民族经济（2006 年版本中无，疑

设在"民族学"下）

（2）硕士学位一级学科

中南民族学院：生物医学工程

（3）硕士学位二级学科

中央民族大学：宗教学、人类学、中国少数民族艺术

西南民族学院：法学理论、中国现当代文学、预防兽医学

中南民族大学：法学理论、计算机应用技术

云南民族学院：宗教学、社会学

广西民族学院：民族学、中国少数民族语言文学（壮侗语族）

内蒙古民族大学（未更名）：中国少数民族语言文学（蒙古语族）、世界史、理论物理

注：为保持本来面貌，第 4～7 批名单根据国务院学位委员会办公室《中国学位授予单位名册》（2000 年版内部资料）整理。

8. 2000 年国务院学位委员会批准第八批

（1）博士学位一级学科

中央民族大学：民族学

（2）博士学位二级学科

中央民族大学：宗教学

（3）硕士学位一级学科

中央民族大学：民族学

（4）硕士学位二级学科

中央民族大学：中国哲学、经济法学、社会学、民俗学（含中国民间文学）、教育学原理、新闻学、基础数学、生态学

西北民族大学：马克思主义民族理论与政策、中国少数民族经济、中国少数民族艺术、专门史、计算机应用技术

西南民族大学：中国哲学、诉讼法学、马克思主义民族理论与政策、中国少数民族经济、生态学、基础兽医学、行政管理

中南民族大学：区域经济学、马克思主义民族理论与政策、中国少数民族语言文学、外国语言学及应用语言学、物理化学（含化学物理）、企业管理（含财务管理、市场营销、人力资源管理）

云南民族大学：区域经济学、有机化学、行政管理

广西民族学院：克思主义理论与思想政治教育、亚非语言文学、行政管理、档案学

内蒙古民族大学（已更名）：中国古代文学、有机化学、作物栽培学与耕作学、民族医学（含藏医学、蒙医学等）

青海民族学院：民商法学（含劳动法学、社会保障法学）、民族学、物理化学（含：化学物理）

注：根据国务院学位委员会办公室 2000 年 12 月《第八批博士和硕士学位授权学科、专业名单（工作本）》整理。

9. 2003 年国务院学位委员会批准第九批

（1）博士学位二级学科

中央民族大学：民俗学（含中国民间文学）

西北民族大学：中国少数民族语言文学

西南民族大学：民族学

（2）硕士学位一级学科

广西民族学院：科学技术史

西南民族大学：管理科学与工程

（3）硕士学位二级学科

中央民族大学：区域经济学、宪法学与行政法学、比较教育学、舞蹈学、企业管理（含财务管理、市场营销、人力资源管理）、行政管理

西北民族大学：环境与资源保护法学、社会学、马克思主义基本原理、思想政治教育、课程与教学论、文艺学、中国少数民族语言文学、音乐学、美术学、历史文献学、计算机软件与理论、临床兽医学、民族学、中国少数民族史

西南民族大学：逻辑学、金融学（含保险学）、民俗学（含民间文学）、美术学、历史文献学、有机化学、遗传学

中南民族大学：西方经济学、宪法学与行政法学、社会学、教育学原理、中国古代文学、历史文献学（含敦煌学、古文字学）、生物化学与分子生物学、通信与信息系统

西北第二民族学院：中国少数民族史、应用数学、计算机应用与技术

云南民族院校：劳动经济学、经济法学、马克思主义民族理论和政策、中国少数民族艺术、亚非语言文学、中国近现代史、基础数学、会计

学、企业管理（含财务管理、市场营销、人力资源管理）

广西民族学院：诉讼法学、语言学与应用语言学、基础数学、计算数学

内蒙古民族大学：中国少数民族史、马克思主义基本原理、思想政治教育、预防兽医学、中西医结合临床

青海民族学院：宗教学、行政管理

西藏民族学院：中国哲学（西藏宗教方向）、民族学、中国少数民族经济、中国古代文学

10. 2006 年国务院学位委员会批准第十批

（1）博士学位一级学科

中央民族大学：中国语言文学

（2）博士学位二级学科

中南民族大学：民族学

西南民族大学：中国少数民族经济

（3）硕士学位一级学科

中央民族大学：社会学、中国语言文学、历史学

中南民族大学：民族学、化学

西南民族大学：民族学

西北民族大学：民族学

云南民族大学：社会学

广西民族学院：民族学、马克思主义理论

青海民族学院：民族学

（4）硕士学位二级学科

中央民族大学：伦理学，人口、资源与环境经济学、法律史、民商法学（含劳动法学、社会保障法学）、马克思主义基本原理、思想政治教育、音乐学、概率论与数理统计、植物学、环境科学、民族医学（含藏医学、蒙医学等）、技术经济及管理

西北民族大学：伦理学、宪法学与行政法学、人类学、马克思主义中国化研究、民族传统体育学、语言学及应用语言学、比较文学与世界文学、应用数学、动物营养与饲料科学、预防兽医学

西南民族大学：伦理学、政治经济学、区域经济学、马克思主义基本

原理、思想政治教育、文艺学、汉语言文字学、中国古典文献学、比较文学与世界文学、外国语言学及应用语言学、考古学及博物馆学、临床兽医学、教育经济与管理

中南民族大学：中国哲学、宗教学、经济法学、民俗学（含中国民间文学）、马克思主义基本原理、思想政治教育、汉语言文字学、传播学、设计艺术学、中国古代史、应用数学、药物化学、旅游管理、行政管理

西北第二民族学院：思想政治教育、语言学及应用语言学、中国古代文学、专门史、计算数学、生态学、电路与系统

云南民族大学：伦理学、金融学（含保险学）、民商法学（含劳动法学、社会保障法学）、政治学理论、国际政治、中国少数民族经济、中国少数民族史、马克思主义基本原理、思想政治教育、教育学原理、民族传统体育学、文艺学、语言学及应用语言学、中国古典文献学、中国古代文学、中国现当代文学、考古学及博物馆学、历史文献学（含敦煌学、古文字学）、分析化学、信号与信息处理、旅游管理

广西民族学院：伦理学、美学、刑法学、政治学理论、中共党史（含党的学说与党的建设）、社会学、体育教育训练学、民族传统体育学、文艺学、汉语言文字学、中国古代文学、中国现当代文学、比较文学与世界文学、外国语言学及应用语言学、专门史、应用数学、生物化学与分子生物学、计算机应用技术、应用化学、社会保障、图书馆学

内蒙古民族大学：马克思主义中国化研究、体育教育训练学、应用数学、动物营养与饲料科学、草业科学、中西医结合基础

湖北民族学院：民族学、文艺学、基础数学、应用化学、野生动植物保护与利用、中医基础理论

贵州民族学院：刑法学、经济法学、社会学、民族学、中国少数民族语言文学（壮侗语族、苗瑶语族）、概率论与数理统计

青海民族学院：逻辑学、法学理论、经济法学、中外政治制度、人类学、马克思主义基本原理、思想政治教育、文艺学、语言学及应用语言学、历史文献学（含敦煌学、古文字学）、药物分析学、企业管理（含财务管理、市场营销、人力资源管理）

西藏民族学院：文艺学、专门史

注：本资料根据国务院学位委员会办公室编，高等教育出版社2007

年版《中国学位授予单位名册》整理。

11. 2010 年国务院学位委员会批准第十一批

（1）博士学位授权一级学科

中央民族大学：社会学、历史学

西南民族大学：民族学

中南民族大学：民族学

（2）硕士学位授权一级学科

中央民族大学：法学、政治学、马克思主义理论、教育学、新闻传播学、艺术学、数学、生物学 计算机科学与技术 环境科学与工程 工商管理 公共管理

西北民族大学：社会学 马克思主义理论 教育学 中国语言文学 历史学 计算机科学与技术 畜牧学 兽医学 管理科学与工程

西南民族大学：哲学 应用经济学 法学 中国语言文学 外国语言文学 艺术学 历史学 化学 材料科学与工程 畜牧学 兽医学 工商管理、公共管理

中南民族大学：论经济学 法学 教育学 中国语言文学 外国语言文学 数学 生物学 信息与通信工程 计算机科学与技术 中药学 工商管理 公共管理

北方民族大学：民族学 中国语言文学 数学 材料科学与工程 计算机科学与技术

云南民族大学：应用经济学 法学 民族学 教育学 中国语言文学 外国语言文学 化学 信息与通信工程 工商管理 公共管理

广西民族大学：政治学 中国语言文学 外国语言文学 历史学 数学 计算机科学与技术 化学工程与技术 图书馆、情报与档案管理

内蒙古民族大学：民族学 中国语言文学 历史学 物理学 化学 作物学 兽医学 临床医学 中西医结合

湖北民族学院：民族学 数学 化学工程与技术 林学 中医学

贵州民族学院：法学 社会学 民族学 中国语言文学 数学

青海民族大学：法学 政治学 中国语言文学 数学 化学 药学 工商管理 公共管理

西藏民族学院：民族学 中国语言文学 基础医学

主要参考文献

1. 著作类

潘懋元主编:《中国高等教育百年》,广东高等教育出版社 2003 年版。

孙培青主编:《中国教育史》,华东师范大学出版社 2000 年版。

刘海峰、史静寰主编:《高等教育史》,高等教育出版社 2010 年版。

黄福涛主编:《外国高等教育史》,上海教育出版社 2003 年版。

王天一、方晓东:《西方教育思想史》,湖南教育出版社 1996 年版。

周洪宇主编:《学位与研究生教育史》,高等教育出版社 2004 年版。

张秀兰主编:《中国教育发展与政策 30 年》,社会科学文献出版社 2008 年版。

顾明远、石中英主编:《国家中长期教育改革和发展规划纲要(2010—2020)解读》,北京师范大学出版社 2010 年版。

陈桂生:《中国干部教育(1927—1949)》,华东师范大学出版社 2007 年版。

蔡克勇:《21 世纪中国教育的走向》,广东高等教育出版社 2004 年版。

齐亮祖、刘敬发主编:《高等教育结构学》,黑龙江教育出版社 1986 年版。

上海市教育科学研究院智力开发所:《新时期中国教育发展研究 1983—2005》,上海社会科学院出版社 2006 年版。

中国高等教育学会:《改革开放 30 年中国高等教育发展经验专题研究》,教育科学出版社 2008 年版。

《教育——财富蕴藏其中》,联合国教科文组织总部中文科译,教育科学出版社 1996 年版。

朱汉民:《中国书院文化简史》,中华书局、上海古籍出版社 2010

年版。

　　[美]克拉克·克尔：《大学之用》（第五版），高铦、搞戈、汐汐译，北京大学出版社 2008 年版。

　　中国高等教育学会：《改革开放 30 年中国高等教育发展经验专题研究》，教育科学出版社 2008 年版。

　　刘道玉：《中国高校之殇》，湖北长江出版集团湖北人民出版社 2010 年版。

　　孟立军：《新中国民族教育政策研究》，科学出版社 2010 年版。

　　易先培主编：《中国高等学校少数民族预科及民族班教育研究》，红旗出版社 2010 年版。

　　蔡琼：《中国民族院校发展中的文化转型》，中国海洋大学出版社 2009 年版。

2. 论文类

　　徐显明：《大学理念论纲》，见《中国社会科学》2010 年第 6 期。

　　黄坤锦：《大学通识教育：心灵的攀登》，见《解放日报》2009 年 10 月 18 日。

　　杨东平：《关于高等教育的"中国模式"》，见《江苏高教》2011 年第 1 期。

　　眭依凡：《高等教育强国：大学的使命与责任》，见《教育发展研究》2009 年第 23 期。

　　丘成桐：《把脉高等教育》，见 2010 年 1 月 24 日《解放日报》。

　　黄成亮：《中国大学模式浅析》，见《高等教育研究》2010 年第 12 期。

　　陈其荣：《诺贝尔自然科学奖与世界一流大学》，见《上海大学学报》2010 年第 6 期。

　　杨学义、李茂林：《全球视野下的大学办学历年剖析——以全球三所精英大学为例》，见《国家教育行政学院学报》2011 年第 2 期。

　　黄坤锦：《大学通识教育：心灵的攀登》，见《中国大学教育》2009 年第 9 期。

　　李立国、黄海军：《迈向高等教育强国之路——我国距离世界高等教育强国还有多远》，见《清华大学教育研究》2010 年第 1 期。

别敦荣、李连梅：《柏林大学的发展里程、教育理念及其启示》，见《复旦教育论坛》2010 年第 6 期。

钱学森：《中国大学为何创新力不足》，见 2009 年 11 月 17 日《文汇报》。

徐飞：《通识教育再认识》，见 2010 年 11 月 20 日《文汇报》。

湛中乐：《现代大学治理与大学章程》，见《中国高等教育》2011 年第 9 期。

熊丙奇：《如何依法制订大学章程》，见《中国高等教育》2011 年第 8 期。

龚放：《大学去"行政化"的关键：确立大学行政管理的科学性》，见《探索与争鸣》2010 年第 11 期。

依凡：《组织缺陷对大学发展的制约》，见《教育发展研究》2010 年第 19 期。

顾海良、王占军：《如何客观认识高校"去行政化"》，见《大学》2010 年弟 4 期。

陈·巴特尔、彼得·恩乐特：《中国民族学院的历史演变及其组织特性》，见《北京大学教育评论》第 6 卷第 2 期。

陈·巴特尔：《关于 21 世纪初我国少数民族高等教育发展的若干思考》，见《中央民族大学学报》（哲学社会科学版）2001 年第 6 期；《从民族大学的建立看中加少数民族高等教育发展模式的异同》，见《民族教育研究》2008 年第 3 期。

《新中国少数民族高等教育的回顾与展望——访中央民族大学哈经雄教授》，见《教育研究》2001 年第 4 期。

陈立鹏：《改革开放 30 年来我国民族教育政策回顾与评析》，见《民族研究》2008 年第 5 期。

曲木铁西：《试论中国少数民族高等教育管理体制模式及面临的问题与对策》，见《民族教育研究》2008 年第 6 期。

霍文达、吴慧平：《中国民族学院（大学）研究生教育的发展与现状》，见《交通高教研究》2004 年第 3 期。

马麒麟、高瑞：《学科建设与新时期民族学院的发展》，见《西南民族学院学报》（哲学社会科学版）2002 年第 1 期。

杨胜才：《发展民族高等教育：面向 21 世纪的战略抉择》，见《民族研究》2002 年第 1 期。

覃红霞：《冲突与融合：中国少数民族高等教育发展的思考》，见《贵州民族研究》2004 年第 3 期。

杨亚辉：《影响民族高等教育发展的几个理论》，见《青海民族研究》2005 年第 1 期。

后　记

治当代史，那可不是件容易事！在动手做这个课题前，一位学历史的老朋友如此提醒我们。

但民族院校从新中国成立初期建校到如今，已历时 60 多年，要从延安民族学院算起还要拉长 10 年。这么一种富有中国特色的少数民族高等教育形式，风雨兼程，起伏跌宕历半个多世纪尚不能做一个比较系统的总结与回顾，这不能不说是从事者尤其是研究者的憾事！

事情总是要有人先做，正如鲁迅先生所说的，螃蟹总是要有人第一个吃。经过多年的资料积累和慎重考量，我们决定做一次尝试。我们深知这个领域藏龙卧虎，高才深识者大有人在，就先为人家的精加工、深加工做一个毛坯子吧。

尽管作品很粗糙，我们也不敢贪全功为己有。书稿之完成，很大程度上是方方面面朋友合作的成果，集体智慧的结晶。借此机会，我们略表谢忱！

首先要感谢的，是国家民委教科司原任司长俸兰女士，和高教处夏彦芳女士，综合处王丽萍、安燕女士等朋友——我们不想按官场习惯称她们为"领导"！没有她们在选题、资金、资料等方面的关心和支持，这个课题从立项到实施都有问题。

我们要感谢国家民委经济司的冯常海先生！他在民族院校基本数据方面提供的帮助，已化为本书很多表格，使我们定性和定量分析的结合成为可能。

我们要感谢北方民族大学丁万录教授！他于百忙中认真审读书稿，提出了许多宝贵意见，使本书的专业性、学术性增色不少。西北民族大学郭郁烈教授也提出了很中肯的意见，在此一并感谢！

我们要感谢教育部民族教育司卢胜华先生、田晓琴女士，大连民族学院图书馆包和平先生、西藏民族学院王铁斌先生、贵州民族学院办公室张卫国先生在提供资料方面的帮助！

我们感谢中南民族大学党委书记陈达云先生、副校长雷振扬先生对本课题的关心和支持！

我们要感谢中南民族大学退休教授霍文达先生！这书稿霍教授全部认真审读过，他提的意见和建议使我的获益良多！

我们要感谢中南民族大学公共管理学院孟立军教授！他在民族院校研究生教育发展方面所提供的资料和帮助，充实了本书不少内容。尤其是，没有他所领导的基地和团队提供的经费，本书不可能顺利出版。

我们要感谢中南民族大学校庆办原主任王怀岗先生！每次他到兄弟院校参加校庆等活动，都不厌其烦地为我们收集有关资料。没有这些宝贵资料，本书内容会缺失很多。

我们要感谢中南民族大学校办的杨胜才先生、黄承权先生，研究生处的李俊杰先生，文学院的李庆福先生！他们在资料等方面给予的帮助，是我们完成书稿所不可缺少的条件。

我们还要特别感谢中南民族大学图书馆的朋友们！从收集、整理、查证资料，到各种繁杂事务的处理，他（她）们对我们的支持和帮助几乎无所不至，即使节假日也随叫随到。戴锋副馆长对全书的表格都作了认真的审查，增强了我们的定量分析的专业性和规范化。信息部黄萍丽女士、董坤先生、郭卫宁女士等朋友帮忙查阅、收集了大量资料，有效地减轻了我们的负担；吴萍女士，帮忙审了十余万字的草稿，使我们避免了很多错漏。

我们还要感谢中南民族大学退休办的吕道渊、魏佑章等老前辈，他们无私的关心和帮助，增加了我们完成任务的信心和动力。

至于我们的家人所给予的关心和帮助，谢意尽在不言之中！

最后，我们要衷心感谢中国社会科学出版社尤其是该社的关桐先生！没有他们的大力支持，本书现在不可能出版面世。

作者
2012 年 2 月